유통관리사 2급

3 개년
2023~2021년

기출문제

이동근, 유준수

2024

유통관리사 2급 3개년 기출문제

인쇄일 2024년 4월 5일 9판 1쇄 인쇄 　　　발행처 시스컴 출판사
발행일 2024년 4월 10일 9판 1쇄 발행 　　발행인 송인식
등　록 제17-269호 　　　　　　　　　　지은이 이동근, 유준수
판　권 시스컴2024

ISBN 979-11-6941-373-2 13320
정　가 18,000원

주소 서울시 금천구 가산디지털1로 225, 514호(가산포휴) **| 홈페이지** www.nadoogong.com
E-mail siscombooks@naver.com **| 전화** 02)866-9311 **| Fax** 02)866-9312

　　국내 유통시장 개방과 해외 유통업체의 진출로 유통의 글로벌화가 진행되고 있으며, 인터넷의 급성장과 국민생활수준의 향상으로 유통 및 물류와 관련된 소비자의 요구가 심화되고 있습니다. 또한 유통업체들이 점차 전문화, 대형화되어감에 따라 물류관리를 합리화하고 물류비용을 절감하는 한편, 판매업무 등을 효율적으로 관리하려는 움직임이 일면서 각 유통업체와 물류업체들은 종합적인 판매기획과 전략을 수립하고, 유통경영과 관리를 수행할 수 있는 전문 인력에 대한 필요를 절감하게 되었습니다.

　　국가에서도 업계의 이러한 움직임에 부응하여 유통관련 종사자의 일정비율을 유통관리사로 고용하도록 의무화하고 있으며, 또한 이를 고용하는 업체에는 자금을 지원하는 등 아낌없는 투자와 노력을 다하고 있는 실정입니다.

　　이런 유통 전문 인력에 대한 수요 폭증의 추세로 볼 때, 취업대란을 겪고 있는 지금의 현실에서 유통관리사 자격증 취득은 백화점이나 대형할인점, 마트, 기타 유통 · 물류회사의 유통책임자로 쉽게 취업할 수 있는 마스터키를 쥐는 것과 다름이 없습니다.

　　유통관리사 2급 3개년 기출문제는 최근 3년간의 유통관리사2급 기출문제를 수록하고, 이에 대한 풍부한 해설을 담아 기본서를 따로 참고하지 않고도 명쾌하게 이해할 수 있도록 구성한 기출문제집입니다. 또한, 중요한 문제의 상당수가 변형되어 반복 출제되고 있다는 점을 고려해 '정답해설'뿐만 아니라 '오답해설'도 상세하게 수록하여 다양한 유형의 문제에도 보다 쉽게 대처할 수 있게 하였습니다.

　　본서로 유통관리사 자격시험을 준비하시는 모든 수험생들에게 합격의 영광이 함께하길 바랍니다.

유통관리사 2급 자격시험 안내

유통관리사 가이드

유통관리사란?

유통관리사 검정은 대한상공회의소에서 시행하는 국가공인 자격시험으로, 소비자와 생산자 간의 커뮤니케이션, 소비자 동향 파악 등 판매 현장에서 활약할 전문 인력을 양성하기 위해 마련되었다.

유통관리사의 주요 업무

백화점, 쇼핑센터 등 대규모 유통업체에서 유통실무, 유통관리, 경영지도, 판매관리, 판매계획 수립 및 경영분석 등의 업무를 담당한다.

- **유통관리사 1급** : 유통업체의 경영자, 지점장급으로 경영 담당
- **유통관리사 2급** : 유통업체의 매장 주임이나 감독자, 실장, 과장급으로 일선관리업무 담당
- **유통관리사 3급** : 고객을 직접 상대하는 일반 판매원으로 고객응대업무 담당

> **「유통산업발전법」 제24조 유통관리사**
>
> 유통관리사는 다음 각 호의 직무를 수행한다.
> 1. 유통경영 · 관리 기법의 향상
> 2. 유통경영 · 관리와 관련한 계획 · 조사 · 연구
> 3. 유통경영 · 관리와 관련한 진단 · 평가
> 4. 유통경영 · 관리와 관련한 상담 · 자문
> 5. 그 밖에 유통경영 · 관리에 필요한 사항

진출분야 및 전망

- 유통업체의 전문화 · 대형화, 국내 유통시장 개방, 해외 유통업체의 진출 등으로 말미암아 유통전문가에 대한 필요성 증대로 인력수요가 크게 늘어날 예정이다.
- 유통시장의 개방과 산업구조의 변화로 유통관리사의 업무비중이 점차 높아짐에 따라 대우와 수입 면에서 전망이 밝은 자격증으로 자리 잡고 있다.
- 정부 및 유통업체의 관심 증가로 유통업체나 물류업체 취업 시 필수 자격증으로 인정받고 있다.

유통관리사 자격시험 안내

주관 및 시행처

- 주관 : 산업통상자원부
- 시행처 : 대한상공회의소

응시자격 : 제한 없음

원서접수

- 인터넷 접수 : 대한상공회의소 자격평가사업단(license.korcham.net)
- 접수기간 중 해당 상공회의소 방문 접수 가능
- 검정수수료 : 29,700원(부가세 포함)

검정기준

자격명칭		검정기준
유통관리사	2급	유통에 관한 전문적인 지식을 터득하고 관리업무 및 중소유통업 경영지도의 보조 업무 능력을 갖춘 자

시험과목별 문제 수 및 제한시간

등급	검정방법	시험과목	문제 수	시험시간	출제방법
2급	필기시험	- 유통물류일반관리 - 상권분석 - 유통마케팅 - 유통정보	객관식 90문항	09:15~10:55 (100분)	객관식 (5지선다)

※ 필기시험 입실시간 - 09 : 00

유통관리사 2급 자격시험 안내

▌출제기준 : 상위 급수는 하위 급수의 출제범위를 포함함

▌합격결정 기준

등 급	검정방법	합격결정 기준	
		만 점	합격점수
2급	필기시험	매 과목 100점	매 과목 40점 이상 전 과목 평균 60점 이상

※ 과락은 40점으로 평균 60점이 넘는다 하더라도 한 과목이라도 40점 아래가 있으면 과락 처리되어 불합격입니다.

▌가산점수 혜택기준

가산점수	혜택기준
10점	유통산업분야에서 3년 이상 근무한 자로서 산업통상자원부가 지정한 연수기관에서 40시간 이상 수료 후 2년 이내 2급 시험에 응시한 자

● **가산점 적용방법**
– 채점 결과 과락이 있으면 적용치 않고 불합격 처리됩니다.
– 평균 점수에 가산점을 부여하는 방식으로 총점이나 과목별 점수에 가산하는 방식이 아닙니다.
  예) 2급 평균 50점 + 가산점 10점 = 합격

● **유통연수 지정기관**
– 대한상공회의소
– 한국생산성본부
– 산업통상자원부 장관이 지정한 기관(산업통상자원부 유통물류과)

※ 각 기관별 연수 시행 유무는 별도로 확인하시기 바랍니다.
※ 통신강좌는 가점혜택을 받을 수 없습니다.

과목별 세부 출제기준

제1과목	대분류	중분류	세분류
유통 물류 일반 관리 (25문항)	유통의 이해	유통의 이해	유통의 개념과 분류 / 유통(중간상)의 필요성 / 유통기능(function)과 유통흐름(flow)
		유통경로 및 구조	유통경로의 개념 / 유통경로의 유용성 / 유통경로의 유형과 조직 / 유통경로의 믹스
		유통경제	유통산업의 경제적 역할 / 상품생산 · 소비 및 교환 / 유통비용과 이윤
		유통산업의 이해 및 환경	유통의 발전과정 / 유통환경의 변화와 특징 / 유통산업관련 정책 / 글로벌 유통산업의 동향과 추세
	유통 경영전략	유통경영환경 분석	유통경영전략의 필요성과 이해 / 유통경영의 비전과 목표 / 유통경영의 외부적 요소분석 / 유통경영의 내부적 요소 분석
		유통경영전략의 수립과 실행	유통기업의 사업방향 결정 / 기업수준의 경영전략, 사업부수준의 경영전략, 기능별 경영전략 / 경쟁우위와 경쟁전략 / 경영혁신 / 다각화 · 통합전략과 아웃소싱전략 / 전략적 제휴, 합작투자, 인수합병전략 / 유통기업의 글로벌화 전략 / 기타 유통경영전략 / 경영전략의 대안 평가 및 선택
		유통경영전략의 평가 및 통제	전략의 평가 / 전략의 통제 / 성과의 환류(feedback)
	유통 경영관리	조직 관리	조직 이론 / 조직구조의 유형 및 설계 / 조직의 목표관리와 동기부여 / 조직의 의사전달과 갈등관리 / 조직문화와 리더십
		인적자원관리	인사관리의 기초와 개념 / 직무분석과 직무평가 / 인적자원의 확보와 개발 / 인적자원의 활용과 배치 / 인적자원의 보상과 유지
		재무관리	재무관리의 개요 / 화폐의 시간적 가치와 현재가치 및 균형가격 / 자본예산과 자본조달 / 자본비용
		구매 및 조달관리	구매 및 조달관리의 개념 및 절차 / 공급자 선택 및 관리 / 구매실무(원가계산, 구매가격, 구매계약, 구매협상, 재고관리) / 품질관리 / 글로벌 구매 및 조달관리

물류 경영관리	도소매물류의 이해	도소매물류의 기초 / 도소매물류의 고객서비스
	도소매물류관리	물류계획 / 운송, 보관, 하역, 창고관리 / 포장관리 / 물류관리를 위한 정보기술 / 물류비 / 물류아웃소싱과 3자물류, 4자물류 / 국제물류
유통기업의 윤리와 법규	기업윤리의 기본개념	기업윤리의 기본개념 / 기업윤리의 기본원칙 / 유통기업의 사회적 책임 / 유통기업윤리 프로그램의 도입과 관리 / 기업환경의 변화와 기업윤리 / 시장구조와 윤리/ 양성평등에 대한 이해
	유통관련 법규	유통산업발전법 / 전자문서 및 전자거래기본법 / 소비자기본법

제2과목	대분류	중분류	세분류
상권 분석 (20문항)	유통 상권조사	상권의 개요	상권의 정의와 유형 / 상권의 계층성
		상권분석에서의 정보 기술 활용	상권분석과 상권정보 / 상권정보시스템, 지리정보 활용
		상권설정 및 분석	상권분석의 개념 및 평가 방법 / 상권설정 / 업태 및 업종별 상권의 분석 / 상권 · 입지분석의 제이론 / 상권조사의 방법과 분석
	입지분석	입지의 개요	도매입지와 소매입지의 개요 / 업태 및 업종과 입지 / 물류와 입지
		입지별 유형	지역 공간 구조 / 도심입지 / 쇼핑센터입지 / 기타입지
		입지선정 및 분석	입지선정의 의의 / 입지영향인자 / 업태별 입지 개발방법 / 경쟁점(채널) 분석 / 입지의 선정
	개점 전략	개점 계획	점포개점 의의 및 원칙 / 투자의 기본계획 / 개점입지에 대한 법률규제검토
		개점과 폐점	출점 및 개점 / 점포개점을 위한 준비 / 업종전환과 폐점

제3과목	대분류	중분류	세분류
유통마케팅 (25문항)	유통마케팅 전략기획	유통마케팅전략	시장 세분화 / 목표시장 선정 / 포지셔닝 전략
		유통경쟁 전략	유통경쟁의 개요 / 유통경쟁의 형태 / 소매업태의 성장과 경쟁 / 글로벌 경쟁전략 / 서비스 마케팅
		상품관리 및 머천다이징 전략	머천다이징 및 상품관리의 개요 / 머천다이징과 브랜드 / 업태별 머천다이징 및 상품기획 / 상품 카테고리 계획과 관리 / 상품매입과 구매계획 / 상품수명주기별 상품관리전략 / 단품관리전략
		가격관리전략	가격관리의 개요 / 가격설정의 방법 / 가격설정 정책 / 업태별 가격관리
		촉진관리전략	촉진관리전략의 개요 / 프로모션믹스 / 업태별 촉진전략(옴니채널, O2O, O4O 등) / e-Retailing촉진 / 소매정보와 촉진
	디지털 마케팅 전략	소매점의 디지털 마케팅 전략	디지털 마케팅에 대한 이해 / 온라인 구매결정과정에 대한 이해 / 소매점의 디지털 마케팅을 위한 목표결정 / 타겟 고객층 파악 / 경쟁분석과 마케팅 포지셔닝
		웹사이트 및 온라인 쇼핑몰 구축	사용자 경험(UX)에 대한 이해 / 온라인 쇼핑몰의 중요성과 이점 / 온라인 쇼핑몰 기능과 결제 시스템 / 검색엔진 마케팅과 검색엔진 최적화(SEO) / 보안과 개인정보 보호
		소셜미디어 마케팅	소셜미디어 플랫폼에 대한 이해 / 소셜미디어 마케팅 전략과 콘텐츠 제작 / 소셜미디어 광고
		데이터분석과 성과측정	디지털 마케팅 데이터 분석의 개요 / 효과적인 분석도구와 측정지표 / 사용자 데이터 수집과 분석
	점포관리	점포구성	점포구성의 개요 / 점포의 구성과 설계 / 점포 디자인 / 온라인 쇼핑몰 구성과 설계 / 온라인 쇼핑몰 UI, UX 등
		매장 레이아웃 및 디스플레이	매장 레이아웃의 개요 / 매장의 구성과 분류 / 매장 배치와 통로 설정 / 상품진열의 조건 및 형식 / 상품진열 및 배열기법 / 비주얼 프리젠테이션 개요 및 기술 / 컬러 머천다이징의 기초지식 / 디스플레이 웨어와 POP 광고 취급 방법
		매장 환경관리	매장환경의 개요 / 매장 내외부 환경관리 / 매장 구성요소와 관리 및 통제 / 매장 안전관리

상품판매와 고객관리	상품판매	상품판매의 개요 / 판매서비스 / 상품 로스(Loss)관리	
	고객관리	고객의 이해 / 고객관리의 개요 / 고객정보의 수집과 활용 / 고객응대기법	
	CRM전략 및 구현방안	CRM의 배경 및 장점 / CRM의 도입방법 및 고려사항 / CRM의 정의 및 필요성 / CRM의 유형 / CRM 구현 단계 / 유통기업의 CRM 구축방안	
유통마케팅 조사와 평가	유통마케팅 조사	유통마케팅 조사의 개요 / 유통마케팅 조사의 방법과 절차 / 유통마케팅 자료분석기법	
	유통마케팅 성과평가	유통마케팅 성과평가의 개요 / 유통마케팅 목표의 평가 / 유통업의 성과평가 / 경로구성원의 평가 / 영향력 및 갈등 평가 / 온라인유통마케팅의 성과지표(전환율, 노출수, CPC, CPM 등)	

제4과목	대분류	중분류	세분류
유통 정보 (20문항)	유통정보의 이해	정보의 개념과 정보화 사회	정보와 자료의 개념 / 정보 · 자료 · 지식 간의 관계 / 정보혁명의 의의와 특성 / 정보화 사회의 개요 / 정보화 사회의 특징과 문제점 / 정보의 유형
		정보와 유통혁명	유통정보혁명의 시대 / 유통업에 있어서의 정보혁명 / 정보화 진전에 따른 유통업태의 변화
		정보와 의사결정	의사결정의 이해 / 의사결정의 종류와 정보 / 의사결정의 단계와 정보 / 의사결정지원 정보시스템(DSS, GDSS, EIS 등) / 지식경영과 지식관리시스템 활용
		유통정보시스템	유통정보시스템의 개념 / 유통정보시스템의 유형 / 유통정보시스템의 운영 환경적 특성 / 유통정보시스템의 구성요소 / 유통정보시스템의 기획 / 유통정보시스템의 분석 · 설계 · 구축 / 정보 네트워크
	주요 유통정보화 기술 및 시스템	바코드, POS EDI, QR 시스템 구축 및 효과	바코드의 개념 및 활용 / POS의 개념 및 활용 / EDI의 개념 및 활용 / QR의 개념 및 활용

유통정보의 관리와 활용	데이터관리	데이터베이스, 데이터웨어하우징, 데이터마트 / 빅데이터, R, 데이터마이닝 등 데이터 수집·분석·관리기술 및 관련 장비 / 데이터 거버넌스
	개인정보보호와 프라이버시	개인정보보호 개념 / 개인정보보호 정책 / 개인정보보호 기술 / 보안시스템 / 프라이버시 개념 / 프라이버시 보호 정책 / 프라이버시 보호 기술
	고객충성도 프로그램	고객충성도 프로그램의 개념과 필요성 / 고객충성도 프로그램을 위한 정보기술
전자상거래	전자상거래 운영	전자상거래 프로세스 / 물류 및 배송 관리 시스템 / 전자결제 시스템
유통혁신을 위한 정보자원관리	ERP 시스템	ERP 개념 / ERP 요소기술 / ERP 구축 / 유통분야에서의 ERP 활용
	CRM 시스템	CRM 개념 / CRM 요소기술 / CRM 구축 / 유통분야에서의 CRM 활용
	SCM 시스템	SCM 개념 / SCM 요소기술 / SCM 구축 / 유통분야에서의 SCM 활용
신융합기술의 유통분야에서의 응용	신융합기술	신융합기술 개요 / 디지털 신기술 현황 / 신융합 핵심 기술 / 신융합기술에 따른 유통업체 비즈니스 모델 변화
	신융합기술의 개념 및 활용	빅데이터와 애널리틱스의 개념 및 활용 / 인공지능의 개념 및 활용 / RFID와 사물인터넷의 개념 및 활용 / 로보틱스와 자동화의 개념 및 활용 / 블록체인과 핀테크의 개념 및 활용 / 클라우드컴퓨팅의 개념 및 활용 / 가상현실과 메타버스의 개념 및 활용 / 스마트물류와 자율주행의 개념 및 활용

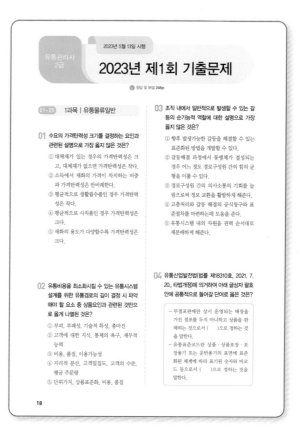

01~25 | 1과목 | 유통물류일반

01 수요의 가격탄력성 크기를 결정하는 요인과 관련된 설명으로 가장 옳지 않은 것은?

① 대체재가 있는 경우의 가격탄력성은 크고, 대체재가 없으면 가격탄력성은 작다.
② 소득에서 재화의 가격이 차지하는 비중과 가격탄력성은 반비례한다.
③ 평균적으로 생활필수품인 경우 가격탄력성은 작다.
④ 평균적으로 사치품인 경우 가격탄력성은 크다.
⑤ 재화의 용도가 다양할수록 가격탄력성은 크다.

02 유통비용을 최소화시킬 수 있는 유통시스템 설계를 위한 유통경로의 길이 결정 시 파악해야 할 요소 중 상품요인과 관련된 것만으로 옳게 나열된 것은?

① 부피, 부패성, 기술적 특성, 총마진
② 고객에 대한 지식, 통제의 욕구, 재무적 능력
③ 비용, 품질, 이용가능성
④ 지리적 분산, 고객밀집도, 고객의 수준, 평균 주문량
⑤ 단위가치, 상품표준화, 비용, 품질

03 조직 내에서 일반적으로 발생할 수 있는 갈등의 순기능적 역할에 대한 설명으로 가장 옳지 않은 것은?

① 향후 발생가능한 갈등을 해결할 수 있는 표준화된 방법을 개발할 수 있다.
② 갈등해결 과정에서 동맹체가 결성되는 경우 어느 정도 경로구성원 간의 힘의 균형을 이룰 수 있다.
③ 경로구성원 간의 의사소통의 기회를 늘림으로써 정보 교환을 활발하게 해준다.
④ 고충처리와 갈등 해결의 공식창구와 표준절차를 마련하는데 도움을 준다.
⑤ 유통시스템 내의 자원을 권력 순서대로 재분배하게 해준다.

04 유통산업발전법(법률 제18310호, 2021. 7. 20., 타법개정)에 의거하여 아래 글상자 괄호 안에 공통적으로 들어갈 단어로 옳은 것은?

- 무점포판매란 상시 운영되는 매장을 가진 점포를 두지 아니하고 상품을 판매하는 것으로서 (   )으로 정하는 것을 말한다.
- 유통표준코드란 상품 · 상품포장 · 포장용기 또는 운반용기의 표면에 표준화된 체계에 따라 표기된 숫자와 바코드 등으로서 (   )으로 정하는 것을 말한다.

18

2021~2023년까지의 최근 3개년 기출문제를 동형 그대로 빠짐없이 수록하였습니다. 이를 통해 올해 시험의 출제유형이 어떨지 예상하고 알맞은 공부 계획을 수립할 수 있습니다.

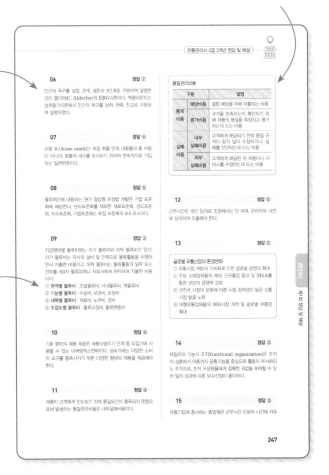

핵심정리

기출문제로 출제된 범위의 중요 이론을 보다 상세히 학습할 수 있도록, 해당 문제의 주제를 면밀히 분석하고 그의 가장 밀접한 이론의 핵심만을 요약하여 정리하였습니다.

정답해설

해당 보기가 문제의 정답이 되는 이유를 논리적이고 명확하게 설명하였습니다. 또한 유사한 문제뿐만 아니라 응용문제까지도 폭넓게 대처할 수 있도록, 경우에 따라 정답과 관련된 배경 이론이나 참고 사항 등을 수록하였습니다.

오답해설

다른 보기들이 오답이 되는 이유를 각 보기별로 세세하게 설명하고 유사문제에서 오답을 확실히 피할 수 있도록 문제의 요지에 초점을 맞추어 필요한 보충 설명을 제시하였습니다.

이 책의 목차

2023년

회차	문제	해설
제1회	18	246
제2회	45	257
제3회	71	269

2022년

회차	문제	해설
제1회	98	282
제2회	123	293
제3회	146	304

2021년

회차	문제	해설
제1회	172	318
제2회	197	330
제3회	222	340

Study Plan

2급 ▼

연도	회차	과목	학습예상일	학습일	학습시간
2023년	제1회	유통물류일반관리(01~25)			
		상권분석(26~45)			
		유통마케팅(46~70)			
		유통정보(71~90)			
	제2회	유통물류일반관리(01~25)			
		상권분석(26~45)			
		유통마케팅(46~70)			
		유통정보(71~90)			
	제3회	유통물류일반관리(01~25)			
		상권분석(26~45)			
		유통마케팅(46~70)			
		유통정보(71~90)			
2022년	제1회	유통물류일반관리(01~25)			
		상권분석(26~45)			
		유통마케팅(46~70)			
		유통정보(71~90)			
	제2회	유통물류일반관리(01~25)			
		상권분석(26~45)			
		유통마케팅(46~70)			
		유통정보(71~90)			
	제3회	유통물류일반관리(01~25)			
		상권분석(26~45)			
		유통마케팅(46~70)			
		유통정보(71~90)			
2021년	제1회	유통물류일반관리(01~25)			
		상권분석(26~45)			
		유통마케팅(46~70)			
		유통정보(71~90)			
	제2회	유통물류일반관리(01~25)			
		상권분석(26~45)			
		유통마케팅(46~70)			
		유통정보(71~90)			
	제3회	유통물류일반관리(01~25)			
		상권분석(26~45)			
		유통마케팅(46~70)			
		유통정보(71~90)			

2023년

유통관리사 2급 3개년 기출문제

제1회 기출문제 (2023년 5월 13일 시행)

제2회 기출문제 (2023년 8월 26일 시행)

제3회 기출문제 (2023년 11월 25일 시행)

`01~25` 1과목 | 유통물류일반

01 수요의 가격탄력성 크기를 결정하는 요인과 관련된 설명으로 가장 옳지 않은 것은?

① 대체재가 있는 경우의 가격탄력성은 크고, 대체재가 없으면 가격탄력성은 작다.
② 소득에서 재화의 가격이 차지하는 비중과 가격탄력성은 반비례한다.
③ 평균적으로 생활필수품인 경우 가격탄력성은 작다.
④ 평균적으로 사치품인 경우 가격탄력성은 크다.
⑤ 재화의 용도가 다양할수록 가격탄력성은 크다.

02 유통비용을 최소화시킬 수 있는 유통시스템 설계를 위한 유통경로의 길이 결정 시 파악해야 할 요소 중 상품요인과 관련된 것만으로 옳게 나열된 것은?

① 부피, 부패성, 기술적 특성, 총마진
② 고객에 대한 지식, 통제의 욕구, 재무적 능력
③ 비용, 품질, 이용가능성
④ 지리적 분산, 고객밀집도, 고객의 수준, 평균 주문량
⑤ 단위가치, 상품표준화, 비용, 품질

03 조직 내에서 일반적으로 발생할 수 있는 갈등의 순기능적 역할에 대한 설명으로 가장 옳지 않은 것은?

① 향후 발생가능한 갈등을 해결할 수 있는 표준화된 방법을 개발할 수 있다.
② 갈등해결 과정에서 동맹체가 결성되는 경우 어느 정도 경로구성원 간의 힘의 균형을 이룰 수 있다.
③ 경로구성원 간의 의사소통의 기회를 늘림으로써 정보 교환을 활발하게 해준다.
④ 고충처리와 갈등 해결의 공식창구와 표준절차를 마련하는데 도움을 준다.
⑤ 유통시스템 내의 자원을 권력 순서대로 재분배하게 해준다.

04 유통산업발전법(법률 제18310호, 2021. 7. 20., 타법개정)에 의거하여 아래 글상자 괄호 안에 공통적으로 들어갈 단어로 옳은 것은?

> - 무점포판매란 상시 운영되는 매장을 가진 점포를 두지 아니하고 상품을 판매하는 것으로서 ( )으로 정하는 것을 말한다.
> - 유통표준코드란 상품 · 상품포장 · 포장용기 또는 운반용기의 표면에 표준화된 체계에 따라 표기된 숫자와 바코드 등으로서 ( )으로 정하는 것을 말한다.

① 대통령령
② 중소벤처기업부령
③ 과학기술정보통신부장관령
④ 산업통상자원부령
⑤ 국무총리령

05 아래 글상자의 6시그마 실행 단계를 순서대로 바르게 나열한 것은?

> ㉠ 개선된 상태가 유지될 수 있도록 관리한다.
> ㉡ 핵심품질특성(CTQ)과 그에 영향을 주는 요인의 인과관계를 파악한다.
> ㉢ 현재 CTQ 충족정도를 측정한다.
> ㉣ CTQ를 파악하고 개선 프로젝트를 선정한다.
> ㉤ CTQ의 충족 정도를 높이기 위한 방법과 조건을 찾는다.

① ㉣ – ㉡ – ㉢ – ㉤ – ㉠
② ㉤ – ㉣ – ㉢ – ㉡ – ㉠
③ ㉢ – ㉠ – ㉡ – ㉣ – ㉤
④ ㉣ – ㉢ – ㉡ – ㉤ – ㉠
⑤ ㉢ – ㉡ – ㉠ – ㉣ – ㉤

06 동기부여와 관련된 여러 가지 학설에 대한 설명으로 옳지 않은 것은?

① 매슬로우는 인간의 욕구를 생리적 욕구부터 자아실현의 욕구까지 총 5단계로 구분하여 설명하였다.
② 맥클리란드는 성장, 관계, 생존의 3단계로 구분하여 설명하였다.
③ 알더퍼의 경우 한 차원 이상의 욕구가 동시에 동기부여 요인으로 사용될 수 있다고 주장하였다.
④ 허쯔버그의 동기요인에는 승진가능성과 성장가능성이 포함된다.
⑤ 허쯔버그의 위생요인에는 급여와 작업조건이 포함된다.

07 화인 표시의 종류와 설명의 연결이 옳지 않은 것은?

① 품질 표시(quality mark)는 내용품의 품질이나 등급을 표시한다.
② 주의 표시(care mark)는 내용물의 취급상 주의 사항을 표시한다.
③ 목적항 표시(destination mark)는 선적·양륙 작업을 용이하게 하고 화물이 잘못 배송되는 일이 없도록 목적항을 표시한다.
④ 수량 표시(case mark)는 포장 화물 안의 내용물의 총 수량을 표시한다.
⑤ 원산지 표시(origin mark)는 관세법규에 따라 표시하는 수출물품의 원산지를 표시한다.

08 물류합리화 방안의 하나인 포장 표준화에 관한 내용으로 옳지 않은 것은?

① 재료표준화 – 환경대응형 포장 재료의 개발
② 강도표준화 – 품목별 적정 강도 설정
③ 치수표준화 – 표준 팰릿(pallet)의 선정
④ 관리표준화 – 포장재 구매 기준 및 사후 관리 기준 제정
⑤ 가격표준화 – 물류여건에 대응하는 원가 절감형 포장법 개발

09 물류비를 분류하는 다양한 기준 중에서 지급형태별 물류비로만 옳게 나열된 것은?

① 조달물류비, 사내물류비, 역물류비
② 수송비, 보관비, 포장비
③ 자가 물류비, 위탁 물류비
④ 재료비, 노무비, 경비
⑤ 조업도별 물류비, 기타 물류비

10 제품수명주기 단계 중 성숙기에 사용할 수 있는 마케팅 믹스 전략으로 옳지 않은 것은?

① 브랜드와 모델의 다양화
② 경쟁사에 대응할 수 있는 가격
③ 브랜드 차별화와 편익을 강조한 광고
④ 기본 형태의 제품 제공
⑤ 집중적 유통의 강화

11 제품이 고객에게 인도되기 전에 품질요건이 충족되지 못함으로써 발생하는 품질관리 비용으로 옳은 것은?

① 생산준비비용　② 평가비용
③ 예방비용　④ 내부실패비용
⑤ 외부실패비용

12 소매점에서 발생할 수 있는 각종 비윤리적 행동에 대한 대처방안으로 옳지 않은 것은?

① 소매점의 경우 공적비용과 사적비용의 구분이 모호할 수 있기에 공금의 사적 이용을 방지하기 위해 엄격한 규정이 필요하다.
② 과다 재고, 재고로스 발생을 허위로 보고하지 않도록 철저하게 확인해야 한다.
③ 협력업체와의 관계에서 우월적 지위 남용을 하지 않아야 한다.
④ 회사명의의 카드를 개인적으로 사용하는 행위를 사전에 방지해야 한다.
⑤ 큰 피해가 없다면 근무 시간은 개인적으로 조정하여 활용한다.

13 아래 글상자 내용 중 글로벌 유통산업 환경 변화의 설명으로 옳은 것을 모두 고르면?

> ㉠ 유통시장 개방의 가속화
> ㉡ 주요 소매업체들의 해외 신규출점 증대 및 M&A를 통한 초대형화 추진
> ㉢ 선진국 시장이 포화되어감에 따라 시장 잠재성이 높은 신규시장 발굴에 노력
> ㉣ 대형유통업체들은 해외시장 진출확대를 통해 성장을 도모

① ㉠, ㉡ 　　　② ㉠, ㉢

③ ㉠, ㉣ 　　　④ ㉡, ㉢, ㉣

⑤ ㉠, ㉡, ㉢, ㉣

14 테일러의 기능식 조직(functional organization)에 대한 단점으로 옳지 않은 것은?

① 명령이 통일되지 않아 전체의 질서적 관리가 문란해지는 경우가 있다.
② 각 관리자가 담당하는 전문적 기능에 대한 합리적 분할이 실제상 용이하지 않다.
③ 일의 성과에 따른 보수를 산정하기 어렵다.
④ 상위자들의 마찰이 일어나기 쉽다.
⑤ 각 직원이 차지하는 직능이 지나치게 전문화되어 그 수가 많아지면 간접적 관리자가 증가된다.

15 유통기업에 종사하는 종업원의 권리로 옳지 않은 것은?

① 일할 권리
② 근무 시간 중에도 사생활을 보호받을 권리
③ 근무시간 이외의 시간은 자유의사에 따라 정치활동을 제외한 외부활동을 자유롭게 할 수 있는 권리
④ 안전한 작업장에서 근무할 수 있도록 요구할 권리
⑤ 노동조합을 결성하고 파업과 같은 단체행동을 할 수 있는 권리

16 도매상의 혁신전략과 내용 설명이 옳지 않은 것은?

구분	혁신전략	내용
㉠	도매상의 합병과 매수	기존시장에서의 지위확보, 다각화를 위한 전후방 통합
㉡	자산의 재배치	회사의 핵심사업 강화 목적, 조직의 재설계
㉢	회사의 다각화	유통다각화를 통한 유통라인 개선
㉣	전방과 후방통합	이윤과 시장에서의 지위 강화를 위한 통합
㉤	자산가치가 높은 브랜드의 보유	창고 자동화, 향상된 재고관리

① ㉠　　　　② ㉡

③ ㉢　　　　④ ㉣

⑤ ㉤

17 유통경로 기능에 관한 설명으로 옳지 않은 것은?

① 교환과정의 촉진

② 소비자와 제조업체의 연결

③ 제품구색 불일치의 완화

④ 고객서비스 제공

⑤ 경로를 통한 유통기능의 제거

18 아래 글상자에서 설명하는 유통경영조직의 원칙으로 옳은 것은?

> 조직의 공통목적을 달성하기 위하여 각 부문이나 각 구성원의 충돌을 해소하고 조직 제 활동의 내적 균형을 꾀하고, 조직의 느슨한 부분을 조절하려는 원칙

① 기능화의 원칙　　② 권한위양의 원칙

③ 명령통일의 원칙　④ 관리한계의 원칙

⑤ 조정의 원칙

19 최상위 경영전략인 기업 수준의 경영전략으로 옳지 않은 것은?

① 새로운 시장에 기존의 제품으로 진입하여 시장을 확장하는 시장개발전략

② 기존 시장에 새로운 제품으로 진입하기 위한 제품개발전략

③ 경쟁사에 비해 우수한 품질의 제품을 제공하려는 차별화전략

④ 기존 제품의 품질 향상을 통해 시장점유율을 높이려는 시장침투전략

⑤ 기존 사업과 연관된 다른 사업을 인수하여 고객을 확보하려는 다각화전략

20 마이클 포터의 5가지 세력 모델과 관련한 설명으로 옳지 않은 것은?

① 과업 환경을 분석하는 것으로 이해관계자 분석이라 할 수 있다.

② 산업 내 기업의 경쟁강도를 파악해야 한다.

③ 신규 진입자의 위험은 잠재적 경쟁업자의 진입 가능성으로 진입장벽의 높이와 관련이 있다.

④ 구매자의 교섭력과 판매자의 교섭력이 주요 요소로 작용한다.

⑤ 상호보완재의 유무가 중요한 경쟁요소로 작용한다.

21 아래 글상자 괄호 안에 들어갈 보관 원칙 정의가 순서대로 바르게 나열된 것은?

> – 출입구가 동일한 경우 입출하 빈도가 높은 상품을 출입구에서 가까운 장소에 보관하는 것은 (㉠)의 원칙이다.
> – 표준품은 랙에 보관하고 비표준품은 특수한 보관기기 및 설비를 사용하여 보관하는 것은 (㉡)의 원칙이다.

① ㉠ 유사성, ㉡ 명료성
② ㉠ 위치표시, ㉡ 네트워크 보관
③ ㉠ 회전대응 보관, ㉡ 형상 특성
④ ㉠ 명료성, ㉡ 중량 특성
⑤ ㉠ 동일성, ㉡ 유사성

22 도소매 물류서비스에서 고객서비스에 영향을 주는 요인에 대한 설명으로 옳지 않은 것은?

① 일반적으로 품목의 가용성은 발주량, 생산량, 재고비용 등을 측정하여 파악할 수 있다.
② 예상치 못한 특별주문에 대한 대처 능력은 비상조치능력으로 파악할 수 있다.
③ 사전 주문 수량과 일치하는 재고 보유를 통해 결품을 방지하고 서비스 수준을 높일 수 있다.
④ 신뢰성은 리드타임과 안전한 인도, 정확한 주문이행 등에 의해 결정된다.
⑤ 고객과의 커뮤니케이션을 통해 고객 서비스 수준을 파악할 수 있다.

23 유통경영환경 분석을 위한 SWOT 분석 방법의 활용에 관한 설명으로 옳지 않은 것은?

① 기회를 최대화하고 위협을 최소화한 기업 자원의 효율적 사용이 목표이다.
② SO 상황에서는 강점을 적극적으로 활용한 시장기회선점 전략을 구사한다.
③ WT 상황에서는 약점을 보완하기 위해 투자를 대폭 강화한 공격적 전략을 구사한다.
④ WO 상황에서는 약점을 보완하여 시장의 기회를 활용할 수 있는 전략적 제휴를 실시한다.
⑤ ST 상황에서는 시장의 위협을 회피하기 위해 제품 확장 전략을 사용한다.

24 증권이나 상품과 같은 기업의 자산을 미리 정해 놓은 기간에 정해 놓은 가격으로 사거나 파는 권리인 옵션과 관련된 설명으로 옳지 않은 것은?

① 행사 가격은 미래에 옵션을 행사할 때 주식을 구입하는 대가로 지불하는 금액이다.
② 매도자는 권리만 가지고 매입자는 의무만을 가지는 전형적인 비대칭적인 계약이다.
③ 일반적으로 무위험이자율이 커질수록 행사가격의 현재 가치는 작아진다.
④ 옵션의 종류로는 콜옵션과 풋옵션이 있다.
⑤ 배당금이 클수록 콜옵션의 가격은 낮아진다.

25 모바일 쇼핑의 주요한 특성으로 옳지 않은 것은?

① 스마트폰이 상용화되면서 모바일 쇼핑이 증가하게 되었다.

② 기존의 유통업체들도 진출하는 추세로 경쟁이 치열해졌다.

③ 가격과 함께 쉽고 편리한 구매환경에 대한 중요성도 높아졌다.

④ 스마트폰을 통해 가격을 검색하고 오프라인 매장에서 실물을 보고 구매하는 쇼루밍(showrooming)이 증가하고 있다.

⑤ 정기적인 구매가 이루어지는 생필품은 모바일 쇼핑의 대표적인 판매 품목 중 하나이다.

26~45　　2과목 | 상권분석

26 경쟁점포가 상권에 미치는 일반적 영향에 관한 설명으로 가장 옳은 것은?

① 인접한 경쟁점포는 편의품점의 상권을 확장시킨다.

② 인접한 경쟁점포는 편의품점의 매출을 증가시킨다.

③ 인접한 경쟁점포는 선매품점의 상권을 확장시킨다.

④ 산재성입지에 적합한 업종일 때 인접한 경쟁점포는 매출증가에 유리하다.

⑤ 집재성입지에 적합한 업종은 인접한 동일업종 점포가 없어야 유리하다.

27 상권을 규정하는 요인에 대한 설명으로 옳지 않은 것은?

① 상권이란 시장지역이라고도 할 수 있으며, 상권을 규정하는 요인에는 시간요인과 비용요인이 있다.

② 시간요인 측면에서 봤을 때, 상품가치를 좌우하는 보존성이 강한 재화일수록 오랜 운송에 견딜 수 있으므로 상권이 확대된다.

③ 재화의 이동에서 사람을 매개로 하는 소매상권은 재화의 종류에 따라 비용이나 시간사용이 달라지므로 상권의 크기가 달라진다.

④ 비용요인에는 생산비, 운송비, 판매비용 등이 포함되며 비용이 상대적으로 저렴할수록 상권은 축소된다.

⑤ 고가의 제품일수록 소비자는 많은 시간과 비용을 투입하므로 상권의 범위가 넓어진다.

28 상권에 대한 일반적인 설명으로 가장 옳지 않은 것은?

① 업종이나 취급하는 상품의 종류는 상권의 범위에 영향을 준다.

② 사회적, 행정적 요인 등의 기준에 의한 확정적 개념이기에 초기 설정이 중요하다.

③ 가격이 비교적 낮고 구매 빈도가 높은 편의품의 경우 상권이 좁은 편이다.

④ 가격이 비교적 높고 수요 빈도가 낮은 전 문품의 경우 상권이 넓은 편이다.

⑤ 소자본 상권의 경우 유동인구가 많고 접 근성이 높은 곳이 유리하다.

29 크기나 정도가 증가할수록 소매점포 상권을 확장시키는 요인으로서 가장 옳은 것은?

① 자연적 장애물
② 인근점포의 보완성
③ 배후지의 소득수준
④ 배후지의 인구밀도
⑤ 취급상품의 구매빈도

30 신규로 소매점포를 개점하기 위한 준비과정 의 논리적 순서로서 가장 옳은 것은?

① 소매믹스설계 – 점포계획 – 상권분석 – 입지선정
② 소매믹스설계 – 상권분석 – 입지선정 – 점포계획
③ 점포계획 – 소매믹스설계 – 상권분석 – 입지선정
④ 상권분석 – 입지선정 – 소매믹스설계 – 점포계획
⑤ 상권분석 – 입지선정 – 점포계획 – 소 매믹스설계

31 소매점포의 입지는 도로조건 즉, 해당 부지 가 접하는 도로의 성격과 구조에 따라 영향 을 받는다. 도로조건에 대한 일반적 평가로 서 가장 옳지 않은 것은?

① 도로와의 접면 – 가로의 접면이 넓을수 록 유리함
② 곡선형 도로 – 곡선형 도로의 커브 안쪽 보다는 바깥쪽이 유리함
③ 도로의 경사 – 경사진 도로에서는 상부 보다 하부가 유리함
④ 일방통행 도로 – 가시성과 접근성 면에 서 유리함
⑤ 중앙분리대 – 중앙분리대가 있는 도로 는 건너편 고객의 접근성이 떨어지기 때 문에 불리함

32 점포를 이용하는 소비자나 점포 주변 거주 자들로부터 자료를 수집하여 현재 영업 중 인 점포의 상권범위를 파악하려는 조사기법 으로 보기에 가장 적합하지 않은 것은?

① 점두조사
② 내점객조사
③ 체크리스트(checklist)법
④ 지역표본추출조사
⑤ CST(customer spotting techniques)

33 점포입지의 매력성에 영향을 미치는 요인들을 상권요인과 입지요인으로 구분할 수 있다. 입지요인으로 가장 옳은 것은?

① 가구 특성　　② 경쟁 강도
③ 소득 수준　　④ 인구 특성
⑤ 점포 면적

① 영업 개시 전까지
② 영업 개시 30일 전까지
③ 영업 개시 60일 전까지
④ 대지나 건축물의 소유권 또는 사용권 확보 전까지
⑤ 대지나 건축물의 소유권 또는 사용권 확보 후 30일 전까지

34 소매입지 유형과 아래 글상자 속의 입지특성의 올바르고 빠짐없는 연결로서 가장 옳은 것은?

> ㉠ 고객흡인력이 강함
> ㉡ 점포인근에 거주인구 및 사무실 근무자가 많음
> ㉢ 점포주변 유동인구가 많음
> ㉣ 대형 개발업체의 개발계획으로 조성됨

① 백화점 － ㉠, ㉢, ㉣
② 독립입지 － ㉠, ㉡, ㉣
③ 도심입지 － ㉠, ㉢, ㉣
④ 교외 대형쇼핑몰 － ㉡, ㉢, ㉣
⑤ 근린쇼핑센터 － ㉠, ㉡, ㉣

36 소비자가 상권 내의 세 점포 중에서 하나를 골라 어떤 상품을 구매하려고 한다. 세 점포의 크기와 점포까지의 거리는 아래의 표와 같다. Huff모형을 이용할 때, 세점포에 대해 이 소비자가 느끼는 매력도의 크기가 큰 것부터 제대로 나열된 것은? (단, 소비자의 점포크기에 대한 민감도 = 1, 거리에 대한 민감도 모수 = 2로 계산)

점포	거리(Km)	점포크기(제곱미터)
A	4	50,000
B	6	70,000
C	3	40,000

① A＞C＞B　　② B＞A＞C
③ B＞C＞A　　④ C＞A＞B
⑤ C＞B＞A

35 "유통산업발전법"(법률 제18310호, 2021. 7. 20., 타법개정)이 정한 "전통상업보존구역"에 "준대규모점포"를 개설하려고 할 때 개설등록 기한으로서 옳은 것은?

37 대형마트, 대형병원, 대형공연장 등 대규모 서비스업종의 입지 특성에 대한 아래의 내용 중에서 옳지 않은 것은?

① 대규모 서비스업은 나홀로 독자적인 입지선택이 가능하다.

② 상권 및 입지적 특성을 반영한 매력도와 함께 서비스나 마케팅력이 매우 중요하다.

③ 주로 차량을 이용하는 고객이 많고, 상권범위는 반경 2~3km 이상이라고 볼 수 있다.

④ 경쟁점이 몰려있으면 상호보완효과가 높아지므로 경쟁력은 입지에 의해 주로 정해진다.

⑤ 대규모 서비스업은 유동인구에 의존하는 적응형 입지보다는 목적형 입지유형에 해당한다.

38 지리학자인 크리스탈러(W. Christaller)의 중심지이론의 기본적 가정과 개념에 대한 설명으로 옳지 않은 것은?

① 중심지 활동이란 중심지에서 재화와 서비스가 제공되는 활동을 의미한다.

② 중심지에서 먼 곳은 재화와 서비스를 제공받지 못하게 된다고 가정한다.

③ 조사대상 지역은 구매력이 균등하게 분포하고 끝이 없는 등방성의 평지라고 가정한다.

④ 최소요구범위는 생산자가 정상이윤을 얻을 만큼 충분한 소비자들을 포함하는 경계까지의 거리이다.

⑤ 중심지이론은 인간의 각종 활동공간이 어떤 핵을 중심으로 배열되어 있다는 인식에서 비롯되었다.

39 대형 쇼핑센터의 주요 공간구성요소에 대한 설명으로서 가장 옳은 것은?

① 지표(landmark) – 경계선이며 건물에서 꺾이는 부분에 해당

② 선큰(sunken) – 길찾기를 위한 방향성 제공

③ 결절점(node) – 교차하는 통로의 접합점

④ 구역(district) – 지하공간의 쾌적성과 접근성을 높임

⑤ 에지(edge) – 공간과 공간을 분리하여 영역성을 부여

40 소매점의 상권분석은 점포를 신규로 개점하는 경우에도 필요하지만 기존 점포의 경영을 효율화 하려는 목적으로도 다양하게 활용될 수 있다. 상권분석의 주요 목적으로 보기에 가장 연관성이 떨어지는 것은?

① 소매점의 경영성과를 반영한 점포의 위치이동, 면적확대, 면적축소 등으로 인한 매출변화를 예측할 수 있다.

② 다점포를 운영하는 체인업체가 특정 상권 내에서 운영할 수 있는 적정 점포수를 파악할 수 있다.

③ 소매점을 이용하는 소비자들의 인구통계적 특성들을 파악하여 보다 성공적인 소매전략을 수립하는데 도움을 준다.

④ 소매점을 둘러싸고 있는 상권내외부의 소비자를 상대로 하는 촉진활동의 초점이 명확해질 수 있다.

⑤ 상품제조업체와의 공급체인관리(SCM)를 개선하여 물류비용을 절감할 수 있는 정보를 얻을 수 있다.

2023년 제1회 기출문제

41 점포의 매매나 임대차시 필요한 점포 권리분석을 위해서 공부서류를 이용할 수 있다. 이들 공부서류와 확인 가능한 내용의 연결이 옳지 않은 것은?

① 지적도 – 토지의 모양과 경계, 도로 등을 확인할 수 있음

② 등기사항전부증명서 – 소유권 및 권리관계 등을 알 수 있음

③ 건축물대장 – 건물의 면적, 층수, 용도, 구조 등을 확인할 수 있음

④ 토지초본 – 토지의 소재, 지번, 지목, 면적 등을 확인할 수 있음

⑤ 토지이용계획확인서 – 토지를 규제하는 도시계획 상황을 확인할 수 있음

42 상권분석 과정에 활용도가 큰 지리정보시스템(GIS)에 관한 설명으로서 가장 옳지 않은 것은?

① 지도작성체계와 데이터베이스관리체계의 결합으로 상권분석의 유용한 도구가 되고 있다.

② 데이터베이스와 함께 활용하기 위해 수치지도보다는 디지털지도가 필요하다.

③ 지도상에 지리적인 형상을 표현하고 데이터의 값과 범위를 지리적인 형상에 할당하고 지도를 확대·축소하는 기능을 위상이라 한다.

④ 빅데이터를 활용하는 지리정보시스템(GIS)과 고객관계관리(CRM)의 합성어인 "gCRM"을 활용하기도 한다.

⑤ 속성정보를 요약하여 표현한 지도를 작성하며, 점, 선, 면의 형상으로 주제도를 작성하기도 한다.

43 상권분석 과정에서 점포의 위치와 해당 점포를 이용하는 소비자의 분포를 공간적으로 표현할 때 보편적으로 관찰되는 거리감소효과(distance decay effect)에 대한 설명으로 옳지 않은 것은?

① 고객점표(CST) 지도를 이용하면 쉽게 관찰할 수 있다.

② 거리조락현상 또는 거리체증효과라고도 한다.

③ 거리 마찰에 따른 비용과 시간의 증가 때문에 나타난다.

④ 유사점포법, 회귀분석법을 이용하여 확인할 수 있다.

⑤ 점포로부터 멀어질수록 고객의 밀도가 낮아지는 경향을 말한다.

44 아래 글상자의 내용에서 말하는 장단점은 어떤 형태의 소매점포 출점에 대한 내용인가?

장점	단점
– 직접 소유로 인한 장기간 영업 – 영업상의 신축성 확보 – 새로운 시설 확보 – 구조 및 설계 유연성	– 초기 고정투자부담이 큼 – 건설 및 인허가기간 소요 – 적당한 부지 확보 어려움 – 점포 이동 등의 입지변경 어려움

① 기존건물에 속한 점포임대
② 기존건물 매입
③ 부지매입 건물신축
④ 기존건물의 점포매입
⑤ 신축건물 임대

45 확률적으로 매출액이나 상권의 범위를 예측하는 상권분석 기법들에서 이론적 근거로 이용하고 있는 Luce의 선택공리와 관련이 없는 것은?

① 공간상호작용모델(SIM)은 소매점의 상권분석과 입지의사결정에 이용하는 근거가 된다.
② 특정 선택대안의 효용이 다른 대안보다 높을수록 선택될 확률이 높다고 가정한다.
③ 어떤 대안이 선택될 확률은 그 대안이 갖는 효용을 전체 선택대안들이 가지는 효용의 총합으로 나눈 값과 같다고 본다.
④ 소비자가 어느 점포에 대해 느끼는 효용이 가장 크더라도 항상 그 점포를 선택하지 않을 수 있다고 인식한다.
⑤ Reilly의 소매중력모형, Huff모형, MNL모형은 Luce의 선택공리를 근거로 하는 대표적 상권분석 기법들이다.

46~70 3과목 | 유통마케팅

46 광고 매체를 선정할 때 고려해야 할 여러 가지 요인에 대한 설명으로 옳지 않은 것은?

① 도달범위(reach)란 일정기간 동안 특정 광고에 적어도 한 번 이상 노출된 청중의 수 또는 비율을 말한다.

② GRP(gross rating points)란 광고효과를 계량화하여 측정하기 위한 기준으로 보통 시청자들의 광고인지도를 중심으로 측정한다.

③ 광고스케줄링이란 일정기간 동안 광고예산을 어떻게 배분하여 집행할 것인가에 대한 결정이다.

④ 도달빈도(frequency)란 일정기간 동안 특정광고가 한 사람에게 노출된 평균 횟수를 말한다.

⑤ CPRP(cost per rating points)란 매체비용을 시청률로 나눈 비용이라 할 수 있다.

47 매장 레이아웃(layout)에 대한 설명으로 가장 옳지 않은 것은?

① 격자형 배치는 고객이 매장 전체를 둘러보고 자신이 원하는 상품을 쉽게 찾을 수 있게 한다.

② 격자형 배치는 다른 진열방식에 비해 공간효율성이 높고 비용면에서 효과적이다.

③ 경주로형 배치는 고객들이 다양한 매장의 상품을 볼 수 있게 하여 충동구매를 유발할 수 있다.

④ 자유형 배치는 규모가 작은 전문매장이나 여러 개의 소규모 전문매장이 있는 대형점포의 배치 방식이다.

⑤ 자유형 배치는 고객들이 주 통로를 지나다니면서 다양한 각도의 시선으로 상품을 살펴볼 수 있다.

48 전략적 CRM(customer relationship management)의 적용과정으로서 가장 옳지 않은 것은?

① 정보관리과정
② 전략 개발과정
③ 투자 타당성 평가 과정
④ 가치창출 과정
⑤ 다채널 통합과정

2023년 제1회 기출문제

49 도매상의 마케팅믹스전략에 관한 설명으로 가장 옳지 않은 것은?

① 소매상이나 제조업자와 마찬가지로 거래 규모나 시기에 따른 가격할인 또는 매출 증대를 위한 가격인하 등의 가격변화를 시도하기도 한다.

② 제조업자가 제공하는 촉진물과 촉진프로그램을 적극 활용할 뿐만 아니라 자체적인 촉진프로그램의 개발을 통해 고객인 소매상을 유인하여야 한다.

③ 도매상은 소매상에게 제공해야 할 제품 구색과 서비스 수준을 결정해야 한다.

④ 도매상은 최종소비자를 대상으로 영업활동을 하는 것이기 때문에 점포와 같은 물리적인 시설에 비용투자를 해야 한다.

⑤ 일반적으로 도매상은 소요비용을 충당하기 위해 원가에 일정비율을 마진으로 가산하는 원가중심가격결정법을 사용한다.

50 소매업체들의 서비스 마케팅 관리를 위한 서비스마케팅믹스(7P)로 옳지 않은 것은?

① 장소(place)

② 가능 시간(possible time)

③ 사람(people)

④ 물리적 환경(physical evidence)

⑤ 과정(process)

51 머천다이징의 개념에 관한 설명 중 가장 옳지 않은 것은?

① 소매점포가 소비자들의 특성에 적합한 제품들을 잘 선정해서 매입하고 진열하는 것이다.

② 소매업체가 좋은 제품을 찾아서 좋은 조건에 매입해서 진열하는 것과 관련된 모든 것을 말한다.

③ 고객의 니즈를 만족시킬 뿐만 아니라 수요를 적극적으로 창출하기 위한 상품화 계획을 의미한다.

④ 제품계획 혹은 상품화활동은 상품의 시장성을 향상시킬 수 있는 계획활동이다.

⑤ 제품 및 제품성과에 대한 소비자들의 지각과 느낌을 상징한다.

52 구매자들을 라이프 스타일 또는 개성과 관련된 특징들을 근거로 서로 다른 시장으로 세분화하는 것을 지칭하는 개념으로 옳은 것은?

① 지리적 세분화

② 인구통계적 세분화

③ 행동적 세분화

④ 심리묘사적 세분화

⑤ 시장형태의 세분화

53 제품믹스(product mix) 또는 제품포트폴리오(product portfolio)의 특성 중에서 "제품라인 내 제품품목(product item)의 수"를 일컫는 말로 옳은 것은?

① 제품믹스의 깊이(product mix depth)
② 제품믹스의 폭(product mix width)
③ 제품믹스의 일관성
  (product mix consistency)
④ 제품믹스의 길이(product mix length)
⑤ 제품믹스의 구성
  (product mix composition)

54 아래 글상자의 (㉠)과 (㉡)에 들어갈 용어로 가장 옳은 것은?

> 유통경로에서의 수직적 통합에는 두 가지 유형이 있다. (㉠)은(는) 제조회사가 도·소매업체를 소유하거나, 도매상이 소매업체를 소유하는 것과 같이 공급망의 상류 기업이 하류의 기능을 통합하는 것이다. 반면 (㉡)은 도·소매업체가 제조기능을 수행하거나 소매업체가 도매기능을 수행하는 것과 같이 공급망의 하류에 위치한 기업이 상류의 기능까지 통합하는 것이다.

① ㉠ 후방통합, ㉡ 전방통합
② ㉠ 전방통합, ㉡ 후방통합
③ ㉠ 경로통합, ㉡ 전방통합
④ ㉠ 전략적 제휴, ㉡ 후방통합
⑤ ㉠ 전략적 제휴, ㉡ 경로통합

55 아래 글상자의 내용과 관련하여 가장 옳지 않은 것은?

> ㉠ 기존 자사 제품을 통해 기존 시장에서 매출액이나 시장점유율을 높이기 위한 전략이다.
> ㉡ 두 개 이상의 소매업체 간의 자원을 공동으로 이용하여 소유권, 통제권, 이익이 공유되는 새로운 회사를 설립할 때 활용하는 전략이다.
> ㉢ 기존의 제품으로 새로운 유통경로를 개척하여 시장을 확장하는 전략이다.

① ㉠은 소매업체의 성장전략 중 시장침투전략에 대한 설명이다.
② ㉠은 자사 점포에서 쇼핑하지 않은 고객을 유인하거나 기존 고객들이 더 많은 상품을 구매하도록 유인하는 전략이다.
③ ㉡은 위험이 낮고 투자가 적게 요구되는 전략이지만, 가맹계약 해지를 통해 경쟁자가 되는 위험을 가지고 있다.
④ ㉡은 소매업체가 해외시장에 진출할 때 활용되는 진입전략 중 하나이다.
⑤ ㉢은 새로운 시장에서 기존 소매업태를 이용하는 성장전략이다.

56 로열티 프로그램으로 가장 옳지 않은 것은?

① 구매액에 따라 보너스 점수를 부여하거나 방문수에 따라 스탬프를 모으게 하는 스탬프 제도

② 상품구매자를 대상으로 여러 혜택을 얻을 수 있는 프로그램에 가입하게 하는 회원제도

③ 20%의 우량고객에 집중해 핵심고객에게 많은 혜택이 부여되는 마케팅 프로그램 기획 및 운영

④ 동일 기업 내 다수의 브랜드의 통합 또는 이종기업간의 제휴를 통한 통합 포인트 적립 프로그램

⑤ 기업의 자선활동 및 공익프로그램과의 연계를 통한 사회문제해결 및 공유가치 창출 프로그램

57 시각적 머천다이징에 대한 아래의 설명 중에서 가장 옳지 않은 것은?

① 점포 내외부 디자인도 포함하는 개념이지만 핵심개념은 매장 내 전시(display)를 중심으로 한다.

② 상품과 판매환경을 시각적으로 연출하고 관리하는 일련의 활동을 말한다.

③ 상품과 점포 이미지가 일관성을 유지할 수 있게 진열하는 것이 중요하다.

④ 시각적 머천다이징의 요소로는 색채, 재질, 선, 형태, 공간 등을 들 수 있다.

⑤ 상품의 잠재적 이윤보다는 인테리어 컨셉 및 전체적 조화 등을 고려하여 이루어진다.

58 아래 글상자의 괄호 안에 들어갈 소매업 발전이론으로 옳은 것은?

> ( )은 소매시스템에서 우세한 소매업태가 취급하는 상품계열수의 측면에서 현대 상업시스템의 진화를 설명하는 이론으로 소매상은 제품구색이 넓은 소매업태에서 전문화된 좁은 제품구색의 소매업태로 변화되었다가 다시 넓은 제품 구색의 소매업태로 변화되는 과정을 설명하고 있다.

① 소매아코디언이론(retail accordion theory)

② 소매수명주기이론(retail life cycle theory)

③ 소매차륜이론(the wheel of retailing theory)

④ 변증법적이론(dialectic theory)

⑤ 진공지대이론(vacuum zone theory)

59 제품에 맞는 판매기법으로 가장 옳지 않은 것은?

① 편의품은 입지 조건에 따라 판매가 크게 좌우되므로 접근이 더 용이하도록 배달 서비스 제공을 고려할 필요가 있다.

② 편의품은 보다 풍요로운 생활과 즐거움을 제공하는 제품으로 스타일과 디자인을 강조한다.

③ 선매품의 경우 고객의 질문에 충분히 답할 수 있는 판매원의 교육 훈련이 필요하다.

④ 선매품은 패션성이 강하기 때문에 재고가 누적되지 않도록 시의적절한 판촉을 수행한다.

⑤ 전문품은 전문적이고 충분한 설명을 통해 소비자의 구매의욕을 충분히 자극시켜야 한다.

60 옴니채널(omni-channel)의 특징으로 옳지 않은 것은?

① 독립적으로 운영되던 채널들이 유기적으로 통합되어 서로의 부족한 부분을 메워주는 보완적 관계를 갖는다.

② 채널 간의 불필요한 경쟁은 온·오프라인의 판매실적을 통합함으로써 해결한다.

③ 동일한 제품을 온라인이나 오프라인에 상관없이 동일한 가격과 프로모션으로 구매할 수 있다.

④ 온·오프라인의 재고관리 시스템을 일원화할 수 있다.

⑤ 동일한 기업으로부터 공급받은 제품을 매장별로 독특한 마케팅 프로그램을 활용하여 판매한다.

61 고객의 개인정보보호에 관한 내용으로 가장 옳지 않은 것은?

① 고객정보를 제3자에게 제공하거나 제공받은 목적 외의 용도로 이용해서는 안 된다.

② 고객은 개인정보수집, 이용, 제공 등에 대해 동의 철회 및 정정을 요구할 수 있다.

③ SMS 광고 전송 시 전송자의 명칭을 표시하고, 수신거부 의사를 표현할 수 있게 해야 한다.

④ 경품응모권을 통해 수집한 개인정보는 보유 및 이용기간의 제한이 없기 때문에 영구적인 이용이 가능하다.

⑤ 오후 9시부터 아침 8시까지는 별도의 동의 없이 광고를 전송해서는 안 된다.

62 CRM과 eCRM을 비교하여 설명한 내용으로 가장 옳은 것은?

① CRM과 달리 eCRM은 원투원마케팅(one-to-one marketing)과 데이터베이스마케팅 활용을 중시한다.

② CRM과 달리 eCRM은 고객 개개인에 대한 차별적 서비스를 실시간으로 제공한다.

③ eCRM과 달리 CRM은 고객접점과 커뮤니케이션 경로의 활용을 중시한다.

④ eCRM과 달리 CRM은 고객서비스 개선 및 거래활성화를 위한 고정고객 관리에 중점을 둔다.

⑤ CRM과 eCRM 모두 데이터마이닝 등 고객행동분석의 전사적 활용을 추구한다.

63 아래 글상자의 조사 내용 중에서 비율척도로 측정해야 하는 요소만을 나열한 것으로 옳은 것은?

> ㉠ 구매자의 성별 및 직업
> ㉡ 상품 인기 순위
> ㉢ 타겟고객의 소득구간
> ㉣ 소비자의 구매확률
> ㉤ 충성고객의 구매액
> ㉥ 매장의 시장점유율

① ㉠, ㉡, ㉢
② ㉢, ㉣, ㉤
③ ㉣, ㉤, ㉥
④ ㉡, ㉣, ㉥
⑤ ㉢, ㉤, ㉥

64 다단계 판매에 대한 설명으로 옳지 않은 것은?

① 고객과 대면접촉을 통해 상품을 판매하는 인적판매의 일종이다.
② 유통마진을 절감시킬 수 있다.
③ 고정 인건비가 발생하지 않는다.
④ 매출 증가에 따라 조직이 비대해지는 단점이 있다.
⑤ 점포 판매에 비해 훨씬 더 적극적으로 시장을 개척해 나갈 수 있다.

65 소매업체 입장에서 특정 공급자의 개별품목 또는 재고관리 단위를 평가하는 방법으로 가장 옳은 것은?

① 직접제품이익
② 경로 구성원 성과평가
③ 평당 총이익
④ 상시 종업원 당 총이익
⑤ 경로 구성원 총자산 수익률

66 아래 글상자에서 설명하는 경로 구성원들 간의 갈등이 발생하는 원인으로 가장 옳은 것은?

> 소비자 가격을 책정할 때 대규모 제조업체는 신속한 시장침투를 위해 저가격을 원하지만, 소규모 소매업자들은 수익성 증대를 위해 고가격을 원함으로써 갈등이 발생할 수 있다.

① 경로 구성원의 목표들 간의 양립불가능성
② 마케팅 과업과 과업수행 방법에 대한 경로 구성원들간의 의견 불일치
③ 경로 구성원들 간의 현실을 지각하는 차이
④ 경로 구성원들 간의 파워 불일치
⑤ 경로 구성원들 간의 품질 요구 불일치

67 원가가산법(cost plus pricing)에 의한 가격 책정에 관한 설명으로 가장 옳지 않은 것은?

① 제품의 원가에 일정률의 판매수익률(또는 마진)을 가산하여 판매가격을 결정하는 방법을 말한다.

② 단위당 변동비, 고정비, 예상판매량, 판매수익률을 바탕으로 산출할 수 있다.

③ 예상판매량이 예측 가능한 경우 주로 사용하는 방법이다.

④ 생산자 입장에서 결정되는 가격이므로 소비자에게 최종적으로 전달되는 가격과는 차이가 있다.

⑤ 가격변화가 판매량에 큰 영향을 미치지 않거나 기업이 가격을 통제할 수 있는 경우에 효과적이다.

68 아래 글상자의 내용에 해당되는 마케팅조사 기법으로 가장 옳은 것은?

> 제품, 서비스 등의 대안들에 대한 소비자의 선호 정도로부터 소비자가 각 속성에 부여하는 상대적 중요도와 속성 수준의 효용을 추정하는 분석 방법

① t-검증   ② 분산 분석

③ 회귀 분석   ④ 컨조인트 분석

⑤ 군집 분석

69 매장의 내부 환경요소로 가장 옳지 않은 것은?

① 매장의 입출구와 주차시설

② 매장의 색채와 조명

③ 매장의 평면배치

④ 매장의 상품진열

⑤ 매장의 배경음악 및 분위기

70 종적인 공간효율을 개선시키고 진열선반의 높이가 낮을 때는 위에서 아래로 시선을 유도하는 페이싱 방법으로 가장 옳은 것은?

① 페이스 아웃(face out)

② 슬리브 아웃(sleeve out)

③ 쉘빙(shelving)

④ 행깅(hanging)

⑤ 폴디드 아웃(folded out)

71~90 4과목 | 유통정보

71 QR 코드에 대한 설명으로 가장 옳지 않은 것은?

① 1994년에 일본 덴소웨이브사가 개발했다.

② 숫자와 알파벳 등의 데이터를 담을 수 있다.

③ 오염이나 손상된 데이터를 복원하는 기능이 있다.

④ 국제표준이 정립되지 않아 다양한 국가에서 자체적으로 활용될 수 있다.

⑤ 모바일 쿠폰, 광고, 마케팅 등 다양한 분야에 활용되고 있다.

72 최근 유통분야에서 인공지능 기술의 활용이 증대되면서 유통업무 혁신을 위한 다양한 가능성을 보여주고 있다. 이에 대한 설명으로 가장 옳지 않은 것은?

① 인공지능 기술을 활용하여 유통업체에서 고객의 일상적인 문의사항에 대해 다양한 정보를 다양한 경로로 제공할 수 있다.

② 인공지능 기술은 주문이행 관련 배송경로, 재고파악 등 고객의 주문에 대한 업무와 관련된 최적의 대안을 신속하게 제공해주어 의사결정에 도움을 줄 수 있다.

③ 인공지능 기술을 활용하면 주문 데이터 패턴을 분석해서 정상적이지 않은 거래를 파악하는 등 이상 현상 및 이상 패턴을 추출하는 데 활용될 수 있다.

④ 인공지능 기술은 알고리즘을 이용해 학습 수준이 강화되기 때문에 이용자의 질의에 대한 응답 수준은 갈수록 정교해질 것이다.

⑤ 챗지피티는 사전에 구축된 방대한 양의 학습데이터에서 질의에 적절한 해답을 찾아 질의자에게 빠르게 제시해 주는 인공지능 기술 기반 서비스로 마이크로소프트사가 개발하였다.

73 데이터 유형 분류와 그 특성에 대한 설명으로 가장 옳지 않은 것은?

① 정형 데이터 – 관계형 데이터베이스 관리 시스템(RDBMS)의 고정된 필드에 저장되는 데이터들이 포함됨

② 정형 데이터 – 데이터의 길이와 형식이 정해져 있어 그에 맞추어 데이터를 저장하게 됨

③ 반정형 데이터 – 문서, 웹문서, HTML 등이 대표적이며, 데이터 속성인 메타데이터를 가지고 있음

④ 반정형 데이터 – JSON, 웹로그 등 데이터가 해당되며, XML 형태의 데이터로 값과 형식이 다소 일관성이 없음

⑤ 비정형 데이터 – 형태와 구조가 복잡한 이미지, 동영상 같은 멀티미디어 데이터가 이에 해당됨

74 CRM을 통해 성공적으로 고객을 관리하고 있음을 추적하기 위해 사용할 수 있는 지표로 가장 옳지 않은 것은?

① 신규 고객 유치율
② 마케팅 캠페인 당 구매 건수
③ 마케팅 캠페인 당 반응 건수
④ 제품 당 신규 판매 기회 건수
⑤ 시스템 다운타임

75 최근 개인정보보호 문제가 중요한 이슈로 대두되고 있다. 아래 글상자는 하버드 대학교 버크만 센터에서 제시한 개인정보보호 AI윤리원칙이다. ㉠과 ㉡에 해당하는 각각의 권리로 가장 옳은 것은?

> ㉠ 데이터 컨트롤러(data controller)가 보유한 정보가 부정확하거나 불완전한 경우, 사람들이 이를 수정할 권리가 있어야 함
> ㉡ 자신의 개인정보를 삭제할 수 있는 법적 강제력이 있는 권리가 있어야 함

① ㉠ 자기 결정권, ㉡ 정보 열람권
② ㉠ 자기 결정권, ㉡ 정보 정정권
③ ㉠ 정보 삭제권, ㉡ 자기 결정권
④ ㉠ 정보 정정권, ㉡ 정보 삭제권
⑤ ㉠ 정보 열람권, ㉡ 자기 결정권

76 산업혁명에 따른 기업의 비즈니스 환경 변화에 대한 설명으로 가장 옳은 것은?

① 1차 산업혁명 시기에는 컴퓨터와 같은 전자기기 활용을 통해 업무 프로세스 개선을 달성하였다.
② 2차 산업혁명 시기에는 업무 프로세스에 대한 부분자동화가 이루어졌고, 네트워킹 기능이 프로세스 혁신을 위해 활성화되기 시작하였다.
③ 3차 산업혁명 시기에는 노동에서 분업이 이루어지기 시작하였고, 전문성이 강조되기 시작하였다.
④ 4차 산업혁명 시기에는 전화, TV, 인터넷 등과 같은 의사소통 방식이 기업에서 활성화되었다.
⑤ 4차 산업혁명 시기에는 인공지능과 사물인터넷 등 신기술 이용을 통해 비즈니스 프로세스에 혁신이 이루어졌다.

77 아래 글상자의 괄호 안에 공통적으로 들어갈 용어로 가장 옳은 것은?

> – ( )은(는) 디지털 기술을 사회전반에 적용하여 전통적인 사회구조를 혁신시키는 것이다. 일반적으로 기업에서 사물 인터넷, 클라우드 컴퓨팅, 인공지능, 빅데이터 솔루션 등 정보통신기술을 플랫폼으로 구축·활용하여 기존의 전통적인 운영방식과 서비스 등을 혁신하는 것이다.
> – ( )은(는) 산업과 사회의 각 부문이 디지털화되는 현상으로 인터넷, 정보화 등을 뛰어넘는 초연결(hyperconnectivity) 지능화가 경제·사회 전반에 이를 촉발시키고 있다.

① 디지타이제이션(digitization)
② 초지능화(hyper–intellectualization)
③ 디지털 컨버전스(digital convergence)
④ 디지털 전환(digital transformation)
⑤ 하이퍼인텐션(hyper–intention)

78 조직에서 의사결정을 할 때 활용되는 정보와 조직 수준과의 관계에 대한 설명 중 가장 옳지 않은 것은?

① 전략적 수준 – 주로 비구조화된 의사결정이 이루어지며, 내부 정보 외에도 외부환경과 관련된 정보 등 외부에서 수집된 정보도 다수 활용
② 관리적 수준 – 구조화된 의사결정이 이루어지며, 새로운 공장입지 선정 및 신기술 도입 등과 같은 사항과 관련된 내외부 정보를 주로 다룸
③ 전략적 수준 – 의사결정 시 활용되는 정보의 특성은 미래지향적이며 상대적으로 추상적이고 포괄적인 정보를 주로 다룸
④ 운영적 수준 – 구조화된 의사결정이 이루어지며, 일일거래 처리와 같이 구체적이고 상세하며 시간에 민감한 정보를 주로 다룸
⑤ 운영적 수준 – 반복적이고 재발성의 특성이 높은 의사결정들이 주로 이루어지며, 효율성에 초점을 두고 활동이 이루어짐

79 아래 글상자의 괄호 안에 공통적으로 들어갈 용어로 가장 옳은 것은?

> – (　　　)은(는) 조직의 성과목표 달성을 위해 재무, 고객, 내부프로세스, 학습 및 성장 관점에서 균형 잡힌 성과지표를 설정하고 그 성과를 측정하는 성과관리 기법을 말한다. 매우 논리적이며, 지표와 재무적 성과와의 분명한 상관관계를 보이고 있다. 다만, 외부 다른 기관의 평가와 비교하는 것은 곤란하다.
> – (　　　)기반 성과관리시스템은 기관의 미션과 비전을 달성할 수 있도록 전략목표, 성과목표, 관리과제 등을 연계하고, 성과지표를 근거로 목표달성의 수준을 측정해서 관리할 수 있는 IT기반의 성과관리 및 평가시스템을 말한다.

① 경제적 부가가치(economic value added)
② 인적자원회계(human resource accounting)
③ 총자산이익률(return on assets)
④ 균형성과표(balanced score card)
⑤ 투자수익률(return on investment)

80 아래 글상자의 괄호 안에 들어갈 용어로 가장 옳은 것은?

> 거래처리시스템으로부터 운영데이터를 모아 주제 영역으로 구축한 데이터웨어하우스는 조직 전체의 정보를 저장하고 있어 방대하다. (　　　)은(는) 특정한 조직이 사용하기 위해 몇몇 정보를 도출하여 사용할 수 있도록 한 사용자 맞춤데이터 서비스를 지칭한다.

① 데이터윈도우　② 데이터마트
③ 데이터스키마　④ 데이터모델
⑤ 그룹데이터모델

81 아래 글상자의 기사 내용과 관련성이 높은 정보기술용어로 가장 옳은 것은?

> B**리테일이 'C*제*토한강점'을 선보였다.
> C*제*토한강점은 제*토월드에서 한강공원을 검색한 뒤 C*편의점에 입장하면 자체 브랜드(PB)상품뿐만 아니라 C*제** 당과 협업을 통한 일반 제조사 브랜드(NB)상품을 둘러볼 수 있다.
> 또한 제품 위에 떠 있는 화살표를 선택하면 해당 제품을 손에 쥐는 것도 가능하다. 아바타들은 원두커피 기기에서 커피를 내리거나 한강공원의 편의점 인기 메뉴인 즉석조리라면도 먹을 수 있다.

① 가상 에이전트　② O2O
③ BICON　④ 아바타 에이전트
⑤ 메타버스

82 산업별 표준화가 반영된 바코드에 대한 설명으로 가장 옳지 않은 것은?

① 보건복지부는 의약품 포장 단위마다 고유번호를 부여하는 '의약품 일련번호 제도'를 시행하고 있다.

② 의약품의 바코드 내에 있는 상품코드(품목코드, 포장단위)는 건강보험심사평가원의 의약품관리종합정보센터에서 부여하는 상품식별번호이다.

③ UDI란 의료기기를 고유하게 식별할 수 있는 체계로 우리나라는 2019년 7월부터 적용되어 현재는 모든 등급의 의료기기에 UDI가 적용되고 있다.

④ 의료기기에 부여되는 UDI 코드는 기본포장(base package)을 대상으로 모두 개별적으로 부여하므로 혼선을 방지하기 위해 상위 포장(higher levels of packages)인 묶음 포장단위에는 별도로 부여하지 않는다.

⑤ GS1 DataBar(데이터바)란 상품식별 기능만 갖는 기존 바코드와 달리 상품식별코드(GTIN) 외 유통기한, 이력코드, 중량 등 다양한 부가정보를 넣을 수 있는 바코드를 지칭한다.

83 아래 글상자의 괄호 안에 공통적으로 들어갈 용어로 가장 옳은 것은?

> - ( )은 중앙 서버없이 노드(node)들이 자율적으로 연결되는 P2P(peer-to-peer)방식을 기반으로 각 노드에 데이터를 분산 저장하는 데이터분산처리기술이다.
> - 중앙시스템이 존재하지 않는 완전한 탈중앙 시스템이며, 장부에 해당되는 ( )은 누구에게나 공유·공개되어 투명성을 보장하고, 독특한 구조적 특징에 기인하며 데이터의 무결성을 보장하며, 분산된 장부는 네트워크에 참여한 각 노드들의 검증과 합의 과정을 거쳐 데이터 일치에 도달하게 된다.

① 비트코인　　② 비콘
③ 분산블록　　④ 블록체인
⑤ 딥러닝

84 웹 3.0과 관련된 설명으로 가장 옳지 않은 것은?

① 시맨틱 웹(Semantic Web) – 의미론적인 웹을 뜻하며 기계가 인간들이 사용하는 자연어를 이해하고 상황과 맥락에 맞는 개인 맞춤형 정보를 제공하는 웹

② 온톨로지(Ontology) – 메타데이터들의 집합, 예를 들어 사과를 떠올리면 사과의 색상, 종류 등 관련된 여러가지 정보를 컴퓨터가 이해하고 처리할 수 있는 정형화된 수단으로 표현한 것

③ 중앙집중화(centralization) – 웹 3.0에서 사용자 간 연결은 플랫폼을 중심으로 연결하여 자유롭게 소통할 수 있도록 지원, 결과적으로 플랫폼이 강력한 권한을 가지게 됨

④ 웹 3.0을 실현하기 위해서는 블록체인, 인공지능, AR·VR, 분산 스토리지, 네트워크 등의 기반 기술이 필요, 사용성을 높여야 실효성이 있을 것으로 봄

⑤ 온라인 검색과 요청들을 각 사용자들의 선호와 필요에 따라 맞춰 재단하는 것이 웹 3.0의 목표

85 아래 글상자의 괄호 안에 들어갈 용어로 가장 옳은 것은?

> (   )은(는) 전자상거래 이용 고객이 기업에서 발송하는 광고성 메일에 대해 수신거부 의사를 전달하여 더 이상 광고성 메일을 받지 않을 수 있는 것을 말한다.

① 옵트 온(opt on)
② 옵트 오프(opt off)
③ 옵트 오버(opt over)
④ 옵트 인(opt in)
⑤ 옵트 아웃(opt out)

86 빅데이터의 핵심 특성 3가지를 바르게 나열한 것은?

① 가치, 생성 속도, 유연성
② 가치, 생성 속도, 가변성
③ 데이터 규모, 가치, 복잡성
④ 데이터 규모, 속도, 다양성
⑤ 데이터 규모, 가치, 가변성

87 아래 글상자에서 설명하는 서비스와 관련된 용어로 가장 옳은 것은?

> – 유통데이터를 활용한 다양한 비즈니스 모델을 수행할 수 있도록 지원하기 위해 온라인에서 생산과 소비, 유통이 한 곳에서 이루어지는 '양면시장(two-sided market)' 개념의 장(場)을 지칭하는 용어이다.
> – 비즈니스에서 여러 사용자 또는 조직 간의 관계를 형성하고 비즈니스적인 거래를 형성할 수 있는 정보 시스템 환경으로 자신의 시스템을 개방하여 개인은 물론 기업 모두가 참여하여 원하는 일을 자유롭게 할 수 있도록 환경을 구축하여 참여자들 모두에게 새로운 가치와 혜택을 제공해줄 수 있는 시스템을 의미한다.

① 데이터베이스
② 옴니채널
③ 플랫폼
④ 클라우드 컴퓨팅
⑤ m-커머스

88 아래 글상자는 인증방식 분류에 대한 설명이다. ㉠, ㉡에 해당하는 용어로 가장 옳은 것은?

> ㉠ 전자적 형태의 문서로 어떤 사람을 특정할 수 있는 정보와 공개 키(public key), 전자서명으로 구성된다. 이 인증방식은 일단 증명서를 발급받기만 하면 주기적으로 그것을 갱신하는 것 외에는 특별히 조치할 사항이 없으므로 사용하기 편리하다는 장점이 있다.
> ㉡ 분산원장을 바탕으로 인증 대상이 스스로 신원을 확인하고 본인과 관련된 정보의 제출 범위와 대상 등을 정할 수 있도록 하는 인증방식이다. 인증대상이 자신의 신원정보(credentials)에 대한 권리를 보다 적극적으로 행사할 수 있는 것이 특징이다.

① ㉠ 비밀번호, ㉡ 분산ID
② ㉠ 디지털문서, ㉡ 분산ID
③ ㉠ 비밀번호, ㉡ 디지털문서
④ ㉠ 생체정보, ㉡ 디지털문서
⑤ ㉠ 생체정보, ㉡ 분산ID

89 아래 글상자의 괄호 안에 공통적으로 들어갈 용어로 가장 옳은 것은?

> – (   )은(는) 마이론 크루거(Myron Krueger) 박사에 의해 제시된 개념으로 인조 두뇌 공간이라고도 한다.
> – (   )에서는 3차원의 가상공간에서 사용자가 원하는 방향대로 조작하거나 실행할 수 있다.
> – (   )의 특성은 영상물의 실시간 렌더링이 가능하므로 원하는 위치에 원하는 모습을 즉시 생산해낼 수 있다.

① 가상 현실
② 증강 현실
③ UI/UX
④ 사이버 물리 시스템
⑤ 브레인 컴퓨터 인터페이스

90 아래 글상자의 ㉠과 ㉡에 해당되는 용어로 가장 옳은 것은?

> – (㉠)은(는) 종종 잘못된 제품 수요정보가 공급사슬을 통해 한 파트너에서 다른 참여자들에게로 퍼져나가면서 왜곡되고 증폭되는 것을 말한다. 예를 들면, 고객과의 최접점에서 어떤 제품의 수요가 약간 증가할 것이라는 정보가 공급사슬의 다음 단계마다 부풀려 전달되어 과도한 잉여재고가 발생하게 되는 현상이다.
> – e-SCM을 구축함으로서 공급사슬의 (㉡)을 확보하여 이러한 현상으 감소시키거나 제거할 수 있게 된다.

① ㉠ 풀현상, ㉡ 가시성
② ㉠ 푸시현상, ㉡ 가시성
③ ㉠ 채찍효과, ㉡ 완전성
④ ㉠ 채찍효과, ㉡ 가시성
⑤ ㉠ 채찍효과, ㉡ 확장성

2023년 제2회 기출문제

정답 및 해설 257p

`01~25` **1과목 | 유통물류일반**

01 기업윤리의 중요성을 강조하기 위해 취할 수 있는 방법으로 가장 옳지 않은 것은?

① 기업윤리와 관련된 헌장이나 강령을 만들어 발표한다.
② 기업윤리가 기업의 모든 의사결정 프로세스에 반영될 수 있게 모니터링한다.
③ 윤리경영의 지표로는 정성적인 지표가 아닌 계량적인 지표를 활용한다.
④ 조직 내의 문제점을 제기할 수 있는 제도를 활성화한다.
⑤ 윤리기준을 적용한 감사 결과를 조직원과 공유한다.

02 유통경로와 중간상이 필요한 이유에 대한 설명으로 가장 옳지 않은 것은?

① 거래의 일상화를 통해 제반 비용의 감소와 비효율을 개선할 수 있기 때문이다.
② 중간상의 개입으로 공간적, 시간적 불일치를 해소할 수 있기 때문이다.
③ 생산자의 다품종 소량생산과 소비자의 소품종 대량구매니즈로 인한 구색 및 수량 불일치를 해소할 수 있기 때문이다.
④ 생산자와 소비자 상호간의 정보의 불일치에 따른 불편을 해소해 줄 수 있기 때문이다.
⑤ 중간상을 통해 탐색과정의 효율성을 높일 수 있기 때문이다.

03 아래 글상자에서 설명하는 기업이 글로벌 시장에서 경쟁하기 위한 전략을 괄호 안에 들어갈 순서대로 옳게 나열한 것은?

> - (㉠)는 둘 또는 그 이상의 기업들이 맺은 파트너십으로 기술과 위험을 공유한다. 자국에서 생산된 상품만을 허용하는 국가로 진출하기 위한 전략으로 활용할 수 있다.
> - (㉡)은(는) 자사의 독자적인 브랜드 이름이나 상표를 부착하여 판매하는 방식으로 제품의 생산은 다른 기업에게 의뢰한다.

① ㉠ 전략적 제휴, ㉡ 위탁제조
② ㉠ 합작투자, ㉡ 위탁제조
③ ㉠ 전략적 제휴, ㉡ 라이선싱(licensing)
④ ㉠ 합작투자, ㉡ 라이선싱(licensing)
⑤ ㉠ 해외직접투자, ㉡ 프랜차이징(franchising)

04 경제활동의 윤리적 환경과 조건을 세계 각 국 공통으로 표준화하려는 것으로 비윤리적인 기업의 제품이나 서비스를 국제거래에서 제한하는 움직임을 뜻하는 것은?

① 우루과이라운드 ② 부패라운드
③ 블루라운드 ④ 그린라운드
⑤ 윤리라운드

05 조직에서 경영자가 목표를 설정할 때 고려해야 할 요소들에 대한 설명으로 가장 옳지 않은 것은?

① 조직의 미션과 종업원의 핵심 직무를 검토한다.
② 목표를 개별적으로 결정하거나 외부의 투입을 고려해서 정한다.
③ 목표 진척사항을 평가하기 위한 피드백 메커니즘을 구축한다.
④ 목표 달성과 보상은 철저하게 분리하여 독립적으로 실행한다.
⑤ 가용한 자원을 평가한다.

06 리더의 행동을 생산에 대한 관심과 사람에 대한 관심을 기준으로 구분하여 연구한 블레이크(Blake)와 무톤(Mouton)의 관리격자 연구에 따른 리더십 유형에 대한 설명으로 가장 옳지 않은 것은?

① 중도형(5-5) – 절충에 신경을 쓰기 때문에 때로는 우유부단하게 비칠 수 있다.
② 팀형(9-9) – 팀의 업적에만 관심을 갖는 리더로 부하를 하나의 수단으로 취급할 수 있다.
③ 컨츄리클럽형(1-9) – 부하의 욕구나 동기를 충족시키면 그들이 알아서 수행할 것이라는 전제하에 나타나는 리더십이다.
④ 무관심형(1-1) – 리더는 업무에 대한 지시만 하고 어려운 문제가 생기면 회피한다.
⑤ 과업형(9-1) – 리더 혼자서 의사결정을 하고 관리의 초점도 생산성 제고에 맞춰진다.

07 기업이 자금을 조달하는 각종 원천에 대한 설명으로 옳지 않은 것은?

① 단기자금 조달을 위해 신용대출을 활용하기도 한다.
② 채권발행의 경우 기업 경영진의 지배력은 유지되는 장점이 있다.
③ 주식 매각의 장점은 주주들에게 주식배당을 할 법적의무가 없어진다는 것이다.
④ 팩토링은 대표적인 담보대출의 한 형태이다.
⑤ 채권발행은 부채의 증가로 인해 기업에 대한 인식에 악영향을 끼칠 수 있다.

08 에머슨(Emerson, H.)의 직계 · 참모식 조직 (line and staff organization)의 단점에 대한 설명으로 옳지 않은 것은?

① 명령체계와 조언, 권고적 참여가 혼동되기 쉽다.

② 집행부문이 스태프(staff) 부문에 자료를 신속 · 충분하게 제공하지 않으면 참모부문의 기능은 잘 발휘되지 못한다.

③ 집행부문의 종업원과 스태프(staff) 부문의 직원 간에 불화를 가져올 우려가 있다.

④ 라인(line)의 창의성을 결여하기 쉽다.

⑤ 명령이 통일되지 않아 전체의 질서적 관리가 혼란스러워지는 경우가 발생할 수 있다.

09 유통경로의 유형 중 가맹본부로 불리는 경로 구성원이 계약을 통해 생산–유통과정의 여러 단계를 연결시키는 형태의 수직적 마케팅 시스템(vertical marketing system)으로 가장 옳은 것은?

① 기업형 VMS

② 위탁판매 마케팅 시스템

③ 복수유통 VMS

④ 프랜차이즈 시스템

⑤ 관리형 VMS

10 유통경로 구조를 결정하는데 있어서 유통경로 커버리지(channel coverage)에 대한 설명으로 옳은 것은?

① 유통경로에서 제조업자로부터 몇 단계를 거쳐 최종소비자에게 제품이 전달되는가와 관련이 있다.

② 제품의 부피가 크고 무거울수록, 부패 속도가 빠를수록 짧은 경로를 선택하는 것이 바람직하다.

③ 특정한 지역에서 하나의 중간상을 전속해 활용하는 전략을 집약적 유통(intensive distribution)이라고 한다.

④ 유통경로 커버리지란 특정지역에서 자사 제품을 취급하는 점포를 얼마나 많이 활용할 것인가를 결정하는 것이다.

⑤ 유통경로를 통제하고자 하는 통제욕구가 강할수록 유통경로는 짧아진다.

11 유통산업의 경제적 의의에 대한 설명으로 가장 옳지 않은 것은?

① 유통산업은 국민 경제적 측면에서 생산과 소비를 연결해주는 기능을 수행한다.

② 유통산업은 국민들로 하여금 상품이나 서비스 소비를 가능하게 함으로써 생활수준을 유지·향상시켜 준다.

③ 유통산업은 국가경제를 순환시키는데 중요한 역할을 담당하고 있다.

④ 우리나라 유통산업은 2010년대 후반 유통시장 개방과 자유화 정책 이후 급속히 발전하여 제조업에 이은 국가 기간산업으로 성장하였다.

⑤ 유통산업은 생산과 소비의 중개를 통해 제조업의 경쟁력을 높이고 소비자 후생의 증진에 큰 기여를 하고 있다.

12 물류의 기본적 기능과 관련한 활동에 대한 설명으로 가장 옳지 않은 것은?

① 서로 다른 두 지점 간의 물자를 이동시키는 활동은 수송활동이다.

② 보관활동은 시간적 수급조절기능, 가격조정기능을 수행한다.

③ 상품의 가치 및 상태를 보호하기 위해 적절한 재료와 용기를 사용하는 것은 유통가공활동이다.

④ 수송과 보관 사이에서 이루어지는 물품의 취급활동은 하역활동이다.

⑤ 유통을 촉진시키기 위한 무형의 물자인 정보를 유통시키는 활동은 정보유통활동이다.

13 조직의 구성원들에게 학습되고 공유되는 가치, 아이디어, 태도 및 행동규칙을 의미하는 용어로 옳은 것은?

① 조직문화(organizational culture)

② 핵심가치(core value)

③ 사명(mission)

④ 비전(vision)

⑤ 조직목표(organizational goals)

14 아래 글상자에서 전통적인 유통채널 구조가 점진적으로 변화하는 과정이 순서대로 옳게 나열된 것은?

㉠ 전통시장단계

㉡ 제조업체 우위단계

㉢ 소매업체 성장단계와 제조업체 국제화단계

㉣ 소매업체 대형화단계

㉤ 소매업체 국제화단계

---

① ㉢ - ㉣ - ㉤ - ㉠ - ㉡

② ㉡ - ㉢ - ㉣ - ㉤ - ㉠

③ ㉠ - ㉡ - ㉢ - ㉣ - ㉤

④ ㉤ - ㉠ - ㉢ - ㉣ - ㉣

⑤ ㉣ - ㉤ - ㉠ - ㉡ - ㉢

15 유통경로 상 여러 경로 기관들의 유통 흐름 유형에 대한 설명으로 옳은 것은?

구분	유형	내용
㉠	물적 흐름	유통 기관으로부터 다른 기관으로서 소유권의 이전
㉡	소유권 흐름	생산자로부터 최종 소비자에게 이르기까지의 제품의 이동
㉢	지급 흐름	고객이 대금을 지급하거나, 판매점이 생산자에게 송금
㉣	정보 흐름	광고, 판촉원 등 판매촉진 활동의 흐름
㉤	촉진 흐름	유통 기관 사이의 정보의 흐름

① ㉠   ② ㉡
③ ㉢   ④ ㉣
⑤ ㉤

16 유통기업들이 물류에 대한 높은 관심을 가지고 이에 대한 합리화를 적극적으로 검토·실행하고 있는 원인으로 옳지 않은 것은?

① 물류비가 증가하는 경향이 있기 때문이다.
② 생산 부문의 합리화 즉 생산비의 절감에는 한계가 있기 때문이다.
③ 기업 간 경쟁에서 승리하기 위해 물류면에서 우위를 확보하여야 하기 때문이다.

④ 고객의 요구는 다양화, 전문화, 고도화되어 고객서비스 향상이 특히 중요시되기 때문이다.
⑤ 기술혁신에 의하여 운송, 보관, 하역, 포장기술이 발전되었고 정보면에서는 그 발전 속도가 현저하게 낮아졌기 때문이다.

17 아래 글상자에서 설명하는 소매상 유형으로 옳은 것은?

> 일반의약품은 물론 건강기능식품과 화장품, 생활용품, 음료, 다과류까지 함께 판매하는 복합형 전문점

① 상설할인매장   ② 재래시장
③ 드럭스토어   ④ 대중양판점
⑤ 구멍가게

18 소매수명주기이론(retail life cycle theory)에서 소매기관의 상대적 취약성이 명백해지면서 시장점유율이 떨어지고 수익이 감소하여 경쟁에서 뒤처지게 되는 단계는?

① 도입기   ② 성장기
③ 성숙기   ④ 쇠퇴기
⑤ 진입기

19 유통산업발전법(법률 제19117호, 2022. 12. 27., 타법개정)의 제2조 정의에서 기술하는 용어 설명이 옳지 않은 것은?

① 매장이란 상품의 판매와 이를 지원하는 용역의 제공에 직접 사용되는 장소를 말한다. 이 경우 매장에 포함되는 용역의 제공 장소의 범위는 대통령령으로 정한다.

② 임시시장이란 다수(多數)의 수요자와 공급자가 일정한 기간 동안 상품을 매매하거나 용역을 제공하는 일정한 장소를 말한다.

③ 상점가란 일정 범위의 가로(街路) 또는 지하도에 대통령령으로 정하는 수 이상의 도매점포·소매점포 또는 용역점포가 밀집하여 있는 지구를 말한다.

④ 전문상가단지란 같은 업종을 경영하는 여러 도매업자 또는 소매업자가 일정 지역에 점포 및 부대시설 등을 집단으로 설치하여 만든 상가단지를 말한다.

⑤ 공동집배송센터란 여러 유통사업자 또는 물류업자가 공동으로 사용할 수 있도록 집배송시설 및 부대업무시설이 설치되어 있는 지역 및 시설물을 말한다.

20 조직의 품질경영시스템과 관련한 ISO9000 시리즈에 대한 설명으로 가장 옳지 않은 것은?

① 제품 자체에 대한 품질을 보증하는 것이 아니라 제품생산과정의 품질시스템에 대한 신뢰성 여부를 판단하는 기준이다.

② 품질경영시스템의 국제화 추세에 능동적으로 대처할 수 있다.

③ 고객만족을 위한 품질경영시스템을 구축할 수 있다.

④ 품질관련부서의 직원을 중심으로 챔피언, 마스터블랙벨트, 블랙벨트, 그린벨트의 자격이 주어진다.

⑤ 의사결정은 자료 및 정보의 분석에 근거한다.

21 단순 이동평균법을 이용하여 아래 표의 (   ) 안에 들어갈 판매예측치를 계산한 것으로 옳은 것은? (단, 이동평균기간은 2개월로 함)

구분	1월	2월	3월	4월
판매량	17	19	21	( )

① 17

② 18

③ 19

④ 20

⑤ 23

22 아래 글상자의 괄호 안에 들어갈 경로구성원 간 갈등 관련용어를 순서대로 나열한 것으로 옳은 것은?

> - (㉠)은(는) 상대방에 대해 적대감이나 긴장을 감정적으로 느끼는 것이다.
> - (㉡)은(는) 상대방의 목표달성을 방해할 정도의 갈등으로, 이 단계에서는 상대를 견제하고 해를 끼치기 위해 법적인 수단을 이용하며 경로를 떠나거나 상대를 쫓아내기 위해 힘을 행사하는 것이다.

① ㉠ 잠재적 갈등, ㉡ 지각된 갈등
② ㉠ 지각된 갈등, ㉡ 갈등의 결과
③ ㉠ 감정적 갈등, ㉡ 표출된 갈등
④ ㉠ 표출된 갈등, ㉡ 감정적 갈등
⑤ ㉠ 갈등의 결과, ㉡ 지각된 갈등

23 유통 경로상에 가능하면 많은 수의 도매상을 개입시킴으로써 각 경로 구성원에 의해 보관되는 제품의 수량이 감소될 수 있다는 원칙으로 가장 옳은 것은?

① 분업의 원칙
② 변동비 우위의 원칙
③ 총거래수 최소의 원칙
④ 집중준비의 원칙
⑤ 규모의 경제 원칙

24 가맹점이 프랜차이즈에 가입할 때 고려해야 할 점으로 가장 옳지 않은 것은?

① 프랜차이즈가 갖는 투자리스크를 사전에 검토한다.
② 기존의 점포와 겹치지 않는 입지인지 검토한다.
③ 자신의 가맹점만이 개선할 수 있는 부분을 활용한 차별점을 검토한다.
④ 본사에 지불해야 할 수수료를 고려해야 한다.
⑤ 본부의 사업역량이 충분한지 검토해야 한다.

25 물류관리의 3S 1L원칙에 해당되는 용어로 옳지 않은 것은?

① Speedy
② Surely
③ Low
④ Safely
⑤ Smart

26~45 **2과목 | 상권분석**

26 아래 글상자에서 설명하는 입지대안의 평가 원칙으로 가장 옳은 것은?

> 점포를 방문하는 고객의 심리적, 물리적 특성과 관련된 원칙이다. 지리적으로 인접해 있거나, 교통이 편리하거나, 점포이용이 시간적으로 편리하면 입지의 매력도를 높게 평가한다고 주장한다.

① 고객차단의 원칙
② 동반유인의 원칙
③ 점포밀집의 원칙
④ 접근가능성의 원칙
⑤ 보충가능성의 원칙

27 중심상업지역(CBD: central business district)의 입지특성에 대한 설명 중 가장 옳지 않은 것은?

① 상업활동으로도 많은 사람을 유인하지만 출퇴근을 위해서도 이곳을 통과하는 사람이 많다.
② 백화점, 전문점, 은행 등이 밀집되어 있다.
③ 주차문제, 교통혼잡 등이 교외 쇼핑객들의 진입을 방해하기도 한다.
④ 소도시나 대도시의 전통적인 도심지역을 말한다.
⑤ 대중교통의 중심이며, 도보통행량이 매우 적다.

28 소비자 C가 이사를 하였다. 글상자의 조건을 수정허프(Huff)모델에 적용하였을 때, 이사 이전과 이후의 소비자 C의 소매지출에 대한 소매단지 A의 점유율 변화로 가장 옳은 것은?

> ㉠ 소비자 C는 오직 2개의 소매단지(A와 B)만을 이용하며, 1회 소매지출은 일정하다.
> ㉡ A와 B의 규모는 동일하다.
> ㉢ 이사 이전에는 C의 거주지와 B 사이 거리가 C의 거주지와 A 사이 거리의 2배였다.
> ㉣ 이사 이후에는 C의 거주지와 A 사이 거리가 C의 거주지와 B 사이 거리의 2배가 되었다.

① 4배로 증가
② 5배로 증가
③ 4분의 1로 감소
④ 5분의 1로 감소
⑤ 변화 없음

29 둥지내몰림 또는 젠트리피케이션(gentrification)에 관한 내용으로 가장 옳지 않은 것은?

① 낙후된 도심 지역의 재건축·재개발·도시재생 등 대규모 도시개발에 연관된 현상
② 도시개발로 인해 지역의 부동산 가격이 급격하게 상승할 때 주로 발생하는 현상
③ 도시개발 후 지역사회의 원주민들의 재정착비율이 매우 낮은 현상을 포함
④ 상업지역의 활성화나 관광명소화로 인한 기존 유통업체의 폐점 증가 현상을 포함

⑤ 임대료 상승으로 인해 대형점포 대신 다양한 소규모 근린상점들이 입점하는 현상

30 아래 글상자에서 설명하고 있는 상권분석 기법으로서 가장 옳은 것은?

> 분석과정이 비교적 쉽고 비용이나 시간을 아낄 수 있다. 특정 점포의 상대적 매력도는 파악할 수 있지만, 상권의 공간적 경계를 추정하는 데는 도움을 주지 못한다.

① CST map
② 컨버스(P.D.Converse)의 분기점 분석
③ 티센다각형(thiessen polygon)
④ 체크리스트법
⑤ 허프(Huff)모델

31 신규점포에 대한 상권분석 기법이나 이론들은 기술적, 확률적, 규범적 분석방법으로 구분하기도 한다. 다음 중 규범적 분석에 해당되는 것만을 나열한 것은?

① 체크리스트법, 유추법
② 중심지 이론, 소매인력법칙
③ 허프(Huff)모델, MNL모형
④ 유추법, 중심지 이론
⑤ 소매인력법칙, 허프(Huff)모델

32 상권범위의 결정 요인에 대한 설명으로 가장 옳지 않은 것은?

① 상권을 결정하는 요인에는 시간요인과 비용요인이 포함된다.
② 공급측면에서 비용요인 중 교통비가 저렴할수록 상권은 축소된다.
③ 수요측면에서 고가품, 고급품일수록 상권범위가 확대된다.
④ 재화의 이동에서 사람을 매개로 하는 소매상권은 재화의 종류에 따라 비용 지출이나 시간 사용이 달라지므로 상권의 크기도 달라진다.
⑤ 시간요인은 상품가치를 좌우하는 보존성이 강한 재화일수록 상권범위가 확대된다.

33 소매점포의 다른 입지유형과 비교할 때 상대적으로 노면독립입지가 갖는 일반적인 특징으로 가장 옳지 않은 것은?

① 가시성이 좋다.
② 다른 점포와의 시너지 효과를 기대하기 어렵다.
③ 임대료가 낮다.
④ 주차공간이 넓다.
⑤ 마케팅 비용이 적게 든다.

34 점포의 상권을 설정하기 위한 단계에서의 지역특성 및 입지조건 관련 조사의 내용으로 가장 옳지 않은 것은?

① 유사점포의 경쟁상황
② 지역의 경제상황
③ 자연적 장애물
④ 점포의 접근성
⑤ 점포의 예상수요

35 아래 글상자에 제시된 신규점포의 개점 절차의 논리적 진행순서로 가장 옳은 것은?

> ㉠ 상권분석 및 입지선정
> ㉡ 홍보계획 작성
> ㉢ 가용 자금, 적성 등 창업자 특성 분석
> ㉣ 실내 인테리어, 점포꾸미기
> ㉤ 창업 아이템 선정

① ㉠ - ㉤ - ㉢ - ㉡ - ㉣
② ㉤ - ㉠ - ㉢ - ㉡ - ㉣
③ ㉤ - ㉢ - ㉠ - ㉡ - ㉣
④ ㉢ - ㉠ - ㉤ - ㉡ - ㉣
⑤ ㉢ - ㉤ - ㉠ - ㉣ - ㉡

36 공간균배의 원리나 소비자의 이용목적에 따라 소매점의 입지유형을 분류하기도 한다. 이들 입지유형과 특성의 연결로서 가장 옳은 것은?

① 적응형입지 – 지역 주민들이 주로 이용함
② 산재성입지 – 거리에서 통행하는 유동인구에 의해 영업이 좌우됨
③ 집재성입지 – 동일 업종끼리 모여 있으면 불리함
④ 생활형입지 – 동일 업종끼리 한곳에 집단적으로 입지하는 것이 유리함
⑤ 집심성입지 – 배후지나 도시의 중심지에 모여 입지하는 것이 유리함

37 대지면적에 대한 건축물의 연면적의 비율인 용적률을 계산할 때 연면적 산정에 포함되는 항목으로 가장 옳은 것은?

① 지하층의 면적
② 주민공동시설면적
③ 건축물의 부속용도가 아닌 지상층의 주차용 면적
④ 건축물의 경사지붕 아래에 설치하는 대피공간의 면적
⑤ 초고층 건축물과 준초고층 건축물에 설치하는 피난안전구역의 면적

38 소매업의 공간적 분포를 설명하는 중심성지수와 관련된 설명으로서 가장 옳지 않은 것은?

① 상업인구는 어떤 지역의 소매판매액을 1인당 평균구매액으로 나눈 값이다.

② 중심성지수는 상업인구를 그 지역의 거주인구로 나눈 값이다.

③ 중심성지수가 1이라는 것은 소매판매액과 그 지역 내 거주자의 소매구매액이 동일하다는 뜻이다.

④ 중심성지수가 1이라는 것은 해당 지역의 구매력 유출과 유입이 동일하다는 뜻이다.

⑤ 소매 판매액의 변화가 없어도 해당 지역의 인구가 감소하면 중심성지수는 낮아지게 된다.

39 허프(Huff)모델보다 분석과정이 단순해서 상권분석에서 실무적으로 많이 활용되는 수정허프(Huff)모델의 특성에 관한 설명으로 가장 옳지 않은 것은?

① 분석을 위해 상권 내에 거주하는 소비자의 개인별 구매행동 데이터를 수집할 필요가 없다.

② 허프(Huff)모델과 같이 점포면적과 점포까지의 거리를 통해 소비자의 점포 선택확률을 계산할 수 있다.

③ 상권분석 상황에서 실무적 편의를 위해 점포면적과 거리에 대한 민감도를 따로 추정하지 않는다.

④ 허프(Huff)모델과 달리 수정허프(Huff)모델은 상권을 세부지역(zone)으로 구분하는 절차를 거치지 않는다.

⑤ 허프(Huff)모델에서 추정해야하는 점포면적과 이동거리변수에 대한 소비자의 민감도계수를 '1'과 '-2'로 고정하여 인식한다.

40 복수의 입지후보지가 있을 때는 상세하고 정밀하게 입지조건을 평가하는 과정을 거치게 된다. 가장 유리한 점포입지를 선택하기 위해 참고할 만한 일반적 기준으로 가장 옳은 것은?

① 건축선 후퇴(setback)는 상가건물의 가시성을 높이는 긍정적인 효과를 가진다.

② 점포 출입구 부근에 단차가 있으면 사람과 물품의 출입이 용이하여 좋다.

③ 점포 부지와 점포의 형태는 정사각형에 가까울수록 소비자 흡인에 좋다.

④ 점포규모가 커지면 매출도 증가하는 경향이 있으므로 점포면적이 클수록 좋다.

⑤ 평면도로 볼 때 점포가 도로에 접한 정면너비가 깊이 보다 큰 장방형 형태가 유리하다.

41 상가건물 임대차보호법(법률 제18675호, 2022.1.4., 일부개정)은 임대인은 임차인이 임대차기간이 만료되기 6개월 전부터 1개월 전까지 사이에 계약갱신을 요구할 경우 정당한 사유 없이 거절하지 못한다고 규정하면서, 예외적으로 그러하지 아니한 경우를 명시하고 있다. 이 예외적으로 그러하지 아니한 경우로서 가장 옳지 않은 것은?

① 임차인이 2기의 차임액에 해당하는 금액에 이르도록 차임을 연체한 사실이 있는 경우

② 서로 합의하여 임대인이 임차인에게 상당한 보상을 제공한 경우

③ 임차인이 임대인의 동의 없이 목적 건물의 전부 또는 일부를 전대(轉貸)한 경우

④ 임차인이 임차한 건물의 전부 또는 일부를 고의나 중대한 과실로 파손한 경우

⑤ 임차인이 거짓이나 그 밖의 부정한 방법으로 임차한 경우

42 상대적으로 광역상권인 시, 구, 동 등 특정 지역의 총량적 수요를 추정할 때 사용되는 구매력지수(BPI: buying power index)를 계산하는 수식에서 가장 가중치가 큰 변수로서 옳은 것은?

① 전체 지역 대비 특정 지역의 인구비율

② 전체 지역 대비 특정 지역의 가처분소득 비율

③ 전체 지역 대비 특정 지역의 소매업 종사자 비율

④ 전체 지역 대비 특정 지역의 소매매출액 비율

⑤ 전체 지역 대비 특정 지역의 소매점면적 비율

43 소매점포의 예상매출을 추정하는 분석방법이나 이론으로 볼 수 있는 것들이다. 가장 연관성이 떨어지는 것은?

① 유추법

② 회귀분석법

③ 허프(Huff)모델

④ 컨버스(P.D. Converse)의 분기점분석

⑤ MNL모형

44 소매포화지수(IRS)는 지역시장의 공급대비 수요수준을 총체적으로 측정하기 위해 많이 사용되는 지표의 하나이다. 소매포화지수를 구하는 공식의 분모(分母)에 포함되는 요소로 가장 적합한 것은?

① 관련 점포의 총매출액

② 관련 점포의 총매장면적

③ 관련 점포의 고객수

④ 관련 점포의 총영업이익

⑤ 관련 점포의 종업원수

45 지리정보시스템(GIS)을 이용한 상권정보시스템 구축과 관련된 내용으로 가장 옳지 않은 것은?

① 개별 상점의 위치정보는 점 데이터로, 토지이용 등의 정보는 면(面) 데이터로 지도에 수록한다.

② 지하철노선, 도로 등은 선(線) 데이터로 지도에 수록하고 데이터베이스(DB)를 구축한다.

③ 고객의 인구통계정보 등은 DB로 구축하여, 표적고객집단을 파악하고 상권경계선을 추정할 수 있게 한다.

④ 주제도 작성, 공간 조회, 버퍼링을 통해 효과적인 상권분석이 가능하다.

⑤ 지리정보시스템에 기반한 상권분석정보는 현실적으로 주로 대규모점포에 한정하여 상권분석, 입지선정, 잠재수요 예측, 매출액 추정에 활용되고 있다.

46~70 3과목 | 유통마케팅

46 다음 중 효과적인 시장세분화를 위한 조건으로 옳은 것을 모두 고른 것은?

> ㉠ 측정가능성　　㉡ 접근가능성
> ㉢ 실행가능성　　㉣ 규모의 적정성
> ㉤ 차별화 가능성

① ㉠, ㉡, ㉢, ㉣, ㉤

② ㉠, ㉢, ㉣

③ ㉡, ㉢, ㉤

④ ㉡, ㉣, ㉤

⑤ ㉢, ㉤

47 소매경영에서 공급업체에 대한 평가 시 사용하는 ABC분석에 대한 다음 내용 중에서 옳지 않은 것은?

① 개별 단품에 대해 안전재고 수준과 상품 가용성 정도를 결정하는데 사용한다.

② 매출비중이 높더라도 수익성이 떨어지는 상품은 중요시 하지 않는 것이 바람직하다.

③ 소매업체들이 기여도가 높은 상품 관리에 집중해야 한다는 관점하에 활용된다.

④ 소매업체 매출의 80%는 대략 상위 20%의 상품에 의해 창출된다고 본다.

⑤ 상품성과의 척도로는 공헌이익, GMROI(마진수익률), 판매량 등이 많이 활용된다.

48 아래 글상자가 공통적으로 설명하는 소매상의 변천과정가설 및 이론으로 가장 옳은 것은?

- 소매업채가 환경변화에 따라 일정한 주기를 두고 순환적으로 변화한다는 가설
- 저가격, 저비용, 저서비스의 점포 운영 방식으로 시장에 진입
- 성공적인 시장진입 이후 동일 유형의 소매점 간에 경쟁이 격화됨에 따라 경쟁우위 확보를 위해 점점 고비용, 고가격, 고서비스의 소매점으로 전환
- 모든 유형의 소매업태 등장과 발전과정을 설명할 수 없다는 한계를 지님

---

① 자연도태설
② 소매수명주기 이론
③ 소매아코디언 이론
④ 변증법적 이론
⑤ 소매업 수레바퀴가설

49 다음 중 소매업체가 점포를 디자인할 때 고려해야 하는 요소로 가장 옳지 않은 것은?

① 표적시장의 니즈를 만족시키기 위한 소매업체의 전략 실행
② 효율적으로 제품을 찾고 구입할 수 있도록 쾌락적 편익제공
③ 잠재고객 방문 유도 및 방문 고객의 구매율 증가
④ 용이한 점포의 관리 및 유지 비용을 절감할 수 있도록 설계

⑤ 점포설계에 있어서 법적·사회적 요건 충족

50 다음 중 매장의 생산성을 증대시키기 위한 유통계량조사의 내용으로 가장 옳지 않은 것은?

① 매장 1평당 어느 정도의 매출액이 일어나고 있는가를 파악하기 위한 매장생산성 조사
② 투입된 종업원당 어느 정도의 매출액이 창출되는지를 업계 평균과 상호 비교
③ 현재의 재고가 어느 정도의 상품이익을 실현하는지 알기 위한 교차비율 산출
④ 고객수 및 객단가 산출 및 이전 분기 대비 객단가 증가율 비교
⑤ 채산성을 위한 목표 매출 및 달성 가능성을 분석하기 위한 손익분기 매출액 산출

51 상시저가전략(EDLP: everyday low price)과 비교한 고저 가격전략(high-low pricing)의 장점으로 가장 옳지 않은 것은?

① 고객의 가격민감도 차이에 기반한 가격차별화를 통해 수익증대가 가능하다.
② 할인행사에 대한 고객 기대를 높이는 효과가 있다.

③ 광고 및 운영비를 절감하는 효과가 있다.

④ 동일 상품을 다양한 고객층에게 판매할 수 있다.

⑤ 제품수명주기의 변화에 따른 가격설정이 용이하다.

52 다음 중 경로구성원 평가 및 관리와 관련하여 옳지 않은 것은?

① 기업은 좋은 성과를 내고 고객에게 훌륭한 가치를 제공하는 중간상을 파악하여 보상해야 한다.

② 판매 할당액의 달성 정도, 제품 배달시간, 파손품과 손실품 처리 등과 같은 기준에 관해 정기적으로 경로 구성원의 성과를 평가해야 한다.

③ 경로 구성원과의 장기적인 협력관계를 맺기 위해 성과가 좋지 못한 중간상이라도 바꾸지 말아야 한다.

④ 파트너를 소홀히 다루는 제조업자는 딜러의 지원을 잃을 뿐만 아니라 법적인 문제를 초래할 위험이 있다.

⑤ 기업은 경로 구성원이 최선을 다할 수 있도록 지속적으로 관리하고 동기를 부여해야 한다.

53 아래 글상자가 설명하는 서비스품질을 평가하는 요소로 가장 옳은 것은?

> N사는 고객의 개별적 욕구를 충족시키고자 노력하는 기업으로 포지셔닝하며 고객의 개별 선호에 맞춘 고객 응대를 실천하고 있다. 예를 들어, 양쪽 발 사이즈가 다른 고객에게 사이즈가 각각 다른 두 켤레를 나누어 팔았다. 비록 나머지 짝이 맞지 않은 두 신발을 팔 수 없더라도 고객에게 잊지 못할 감동을 주고 있다.

① 신뢰성(reliability)

② 확신성(assurance)

③ 유형성(tangibility)

④ 공감성(empathy)

⑤ 응답성(responsiveness)

54 서비스기업의 고객관계관리 과정은 "관계구축 – 관계강화 – 관계활용 – 이탈방지 또는 관계해지"의 단계로 나누어 볼 수 있다. 관계구축 단계의 활동으로서 가장 옳지 않은 것은?

① 교차판매, 묶음판매를 통한 관계의 확대

② 고객의 요구를 파악할 수 있는 시장의 세분화

③ 시장의 요구 수준을 충족시키는 양질의 서비스 개발

④ 기업의 핵심가치제안에 부합하는 표적고객 선정

⑤ 고객 니즈를 충족시키는 차별화된 마케팅 전략 수립

59

55 아래 글상자의 괄호 안에 들어갈 용어로 가장 옳은 것은?

> 제조업체가 최종소비자들을 상대로 촉진활동을 하여 이 소지자들로 하여금 중간상(특히 소매상)에게 자사제품을 요구하도록 하는 전략을 (㉠)이라고 한다. 반면에 어떤 제조업체들은 중간상들을 대상으로 판매촉진활동을 하고 그들이 최종소비자에게 적극적인 판매를 하도록 유도하는 유통전략을 사용하는데, 이를 (㉡)전략이라고 한다.

① ㉠ 풀전략, ㉡ 푸시전략
② ㉠ 푸시전략, ㉡ 풀전략
③ ㉠ 집중적 마케팅전략, ㉡ 차별적 마케팅전략
④ ㉠ 풀전략, ㉡ 차별적 마케팅전략
⑤ ㉠ 푸시전략, ㉡ 집중적 마케팅전략

56 다음은 산업 구조분석 방법인 마이클 포터의 5 force model과 시장매력도 간의 관계에 해당하는 내용이다. 가장 옳지 않은 것은?

① 기업들은 새로운 경쟁자들이 시장에 쉽게 들어오지 못하도록 높은 수준의 진입장벽을 구축하기 위해 노력한다.
② 구매자의 교섭력이 높아질수록 그 시장의 매력도는 낮아진다.
③ 산업 구조분석에서 다루어지는 시장매력도는 산업전체의 평균 수익성을 의미한다.
④ 5 force model은 누가 경쟁자이고 누가 공급자이며 누가 구매자인지 분명하게 구분된다는 것을 가정하고 있다.
⑤ 대체제가 많을수록 시장의 매력도는 높아진다.

57 마케팅투자수익률(MROI)에 대한 설명으로서 가장 옳지 않은 것은?

① 마케팅투자수익을 마케팅투자비용으로 나눈 값이다.
② 마케팅투자비용의 측정보다 마케팅투자수익의 측정이 더 어렵다.
③ 측정과 비교가 용이한 단일 마케팅성과 척도를 사용하는 것이 바람직하다.
④ 고객생애가치, 고객자산 등의 평가를 통해 마케팅투자수익을 측정할 수 있다.
⑤ 브랜드인지도, 매출, 시장점유율 등을 근거로 마케팅투자수익을 측정할 수 있다.

58 다음 중 판매촉진에 대한 설명으로 가장 옳지 않은 것은?

① 판매촉진은 고객들로 하여금 즉각적인 반응을 일으킬 수 있고 반응을 쉽게 알아낼 수 있다.

② 판매촉진은 단기적으로 고객에게 대량 또는 즉시 구매를 유도하기 때문에 다른 촉진활동보다 매출증대를 기대할 수 있다.

③ 판매촉진 예산을 결정할 때 활용하는 가용예산법(affordable method)은 과거의 매출액이나 예측된 미래의 매출액을 근거로 예산을 결정하는 방법을 말한다.

④ 소비자를 대상으로 하는 판매촉진의 유형 중 쿠폰(coupon)은 가격할인을 보장하는 일종의 증서로 지면에 표시된 가격만큼 제품가격에서 할인해 주는 방법이다.

⑤ 중간상의 판매촉진의 유형으로 협동광고는 제조업자가 협동하여 지역의 소매상들이 공동으로 시행하는 광고를 말한다.

59 고객관계관리(CRM)와 관련한 채널관리 이슈에 대한 설명으로 가장 옳지 않은 것은?

① 채널은 고객접점으로서 관리되어야 한다.

② 채널의 정보교환 기능을 활성화시켜야 한다.

③ 채널 파트너와의 협업을 관리해야 한다.

④ 채널을 차별화함으로써 발생할 수 있는 채널 간 갈등을 최소화해야한다.

⑤ CRM을 성공적으로 수행하기 위해서 다양한 채널을 독립적으로 운영해야 한다.

60 다음 중 소매업이 상품 판매를 효과적으로 전개하기 위해 제공하는 물적 · 기능적 서비스에 해당하지 않는 것은?

① 포장지, 선물상자의 제공 등과 같은 상품 부대물품의 제공 서비스

② 할부판매, 외상 판매 등과 같은 금융적 서비스

③ 전달 카탈로그, 광고 선전 등과 같은 정보 제공 서비스

④ 고객의 선택 편의 및 구매 효율을 높이는 셀프서비스와 같은 시스템적 서비스

⑤ 상품 설명, 쇼핑 상담, 배달 등과 같은 노역 기술 제공 서비스

61 다음 중 제품별 영업조직(product sales force structure)의 장점으로 가장 옳지 않은 것은?

① 제품에 대한 지식과 전문성이 강화된다.

② 특히 다양한 제품계열을 가지고 있는 기업의 경우에 적합하다.

③ 제한된 지역을 순방하므로 상대적으로 영업비용을 줄일 수 있다.

④ 제품별 직접판매이익공헌을 평가하기가 용이하다.

⑤ 소비재 기업보다는 산업재를 취급하는 기업일수록 이런 형태의 조직이 유리하다.

62 아래 글상자의 내용이 공통적으로 설명하고 있는 CRM 분석 도구로 가장 옳은 것은?

> – 사용자가 고객DB에 담겨 있는 다차원 정보에 직접 접근하여 대화식으로 정보를 분석할 수 있도록 지원하는 분석 도구
> – 분석을 위해 활용되는 정보는 다차원적으로 최종사용자가 기업의 전반적인 상황을 이해할 수 있게 하여 의사결정을 지원
> – 예를 들어 사용자가 자사의 매출액을 지역별/상품별/연도별로 알고 싶을 경우 활용할 수 있는 분석 도구

① 데이터 마이닝(data mining)
② 데이터웨어하우징(data warehousing)
③ OLTP(online transaction processing)
④ OLAP(online analytical processing)
⑤ EDI(electronic data interchange)

63 아래 글상자의 내용 중 격자형 레이아웃의 장점만을 나열한 것으로 옳은 것은?

> ㉠ 원하는 상품을 쉽게 찾을 수 있다.
> ㉡ 느긋하게 자신이 원하는 상품을 둘러보기에 용이하다.
> ㉢ 충동구매를 촉진시킬 수 있다.
> ㉣ 고객이 쇼핑에 걸리는 시간을 최소화할 수 있다.
> ㉤ 쇼핑의 쾌락적 요소를 배가시킬 수 있다.
> ㉥ 통로 등의 공간이 비교적 동일한 넓이로 설계되어 공간적 효율성을 높일 수 있다.

① ㉠, ㉣, ㉤
② ㉠, ㉣, ㉥
③ ㉡, ㉣, ㉤
④ ㉢, ㉤, ㉥
⑤ ㉣, ㉤, ㉥

64 고객생애가치 이론에 관한 설명으로 가장 옳은 것은?

① 고객생애가치는 특정 고객으로부터 얻게 되는 이익흐름의 미래가치를 의미한다.
② 고객 애호도가 높다는 것은 곧 고객생애가치가 높다는 것을 가리킨다.
③ 기업은 고객생애가치를 높이기 위하여 경쟁자보다 더 높은 가치를 제공해 주어야 한다.
④ 올바른 고객생애가치를 산출하기 위해서는 기업의 수입흐름만 고려하면 된다.
⑤ 고객생애가치는 고객과의 한번의 거래에서 나오는 이익을 의미한다.

65 비주얼 머천다이징(VMD, visual merchandising)에 대한 설명으로 가장 옳지 않은 것은?

① 비주얼머천다이징은 상업공간에 적합한 특정의 상품이나 서비스를 조합하고 판매증진을 위한 시각적 연출계획으로 기획하고 상품·선전·판촉 기능을 수행한다.

② 비주얼머천다이징은 기업의 독자성을 표현하고 타 경쟁점과의 차별화를 위해 상품 진열에 관해 시각적 요소를 반영하여 연출하고 관리하는 전략적인 활동이다.

③ 비주얼머천다이징의 구성요소인 PP(point of sale presentation)는 고객의 시선이 머무르는 곳에 볼거리를 제공하여 상품에 관심을 갖도록 유도하기 위해 활용된다.

④ 비주얼머천다이징의 구성요소인 IP(interior presentation)는 실제 판매가 이루어지는 장소에서 상품구역별로 진열대에 진열하는 방식으로 주로 충동구매 상품을 배치하여 매출을 극대화하기 위해 활용된다.

⑤ 비주얼머천다이징의 구성요소인 VP(visual presentation)는 상점의 컨셉을 부각시키기 위해 쇼윈도 또는 테마 공간연출을 통해 브랜드 이미지를 표현하기 위해 활용된다.

66 아래 글상자에서 말하는 여러 효과를 모두 보유하고 있는 마케팅 활동은?

> ⊙ 가격인하 효과　　ⓛ 구매유발 효과
> ⓒ 미래수요 조기화 효과
> ⓔ 판매촉진 효과

① 쿠폰
② 프리미엄
③ 컨테스트
④ 인적 판매
⑤ 리베이트

67 아래 글상자의 설명으로 가장 옳은 것은?

> 동일한 고객층을 대상으로 하되 경쟁업체와 다르게 그들 고객이 가장 원하는 제품과 서비스에 중점을 두거나 고객에게 제시되는 가격대에 대응하는 상품이나 품질을 차별화하는 방향을 전개하는 머천다이징 유형의 하나이다.

① 혼합식 머천다이징
　(scrambled merchandising)
② 선별적 머천다이징
　(selective merchandising)
③ 세그먼트 머천다이징
　(segment merchandising)
④ 계획적 머천다이징
　(programed merchandising)
⑤ 상징적 머천다이징
　(symbol merchandising)

68 아래 글상자의 괄호 안에 들어갈 용어로 가장 옳은 것은?

> (㉠)은 상품흐름이나 판매를 증진시키기 위해 정상가 보다 낮은 가격으로 결정하는 것을 말하며, (㉡)은 특정제품의 가격에 대해 천단위, 백단위로 끝나는 것보다 특정의 홀수로 끝나는 가격을 책정함으로서 소비자로 하여금 더 저렴하다는 느낌을 주기 위한 가격전략이다.

① ㉠ 선도가격(leader pricing),
   ㉡ 수량가격(quantity based pricing)
② ㉠ 단수가격(odd pricing),
   ㉡ 변동가격(dynamic pricing)
③ ㉠ 선도가격(leader pricing),
   ㉡ 단수가격(odd pricing)
④ ㉠ 변동가격(dynamic pricing),
   ㉡ 묶음가격(price bundling)
⑤ ㉠ 묶음가격(price bundling),
   ㉡ 단수가격(odd pricing)

69 소매점의 POS(point of sales)시스템에 대한 설명으로 가장 옳지 않은 것은?

① POS시스템을 통해 소매점별로 수집된 판매 제품의 품목명, 수량, 가격, 판촉 등에 관한 정보를 수집할 수 있다.
② POS시스템은 POS 단말기, 바코드 스캐너, 스토어 콘트롤러(store controller)로 구성되어 있다.
③ POS시스템을 통해 확보한 정보는 고객관계관리(CRM)를 위한 기반 데이터로 활용된다.
④ 전년도 목표 대비 판매량 분석 또는 전월 대비 매출액 변화분석과 같은 시계열 정보를 수집하고 분석하는데 한계가 있다.
⑤ POS시스템을 통해 신제품에 대한 마케팅효과, 판촉효과 등을 분석할 수 있다.

70 제품수명주기(PLC) 단계 중 성숙기에 이루어지는 판매촉진 전략으로 옳은 것은?

① 상표 전환을 유도하기 위한 판촉을 증대한다.
② 수요확대에 따라 점차적으로 판촉을 감소한다.
③ 매출증대를 위한 판매촉진 활동은 최저 수준으로 감소시킨다.
④ 제품의 인지도 향상을 위한 강력한 판촉을 전개한다.
⑤ 제품 가격을 높이는 대신 짧은 기간에 모든 판촉수단을 활용하는 전략을 실행한다.

71~90 4과목 | 유통정보

71 쇼핑몰의 시스템 구성에서 프론트 오피스 (front office) 요소로 가장 옳지 않은 것은?

① 상품검색   ② 상품등록

③ 상품리뷰   ④ 상품진열

⑤ 회원로그인

72 라이브 커머스(live commerce)에 대한 설명 으로 가장 옳지 않은 것은?

① 라이브 스트리밍(live streaming)과 커 머스(commerce)의 합성어이다.

② 온라인 상에서 실시간으로 쇼호스트가 상품을 설명하고 판매하는 비즈니스 프 로세스이다.

③ 온라인 상에서 소비자와 쇼호스트는 실 시간으로 소통이 가능하지만 소비자간의 대화는 불가능하다.

④ 기존 이커머스(e-commerce)보다 소통 과 재미를 더한 진화된 커머스 형태이다.

⑤ 최근 소비자들에게 인기를 얻으면서 급 성장하고 있다.

73 오늘날을 제4차 산업혁명 시기로 구분한다. 제4차 산업혁명에 대한 설명으로 가장 옳지 않은 것은?

① 2016 세계경제포럼에서 4차 산업혁명을 3차 산업혁명을 기반으로 디지털, 바이 오와 물리학 사이의 모든 경계를 허무는 융합 기술 혁명으로 정의함

② ICT를 기반으로 하는 사물인터넷 및 만 물인터넷의 진화를 통해 인간-인간, 인 간-사물, 사물-사물을 대상으로 한 초 연결성이 기하급수적으로 확대되는 초연 결적 특성이 있음

③ 인공지능과 빅데이터의 결합과 연계를 통해 기술과 산업구조의 초지능화가 강 화됨

④ 초연결성, 초지능화에 기반하여 기술간, 산업간, 사물-인간 간의 경계가 사라지 는 대융합의 시대라고 볼 수 있음

⑤ 4차 산업혁명 시대의 생산요소 토지, 노 동, 자본 중 노동의 가치가 토지와 자본 에 비해 중요도가 커지는 특징이 있음

74 물류의 효율적 회전을 가능하게 하는 QR 물 류시스템의 긍정적 효과로 가장 옳지 않은 것은?

① 신속한 대응

② 리드타임 증가

③ 안전재고 감소

④ 예측오류 감소

⑤ 파이프라인재고 감소

75 디지털 공급망을 구현하는데 활용되는 블록체인 스마트 계약(blockchain smart contract) 기술에 대한 설명으로 가장 옳지 않은 것은?

① 특정 요구사항이 충족되면 네트워크를 통해 실시간으로 계약이 실행된다.

② 거래 내역이 블록체인 상에 기록되기 때문에 높은 신뢰도를 형성한다.

③ 블록체인 스마트 계약은 중개자 없이 실행될 수 있기 때문에 상대적으로 거래 비용이 낮다.

④ 블록체인 기록을 뒷받침하는 높은 수준의 암호화와 분산원장 특성으로 네트워크에서 높은 보안성을 확보하고 있다.

⑤ 블록체인을 활용하기 때문에 거래 기록에 대하여 가시성을 확보할 수 없다.

76 경쟁력있는 수익창출 방안을 개발하는데 활용되는 비즈니스 모델 캔버스를 구성하는 9가지 요인 중에 ㉠ 가장 먼저 작성해야 하는 요인과 ㉡ 마지막으로 작성해야 하는 요인이 있다. 여기서 ㉠과 ㉡에 해당하는 내용으로 가장 옳은 것은?

① ㉠ 가치제안, ㉡ 수익원

② ㉠ 고객관계, ㉡ 고객 세분화

③ ㉠ 수익원, ㉡ 고객 세분화

④ ㉠ 고객 세분화, ㉡ 가치제안

⑤ ㉠ 고객 세분화, ㉡ 비용구조

77 데이터마이닝 기법과 CRM에서의 활용용도를 연결한 것으로 가장 옳지 않은 것은?

① 분류 규칙 - 고객이탈 수준 등급

② 군집화 규칙 - 제품 카테고리

③ 순차 패턴 - 로열티 강화 프로그램

④ 연관 규칙 - 상품 패키지 구성 정보

⑤ 일반화 규칙 - 연속 판매 프로그램

78 최근 정부에서 추진하고 있는 다양한 친환경 제품 관련 인증 제도 관련 설명으로 가장 옳지 않은 것은?

① 환경부 · 한국환경산업기술원에서는 같은 용도의 다른 제품에 비해 제품의 환경성을 개선한 경우 환경표지인증을 해주고 있다.

② 농림축산식품부 · 국립농산물품질관리원에서는 유기농산물과 유기가공식품에 대한 친환경농축산물인증제도를 운영하고 있다.

③ 국토교통부와 환경부에서는 한국건설기술연구원을 통해 건축이 환경에 영향을 미치는 요소에 대한 평가를 통해 건축물의 환경성능을 인증하는 녹색건축인증제도를 운영하고 있다.

④ 한국산업기술진흥원에서는 저탄소 녹색성장 기본법에 의거하여 유망한 녹색기술 또는 사업에 대한 녹색인증제도를 운영하고 있다.

⑤ 환경부·소비자보호원에서는 소비자들의 알 권리를 위해 친환경 제품에 대한 정보를 제공하는 그린워싱(green washing) 제도를 운영하고 있다.

---

79 스튜어트(Stewart)의 지식 자산 특성에 대한 설명으로 가장 옳지 않은 것은?

① 지식 자산의 유형으로 고객 자산, 구조적 자산, 인적 자산 등이 있다.

② 대표적인 고객 자산에는 고객브랜드 가치, 기업이미지 등이 있다.

③ 대표적인 인적 자산에는 구성원의 지식, 경험 등이 있다.

④ 대표적인 구조적 자산에는 조직의 경영 시스템, 프로세스 등이 있다.

⑤ 구조적 자산으로 외재적 존재 형태를 갖고 있는 암묵적 지식이 있다.

---

80 유통업체에서 고객의 데이터를 활용하여 마케팅에 활용하는 사례로 아래 글상자의 괄호 안에 공통적으로 들어갈 용어로 가장 옳은 것은?

> - ( )은(는) 국민이 자신의 데이터에 대한 통제권을 갖고 원하는 곳으로 데이터를 전송할 수 있는 서비스이다.
> - ( )이(가) 구현되면, 국민은 데이터를 적극적으로 관리·통제할 수 있게 되고, 스타트업 등 기업은 혁신적인 서비스를 창출해 새로운 데이터 산업 생태계가 조성된다.

① 데이터베이스　② 빅데이터 분석
③ 데이터 댐　　　④ 데이터마이닝
⑤ 마이데이터

---

81 아래 글상자에서 설명하는 개념으로 가장 옳은 것은?

> - 걷기에는 멀고 택시나 자가용을 이용하기에는 마땅치 않은 애매한 거리를 지칭한다.
> - 이 개념은 유통업체의 상품이 고객의 목적지에 도착하는 마지막 단계를 의미한다.
> - 유통업체는 고객 만족을 위한 배송품질 향상이나 배송서비스 차별화 측면에서 이 개념을 전략적으로 활용하고 있다.

① 엔드 투 엔드 공급사슬
② 고객만족경영
③ 배송 리드타임
④ 스마트 로지스틱
⑤ 라스트 마일

82 아래 글상자에서 설명하는 플랫폼 비즈니스의 두 가지 핵심 특성과 관련한 현상을 순서대로 바르게 나열한 것은?

> ㉠ 플랫폼에 참여하는 이용자들이 증가할수록 그 가치가 더욱 커지는 현상이 나타나고, ㉡ 일정 수준 이상의 플랫폼에 참여하는 이용자를 확보하게 될 경우, 막강한 경쟁력을 확보해서 승자독식의 비즈니스가 가능하게 되는 현상이 나타난다.

① ㉠ 메트칼프의 법칙, ㉡ 티핑 포인트
② ㉠ 팔레토의 법칙, ㉡ 롱테일의 법칙
③ ㉠ 네트워크 효과, ㉡ 무어의 법칙
④ ㉠ 규모의 경제, ㉡ 범위의 경제
⑤ ㉠ 학습효과, ㉡ 공정가치선

83 고객 수요에 기반한 데이터의 수집과 분석을 통해 고객에게 상황에 따른 다양한 가격을 제시하는 전략을 지칭하는 용어로 가장 옳은 것은?

① 시장침투가격 전략(penetration pricing strategy)
② 초기고가 전략(skimming pricing strategy)
③ 낚시가격 전략(bait and hook pricing strategy)
④ 다이나믹 프라이싱 전략(dynamic pricing strategy)
⑤ 명성가격 전략(prestige pricing strategy)

84 아래 글상자의 OECD 개인정보 보호 8원칙 중 옳은 것 만을 바르게 나열한 것은?

> ㉠ 정보 정확성의 원칙 – 개인정보는 적법하고 공정한 방법을 통해 수집되어야 한다.
> ㉡ 수집 제한의 법칙 – 이용 목적상 필요한 범위 내에서 개인정보의 정확성, 완전성, 최신성이 확보되어야 한다.
> ㉢ 목적 명시의 원칙 – 개인정보는 수집 과정에서 수집 목적을 명시하고, 명시된 목적에 적합하게 이용되어야 한다.
> ㉣ 안전성 확보의 원칙 – 정보 주체의 동의가 있거나, 법규정이 있는 경우를 제외하고 목적 외 잉용되거나 공개될 수 없다.
> ㉤ 이용 제한의 원칙 – 개인정보의 침해, 누설, 도용 등을 방지하기 위한 물리적, 조직적, 기술적 안전 조치를 확보해야 한다.
> ㉥ 공개의 원칙 – 개인정보의 처리 및 보호를 위한 정책 및 관리자에 대한 정보는 공개되어야 한다.
> ㉦ 책임의 원칙 – 정보 주체의 개인정보 열람/정정/삭제 청구권은 보장되어야 한다.
> ㉧ 개인 참가의 원칙 – 개인정보 관리자에게 원칙 준수 의무 및 책임을 부과해야 한다.

① ㉠, ㉡   ② ㉠, ㉧
③ ㉡, ㉣   ④ ㉢, ㉥
⑤ ㉤, ㉦

85 아래 글상자의 비즈니스 애널리틱스에 대한 분석과 설명 중 옳은 것만을 고른 것은?

> ㉠ 기술분석(descriptive analytics): 과거에 발생한 일에 대한 소급 분석함
> ㉡ 예측분석(predictive analytics): 특정한 일이 발생한 이유를 이해하는 데 도움을 제공
> ㉢ 진단분석(diagnostic analytics): 애널리틱스를 이용해 미래에 발생할 가능성이 있는 일을 예측함
> ㉣ 처방분석(prescriptive analytics): 성능개선 조치에 대한 대응 방안을 제시함

① ㉠, ㉡
② ㉠, ㉢
③ ㉠, ㉣
④ ㉡, ㉢
⑤ ㉡, ㉣

86 유통업체에서 활용하는 블록체인 기술 중 하나인 대체불가능토큰(NFT)의 장점으로 가장 옳지 않은 것은?

① 블록체인 고유의 특성을 기반으로 하기 때문에 희소성을 보장할 수 있고, 위조가 어렵다.
② 블록체인 고유의 특성으로 투명성이 보장되며, 추적 가능하다.
③ 부분에 대한 소유권이 인정되어 각각 나누어 거래가 가능하다.
④ 정부에서 가치를 보증해서 안전하게 거래할 수 있다.
⑤ NFT 시장에서 자유롭게 거래할 수 있다.

87 각국 GS1 코드관리기관의 회원업체정보 데이터베이스를 인터넷을 통해 연결하여 자국 및 타 회원국의 업체 정보를 실시간으로 검색할 수 있게 해주는 서비스로 가장 옳은 것은?

① 덴소 웨이브(DENSO WAVE)
② 코리안넷
③ 글로벌 바코드 조회서비스
  (Global Bar-code Party Information Registry)
④ 글로벌 기업정보 조회서비스
  (Global Electronic Party Information Registry)
⑤ GS1(Global Standard No.1)

88 아래 글상자의 괄호 안에 들어갈 용어를 순서대로 바르게 나열한 것은?

> - (㉠)은(는) 데이터의 정확성과 일관성을 유지하고 전달과정에서 위변조가 없는 것이다.
> - (㉡)은 정보를 암호화하며 인가된 사용자만이 접근할 수 있게 하는 것이다.

① ㉠ 부인방지, ㉡ 인증
② ㉠ 무결성, ㉡ 기밀성
③ ㉠ 프라이버시, ㉡ 인증
④ ㉠ 무결성, ㉡ 가용성
⑤ ㉠ 기밀성, ㉡ 무결성

89 아래 글상자의 구매-지불 프로세스를 바르게 나열한 것은?

> ㉠ 재화 및 용역에 대한 구매요청서 발송
> ㉡ 조달 확정
> ㉢ 구매주문서 발송
> ㉣ 공급업체 송장 확인
> ㉤ 대금 지불
> ㉥ 재화 및 용역 수령증 수취

① ㉥ - ㉤ - ㉣ - ㉢ - ㉡ - ㉠
② ㉠ - ㉤ - ㉣ - ㉢ - ㉥ - ㉡
③ ㉠ - ㉡ - ㉢ - ㉣ - ㉤ - ㉥
④ ㉠ - ㉡ - ㉢ - ㉥ - ㉣ - ㉤
⑤ ㉥ - ㉤ - ㉠ - ㉢ - ㉣ - ㉡

90 기업활동과 관련된 내 · 외부자료를 영역별로 각기 수집 · 저장관리하는 경우 자료의 활용을 위해, 목적에 맞게 적당한 형태로 변환하거나 통합하는 과정을 거쳐야 한다. 수집된 자료를 표준화시키거나 변환하여 목표 저장소에 저장할 수 있도록 도와주는 기술로 가장 옳은 것은?

① OLTP(online transaction processing)
② OLAP(online analytical processing)
③ ETL(extract, transform, load)
④ 정규화(normalization)
⑤ 플레이크(flake)

01~25 1과목 | 유통물류일반

01 특정 업무를 수행하는 데 소요되는 비용이 가장 낮은 유통경로기관이 해당 업무를 수행하는 방향으로 유통경로의 구조가 결정된다고 설명하는 유통경로구조이론으로 가장 옳은 것은?

① 대리인(agency)이론
② 게임(game)이론
③ 거래비용(transaction cost)이론
④ 기능위양(functional spinoff)이론
⑤ 연기-투기(postponement-speculation)이론

02 아래 글상자의 자료를 토대로 계산한 경제적주문량(EOQ)이 200이라면 연간 단위당 재고유지 비용으로 옳은 것은?

- 연간제품수요량 : 10,000개
- 1회당 주문비용 : 200원

① 100 ② 200
③ 300 ④ 400
⑤ 500

03 운송과 관련한 설명 중 가장 옳지 않은 것은?

① 해상운송의 경우 최종목적지까지의 운송에는 한계가 있기에 피시백(fishy back) 복합운송서비스를 제공한다.
② 트럭운송은 혼적화물운송(LTL: less than truckload) 상태의 화물도 긴급 수송이 가능하고 단거리 운송에도 경제적이다.
③ 다른 수송형태에 비해 철도운송은 상대적으로 도착시간을 보증할 수 있다.
④ 항공운송은 고객이 원하는 지점까지의 운송을 위해 피기백(piggy back) 복합운송서비스를 활용한다.
⑤ COFC는 철도의 무개화차 위에 컨테이너를 싣고 수송하는 방식이다.

04 자본잉여금의 종류로 옳지 않은 것은?

① 국고보조금
② 공사부담금
③ 보험차익
④ 예수금
⑤ 자기주식처분이익

71

05 기업이 e—공급망 관리(e—SCM)를 통해 얻을 수 있는 효과로 가장 옳지 않은 것은?

① 고객의 욕구변화에 더욱 신속하게 대응하게 되고 고객만족도가 증가한다.

② 공급자와 구매자 간의 정보 공유로 필요한 물량을 자동으로 보충해서 재고 감축이 가능하다.

③ 거래 및 투자비용을 절감할 수 있다.

④ 공급망 자동화를 통해 전체 주문 이행 사이클 타임의 단축이 가능하다.

⑤ 구매자의 데이터를 분석하여 그들의 개별니즈를 충족시킬 수 있는 표준화된 서비스 제공이 가능해졌다.

06 서비스 유통의 형태인 플랫폼 비즈니스 (platform business)에 대한 설명으로 가장 옳지 않은 것은?

① 플랫폼을 통해 사람과 사람, 사람과 사물을 연결함으로써 새로운 유형의 서비스가 창출된다.

② 정보통신기술의 발달은 사람 간의 교류를 더 빠르고 효율적으로 실현시키면서 플랫폼 비즈니스 성장에 긍정적인 영향을 미치고 있다.

③ 플랫폼 비즈니스의 구성원은 크게 플랫폼 구축자와 플랫폼 사용자로 나뉜다.

④ 플랫폼은 정보, 제품, 서비스 등 다양한 유형의 거래를 가능하게 해주는 일종의 장터이다.

⑤ 플랫폼 비즈니스 사업자는 플랫폼을 제공해주는 대가를 직접적으로 취할 수 없으므로, 광고 등을 통해 간접적으로 수익을 올리는 비즈니스 모델이다.

07 아래 글상자에서 설명하는 개념으로 옳은 것은?

> 제품에 대한 최종소비자의 수요 변동 폭은 크지 않지만, 소매상, 도매상, 제조업자, 원재료 공급업자 등 공급사슬을 거슬러 올라갈수록 변동 폭이 크게 확대되어 수요예측치와 실제 판매량 사이의 차이가 커지게 된다.

① 블랙 스완 효과(black swan effect)

② 밴드 왜건 효과(band wagon effect)

③ 채찍 효과(bullwhip effect)

④ 베블렌 효과(Veblen effect)

⑤ 디드로 효과(Diderot effect)

08 제품/시장 확장그리드(product/market expansion grid)에서 기존제품을 가지고 새로운 세분시장을 파악해서 진출하는 방식의 기업성장전략으로 가장 옳은 것은?

① 시장침투전략(market penetration strategy)

② 시장개발전략(market development strategy)

③ 제품개발전략(product development strategy)

④ 다각화전략(diversification strategy)

⑤ 수평적 다각화전략(horizontal diversification strategy)

09 유통경로에서 발생하는 각종 힘(power)에 관한 설명으로 가장 옳지 않은 것은?

① 합법력은 법률이나 계약과 같이 정당한 권리에 의해 발생하거나 조직 내의 공식적인 지위에서 발생한다.

② 강제력의 강도는 처벌이 지닌 부정적 효과의 크기에 반비례한다.

③ 정보력은 공급업자가 중요한 정보를 가지고 있다는 인식을 할 경우 발생한다.

④ 준거력은 공급업자에 대해 일체감을 갖는 경우에 발생한다.

⑤ 보상력은 재판매업자가 자신의 보상을 조정할 수 있는 능력을 가지고 있다고 인식할수록 증가한다.

10 윤리경영에서 이해관계자가 추구하는 가치이념과 취급해야 할 문제들이 옳게 나열되지 않은 것은?

구분	이해 관계자	추구하는 가치이념	윤리경영에서 취급해야 할 문제들
㉠	지역사회	기업시민	산업재해, 산업공해, 산업폐기물 불법치리 등
㉡	종업원	인간의 존엄성	고용차별, 성차별, 프라이버시 침해, 작업장의 안전성 등
㉢	투자자	공평, 형평	내부자 거래, 인위적 시장조작, 시세조작, 분식결산 등
㉣	고객	성실, 신의	유해상품, 결합상품, 허위 과대 광고, 정보은폐, 가짜 상표 등
㉤	경쟁자	기업가치	환경오염, 자연파괴, 산업폐기물 수출입, 지구환경관련 규정 위반 등

① ㉠   ② ㉡

③ ㉢   ④ ㉣

⑤ ㉤

11 아래 글상자에서 설명하는 유통의 형태로 가장 옳은 것은?

> – 각 판매지역별로 하나 또는 극소수의 중간상에게 자사제품의 유통에 대한 독점권을 부여하는 것이다.
> – 소비자가 제품 구매를 위해 적극적인 탐색을 하고 쇼핑을 위해 기꺼이 시간과 노력을 아끼지 않는 경우에 적합하다.

① 집중적 유통
② 개방적 유통
③ 선택적 유통
④ 전속적 유통
⑤ 중간적 유통

12 유통산업이 합리화되는 경우에 나타나는 현상으로 가장 옳지 않은 것은?

① 업무 효율화를 통해 유통업체의 규모가 작아진다.
② 유통 경로상 제조업의 협상력이 축소된다.
③ 법률이나 정부의 규제가 늘어난다.
④ 생산지의 가격과 소비자의 구매가격의 차이가 줄어든다.
⑤ 유통경로가 단축되어 유통비용이 절감된다.

13 직무기술서와 직무명세서를 비교할 때 직무기술서에 해당되는 내용으로 가장 옳은 것은?

① 작업자의 특성을 평가하여 조직 전략을 효율적으로 달성하기 위한 것이다.
② 속직적 기준으로 직무의 내용을 요약하고 수행에 필요한 정보를 포함한다.
③ 직무명칭, 직무개요, 직무내용 등의 인적 요건을 포함한다.
④ 직무내용보다는 인적요건을 중심으로 정리한다.
⑤ 작업자의 지식, 기능, 능력 등의 요소를 포함한다.

14 유통경영전략의 수립단계를 순서대로 나열한 것으로 가장 옳은 것은?

① 사업포트폴리오분석 – 기업의 사명 정의 – 기업의 목표설정 – 성장전략의 수립
② 기업의 목표 설정 – 사업포트폴리오분석 – 성장전략의 수립 – 기업의 사명 정의
③ 사업포트폴리오분석 – 기업의 목표 설정 – 기업의 사명 정의 – 성장전략의 수립
④ 기업의 사명 정의 – 기업의 목표 설정 – 사업포트폴리오분석 – 성장전략의 수립
⑤ 성장전략의 수립 – 기업의 목표 설정 – 사업포트폴리오분석 – 기업의 사명 정의

15 보관을 위한 각종 창고의 유형에 대한 설명으로 가장 옳지 않은 것은?

① 자가 창고의 경우 기업이 자신의 목적에 맞게 맞춤형 창고 설계가 가능하다.

② 영업 창고 요금은 창고 이용에 따른 보관료를 기본으로 하며 하역료를 제외한다.

③ 임대 창고는 영업창고업자가 아닌 개인이나 법인 등이 소유하고 있는 창고를 임대료를 받고 제공하는 것이다.

④ 공공 창고는 공익을 목적으로 건설한 창고로 공립창고가 한 예이다.

⑤ 관설상옥은 정부나 지방자치단체가 해상과 육상 연결용 화물 판매용도로 제공하는 창고이다.

16 아웃소싱을 실시하는 기업이 얻을 수 있는 장점으로 가장 옳지 않은 것은?

① 다른 채널의 파트너로부터 규모의 경제 효과를 얻을 수 있다.

② 분업의 원리를 통해 이익을 얻을 수 있다.

③ 고정비용은 늘어나지만 변동비용을 줄여서 비용 절감효과를 얻을 수 있다.

④ 아웃소싱 파트너의 혁신적인 혜택을 누릴 수 있다.

⑤ 자사의 기술보다 우월한 기술을 누릴 수 있다.

17 아래 글상자가 설명하는 합작투자 유형으로 옳은 것은?

> 공여기업이 자사의 제조공정, 등록상표, 특허권 등을 수여기업에게 제공하고 로열티 혹은 수수료를 받는 형태이다. 이를 통해, 수여기업은 생산의 전문성 혹은 브랜드를 자체 개발 없이 사용할 수 있다는 이점이 있고, 공여기업은 낮은 위험부담으로 해외시장에 진출할 수 있다는 장점이 있다.

① 계약생산(contract manufacturing)

② 관리계약(management contracting)

③ 라이센싱(licensing)

④ 공동소유(joint ownership)

⑤ 간접수출(indirect exporting)

18 아래 글상자가 설명하는 리더십의 유형으로 가장 옳은 것은?

> 대인관계와 활동을 통하여 규범적으로 적합한 리더의 행동이 구성원들에게 모범으로 작용하며, 상호 간 명확한 도덕적 기준과 의사소통, 공정한 평가 등을 통해 부하들로 하여금 규범에 적합한 행동을 지속하도록 촉진하는 것이다.

① 변혁적 리더십 (transformational leadership)

② 참여적 리더십 (participative leadership)

③ 지원적 리더십(supportive leadership)

④ 지시적 리더십(directive leadership)

⑤ 윤리적 리더십(ethical leadership)

19 제품에 대한 소유권을 갖고 제조업자로부터 제품을 취득하여 소매상에게 바로 운송하는 한정기능도매상으로 옳은 것은?

① 우편주문도매상(mail-order wholesaler)
② 진열도매상(rack jobber)
③ 트럭도매상(truck wholesaler)
④ 직송도매상(drop shipper)
⑤ 현금무배달도매상(cash-and-carry wholesaler)

20 대리도매상 중 판매대리인(selling agent)과 제조업자의 대리인(manufacture's agent)의 차이로 옳지 않은 것은?

① 판매대리인은 모든 제품을 취급하지만 제조업자의 대리인은 일부 제품만을 취급한다.
② 판매대리인은 제조업자의 대리인보다 활동범위가 넓고 비교적 자율적인 의사결정이 가능하다.
③ 판매대리인은 제조업자의 시장지배력이 약한 지역에서만 활동하지만 제조업자의 대리인은 모든 지역에서 판매를 한다.
④ 판매대리인은 신용을 제공하지만 제조업자의 대리인은 신용을 제공하지 못한다.
⑤ 판매대리인은 기업의 마케팅 부서와 같은 기능을 수행하는 도매상인 반면 제조업자의 대리인은 장기적인 계약을 통해 제조업자의 제품을 특정 지역에서 판매 대행을 하는 도매상을 말한다.

21 불공정 거래행위에 해당되지 않는 것은?

① 기존재고상품을 다른 상품으로 교환하면서 기존의 재고상품을 특정매입상품으로 취급하여 반품하는 행위
② 직매입을 특정매입계약으로 전환하면서 기존 재고상품을 특정매입상품으로 취급하여 반품하는 행위
③ 대규모 유통업자가 부당하게 납품업자 등에게 배타적 거래를 하도록 강요하는 경우
④ 정상가격으로 매입한 주문제조상품을 할인행사를 이유로 서류상의 매입가를 낮춰 재매입하고 낮춘 매입원가로 납품대금을 주는 경우
⑤ 직매입 납품업체의 납품과정에서 상품에 훼손이나 하자가 발생한 경우 상품대금을 감액하는 경우

22 샤인(Schein)이 제시한 조직 문화의 세 가지 수준에서 인식적 수준에 해당되는 것으로 가장 옳은 것은?

① 인지가치와 행위가치로 구분할 수 있는 가치관
② 개개인의 행동이나 관습
③ 인간성
④ 인간관계
⑤ 창작물

23 공급업자 평가방법 중 각 평가 기준의 중요성을 정확하게 판단할 수 없는 경우에 유용한 평가방법은?

① 가중치 평가방법
② 단일기준 평가방법
③ 최소기준 평가방법
④ 주요기준 평가방법
⑤ 평균지수 평가방법

24 소비자기본법(법률 제17799호, 2020. 12. 29., 타법개정)에 따라 국가가 광고의 내용이나 방법에 대한 기준을 제한할 수 있는 항목으로 옳지 않은 것은?

① 용도, 성분, 성능
② 소비자가 오해할 우려가 있는 특정용어나 특정 표현
③ 광고의 매체
④ 광고 시간대
⑤ 광고 비용

25 상품을 품질수준에 따라 분류하거나 규격화함으로써 거래 및 물류를 원활하게 하는 유통의 기능으로 가장 옳은 것은?

① 보관기능   ② 운송기능
③ 정보제공기능   ④ 표준화기능
⑤ 위험부담기능

26~45 2과목 | 상권분석

26 지리정보시스템(GIS)을 이용한 상권분석과 관련한 내용으로 옳지 않은 것은?

① 각 동(洞)별 인구, 토지 용도, 평균지가 등을 겹쳐서 상권의 중첩을 표현할 수 있다.
② 주제도란 GIS소프트웨어를 사용하여 데이터베이스 조회 후 속성정보를 요약해 표현한 지도이다.
③ 버퍼는 점이나 선 또는 면으로부터 특정 거리 이내에 포함되는 영역을 의미한다.
④ 교차는 동일한 경계선을 가진 두 지도레이어를 겹쳐서 형상과 속성을 비교하는 기능이다.
⑤ 위상이란 지리적인 형상을 표현한 지도상의 상대적 위치를 알 수 있는 기능을 부여하는 역할을 한다.

27 구조적 특성에 의해 상권을 분류할 때 포켓상권에 해당하는 것으로 옳은 것은?

① 상가의 입구를 중심으로 형성된 상권
② 고속도로나 간선도로에 인접한 상권
③ 대형소매점과 인접한 상권
④ 소형소매점들로 구성된 상권
⑤ 도로나 산, 강 등에 둘러싸인 상권

28 중심지체계나 주변환경 등에 의해 분류할 수 있는 상권의 유형에 대한 설명으로 가장 옳지 않은 것은?

① 도심상권은 중심업무지구(CBD)를 포함하며 상권의 범위가 넓고 소비자들의 평균 체류시간이 길다.

② 근린상권은 점포인근 거주자들이 주요 소비자로 생활밀착형 업종의 점포들이 입지하는 경향이 있다.

③ 부도심상권은 간선도로의 결절점이나 역세권을 중심으로 형성되는 경우가 많으며 도시 전체의 소비자를 유인한다.

④ 역세권상권은 지하철이나 철도역을 중심으로 형성되며 지상과 지하의 입체적 상권으로 고밀도 개발이 이루어지는 경우가 많다.

⑤ 아파트상권은 고정고객의 비중이 높아 안정적인 수요확보가 가능하지만 외부와 단절되는 경우가 많아 외부고객을 유치하는 상권확대가능성이 낮은 편이다.

29 소매점포의 상권범위나 상권형태는 소매점포를 이용하는 소비자의 공간적 분포를 나타낸다. 이에 대한 설명으로 가장 옳지 않은 것은?

① 소매점포의 면적이 비슷하더라도 업종이나 업태에 따라 개별점포의 상권범위는 차이가 날 수 있다.

② 동일 점포라도 소매전략에 따른 판촉활동 등의 차이에 따라 시기별로 점포의 상권범위는 변화한다.

③ 상권의 형태는 점포를 중심으로 일정한 거리 간격의 동심원 형태로 나타난다.

④ 동일한 지역에 인접하여 입지한 경우에도 점포 규모에 따라 개별점포의 상권범위는 차이가 날 수 있다.

⑤ 동일한 위치에서 입지조건의 변화가 없고 점포의 전략적 변화가 없어도 상권의 범위는 유동적으로 변화하기 마련이다.

30 상권 내의 경쟁점포 분석에 대한 설명으로 가장 옳지 않은 것은?

① 초점이 되는 조사문제를 중심으로 실시한다.

② 조사목적에 맞는 세부조사항목을 구체적으로 정해서 실시한다.

③ 상품구성분석은 상품구성기본정책, 상품계열구성, 품목구성을 포함한다.

④ 가격은 조사당시 주력상품 특매상황이라도 실제 판매가격을 분석한다.

⑤ 자사점포의 현황과 비교하여 조사결과를 분석한다.

31 크리스탈러(Christaller, W.)의 중심지이론에서 말하는 중심지 기능의 최대 도달거리(the range of goods and services)가 의미하는 것으로 가장 옳은 것은?

① 중심지의 유통서비스 기능이 지역거주자에게 제공될 수 있는 한계거리

② 소비자가 도보로 접근할 수 있는 중심지까지의 최대도달거리

③ 전문품 상권과 편의품 상권의 지리적 최대 차이

④ 상위 중심지와 하위 중심지 사이의 거리

⑤ 상업중심지의 정상이윤 확보에 필요한 수요를 충족시키는 상권범위

32 상권 내 소비자의 소비패턴이나 공간이용실태 등을 조사하기 위해 표본조사를 실시할 때 사용할 수 있는 비확률표본추출 방법에 해당하는 것으로 가장 옳은 것은?

① 층화표본추출법(stratified random sampling)

② 체계적표본추출법(systematic sampling)

③ 단순무작위표본추출법(simple random sampling)

④ 할당표본추출법(quota sampling)

⑤ 군집표본추출법(cluster sampling)

33 상권의 질(質)에 대한 설명으로 가장 옳지 않은 것은?

① 소매포화지수(IRS: index of retail saturation)와 시장확장잠재력(MEP: market expansion potentials)이 모두 높은 상권은 좋은 상권이다.

② 상권의 질을 평가하는 정량적 요소로는 통행량, 야간 인구, 연령별 인구, 남녀 비율 등이 있다.

③ 상권의 질을 평가하는 정성적 요소로는 통행객의 복장, 소지 물건, 보행 속도, 거리 분위기 등이 있다.

④ 일반적으로 특정 지역에 유사한 단일 목적으로 방문하는 통행객보다는 서로 다른 목적으로 방문하는 통행객이 많을수록 상권의 질은 낮아진다.

⑤ 오피스형 상권은 목적성이 너무 강하므로 통행량이 많더라도 상권의 매력도가 높지 않을 수 있다.

34 도심으로부터 새로운 교통로가 발달하면 교통로를 축으로 도매, 경공업 지구가 부채꼴 모양으로 확대된다는 공간구조이론으로 가장 옳은 것은?

① 버제스(E.W. Burgess)의 동심원지대이론(concentric zone theory)

② 해리스(C.D. Harris)의 다핵심이론(multiple nuclei theory)

③ 호이트(H. Hoyt)의 선형이론(sector theory)

④ 리카도(D. Ricardo)의 차액지대설(differential rent theory)

⑤ 마르크스(K.H. Marx)의 절대지대설(absolute rent theory)

35 인구 9만명인 도시 A와 인구 1만명인 도시 B 사이의 거리는 20Km이다. 컨버스의 공식을 적용할 때 도시 B로부터 두 도시(A, B)간 상권분기점까지의 거리로 옳은 것은?

① 5Km ② 10Km

③ 15Km ④ 20Km

⑤ 25km

36 신규점포의 입지를 결정하는 과정에서 후보입지의 매력도 평가에 활용할 수 있는 회귀분석모형에 관한 설명으로 가장 옳지 않은 것은?

① 종속변수는 독립변수의 영향을 받는 관계이므로 종속변수와 상관관계가 있는 독립변수를 포함시켜야 한다.

② 회귀분석모형에 포함되는 독립변수들은 서로 상관관계가 높지 않고 독립적이어야 한다.

③ 성과에 영향을 미치는 독립변수로는 점포 자체의 입지적 특성과 상권 내 경쟁수준 등을 포함시킬 수 있다.

④ 인구수, 소득수준, 성별, 연령 등 상권 내 소비자들의 특성을 독립변수로 포함시킬 수 있다.

⑤ 2~3개의 표본점포를 사용하면 실무적으로 설명력 있는 회귀모형을 도출하는데 충분하다.

37 상품 키오스크(merchandise kiosks)에 대한 설명으로서 가장 옳지 않은 것은?

① 쇼핑몰의 공용구역에 설치되는 판매공간이다.

② 쇼핑몰 내 일반점포보다 단위면적당 임대료가 낮다.

③ 쇼핑몰 내 일반점포에 비해 임대차 계약기간이 길다.

④ 디스플레이 공간이 넓어 점포 면적에 비해 충분한 창의성을 발휘할 수 있다.

⑤ 쇼핑몰 내 다른 키오스크들과 경쟁이 심화될 가능성이 높다.

38 유통산업발전법(법률 제19117호, 2022.12.27., 타법개정)에서는 필요하다고 인정하는 경우 대형마트에 대한 영업시간 제한이나 의무휴업일 지정을 규정하고 있다. 그 내용으로 가장 옳은 것은?

① 의무휴업일은 공휴일이 아닌 날 중에서 지정하되, 이해당사자와 합의를 거쳐 공휴일을 의무휴업일로 지정할 수 있다.

② 특별자치시장·시장·군수·구청장 등은 매월 하루 이상을 의무휴업일로 지정하여야 한다.

③ 영업시간 제한 및 의무휴업일 지정에 필요한 사항은 해당 지방자치단체장의 명령으로 정한다.

④ 특별자치시장·시장·군수·구청장 등은 오후 11시부터 오전 10시까지의 범위에서 영업시간을 제한할 수 있다.

⑤ 영업시간 제한이나 의무휴업일 지정은 건전한 유통질서확립, 근로자의 건강권 및 대형점포 등과 중소유통업의 상생발전을 위한 것이다.

39 입지분석은 지역분석, 상권분석, 부지분석 등의 세 가지 수준에서 실시한다. 경쟁분석을 실시하는 분석수준으로서 가장 옳은 것은?

① 지역분석(regional analysis)

② 부지분석(site analysis)

③ 상권분석(trade area analysis)

④ 지역 및 상권분석(regional and trade area analysis)

⑤ 상권 및 부지분석(trade area and site analysis)

40 업태에 따른 소매점포의 적절한 입지유형을 설명한 페터(R. M. Fetter)의 공간균배원리를 적용한 것으로 가장 옳지 않은 것은?

① 편의품점 – 산재성 입지

② 선매품점 – 집재성 입지

③ 부피가 큰 선매품의 소매점 – 국부적집중성 입지

④ 전문품점 – 집재성 입지

⑤ 고급고가품점 – 집심성 입지

41 소비자가 원하는 시간과 장소에서 상품을 구입할 수 있게 해야 한다는 의미에서의 상품에 대한 소비자들의 물류요구와 취급하는 소매점 숫자의 관계에 대한 기술로 가장 옳은 것은?

① 물류요구가 높을수록 선택적 유통이 이루어진다.

② 물류요구가 낮을수록 집중적 유통이 이루어진다.

③ 물류요구에 상관없이 전속적 유통이 효율적이다.

④ 물류요구의 크기만으로는 취급하는 소매점 숫자를 알 수 없다.

⑤ 물류요구의 크기는 취급하는 소매점 숫자에 영향을 미치지 않는다.

42 점포개점을 위한 투자계획의 내용으로서 가장 옳지 않은 것은?

① 자금조달계획　② 자금운용계획
③ 수익계획　　　④ 비용계획
⑤ 상품계획

43 도시상권의 매력도에 직접적으로 영향을 미치는 특성으로서 가장 옳지 않은 것은?

① 인구　　　　　② 교통망

③ 소득수준　　　④ 소매단지 분포
⑤ 행정구역 구분

44 상권분석의 주요한 목적으로 가장 옳지 않은 것은?

① 상권범위 설정　② 경쟁점포 파악
③ 빅데이터 축적　④ 예상매출 추정
⑤ 적정임차료 추정

45 상가건물 임대차보호법(법률 제18675호, 2022. 1. 4., 일부 개정) 등의 관련 법규에서는 아래 글상자와 같이 상가임대료의 인상률 상한을 규정하고 있다. 괄호 안에 들어갈 내용으로 옳은 것은?

> 차임 또는 보증금의 증액청구는 청구 당시의 차임 또는 보증금의 100분의 (　　)의 금액을 초과하지 못한다.

① 3　　　　　　　② 4
③ 5　　　　　　　④ 8
⑤ 10

46~70 3과목 | 유통마케팅

46 통합적 마케팅커뮤니케이션(IMC: integrated marketing communication)에 대한 설명으로 가장 옳지 않은 것은?

① 광고, 판매촉진, PR, 인적판매, 다이렉트 마케팅 등 다양한 촉진믹스들을 활용한다.

② 명확하고 설득력 있는 메시지를 일관되게 전달하는 것이 목적이다.

③ 동일한 표적고객에 대한 커뮤니케이션은 서로 동일한 메시지를 전달한다.

④ 서로 다른 촉진믹스들이 수행하는 차별적 커뮤니케이션 역할들을 신중하게 조정한다.

⑤ 모든 마케팅 커뮤니케이션 캠페인들이 동일한 촉진 목표를 달성하도록 관리한다.

47 점포공간을 구성할 경우, 점포에서의 역할을 고려한 각각의 공간에 대한 설명으로 가장 옳지 않은 것은?

① 서비스 공간은 휴게실, 탈의실 등과 같이 소비자의 편의와 편익을 위해 설치하는 곳이다.

② 진열 판매 공간은 상품을 진열하여 주로 셀프 판매를 유도하는 곳이다.

③ 판매 예비 공간은 소비자에게 상품에 대한 정보를 전달하거나 결제를 도와주는 곳이다.

④ 판촉 공간은 판촉상품을 전시하는 곳이다.

⑤ 인적 판매 공간은 판매원이 소비자에게 상품을 보여주고 상담을 하는 곳이다.

48 마케팅믹스 요소인 4P 중 유통(place)을 구매자 관점인 4C로 표현한 것으로 가장 옳은 것은?

① 고객맞춤화(customization)

② 커뮤니케이션(communication)

③ 고객문제해결(customer solution)

④ 편의성(convenience)

⑤ 고객비용(customer cost)

49 온라인광고의 유형에 대한 설명으로 가장 옳지 않은 것은?

① 배너광고(banner advertising)는 웹페이지의 상하좌우 또는 중간에서도 볼 수 있다.

② 삽입광고(insertional advertising)는 웹사이트 화면이 바뀌고 있는 동안에 출현하는 온라인 전시광고이다.

③ 검색관련광고(search-based advertising)는 포털사이트에 검색엔진 결과와 함께 나타나는 링크와 텍스트를 기반으로 하는 광고이다.

④ 리치미디어광고(rich media advertising)는 현재 보고 있는 창 앞에 나타나는 새로운 창에 구현되는 온라인 광고이다.

⑤ 바이럴광고(viral advertising)는 인터넷 상에서 소비자가 직접 입소문을 퍼트리도록 유도하는 광고이다.

50 브랜드 관리와 관련된 설명으로 가장 옳지 않은 것은?

① 브랜드 자산(brand equity)이란 해당 브랜드를 가졌기 때문에 발생하는 차별적 브랜드 가치를 말한다.

② 브랜드 재인(brand recognition)은 브랜드가 과거에 본인에게 노출된 적이 있음을 알아차리는 것이다.

③ 브랜드 회상(brand recall)이란 브랜드 정보를 기억으로부터 인출하는 것을 말한다.

④ 브랜드 인지도(brand awareness)는 브랜드 이미지의 풍부함을 의미한다.

⑤ 브랜드 로열티(brand loyalty)가 높을수록 브랜드 자산(brand equity)이 증가한다고 볼 수 있다.

51 상품판매에 대한 설명으로 옳지 않은 것은?

① 인적판매는 개별적이고 심도 있는 쌍방향 커뮤니케이션이 가능한 것이 장점이다.

② 판매는 회사의 궁극적 목적인 수익창출을 실제로 구현하는 기능이다.

③ 전략적 관점에서 고객과의 관계를 형성하는 영업을 중요시하던 과거 방식에 비해 판매기술이 고도화되는 요즘은 판매를 빠르게 달성하는 전술적, 기술적 관점이 더욱 부각되고 있다.

④ 판매는 고객과의 커뮤니케이션을 통해 상품을 판매하고, 고객과의 관계를 구축하고자 하는 활동이다.

⑤ 판매활동은 크게 신규고객을 확보하기 위한 활동과 기존고객을 관리하는 활동으로 나눌 수 있다.

52 아래 글상자가 설명하는 머천다이징의 종류로 가장 옳은 것은?

소매업, 2차상품 제조업자, 가공업자 및 소재메이커가 수직적으로 연합하여 상품계획을 수립하는 머천다이징 방식이다. 이는 시장을 세분화하여 파악한 한정된 세분시장을 타겟고객으로 하며 이들에 알맞은 상품화 전략을 전개하는 것이다.

① 혼합식 머천다이징

② 세그먼트 머천다이징

③ 선별적 머천다이징

④ 계획적 머천다이징

⑤ 상징적 머천다이징

53 판매서비스는 거래계약의 체결 또는 완결을 지원하는 거래지원서비스 및 구매 과정에서 고객이 지각하는 가치를 향상시키는 가치증 진서비스로 구분할 수 있다. 가치증진서비 스에 해당되는 것으로 가장 옳은 것은?

① 상품의 구매와 사용 방법에 관한 정보제 공

② 충분한 재고 보유와 안전한 배달을 보장 하는 주문처리

③ 명료하고 정확하며 이해하기 쉬운 청구 서를 발행하는 대금청구

④ 친절한 접객서비스와 쾌적한 점포분위기 제공

⑤ 고객이 단순하고 편리한 방식으로 대금 을 납부하게 하는 대금지불

54 전략과 연계하여 성과를 평가하기 위해 유 통기업은 균형점수표(BSC: balanced score card)를 활용하기도 한다. 균형점수표의 균 형(balanced)의 의미에 대한 설명으로서 가 장 옳지 않은 것은?

① 단기적 성과지표와 장기적 성과지표의 균형

② 과거 성과지표와 현재 성과지표 사이의 균형

③ 선행 성과지표와 후행 성과지표 사이의 균형

④ 내부적 성과지표와 외부적 성과지표 사 이의 균형

⑤ 재무적 성과지표와 비재무적 성과지표 사이의 균형

55 사람들은 신제품이나 혁신을 수용하고 구매 하는 성향에서 큰 차이를 갖는다. 자신의 커 뮤니티에서 여론주도자이며 신제품이나 혁 신을 조기에 수용하지만 매우 신중하게 구 매하는 집단으로 가장 옳은 것은?

① 혁신자(innovator)

② 조기 수용자(early adopter)

③ 조기 다수자(early majority)

④ 후기 다수자(late majority)

⑤ 최후 수용자(laggard)

56 표적시장을 수정하거나 제품을 수정하거나 마케팅믹스를 수정하는 마케팅전략을 수행 해야 하는 제품수명주기 상의 단계로서 가 장 옳은 것은?

① 신제품 출시 이전(以前)

② 도입기

③ 성장기

④ 성숙기

⑤ 쇠퇴기

57 중고품을 반납하고 신제품을 구매한 고객에게 가격을 할인해 주거나 판매촉진행사에 참여한 거래처에게 구매대금의 일부를 깎아 주는 형식의 할인으로 가장 옳은 것은?

① 기능 할인(functional discount)
② 중간상 할인(trade discount)
③ 공제(allowances)
④ 수량 할인(quantity discount)
⑤ 계절 할인(seasonal discount)

58 카테고리 매니지먼트에 대한 설명으로 가장 옳지 않은 것은?

① 특정 제품 카테고리의 매출과 이익을 최대화하기 위한 원료공급부터 유통까지의 공급망에 대한 통합적 관리
② 제조업체와 협력을 통해 특정 제품 카테고리를 공동경영하는 과정
③ 제품 카테고리의 효율 극대화를 위한 전반적인 머천다이징 전략과 계획
④ 소매업체와 벤더, 제조업체를 포함하는 유통경로 구성원들 간에 제품 카테고리에 대한 사전 합의 필요
⑤ 고객니즈 변화에 대한 신속한 대응뿐만 아니라 재고와 점포운영비용의 절감 효과 가능

59 아래 글상자의 성과측정 지표들 중 머천다이징에서 상품관리 성과를 측정하기 위한 지표들만을 나열한 것으로 옳은 것은?

> ㉠ 총자산수익률(return on asset)
> ㉡ 총재고투자마진수익률(gross margin return on investment)
> ㉢ 재고회전율(inventory turnover)
> ㉣ ABC분석(ABC analysis)
> ㉤ 판매추세분석(sell-through analysis)

① ㉠, ㉡
② ㉠, ㉡, ㉢
③ ㉡, ㉢, ㉣
④ ㉢, ㉣, ㉤
⑤ ㉣, ㉤

60 유통경로에 대한 촉진 전략 중 푸시 전략에 해당하는 것으로 가장 옳지 않은 것은?

① 소매상과의 협력 광고
② 신제품의 입점 및 진열비 지원
③ 진열과 판매 보조물 제공
④ 매장 내 콘테스트와 경품추첨
⑤ 판매경연대회와 인센티브 제공

61 아래 글상자에서 제품수명주기에 따른 광고 목표 중 도입기의 광고 목표와 관련된 광고만을 나열한 것으로 가장 옳은 것은?

> ㉠ 제품 성능 및 이점에 대한 인지도를 높이는 정보제공형 광고
> ㉡ 우선적으로 자사 브랜드를 시장에 알리기 위한 인지도 형성 광고
> ㉢ 제품 선호도를 증가시키고 선택적 수요를 증가시키는 설득형 광고
> ㉣ 여러 제품 또는 브랜드 중 자사 제품을 선택해야 하는 이유를 제공하는 비교 광고
> ㉤ 브랜드를 차별화하고 충성도를 높이는 강화 광고
> ㉥ 자사의 브랜드와 특정 모델, 또는 특정 색이나 사물들과의 독특한 연상을 만드는 이미지 광고
> ㉦ 소비자의 기억 속에 제품에 대한 기억이 남아있을 수 있도록 하는 회상 광고

① ㉠, ㉡
② ㉠, ㉡, ㉤
③ ㉡, ㉢
④ ㉡, ㉢, ㉣
⑤ ㉤, ㉥, ㉦

62 기업과의 관계 진화과정에 따라 분류한 고객의 유형으로 가장 옳지 않은 것은?

① 잠재고객
② 신규고객
③ 기존고객
④ 이탈고객
⑤ 불량고객

63 '주스 한 잔에 00원' 등과 같이 오랫동안 소비자에게 정착되어 있는 가격을 지칭하는 용어로 가장 옳은 것은?

① 균일가격
② 단수가격
③ 명성가격
④ 관습가격
⑤ 단계가격

64 CRM 전략을 위한 데이터웨어하우스에 대한 설명으로 가장 옳은 것은?

① 조직 내의 모든 사람이 다양하게 이용할 수 있도록 데이터들을 통합적으로 보관·저장하는 시스템이다.
② 의사결정에 필요한 정보를 생산할 수 있도록 다양한 소스로부터 모아서 임시로 정리한 데이터이다.
③ 의사결정에 필요한 데이터를 분석 가능한 형태로 변환하고 가공하여 저장한 요약형 기록 데이터이다.
④ 데이터의 신속한 입력, 지속적인 갱신, 추적 데이터의 무결성이 중시되는 실시간 상세 데이터이다.
⑤ 일정한 포맷과 형식이 없어 사용자가 원하는 작업을 수행할 수 있는 데이터들의 집합이다.

65 매장의 상품배치에 관한 제안으로 가장 옳지 않은 것은?

① 가격 저항이 낮은 상품은 고객의 출입이 잦은 곳에 배치한다.

② 충동구매 성격이 높은 상품은 고객을 유인하기 위해 매장의 안쪽에 배치한다.

③ 고객이 꼭 구매하려고 계획한 상품의 경우 위치와 상관없이 움직이는 경향이 있다.

④ 일반적으로 선매품의 경우 매장 안쪽에 배치한다.

⑤ 매장 입구에서 안쪽으로 들어갈수록 가격이 높은 상품을 배치하면 가격저항감을 줄일 수 있다.

66 고객 편리성을 높이기 위한 점포구성 방안으로서 가장 옳지 않은 것은?

① 고객 이동의 정체와 밀집을 막아 이동을 원활하게 하는 레이아웃 구성

② 자유로운 고객 흐름을 방해하지 않게 양방통행 원칙을 준수하여 통로 설계

③ 원스톱 쇼핑을 위해 다종다양의 상품을 제공하기 위한 스크램블드(scrambled) 머천다이징

④ 상품을 빨리 찾을 수 있게 연관성이 높은 상품군별로 모아 놓는 크로스(cross) 진열

⑤ 면적이 넓은 점포의 경우 휴식을 취할 수 있는 휴식시설 설치

67 CRM(customer relationship management) 실행 순서를 나열한 것으로 가장 옳은 것은?

① 고객니즈분석 – 대상고객선정 – 가치창조 – 가치제안 – 성과평가

② 가치제안 – 가치창조 – 고객니즈분석 – 대상고객선정 – 성과평가

③ 고객니즈분석 – 가치제안 – 대상고객선정 – 가치창조 – 성과평가

④ 가치창조 – 고객니즈분석 – 대상고객선정 – 가치제안 – 성과평가

⑤ 대상고객선정 – 고객니즈분석 – 가치창조 – 가치제안 – 성과평가

68 마케팅 조사에 대한 설명으로 가장 옳지 않은 것은?

① 기술조사는 표적모집단이나 시장의 특성에 관한 자료를 수집·분석하고 결과를 기술하는 조사이다.

② 2차 자료는 당면한 조사목적이 아닌 다른 목적을 위해 과거에 수집되어 이미 존재하는 자료이다.

③ 1차 자료는 당면한 조사목적을 달성하기 위하여 조사자가 직접 수집한 자료이다.

④ 마케팅조사에는 정성조사와 정량조사 모두 필수적으로 제시되어야 한다.

⑤ 탐색조사는 조사문제가 불명확할 때 기본적인 통찰과 아이디어를 얻기 위해 실시하는 조사이다.

69 점포의 비주얼 머천다이징 요소로서 가장 옳지 않은 것은?

① 점두, 출입구, 건물 외벽 등의 점포 외장
② 매장 및 후방, 고객 동선, 상품배치 등의 레이아웃
③ 매장 인테리어, 조명, 현수막 등의 점포 내부
④ 진열 집기, 트레이, 카운터 등 각종 집기
⑤ 종업원의 복장, 머리카락, 청결 상태 등의 위생

70 상품진열에 대한 설명으로 가장 옳지 않은 것은?

① 고객의 오감을 즐겁게 하면서도 찾기 쉽고 선택을 용이하게 하는 진열을 한다.
② 매장 입구에는 구매빈도가 높은 상품위주로 진열한다.
③ 오픈진열을 할 경우 경품 및 행사상품, 고회전상품, 저회전상품 순으로 진열한다.
④ 셀프서비스 판매방식 소매점에서는 소비자가 직접 상품을 선택할 수 있도록 곤돌라 또는 쇼케이스를 이용한 진열방식의 활용이 일반적이다.
⑤ 엔드진열은 신상품, 행사상품의 효율적 소구를 위해 매장의 빈 공간에 독립적으로 진열하는 방식이다.

71~90 | **4과목 | 유통정보**

71 아래 글상자의 괄호 안에 들어갈 용어를 순서대로 바르게 나열한 것으로 가장 옳은 것은?

> 알파고 리(기존 버전 알파고)는 프로 바둑 기사들의 기보데이터를 대량으로 입력받아 학습하는 (㉠)이 필요했다. 반면 알파고 제로는 바둑 규칙 이외에 아무런 사전지식이 없는 상태에서 인공신경망 기술을 활용하여 스스로 대국하며 바둑 이치를 터득해서 이기기 위한 수를 스스로 생성해낸다. 이렇듯 수많은 시행착오를 통해 최적의 행동을 찾아내는 방식을 (㉡)이라 한다.

① ㉠ 지도학습, ㉡ 비지도학습
② ㉠ 지도학습, ㉡ 준지도학습
③ ㉠ 지도학습, ㉡ 강화학습
④ ㉠ 강화학습, ㉡ 지도학습
⑤ ㉠ 강화학습, ㉡ 준지도학습

72 드론의 구성요인에 대한 설명으로 가장 옳지 않은 것은?

① 드론의 항법센서로는 전자광학센서, 초분광센서, 적외선센서 등이 있다.
② 드론 탑재 컴퓨터는 드론을 운영하는 브레인 역할을 하며 드론의 위치, 모터, 배터리 상태 등을 확인할 수 있게 한다.

③ 드론 모터는 드론의 움직임이 가능하도록 지원하고, 배터리는 모터에 에너지를 제공한다.

④ 드론 임무장비는 드론이 비행을 하면서 특정한 임무를 하도록 장착된 관련 장비를 의미한다.

⑤ 드론 프로펠러 및 프레임은 드론이 비행하도록 프레임워크를 제공한다.

73 아래 글상자에서 설명하는 용어로 가장 옳은 것은?

> 모든 디바이스가 정보의 뜻을 이해하고 논리적인 추론까지 할 수 있는 지능형 기술로 사람의 머릿속에 있는 언어에 대한 이해를 컴퓨터 언어로 표현하고 이것을 컴퓨터가 사용할 수 있게 만드는 것이다. 이 기술은 웹페이지에 담긴 내용을 이해하고 개인 맞춤형 서비스를 제공받아 지능화된 서비스를 제공하는 웹 3.0의 기반이 된다.

① 고퍼(gopher)

② 냅스터(napster)

③ 시맨틱웹(semantic-web)

④ 오페라(opera)

⑤ 웹클리퍼(web-clipper)

74 공급사슬의 성과지표들 중 고객서비스의 신뢰성 지표로 가장 옳은 것은?

① 평균 재고 회전율

② 약속 기일 충족률

③ 신제품 및 신서비스 출시 숫자

④ 특별 및 긴급 주문을 처리하는데 걸리는 시간

⑤ 납기를 맞추기 위해 요구되는 긴급주문의 횟수

75 지식경영에 대한 설명으로 가장 옳지 않은 것은?

① 피터 드러커(Peter Drucker, 1954)는 재무 지식 뿐만 아니라 비재무 지식을 활용해 경영성과를 측정하는 균형성과표를 제시하였다.

② 위그(Wigg, 1986)는 지식경영을 지식 및 지식관련수익을 극대화시키는 경영활동이라고 정의하였다.

③ 노나카(Nonaka, 1991)는 지식경영을 형식지와 암묵지의 순환과정을 통해 경쟁력을 확보하는 경영활동이라고 정의하였다.

④ 베크만(Bechman, 1997)은 지식경영을 조직의 역량, 업무성과 및 고객가치를 제고하는 경영활동이라고 정의하였다.

⑤ 스베이비(Sveiby, 1998)는 지식경영을 무형자산을 통해 가치를 창출하는 경영활동이라고 정의하였다.

76 웹 2.0을 가능하게 하고 지원하는 기술에 대한 설명으로 가장 옳지 않은 것은?

① 폭소노미(folksonomy)란 자유롭게 선택된 일종의 태그인키워드를 사용해 구성원들이 함께 정보를 체계화하는 방식이다.

② UCC(user created contents)는 사용자들이 웹 콘텐츠의 생산자인 동시에 소비자로서의 역할을 가능하게 하여 참여와 공유를 지원한다.

③ 매시업(mashup)은 웹 콘텐츠를 소프트웨어가 자동적으로 이해하고 처리할 수 있도록 지원하여 정보와 지식의 공유 및 협력을 촉진한다.

④ API(application programming interface)는 응용 프로그램에서 사용할 수 있도록 컴퓨터 운영체제나 프로그래밍 언어가 제공하는 기능을 제어할 수 있도록 만든 인터페이스이다.

⑤ RSS(rich site summary)란 웹 공간에서 콘텐츠 공유를 촉진하며, 특정 사이트에서 새로운 정보가 있을 때 자동적으로 받아볼 수 있는 콘텐츠 배급방식이다.

77 스튜워트(W. M. Stewart)가 주장하는 물류의 중요성이 강조되는 이유로 가장 옳지 않은 것은?

① 재고비용절감을 위해서는 증가된 주문 횟수를 처리할 새로운 시스템의 도입이 필요하다.

② 소비자의 제품가격 인하 요구는 능률적이며 간접적인 제품 분배경로를 필요로 하게 되었다.

③ 기업은 물류 서비스 개선 및 물류비 절감을 통해 고객에 대한 서비스 수준을 높일 수 있으며, 이는 기업에게 새로운 수요 창출의 기회가 된다.

④ 소비자의 제품에 대한 다양한 요구는 재고 저장단위수의 증대를 필요로 하며, 이는 다목적 창고 재고유지, 재고 불균형 등의 문제를 발생시킨다.

⑤ 가격결정에 있어 신축성을 부여하기 위해서는 개별시장으로의 운송에 소요되는 실제 분배비용에 의존하기 보다는 전국적인 평균비용의 산출이 필요하게 되었다.

78 POS(point of sale)시스템 도입에 따른 장점으로 가장 옳지 않은 것은?

① 매상등록시간이 단축되어 고객 대기시간이 줄며 계산대의 수를 줄일 수 있다.

② 단품관리에 의해 잘 팔리는 상품과 잘 팔리지 않는 상품을 즉각 찾아낼 수 있다.

③ 적정 재고수준의 유지, 물류관리의 합리화, 판촉전략의 과학화 등의 효과를 가져올 수 있다.

④ POS터미널의 도입에 의해 판매원 교육 및 훈련시간이 짧아지고 입력오류를 방지할 수 있다.

⑤ CPFR(collaborative planning, forecasting and replenishment)과 연계하여 신속하고 적절한 구매를 할 수 있다.

79 빅데이터 분석 기술들 중 아래 글상자에서 설명하는 용어로 가장 옳은 것은?

> 관찰된 연속형 변수들에 대해 두 변수 사이의 모형을 구한 뒤 적합도를 측정해내는 방법으로, 시간에 따라 변화하는 데이터나 변수들의 어떤 영향 및 가설적 실험, 인과관계 모델링 등의 통계적 예측에 이용될 수 있다.

① 감성분석

② 기계학습

③ 회귀분석

④ 텍스트 마이닝(text mining)

⑤ 오피니언 마이닝(opinion mining)

80 EDI(electronic data interchange)에 대한 설명으로 가장 옳지 않은 것은?

① EDI는 기업 간에 교환되는 거래서식을 컴퓨터로 작성하고 통신망을 이용하여 직접 전송하는 정보교환방식을 의미한다.

② EDI가 이루어지기 위해서는 거래업체들 간에 서로 교환할 데이터의 형태와 그 데이터를 어떻게 표현할 것인가에 대한 상호합의가 필요하다.

③ EDI를 이용하면 지금까지 종이형태의 문서에 기록하고 서명한 다음, 우편을 통해 전달되던 각종 주문서, 송장, 지불명세서 등이 데이터통신망을 통해 전자적으로 전송되고 처리된다.

④ EDI는 교환되는 거래문서에 대해 통용될 수 있는 표준양식이 정해져야 하며, 이를 통해 전달되는 데이터의 형식이 통일된 후, 이러한 데이터가 일정한 통신표준에 입각해서 상호 간에 교환될 수 있어야 한다.

⑤ 전자문서의 사설표준은 특정 산업분야에서 채택되어 사용되는 표준을 말하며, 사설표준의 대표적인 것에는 국제상품 코드관리기관인 EAN(국내의 경우: KAN)이 개발·보급하고 있는 유통부문의 전자문서 국제표준인 EANCOM이 있다.

81 유통정보혁명의 시대에서 유통업체의 경쟁 우위 확보 방안으로 가장 옳지 않은 것은?

① 마케팅 개념측면에서 유통업체는 제품 및 판매자 중심에서 고객 중심으로 변화 해야 한다.

② 마케팅 개념측면에서 유통업체는 매스 (mass) 마케팅에서 일대일 마케팅으로 변화해야 한다.

③ 마케팅 개념측면에서 유통업체는 기존의 다이렉트(direct) 마케팅에서 푸시(push) 마케팅으로 변화해야 한다.

④ 비즈니스 환경측면에서 유통업체는 전략 적 제휴와 글로벌화(globalization)를 추 진해야 한다.

⑤ 비즈니스 환경측면에서 유통업체는 제품 및 공정 기술의 보편화로 인해 도래하는 물류 경쟁 시대의 급격한 변화에 대비해 야 한다.

82 유통정보시스템의 개념에 대한 설명으로 가 장 옳지 않은 것은?

① 물류비용과 재고비용을 감축하여 채널단 계에 참여하는 모두가 이익을 얻을 수 있 게 한다.

② 유통정보와 프로세스의 흐름을 확보해 시간차로 발생하는 가시성 문제를 최소 화하여 시장수요와 공급을 조절해 주고 각 개인이 원하는 제품과 서비스 공급이 원활하도록 지원한다.

③ 유통정보시스템은 경영자가 유통과 관련 된 기업의 목표를 달성하기 위한 효율적 이고 효과적인 의사결정을 하는데 필요 한 정보제공을 위해 설계되어야 한다.

④ 유통거래를 지원하는 정보시스템으로 관 련된 기존 시스템의 정보를 추출, 변환, 저장하는 과정을 거쳐 업무담당자 목적 에 맞는 정보만을 모아 관리할 수 있도록 지원해 준다.

⑤ 유통정보시스템은 기업의 유통활동 수행 에 필요한 정보의 흐름을 통합하여 전사 적 유통을 가능하게 하고 유통계획, 관 리, 거래처리 등에 필요한 데이터를 처리 하여 유통관련 의사결정에 필요한 정보 를 적시에 제공하기 위한 절차, 설비, 인 력을 뜻한다.

83 지식관리시스템에 대한 설명으로 가장 옳지 않은 것은?

① 기업은 고객에게 지속적이고 일관성 있는 정보를 제공하기 위해서 지식관리시스템을 활용한다.

② 기업은 지식네트워킹을 통해서 새로운 제품을 출시할 수 있고 고객에게 양질의 서비스를 제공할 수 있다.

③ 지식을 보유·활용함으로써 제품 및 서비스 가치를 향상시키고 기업의 지속적인 성장에 기여할 수 있다.

④ 기업들은 동종 산업에 있는 조직들의 우수사례(best practice)를 그들 조직에 활용하여 많은 시간을 절약할 수 있다.

⑤ 지식관리시스템은 지식관리 플랫폼으로 고객지원센터 등 기업 내부 지원을 위해 활용되고 있으며, 챗봇, 디지털 어시스트 등 고객서비스와는 거리가 멀다.

84 아래 글상자의 괄호 안에 들어갈 용어가 순서대로 바르게 나열된 것은?

> 오픈AI는 대화형 인공지능 챗봇 서비스인 ChatGPT를 개발하였다. ChatGPT의 등장은 (㉠) 서비스의 대중화를 알리는 첫 시작이라는데 가장 큰 의의가 있다. 기존에는 (㉡) 서비스가 주를 이뤘으나 ChatGPT의 등장으로 이같은 방식의 서비스가 각광받을 것으로 예상된다.

① ㉠ 식별 AI(discriminative AI), ㉡ 생성 AI(generative AI)

② ㉠ 강한 AI(strong AI), ㉡ 약한 AI(weak AI)

③ ㉠ 생성 AI(generative AI), ㉡ 식별 AI(discriminative AI)

④ ㉠ 약한 AI(weak AI), ㉡ 강한 AI(strong AI)

⑤ ㉠ 논리적 AI(logical AI), ㉡ 물리적 AI(physical AI)

85 바코드와 관련된 용어에 대한 설명으로 가장 옳지 않은 것은?

① ITF-14 바코드는 GS1이 개발한 국제표준바코드로, 물류 단위에 부여된 식별코드를 기계가 읽을 수 있도록 막대 모양으로 표현한 것이다.

② GS1 DataMatrix는 우리나라 의약품 및 의료기기에 사용되는 유일한 의약품표준바코드로, 다양한 추가정보를 입력하면서도 작은 크기로 인쇄가 가능하다.

③ GS1 응용식별자는 바코드에 입력되는 특수 식별자로 바로 다음에 나오는 데이터의 종류, 예를 들어 GTIN, 일련번호, 유통기한 등을 나타내는 지시자를 의미한다.

④ 내부관리자코드는 GS1 식별코드 중 하나로 특정 목적을 위해 내부(국가, 기업, 산업)용으로 사용되는 코드로 주로 가변규격상품이나 쿠폰의 식별을 위해 사용

되다.

⑤ 국제거래단품식별코드는 국제적으로 거래되는 단품을 식별하기 위해 GS1이 만든 코드로 여기서 거래단품(trade item)이란 공급망 상에서 가격이 매겨지거나 주문 단위가 되는 상품을 지칭한다.

86 IoT(Internet of Things)에 대한 설명으로 가장 옳지 않은 것은?

① 오늘날 5G 및 기타 유형의 네트워크 플랫폼이 거의 모든 곳에서 빠르고 안정적으로 대량의 데이터 세트를 처리해 주어 IoT 연결성을 높여 주고 있다.

② 연결상태는 24시간 always-on 방식이다.

③ IoT는 보안 및 개인정보보호 위험, 기술 간 상호운영성, 데이터 과부하, 비용 및 복잡성 등의 이슈가 관리되어야 한다.

④ 서비스 방식은 빠르고 쉽게 찾는 Pull 방식이다.

⑤ ICT 기반으로 주위의 모든 사물에 유무선 네트워크로 연결하여 사람과 사물, 사물과 사물 간에 정보를 교류하고 상호 소통하는 지능적 환경으로 진화하고 있다.

87 아래 글상자에서 설명하는 용어로 가장 옳은 것은?

> 이 개념은 의류산업에서 도입되기 시작하였으며, 소비자 위주의 시장환경에 재고부담을 줄이고 신제품 개발에 도움을 준다. 이것의 기본 개념은 시간 기반 경쟁의 장점을 성취하기 위해 빠르게 대응하는 시스템을 개발하는 것이다. 즉, 이것은 생산에서 유통까지 표준화된 전자거래 체제를 구축하고, 기업 간의 정보공유를 통한 신속 정확한 납품, 생산/유통기간의 단축, 재고감축, 반품손실 감소 등을 실현하는 정보시스템이다.

① 풀필먼트(fulfillment)

② 신속대응(quick response)

③ 풀서비스(full service)

④ 푸시서비스(push service)

⑤ 최적화(optimization)

88 스미스, 밀버그, 버크(Smith, Milberg, Burke)는 '개인정보 활용에 따른 프라이버시 침해 우려에 대한 연구'를 통해 개인의 프라이버시 침해 우려 프레임워크를 제시하였다. 이 경우 유통업체의 개인정보 활용 증대에 따라 소비자들에게 발생할 수 있는 프라이버시 침해 우려에 대한 설명으로 가장 옳지 않은 것은?

① 유통업체가 지나치게 많은 개인정보를 수집하는 것에 대한 우려가 나타날 수 있다.

② 유통업체의 정보시스템에 저장된 개인정보에 권한이 없는 부적절한 접근에 대한 우려가 나타날 수 있다.

③ 유통업체에서의 인가받지 못한 개인정보에 대한 이차적 이용에 따른 우려가 나타날 수 있다.

④ 유통업체가 보유하고 있는 개인정보의 의도적 또는 사고적인 오류에 대해 적절하게 보호되고 있는지에 대한 우려가 나타날 수 있다.

⑤ 유통업체가 데이터 3법을 적용하여 개인정보를 활용함에 따라 개인이 자신의 정보에 대한 접근 권한을 차단당하는 상황이 발생할 수 있다는 우려가 나타날 수 있다.

89 빅데이터는 다양한 유형으로 존재하는 모든 데이터가 대상이 된다. 데이터 유형과 데이터 종류, 그에 따른 수집 기술의 연결이 가장 옳지 않은 것은?

① 정형데이터 – RDB – ETL
② 정형데이터 – RDB – Open API
③ 반정형데이터 – 비디오 – Open API
④ 비정형데이터 – 이미지 – Crawling
⑤ 비정형데이터 – 소셜데이터 – Crawling

90 정부는 수산물의 건강한 유통을 위해 수산물 이력제를 시행하고 있다. 이에 대한 설명으로 가장 옳지 않은 것은?

① 수산물을 수확하는 어장에서 시작하여 소비자의 식탁에 이르기까지 수산물의 유통 과정에 대한 정보를 관리하고 공개해서 소비자들이 안전하게 수산물을 선택할 수 있도록 도와주는 제도이다.

② 수산물 이력제의 등록표시는 표준화와 일관성을 위해 바코드로 된 이력추적관리번호만 사용한다.

③ 식품안전사고를 대비하기위해 소비자가 구매한 수산물의 유통과정이 투명하게 공개되도록 관리하여 신속한 사고발생 단계 파악 및 조속한 조치가 가능하다.

④ 생산자는 수산물에 대한 품질 및 위생정보를 효과적으로 관리할 수 있고 축적된 정보로 소비패턴 및 니즈파악이 가능하다.

⑤ 수산물 이력제의 활용은 위생 부분의 국제기준을 준수하여 수산물 관리의 국제 경쟁력을 높여 주는 효과가 있다.

2022년

유통관리사 2급 3개년 기출문제

제1회 기출문제 (2022년 5월 14일 시행)

제2회 기출문제 (2022년 8월 20일 시행)

제3회 기출문제 (2022년 11월 19일 시행)

2022년 제1회 기출문제

◎ 정답 및 해설 282p

01~25 1과목 | 유통물류일반

01 아래 글상자에서 설명하는 조직구성원에 대한 성과평가방법으로 옳은 것은?

> - 종업원의 성과를 특정범주로 할당해서 평가하는 방법(예: S등급 10%, A등급 30%, B등급 30%, C등급 30%)
> - 구성원의 성과가 다양한 분포를 보일 때 효과적임
> - 갈등을 피하려고 모두를 관대하게 평가하고자 하는 유혹을 극복할 수 있음

① 행동관찰척도법(BOS: behavioral observation scales)
② 단순서열법(simple ranking method)
③ 쌍대비교법(paired-comparison method)
④ 행위기준고과법(BARS: behaviorally anchored rating scales)
⑤ 강제배분법(forced distribution method)

02 아래 글상자의 괄호안에 들어갈 중간상이 수행하는 분류기준으로 가장 옳은 것은?

> (㉠) 이질적인 제품들을 색이나 크기, 용량 등에 따라 상대적으로 동질적인 집단으로 구분하는 활동
> (㉡) 다양한 생산자들로부터 제공되는 제품들을 대규모 공급이 가능하도록 다량으로 구매하여 집적하는 활동
> (㉢) 구매자가 원하는 소규모 판매단위로 나누는 활동

① ㉠ 분류(sorting out), ㉡ 수합(accumulation), ㉢ 분배(allocation)
② ㉠ 구색갖춤(assorting), ㉡ 분류(sorting out), ㉢ 분배(allocation)
③ ㉠ 분배(allocation), ㉡ 구색갖춤(assorting), ㉢ 분류(sorting out)
④ ㉠ 분배(allocation), ㉡ 수합(accumulation), ㉢ 분류(sorting out)
⑤ ㉠ 분류(sorting out), ㉡ 구색갖춤(assorting), ㉢ 수합(accumulation)

03 아래 글상자 내용은 조직의 일반원칙 중 무엇에 관한 설명인가?

> 조직의 공통목적을 달성하기 위하여 각 부문이나 각 구성원의 충돌을 해소하고 조직의 제 활동의 내적 균형을 꾀하며, 조직의 느슨(slack)함을 조절하려는 원칙을 말한다.

① 기능화의 원칙(principle of functionalization)

② 위양의 원칙(principle of delegation)

③ 명령통일의 원칙(principle of unity of command)

④ 관리한계의 원칙(principle of span of control)

⑤ 조정의 원칙(principle of cordination)

04 MRO(Maintenance, Repair, Operation)의 구매 특성에 대한 설명으로 가장 옳지 않은 것은?

① 인력과 비용의 효율성을 위해 구매대행 업체를 이용하기도 한다.

② 작업현장에서 임의적인 구매가 많아 이에 대한 통제가 원활하게 이루어지지 않고 있다.

③ 대형장비, 기계 등 기업에서 제품을 생산하는 데 핵심적인 설비를 포함한다.

④ 부정기적인 구매로 인해 수요예측에 따른 전략적 구매계획의 수립이 어렵고, 이에 따라 재고유지비용이 많이 발생한다.

⑤ 적게는 수천가지에서 많게는 수만가지 품목을 대상으로 하기 때문에 이를 관리하기 위해 많은 비용이 발생한다.

05 고객 서비스 특성에 따른 품질평가요소에 대한 설명으로 옳은 것은?

① 유형성(tangibles) – 서비스 장비 및 도구, 시설 등 물리적인 구성

② 신뢰성(reliability) – 고객의 요구에 신속하게 서비스를 제공하려는 의지

③ 반응성(responsiveness) – 지식과 예절 및 신의 등 직원의 능력에 따라 가늠되는 특성

④ 확신성(assurance) – 고객에 대한 서비스 제공자의 배려와 관심의 정도

⑤ 공감성(empathy) – 계산의 정확성, 약속의 이행 등과 같이 정확하고 일관성 있는 서비스 제공

06 아래 글상자에서 회계 내용과 물류원가분석의 특징으로 가장 옳지 않은 것은?

구분	회계 내용	물류원가분석
㉠	계산목적	물류원가분석
㉡	계산대상	물류업무의 전반
㉢	계산기간	예산기간(월별, 분기별 등)
㉣	계산방식	항상 일정
㉤	할인의 여부	할인계산 함

① ㉠   ② ㉡

③ ㉢   ④ ㉣

⑤ ㉤

07 재고, 운송, 고객서비스 등의 상충관계 (trade-off)에 대한 설명으로 옳지 않은 것은?

① 재고수준을 낮추게 되면 보관비용이 감소되고 고객서비스 수준도 낮아진다.
② 재고 감소는 주문에 적시 대응하는 조직의 능력을 저하시킨다.
③ 배달을 신속하게 해서 고객서비스 수준을 증가시키는 것은 수송비용 증가를 초래한다.
④ 높은 고객서비스 수준을 지향하는 경우 재고비용과 재고운반비가 증가한다.
⑤ 낮은 배송비용을 지향하는 것은 시간측면에서 고객서비스 수준의 증가를 가져온다.

08 "유통산업발전법"(시행 2021. 1. 1., 법률 제 17761호, 2020. 12. 29., 타법개정) 상 유통정보화시책의 내용으로 옳지 않은 것은?

① 유통표준코드의 보급
② 유통표준전자문서의 보급
③ 판매시점 정보관리시스템의 보급
④ 유통산업에 종사하는 사람의 자질 향상을 위한 교육·연수
⑤ 점포관리의 효율화를 위한 재고관리시스템·매장관리시스템 등의 보급

09 소매유통회사를 중심으로 PB상품을 강화하고 있는데, 그 이유로 옳지 않은 것은?

① 수익성을 증가시키기 위해서
② 재고를 감소시키기 위해서
③ 소매유통회사의 차별화 수단으로 활용하기 위해서
④ 점포 이미지를 개선하는데 활용하기 위해서
⑤ 소비자의 구매성향 변화에 적극적으로 대응하기 위해서

10 기업 윤리와 관련된 설명으로 옳지 않은 것은?

① 기업은 종업원에게 단순히 돈의 대가로 노동력을 요구하는 것이 아니라, 떳떳한 구성원으로서 헌신과 열정을 이끌어 낼 수 있도록 그들에게 자긍심과 비전을 심어 주어야 한다.
② 협력사는 물품을 사오는 대상 이상의 의미를 지니는 장기적으로 협조해야 할 상생의 대상이다.
③ 거래비용의 발생 원인은 기회주의, 제한된 합리성, 불확실성 등이며 교환당사자 간에 신뢰가 부족할 때 거래비용은 작아진다.
④ 도덕적 해이는 도덕적 긴장감이 흐려져서 다른 사람의 이익을 희생한 대가로 자신의 이익을 추구하는 행위이다.
⑤ 대리인비용은 주인이 대리인에게 자신을 대신하도록 할 때 발생하는 비용으로, 주인과 대리인의 이해불일치와 정보 비대칭상황 등의 요인 때문에 발생한다.

11 다음 사례에서 적용된 기법이 다른 하나는?

① 유통업체의 판매, 재고데이터가 제조업체로 전달되면 제조업체가 유통업체의 물류센터로 제품을 배송

② 전자기기의 모듈을 공장에서 생산한 뒤 선박으로 미국이나 유럽으로 보내고 현지에서 각국의 니즈에 맞게 조립

③ 기본적인 형태의 프린터를 생산한 후 해외주문이 오면 그 나라 언어가 기재된 외관을 조립하여 완성

④ 페인트 공장에서 페인트를 만드는 대신에 페인트 가게에서 고객의 요청에 맞게 페인트와 안료비율을 결정하여 최종 페인트로 완성

⑤ 고객들이 청바지 매장에서 신체치수를 맞춰놓고 가면, 일반 형태의 청바지를 고객치수에 맞게 바느질만 완성하여 제품을 완성시킴

12 대한이는 작은 가게를 인수할 것을 고려 중이다. 아래 글상자의 내용을 이용해서 3년치 현금유입에 대한 현재가치를 계산한 것으로 옳은 것은?

> – 시장조사 결과 1년 후에 3,000,000원, 2년 후에 4,000,000원, 3년 후에 5,000,000원의 현금유입이 발생할 것으로 나타났다.
> – 시장이자율은 연간 10%로 가정한다.
> – 최종답은 10,000원의 자리에서 버림하여 구한다.

① 약 9,700,000원
② 약 10,600,000원
③ 약 12,000,000원
④ 약 13,200,000원
⑤ 약 15,000,000원

13 유통경로 성과를 평가하는 차원을 설명하는 아래 글상자에서 괄호 안에 들어갈 단어를 순서대로 나열한 것으로 가장 옳은 것은?

> (㉠) – 하나의 경로시스템이 표적시장에서 요구하는 서비스 산출을 얼마나 제공하였는가를 측정하는 것에 중점을 두는 목표지향적 성과기준
> (㉡) – 유통시스템에 의해 제공되는 혜택이 여러 세분시장에 어느 정도 골고루 배분되는지를 측정하는 성과기준
> (㉢) – 일정한 비용에 의해 얼마나 많은 산출이 발생하였는가르를 측정하는 기준

① ㉠ 형평성, ㉡ 효율성, ㉢ 효과성
② ㉠ 효과성, ㉡ 형평성, ㉢ 효율성
③ ㉠ 형평성, ㉡ 효과성, ㉢ 효율성
④ ㉠ 효과성, ㉡ 효율성, ㉢ 형평성
⑤ ㉠ 효율성, ㉡ 형평성, ㉢ 효과성

14 유통경로를 설계할 때 유통경로 흐름과 소요되는 각종비용의 예를 짝지은 것으로 가장 옳지 않은 것은?

① 물적유통 – 보관 및 배달 관련 비용
② 촉진 – 광고, 홍보, 인적판매 비용
③ 협상 – 시간 및 법적 비용
④ 재무 – 보험 및 사후관리 비용
⑤ 위험 – 가격보증, 품질보증 관련 비용

15 범위의 경제와 관련된 설명으로 가장 옳지 않은 것은?

① 한 기업이 다양한 제품을 동시에 생산함으로써 비용상 우위를 누리는 것을 말한다.
② 하나의 생산과정에서 두 개 이상의 생산물이 생산되는 경우에 발생한다.
③ 기업은 생산량을 증대하여 단위당 비용의 하락을 통해 이익을 얻을 수 있다.
④ 한 제품을 생산하는 과정에서 부산물이 생기는 경우에 나타날 수 있다.
⑤ 제조업체에게 비용절감 효과를 가져올 수 있다.

16 유통경영의 외부환경을 분석하기 위해 포터의 산업분석을 활용할 경우에 대한 설명으로 가장 옳지 않은 것은?

① 기존 경쟁자들 간의 경쟁 정도를 확인해야 한다.
② 공급자의 협상능력이 클수록 산업전반의 수익률이 증가하여 시장 매력도가 높아진다.
③ 생산자입장에서 소매상의 힘이 커질수록 가격결정에서 불리하다.
④ 외부환경이 미치는 영향은 기업에 따라 기회 또는 위협으로 작용한다.
⑤ 대체재의 유무에 따라 산업의 수익률이 달라진다.

17 치열해지는 기업간 경쟁에 따른 전통적 비즈니스에서 글로벌 비즈니스로의 변화로 가장 옳지 않은 것은?

① 고객만족에서 고객을 즐겁게 하는 것으로 변화
② 이익지향에서 이익 및 사회 지향으로 변화
③ 선행적 윤리에서 사후 비판에 대응하는 반응적 윤리로 변화
④ 제품 지향에서 품질 및 서비스 지향으로 변화
⑤ 경영자에 대한 초점에서 고객에 대한 초점으로 변화

18 재무, 생산소요계획, 인적자원, 주문충족 등 기업의 전반적인 업무 프로세스를 통합·관리하여 정보를 공유함으로써 효율적인 업무 처리가 가능하게 하는 경영기법으로 가장 옳은 것은?

① 리엔지니어링 ② 식스시그마
③ 아웃소싱 ④ 벤치마킹
⑤ 전사적자원관리

19 6시그마(6 Sigma)를 추진할 경우 각 단계별 설명으로 가장 옳지 않은 것은?

① 정의 – 고객의 요구사항과 CTQ(Critical To Quality)를 결정한다.
② 측정 – 프로세스 측정 방법을 결정한다.
③ 분석 – 결함의 발생 원인을 규명한다.
④ 개선 – 제품이나 서비스의 공정능력을 규명한다.
⑤ 관리 – 지속적인 관리를 실시한다.

20 수요예측을 위해 사용하는 각종 기법 중 그 성격이 다른 하나는?

① 판매원 추정법 – 판매원들이 수요추정치를 작성하게 하고 이를 근거로 예측하는 기법
② 시장조사법 – 인터뷰, 설문지, 면접법 등으로 수집한 시장 자료를 이용하여 예측하는 기법
③ 경영자판단법 – 경영자 집단의 의견, 경험을 요약하여 예측하는 기법
④ 시계열 분석 – 종속변수의 과거 패턴을 이용해서 예측하는 기법
⑤ 델파이법 – 익명의 전문가 집단으로부터 합의를 도출하여 예측하는 기법

21 다양한 재고와 관련된 설명으로 가장 옳지 않은 것은?

① 성수기와 비수기의 수요공급차이에 대응하기 위한 재고는 예상재고이다.
② 총재고 중에서 로트의 크기에 따라 직접적으로 변하는 부분은 리드타임재고이다.
③ 안전재고는 각종 불확실성에 대처하기 위해 보유하는 여분의 재고이다.
④ 주기재고의 경우 주문 사이의 시간이 길수록 재고량이 증가한다.
⑤ 수송재고는 자재흐름체계 내의 한 지점에서 다른 지점으로 이동중인 재고를 말한다.

22 식품매장을 중심으로 주목받고 있는 그로서란트(grocerant)에 대한 설명으로 가장 옳지 않은 것은?

① 매장에서 판매하는 식재료를 이용해 고객에게 메뉴를 제안하고 즉시 제공하는 장점이 있다.
② 식재료 쇼핑에 외식 기능을 더해 소매와 외식의 경계를 없앤 서비스이다.
③ 제철 식재료와 추천상품을 제안하는 등 다양한 방식으로 운영할 수 있다.
④ 그로서리(grocery)와 레스토랑(restaurant)의 합성어이다.
⑤ 오프라인과 경쟁하기 위한 온라인 쇼핑몰의 차별화 요소로 각광받고 있다.

23 아래 글상자의 사례에 해당하는 유통경영전략으로 가장 옳은 것은?

> 식품회사인 미국의 A사와 유럽의 B사는 140여 개 해외시장에서 상대방의 제품을 각자의 유통망에서 유통시키고 있다. 예를 들어, 미국 외의 지역에서는 A사의 대표적인 시리얼 브랜드가 B사의 유통망을 통해 공급되는 유통경영전략을 사용하고 있다.

① 복합경로마케팅전략
② 제품개발전략
③ 인수합병전략
④ 전략적경로제휴전략
⑤ 다각화전략

24 아래 글상자에서 설명하고 있는 리더십 유형으로 가장 옳은 것은?

> - 구성원들의 기본적 가치, 믿음, 태도 등을 변화시켜서 조직이 기대하는 것보다 더 높은 수준의 성과를 스스로 추구하도록 만드는 리더십을 의미한다.
> - 리더와 구성원 간의 원활한 상호작용을 통해 구성원을 긍정적으로 변화시켜 성과를 내는데 집중한다.

① 거래적 리더십   ② 변혁적 리더십
③ 상황적 리더십   ④ 지시형 리더십
⑤ 위임형 리더십

25 장소의 편의성이 높게 요구되는 담배, 음료, 과자류 등과 같은 품목에 일반적으로 이용되는 유통채널의 유형으로 가장 옳은 것은?

① 전속적 유통채널(exclusive distribution channel)
② 독립적 유통채널(independent distribution channel)
③ 선택적 유통채널(selective distribution channel)
④ 집중적 유통채널(intensive distribution channel)
⑤ 대리점 유통채널(agent distribution channel)

26~45 2과목 | 상권분석

26 권리금에 대한 설명으로 가장 옳지 않은 것은?

① 때로는 권리금이 보증금보다 많은 경우도 있다.

② 시설 및 상가의 위치, 영업상의 노하우 등과 같은 다양한 유무형의 재산적 가치에 대한 양도 또는 사용료로 지급하는 것이다.

③ 권리금을 일정 기간안에 회복할 수 있는 수익성이 확보될 수 있는지를 검토해야 한다.

④ 신축건물인 경우 주변 상권의 강점을 반영하는 바닥권리금의 형태로 나타나기도 한다.

⑤ 임차인이 점포의 소유주에게 제공하는 추가적인 비용으로 보증금의 일부이다.

27 상권 유형별 개념과 일반적 특징을 설명한 내용으로서 가장 옳은 것은?

① 역세권상권은 지하철이나 철도역을 중심으로 형성되는 지상과 지하의 입체적 상권으로서, 저밀도 개발이 이루어지는 경우가 많다.

② 부도심상권의 주요 소비자는 점포 인근의 거주자들이어서, 생활밀착형 업종의 점포들이 입지하는 경향이 있다.

③ 부도심상권은 보통 간선도로의 결절점이나 역세권을 중심으로 형성되는바, 도시 전체의 소비자를 유인한다.

④ 도심상권은 중심업무지구(CBD)를 포함하며, 상권의 범위가 넓고 소비자들의 체류시간이 길다.

⑤ 아파트상권은 고정고객의 비중이 높아 안정적인 수요확보가 가능하고, 외부고객을 유치하기 쉬워서 상권확대가능성이 높다.

28 소매점의 입지 선정을 위한 공간분석의 논리적 순서로서 가장 옳은 것은?

① 개별점포(site)분석 - 지구상권(district area)분석 - 광역지역(general area)분석

② 광역지역(general area)분석 - 개별점포(site)분석 - 지구상권(district area)분석

③ 지구상권(district area)분석 - 광역지역(general area) 분석 - 개별점포(site)분석

④ 광역지역(general area)분석 - 지구상권(district area) 분석 - 개별점포(site)분석

⑤ 개별점포(site)분석 - 광역지역(general area)분석 - 지구상권(district area)분석

29 아래 글상자의 왼쪽에는 다양한 상권분석 기법들의 특성이 정리되어 있다. 이들 특성과 관련된 상권분석 기법들을 순서대로 정리한 것으로 가장 옳은 것은?

분석내용 및 특성		상권분석 기법
두 도시간의 상권경계지점	( )	
점포이미지 등 다양한 점포특성 반영	( )	㉠ 다항로짓(MNL) 모형
Newton의 중력모형을 수용한 초기 모형	( )	㉡ Huff 모형 ㉢ Converse 모형 ㉣ Christaller 중심지이론
소비자의 점포선택은 결정론적이 아님	( )	㉤ Reilly의 소매중력모형
육각형 형태의 배후지 모양	( )	

① ㉠, ㉤, ㉡, ㉢, ㉣

② ㉢, ㉣, ㉤, ㉡, ㉠

③ ㉤, ㉡, ㉠, ㉣, ㉢

④ ㉣, ㉤, ㉢, ㉠, ㉡

⑤ ㉢, ㉠, ㉤, ㉡, ㉣

30 비교적 넓은 공간인 도시, 구, 동 등의 상권분석 상황에서 특정지역의 개략적인 수요를 측정하기 위해 사용되고 있는 구매력지수(BPI: Buying Power Index)를 계산하는 과정에서 필요한 자료로 가장 옳지 않은 것은?

① 부분 지역들의 인구수(population)

② 전체 지역의 인구수(population)

③ 부분 지역들의 소매점면적(sales space)

④ 부분 지역들의 소매매출액(retail sales)

⑤ 부분 지역들의 가처분소득(effective buying income)

31 아동용 장난감 소매업체가 출점할 입지를 선정하기 위해 새로운 지역의 수요를 분석할 때 고려해야 할 요인으로 가장 옳지 않은 것은?

① 인구 증감   ② 인구 구성

③ 가구 규모   ④ 가구 소득

⑤ 가족 생애주기

32 입지를 선정할 때 취급상품의 물류비용을 고려할 필요성이 가장 낮은 도매상 유형으로 옳은 것은?

① 직송도매상(drop shipper)

② 판매대리점(selling agents)

③ 제조업체 판매사무소(manufacturer's branches)

④ 일반잡화도매상(general merchandise wholesaler)

⑤ 전문도매상(specialty wholesaler)

33 가장 다양한 업태의 소매점포를 입주시키는 쇼핑센터 유형으로 옳은 것은?

① 파워 쇼핑센터
② 아웃렛 쇼핑센터
③ 쇼핑몰 지역센터
④ 네이버후드 쇼핑센터
⑤ 패션/전문품 쇼핑센터

34 일정 요건을 갖춘 판매시설에 대한 교통영향평가의 실시를 정한 법률로서 옳은 것은?

① 도로법(법률 제17893호, 2021. 1. 12., 타법개정)
② 유통산업발전법(법률 제17761호, 2020. 12. 29., 타법개정)
③ 도시교통정비 촉진법(법률 제17871호, 2021. 1. 5., 일부개정)
④ 지속가능 교통물류 발전법(법률 제18563호, 2021. 12. 7., 일부개정)
⑤ 국토의 계획 및 이용에 관한 법률(법률 제17893호, 2021. 1. 12., 타법개정)

35 입지 분석에 사용되는 각종 이론들에 대한 설명 중 가장 옳지 않은 것은?

① 공간상호작용모델은 소비자 구매행동의 결정요인에 대한 이해를 통해 입지를 결정한다.
② 다중회귀분석은 점포성과에 영향을 주는 요소의 절대적 중요성을 회귀계수로 나타낸다.
③ 유추법은 유사점포에 대한 분석을 통해 입지후보지의 예상매출을 추정한다.
④ 체크리스트법은 특정입지의 매출규모와 입지비용에 영향을 줄 요인들을 파악하고 유효성을 평가한다.
⑤ 입지분석이론들은 소매점에 대한 소비자 점포선택 행동과 소매상권의 크기를 설명한다.

36 점포 개점을 위한 경쟁점포의 분석에 관한 설명으로 가장 옳지 않은 것은?

① 1차 상권 및 2차 상권 내의 주요 경쟁업체를 분석하고 필요할 경우 3차 상권의 경쟁업체도 분석한다.
② 점포 개설을 준비하고 있는 잠재적인 경쟁업체가 있다면 조사에 포함시킨다.
③ 목적에 맞는 효과적인 분석을 위해 동일 업태의 점포에 한정해서 분석한다.
④ 경쟁점포의 상품 구색 및 배치에 대해서도 분석한다.
⑤ 상권의 계층 구조를 고려하여 분석한다.

37 주거지역과 상업지역에서 업종을 변경하거나 점포를 확장하려 할 경우 용도변경 신청을 해야 하는 경우가 있다. 이때 하수도법, 주차장법 등 매우 많은 법률의 적용을 다르게 받게 되어 업종변경이나 확장이 어려울 수도 있다. 이와 관련된 행정 처리 절차로서 가장 옳은 것은?

① 용도 변경 신청 – 신고필증 교부 – 공사 착수 – 건축물대장 변경 – 사용 승인

② 용도 변경 신청 – 신고필증 교부 – 건축물대장 변경 – 공사 착수 – 사용 승인

③ 용도 변경 신청 – 사용 승인 – 신고필증 교부 – 공사 착수 – 건축물대장 변경

④ 용도 변경 신청 – 신고필증 교부 – 건축물대장 변경 – 사용 승인 – 공사 착수

⑤ 용도 변경 신청 – 신고필증 교부 – 공사 착수 – 사용 승인 – 건축물대장 변경

38 상권에 대한 일반적인 설명으로 가장 옳지 않은 것은?

① 상권의 범위는 점포의 업종이나 업태와 관련이 있다.

② 소매상권의 크기는 판매하는 상품의 종류에 따라 달라진다.

③ 상권은 행정구역과 일치하지 않는 경우가 많다.

④ 상권의 범위는 고정적이지 않고 변화하므로 유동적이다.

⑤ 점포가 소재하는 위치적, 물리적인 조건을 의미한다.

39 아래 글상자에 기술된 절차에 따르는 상권분석기법을 널리 알린 사람으로 가장 옳은 것은?

> ㉠ 자기가 개점하려는 점포와 유사한 기존 점포를 선정한다.
> ㉡ 기존의 유사점포의 상권범위를 결정한다.
> ㉢ 전체 상권을 몇 개의 단위 지역으로 나누고, 각 지역에서의 유사점포의 매출액을 인구수로 나누어 각 지역 내의 1인당 매출을 구한다.
> ㉣ 자기가 입지하려는 지역의 인구수에다 앞에서 구한 1인당 매출을 곱하여 각 지역에서의 예상 매출액을 구한다.

① 레일리(W. Reilly)

② 컨버스(P. Converse)

③ 허프(D. Huff)

④ 넬슨(R. L. Nelson)

⑤ 애플바움(W. Applebaum)

40 입지의 시계성(視界性)은 점포의 매출과 밀접한 관련이 있다. 시계성에 관한 설명으로 가장 옳지 않은 것은?

① 입지의 시계성은 기점, 대상, 거리, 주체의 4가지 관점에서 평가한다.

② 시계성이 양호한 정도는 어디에서 보이는가에 따라 달라진다.

③ 점포의 위치와 함께 간판의 위치와 형태도 시계성확보에 중요하다.

④ 차량으로부터의 시계성은 외측(아웃커브)보다 내측(인커브)의 경우가 더 좋다.

⑤ 차량의 속도가 빨라질수록 내측(인커브) 점포의 시계성은 더 나빠진다.

41 사람들은 점포가 눈 앞에 보여도 간선도로를 횡단해야 하는 경우 그 점포에 접근하지 않으려는 경향을 보인다. 이런 현상에 대한 설명으로 가장 옳은 것은?

① 최단거리로 목적지까지 가고자 하는 최단거리 추구의 원칙

② 득실을 따져 득이 되는 쪽을 선택하려는 보증실현의 원칙

③ 위험하거나 잘 모르는 길을 지나지 않으려는 안전추구의 원칙

④ 사람이 운집한 곳을 선호하는 인간집합의 원칙

⑤ 동선을 미리 예상하고 진행하지만 상황에 맞추어 적응하는 목적추구의 원칙

42 입지선정을 위해서는 도시공간구조 상에서의 동선(動線)에 대한 이해가 필요하다. 동선에 대한 아래 글상자의 설명 중에서 옳지 않은 설명들만을 바르게 짝지은 것은?

㉠ 화물차 통행이 많은 도로는 자석(anchor)과 자석을 연결하는 동선상에 있다고 할 수 있다.

㉡ 동선이란 사람들이 집중하는 자석(anchor) 과 자석을 연결하는 흐름을 말한다.

㉢ 주동선이라 자석(anchor)과 자석을 잇는 가장 기본이 되는 선을 말한다.

㉣ 경제적 사정으로 많은 자금이 필요한 주동선에 입지하기 어려운 점포는 부동선(副動線)을 중시한다.

㉤ 복수의 자석(anchor)이 있는 경우의 동선을 부동선(副動線)이라 한다.

① ㉠ – ㉡   ② ㉠ – ㉤

③ ㉡ – ㉣   ④ ㉢ – ㉣

⑤ ㉢ – ㉤

43 아래 글상자의 업종들에 적합한 점포의 입지조건을 공간균배의 원리에 의해 구분할 때 일반적으로 가장 적합한 것은?

백화점, 고급음식점, 고급보석상, 미술품점, 영화관

① 집심(集心)성 점포

② 집재(集在)성 점포

③ 산재(散在)성 점포

④ 국부(局部)성 집중성 점포

⑤ 국부(局部)성 집재성 점포

44 소매점의 입지와 상권에 대한 설명으로 가장 옳은 것은?

① 입지 평가에는 점포의 층수, 주차장, 교통망, 주변 거주인구 등을 이용하고, 상권 평가에는 점포의 면적, 주변유동인구, 경쟁점포의 수 등의 항목을 활용한다.

② 상권을 강화한다는 것은 점포가 더 유리한 조건을 갖출 수 있도록 점포의 속성들을 개선하는 것을 의미한다.

③ 상권은 점포를 경영하기 위해 선택한 장소 또는 그 장소의 부지와 점포 주변의 위치적 조건을 의미한다.

④ 입지는 점포를 이용하는 소비자들이 분포하는 공간적 범위 또는 점포의 매출이 발생하는 지역 범위를 의미한다.

⑤ 상권은 일정한 공간적 범위(boundary)로 표현되고 입지는 일정한 위치를 나타내는 주소나 좌표를 가지는 점(point)으로 표시된다.

45 아래 글상자에서처럼 월매출액을 추정하려 할 때 괄호 안에 들어갈 용어로 가장 옳은 것은?

> 월매출액 = (㉠) × 1일 평균 내점객수
> × 월간 영업일수

① 상권내 점포점유율 ② 회전율

③ 내점율 ④ 실구매율

⑤ 객단가

46~70 **3과목 | 유통마케팅**

46 고객별 수익과 비용을 고려한 고객관계관리에서 개별고객의 수익성을 평가하는 기준 중 하나인 고객평생가치(CLV: customer lifetime value)를 추정하는데 필요한 정보로서 가장 옳지 않은 것은?

① 충성도 ② 고객확보비용

③ 평균총마진 ④ 평균구매금액

⑤ 관계 유지 기간

47 서비스 실패의 회복 과정에서 고객이 지각하는 다양한 유형의 공정성은 고객 만족에 영향을 미친다. 종업원 행동의 영향을 받는 공정성 유형으로서 가장 옳은 것은?

① 법적 공정성 ② 절차적 공정성

③ 산출적 공정성 ④ 결과적 공정성

⑤ 상호작용적 공정성

48 CRM의 적용을 통해 수행성과를 개선할 수 있는 분야로서 가장 옳지 않은 것은?

① 고객이탈에 대한 조기경보시스템 운영

② 다양한 접점의 고객정보의 수집 및 분석

③ 유통기업 재무 활동의 자동화 및 효율화

④ 영업 인력의 영업활동 및 관리의 자동화

⑤ 서비스 차별화를 위한 표적고객의 계층화

49 소비자 판매 촉진(consumer sales promotion)에 대한 설명으로 옳지 않은 것은?

① 소비자의 직접구매를 유도하는데 효과적이다.
② 판매촉진은 가격판촉과 비가격판촉으로 나눌 수 있다.
③ 판매촉진은 광고에 비해 단기적인 성과를 얻을 때 유용하다.
④ 판매촉진의 예로는 할인, 쿠폰, 선물, 시제품 배포 등이 있다.
⑤ 소비자뿐만 아니라 기업과 관련된 이해관계자들을 대상으로 한다.

50 매장외관(exterior) 관리에 대한 설명으로 가장 옳지 않은 것은?

① 매장의 외관은 기업의 이미지에 매우 중요한 영향을 미치므로 사전에 면밀히 계획되어야 한다.
② 매장의 외관은 매장의 이미지를 상징적으로 표현할 수 있도록 디자인되어야 한다.
③ 매장 입구는 입구의 수, 형태, 그리고 통로를 고려해서 설계해야 한다.
④ 매장의 외관은 플래노그램(planogram)을 통해 효과성을 평가해야 한다.
⑤ 매장의 외관을 꾸미는 데 있어서 중요한 목적은 고객의 관심을 유발하는 것이다.

51 아래 글상자에서 설명하는 용어로 옳은 것은?

> 판매사원이 제품을 판매할 때 고객과 장기 지향적인 관계를 유지하기 위해 고객의 필요와 욕구에 초점을 두고 고객이 만족스러운 구매결정을 할 수 있도록 마케팅 컨셉을 수행하는 판매행동을 말한다.

① 고객지향적 판매행동
② 제품지향적 판매행동
③ 판매지향적 판매행동
④ 관리지향적 판매행동
⑤ 시스템지향적 판매행동

52 EAN(유럽상품)코드에 대한 설명으로 가장 옳지 않은 것은?

① 소매점 POS시스템과 연동되어 판매시점 관리가 가능하다.
② 첫째 자리는 국가코드로 대한민국의 경우 880이다.
③ 두번째 자리는 제조업체 코드로 생산자가 고유번호를 부여한다.
④ 체크숫자는 마지막 한자리로 판독오류 방지를 위해 만들어진 코드이다.
⑤ 국가, 제조업체, 품목, 체크숫자로 구성되어 있다.

53 아래 글상자는 유통경로상 갈등을 초래하는 원인을 설명한 것이다. 이러한 갈등의 원인으로 가장 옳은 것은?

> 프랜차이즈 가맹본부가 가맹점 매출의 일정비율을 로열티로 받고 있는 경우에 가맹본부의 목표는 가맹점 매출의 극대화가 되지만, 가맹점의 목표는 매출이 아닌 수익이기 때문에 갈등이 발생할 가능성이 커진다.

① 추구하는 목표의 불일치
② 역할에 대한 인식 불일치
③ 현실에 대한 인식 불일치
④ 품질요구의 불일치
⑤ 경로파워 불일치

54 아래 글상자는 표적시장 범위에 따른 표적시장 선정 전략에 대한 내용이다. 설명이 옳은 것만을 모두 나열한 것은?

> ㉠ 비차별적 마케팅 전략은 세분시장 간 차이를 무시하고 전체 시장 혹은 가장 규모가 큰 대중시장을 표적으로 하나의 제공물을 제공하는 것이다.
> ㉡ 집중적 마케팅 전략은 여러 세분시장을 표적시장으로 선정하고, 각 세분시장별로 서로 다른 시장제공물을 개발하는 전략이다.
> ㉢ 차별적 마케팅 전략은 큰 시장에서 작은 점유율을 추구하는 대신 하나 혹은 소수의 작은 세분시장 또는 틈새시장에서 높은 점유율을 추구하는 전략이다.

① ㉠
② ㉠, ㉡
③ ㉡, ㉢
④ ㉠, ㉢
⑤ ㉠, ㉡, ㉢

55 점포의 환경관리에 대한 설명으로 가장 옳지 않은 것은?

① 매장 내 농축산품 작업장 바닥높이는 매장보다 높게 하여 물이 바닥에 고이지 않게 한다.
② 화장실은 물을 사용하는 공간으로 확실한 방수공사가 필요하며 주기적으로 관리한다.
③ 주차장은 도보나 자전거로 내점하는 보행자와 가능한 한 겹치지 않도록 동선을 설계한다.
④ 매장진열의 효율성을 위해 매장 집기 번호대로 창고 보관 상품을 보관한다.
⑤ 간판, 포스터, 게시판, POP 등의 진열이 고객의 동선을 방해하지 않도록 관리한다.

56 아래 글상자의 괄호 안에 들어갈 용어로 가장 옳은 것은?

> 문제를 강하게 인식하여 구매동기가 형성된 소비자는 문제를 해결해 줄 수 있는 대안들에 대한 정보를 찾게 된다. 필요한 정보가 소비자의 기억속에 이미 저장되어 있는 경우에는 (㉠) 만으로 충분하지만, 그렇지 않은 경우에는 (㉡)을 하게 된다.

① ㉠ 외적 탐색, ㉡ 내적 탐색
② ㉠ 단기 기억, ㉡ 장기 기억
③ ㉠ 내적 탐색, ㉡ 외적 탐색
④ ㉠ 장기 기억, ㉡ 내적 탐색
⑤ ㉠ 단기 기억, ㉡ 외적 탐색

57 제조업자가 중간상들과의 거래에서 흔히 사용하는 가격할인의 형태에 대한 설명으로 가장 옳은 것은?

① 현금할인 – 중간상이 일시에 대량구매를 하는 경우 구매량에 따라 주어지는 현금할인
② 거래할인 – 중간상이 제조업자를 위한 지역광고 및 판촉을 실시할 경우 이를 지원하기 위한 보조금 지급
③ 판매촉진지원금 – 제조업자의 업무를 대신 수행한 것에 대한 보상으로 경비의 일부를 제조업자가 부담
④ 수량할인 – 제품을 현금으로 구매하거나 대금을 만기일 전에 지불하는 경우 판매대금의 일부를 할인
⑤ 계절할인 – 제품판매에 계절성이 있는 경우 비수기에 제품을 구매하는 중간상에게 제공되는 할인

58 상품연출이라고도 불리는 상품진열이 가지는 고객 서비스 관점의 의미로 가장 옳지 않은 것은?

① 진열은 빠른 시간에 상품을 찾을 수 있게 해주는 시간절약 서비스이다.
② 진열은 상품선택 시 다른 상품과의 비교를 쉽게 해주는 비교서비스이다.
③ 진열은 상품종류를 쉽게 식별하게 해주는 식별서비스이다.
④ 진열은 상품이 파손 없이 안전하게 보관되도록 하는 보관서비스이다.
⑤ 진열은 무언의 커뮤니케이션으로 상품정보를 제공해주는 정보서비스이다.

59 면도기의 가격은 낮게 책정하고 면도날의 가격은 비싸게 책정한다든지, 프린터의 가격은 낮은 마진을 적용하고 프린터 카트리지나 다른 소모품의 가격은 매우 높은 마진을 적용하는 등의 가격결정 방식으로 가장 옳은 것은?

① 사양제품 가격책정(optional product pricing)
② 제품라인 가격책정(product line pricing)

113

③ 종속제품 가격책정(captive product pricing)

④ 부산물 가격책정(by-product pricing)

⑤ 이중부분 가격결정(two-part pricing)

60 레이아웃의 영역에 해당하지 않는 것은?

① 상품 및 집기의 배치와 공간의 결정

② 집기 내 상품 배치와 진열 양의 결정

③ 출입구와 연계된 주통로의 배치와 공간 결정

④ 상품품목을 구분한 보조통로의 배치와 공간 결정

⑤ 상품 계산대의 배치와 공간결정

61 아래 글상자에서 RFM기법에 대한 설명으로 옳은 것을 모두 나열한 것은?

> ⊙ 재무적인 가치측정 뿐만 아니라 관계활동에 대한 질적 측면도 함께 고려한 고객가치 평가모형이다.
>
> ⓛ 최근 구매시점, 구매빈도, 구매금액의 3가지 지표를 바탕으로 계량적으로 측정한다.
>
> ⓒ R.F.M.의 개별 요소에 대한 중요도가 산업에 따라 다를 수 있으므로 중요도에 따라 다른 가중치를 적용하여 측정한다.

> ⓔ 고객세그먼트에 따라 차별적 마케팅을 하거나 고객평가를 통해 등급을 부여하여 관리할 수 있다.
>
> ⓜ 사용하기에는 편리하지만 개별고객별 수익기여도를 직접적으로 측정하지 못한다는 한계점을 갖는다.

① ㉠, ㉡, ㉢   ② ㉠, ㉢, ㉣

③ ㉠, ㉡, ㉢, ㉣   ④ ㉠, ㉡, ㉣, ㉤

⑤ ㉠, ㉡, ㉢, ㉣, ㉤

62 마케팅통제(marketing control)에 대한 설명으로 가장 옳지 않은 것은?

① 마케팅목표를 달성하기 위해 마케팅전략과 계획을 마케 활동으로 전환시키는 과정이다.

② 마케팅전략 및 계획의 실행결과를 평가하고, 마케팅목표가 성취될 수 있도록 시정조치하는 것이다.

③ 마케팅계획의 실행과정에서 예상치 않은 일들이 발생하기 때문에 지속적인 마케팅통제가 필요하다.

④ 운영통제(operating control)는 연간 마케팅계획에 대비한 실제성과를 지속적으로 확인하고 필요할 때마다 시정조치하는 것이다.

⑤ 전략통제(strategic control)는 기업의 기본전략들이 시장기회에 잘 부응하는지를 검토하는 것이다.

63 쇼루밍(showrooming) 소비자의 특징에 대한 설명으로 가장 옳은 것은?

① 주된 구매동기는 제품을 즉시 수령하고, 반품을 더 쉽게 하기 위함이다.

② 온라인에서만 구매하는 온라인 집중형 소비자이다.

③ 오프라인 점포에서 제품을 살펴본 후 온라인에서 저렴한 가격으로 구입하려 한다.

④ 오프라인 상점에서만 직접 경험하고 구매하려는 오프라인 집중형 소비자이다.

⑤ 온라인에서 쇼핑을 즐기지만 정작 구매는 오프라인에서 한다.

64 설문조사를 위한 표본 추출 방법 중 확률적 표본추출에 해당하는 것은?

① 편의 표본 추출

② 단순 무작위 표본 추출

③ 판단 표본 추출

④ 할당 표본 추출

⑤ 자발적 표본 추출

65 유통마케팅 목표달성을 위해 자금을 효율적으로 지출하는지를 확인할 수 있는 유통마케팅 성과평가 분석으로 가장 옳은 것은?

① 시장점유율 분석   ② 자금유지율 분석

③ 고객만족도 분석   ④ ROI 분석

⑤ 경로기여도 분석

66 소매 마케팅전략 수립을 위해 필요한 소매믹스(retailing mix)로 옳지 않은 것은?

① 소매가격 책정

② 점포입지 선정

③ 유통정보 관리

④ 소매 커뮤니케이션

⑤ 취급상품 결정

67 아래 글상자의 사례를 통해 계산한 A상품의 연간 상품 회전율(rate of stock turnover)로 옳은 것은?

> - 가격: 1천원
> - 평균 재고량: 약 200개
> - 연간매출액: 1백만원

① 5회   ② 10회

③ 13회   ④ 15회

⑤ 20회

68 유통목표설정에 대한 설명으로 가장 옳지 않은 것은?

① 유통경로 상에서 소비자들이 기대하는 서비스 수준에 근거하여 유통목표를 설정한다.
② 유통목표는 포괄적인 유통관리를 위해 개념적으로 서술되어야 한다.
③ 기업 전체의 장기목표를 반영하여 유통목표를 설정해야 한다.
④ 유통목표는 언제까지 달성하겠다는 시한을 구체적으로 명시해야 한다.
⑤ 유통목표는 목표달성도를 확인하기 위해 측정 가능해야 한다.

69 선발주자의 이점 또는 선점우위효과(first mover advantage)로 가장 옳지 않은 것은?

① 경험곡선효과
② 규모의 경제효과
③ 기술적 불확실성 제거효과
④ 시장선점에 따른 진입장벽 구축효과
⑤ 전환비용에 의한 진입장벽 구축효과

70 아래 글상자에서 설명하는 벤더를 일컫는 말로 가장 옳은 것은?

> 소매업자들이 특정 카테고리 내에서 특별히 선호하는 벤더를 일컫는다. 카테고리 내의 다른 브랜드나 벤더를 대신하여 소매업체를 위한 카테고리 전문가의 역할을 하며 소매업체와 일종의 파트너 관계를 확보, 유지하는 브랜드 또는 벤더이다.

① 1차 벤더(primary vendor)
② 리딩 벤더(leading vendor)
③ 스마트 벤더(smart vendor)
④ 카테고리 캡틴(category captain)
⑤ 카테고리 플래너(category planner)

71~90   **4과목 | 유통정보**

71 효과적인 공급사슬관리를 위해 활용할 수 있는 정보기술로 가장 옳지 않은 것은?

① EDI
② POS
③ PBES(Private Branch Exchange Systems)
④ CDS(Cross Docking Systems)
⑤ RFID(Radio-Frequency IDentification)

72 산업혁명 발전과정을 설명한 것으로 가장 옳은 것은?

① 1차 산업혁명 시기에는 전자기기의 활용을 통한 업무생산성 개선이 이루어졌다.

② 2차 산업혁명 시기에는 전력을 활용해 대량생산 체계를 구축하기 시작하였다.

③ 3차 산업혁명 시기에는 사물인터넷과 인공지능 기술이 업무처리에 활용되기 시작하였다.

④ 4차 산업혁명 시기에는 업무처리에 인터넷 활용이 이루어지기 시작하였다.

⑤ 2차 산업혁명 초기에는 정보통신기술을 통한 데이터수집과 이를 분석한 업무처리가 이루어지기 시작하였다.

73 공급사슬관리의 변화 방향에 대한 설명으로 가장 옳지 않은 것은?

① 재고 중시에서 정보 중시 방향으로 변화하고 있다.

② 공급자 중심에서 고객 중심으로 변화하고 있다.

③ 거래 중시에서 관계 중시 방향으로 변화하고 있다.

④ 기능 중시에서 프로세스 중시 방향으로 변화하고 있다.

⑤ 풀(pull) 관행에서 푸시(push) 관행으로 변화하고 있다.

74 아래 글상자에서 제시하는 지식관리 시스템 구현 절차를 순서대로 바르게 나열한 것으로 가장 옳은 것은?

> ㉠ 지식관리시스템 구현에 대한 목표를 설정한다. 예를 들면, 지식관리 시스템을 통해 해결해야 하는 문제를 명확하게 정의한다.
>
> ㉡ 지식기반을 창출한다. 예를 들면, 고객의 니즈를 만족시킬 수 있도록 베스트 프랙티스(best practice) 등을 끊임없이 개발해서 지식관리 시스템에 저장한다.
>
> ㉢ 프로세스 관리팀을 구성한다. 예를 들면, 최상의 지식관리시스템에서 지식 활용이 이루어질 수 있도록 프로세스를 구축한다.
>
> ㉣ 지식 활용 증대를 위한 업무처리 프로세스를 구축한다. 예를 들면, 지식관리시스템에서 고객과 상호작용을 활성화 하기 위해 전자메일, 라이브채팅 등 다양한 커뮤니케이션 도구 활용이 가능하도록 구현한다.

① ㉠ - ㉡ - ㉢ - ㉣

② ㉣ - ㉢ - ㉡ - ㉠

③ ㉢ - ㉣ - ㉡ - ㉠

④ ㉠ - ㉡ - ㉣ - ㉢

⑤ ㉠ - ㉢ - ㉡ - ㉣

75 RFID 태그에 대한 설명으로 가장 옳지 않은 것은?

① RFID 태그는 QR 코드에 비해 근거리 접촉으로 정보를 확보할 수 있다.

② RFID 태그는 동시 복수 인증이 가능하다.

③ 배터리를 내재한 RFID 태그는 그렇지 않은 태그에 비해 성능이 우월하다.

④ RFID 태그 가격이 지속적으로 하락하고 있어 기업의 유통 및 물류 부분에서의 활용 가능성이 높아지고 있다.

⑤ RFID 태그는 바코드와 비교할 때, 오염에 대한 내구성이 강하다.

76 사물인터넷 통신기술을 활용해 마케팅을 하고자 할 때, 아래 글상자의 설명에 해당하는 기술로 가장 옳은 것은?

> – 선박, 기차 등에서 위치를 확인하는데 신호를 보내는 기술이다.
> – RFID, NFC 방식으로 작동하며 원거리 통신을 지원한다.
> – 모바일 결제 서비스와 연동하여 간편 결제 및 포인트 적립에 활용된다.

① 비콘(Beacon)

② 와이파이(Wi-Fi)

③ 지웨이브(Z-Wave)

④ 지그비(ZigBee)

⑤ 울트라와이드밴드(Ultra Wide Band)

77 데이터 마이그레이션(migration) 절차에 대한 설명으로 가장 옳지 않은 것은?

① 데이터 운반은 외부로부터 유입된 데이터를 기업 표준으로 변환하는 작업이다.

② 데이터 정제는 데이터를 ERP시스템에서 사용할 수 있도록 수정하는 작업이다.

③ 데이터 수집은 새로운 데이터를 디지털 포맷으로 변환하기 위해 모으는 작업이다.

④ 데이터 추출은 기존의 레거시 시스템과 데이터베이스에서 데이터를 꺼내는 작업이다.

⑤ 데이터 정제는 린 코드번호, 의미없는 데이터, 데이터 중복 및 데이터 오기(misspellings) 등 부정확한 데이터를 올바르게 고치는 작업이다.

78 공급자재고관리(VMI)의 목적으로 가장 옳지 않은 것은?

① 비즈니스 가치 증가

② 고객서비스 향상

③ 재고 정확성의 제고

④ 재고회전율 저하

⑤ 공급자와 구매자의 공급사슬 운영의 원활화

79 아래 글상자의 ㉠에 들어갈 기술로 가장 옳은 것은?

> – 유통업체에서는 판매 시점 상품관리를 위한 데이터의 입력 및 작업 보고서에 대한 자동 입력을 위해서 (㉠) 기술을 활용하고 있다.
> – 유통업체에서 일단위 및 월단위 업무 마감 처리를 자동화 하기 위해서 (㉠) 기술을 활용하고 있다.
> – (㉠) 기술은 유통업체의 단순하고 반복적인 업무를 체계화해서 소프트웨어로 구현하여 일정한 규칙에 의해 자동화된 프로세스를 따라 업무를 수행하도록 되어 있다.

① IPA(Intelligent Process Automation)
② ETL(Extraction Transformation Loading)
③ RPA(Robotic Process Automation)
④ ETT(Extraction Transformation Tracking)
⑤ VRC(Virtual Reality Construction)

80 거래 단품을 중복없이 식별하는 역할을 하는 GTIN(국제거래단품식별코드) 및 GTIN 관련 데이터는 대개 고정데이터이지만, 때로는 기본 식별 데이터 외에 더 세부적이고 상세한 상품 정보를 제공해야 할 때도 있다. 이 경우 사용되는 가변 데이터로 가장 옳지 않은 것은?

① 유통기한
② 일련번호
③ 로트(lot) 번호
④ 배치(batch) 번호
⑤ 성분 및 영양정보

81 아래 글상자의 ㉠에 들어갈 용어로 가장 옳은 것은?

> – 데이터 기반으로 상품의 입고부터 고객주문 및 배송까지 제공하는 일괄처리 서비스인 (㉠)(이)가 유통산업의 최대 화두로 등장하였다.
> – (㉠)(이)란 물류를 필요로 하는 판매자를 대상으로 상품 보관 및 재고관리, 고객이 상품 주문시 선별, 포장, 배송, 반품 및 고객대응까지 일괄적으로 처리하는 서비스를 지칭한다.
> – 최근 국내 물류·유통 시장은 (㉠)의 각축전이 되고 있다. 국내시장에서도 쿠팡, CJ대한통운, 네이버, 신세계 등 탑플레이어들이 (㉠) 서비스 확대에 총력을 기울이고 있다. SSG 닷컴의 경우 주문부터 상품분류, 포장, 출고 등 유통 숲주기를 빅데이터 등 신기술 기반으로 통합 관리하는 (㉠) 시스템으로 온라인 주문에 신속한 대응을 하고 있다고 한다.

① 풀필먼트
② 로지틱스
③ 데이터마이닝
④ 풀서포트
⑤ 풀브라우징

82 기업의 강점, 약점과 같은 내부 역량과 기회, 위협과 같은 외부 가능성 사이의 적합성을 평가하기 위해 사용되는 도구로 분석범위를 내부 뿐만 아니라 외부까지 확장시켜 보다 넓은 상황 분석을 할 경우 활용되는 전략적 분석 도구로 가장 옳은 것은?

① PEST
② ETRIP
③ STEEP
④ 4FACTOR
⑤ SWOT

83 A유통은 입고부터 판매까지 제품의 정보를 관리하고자 정보시스템을 구축하려고 결정하였다. A유통은 전문업체인 B사를 선정하여 사업기간 6개월로 계약을 체결하였다. B사는 A유통의 정보시스템 구축을 위해 일련의 활동계획을 수립하였다. 사업 착수 후 분석단계에 포함되는 활동으로 가장 옳은 것은?

① 데이터베이스 설계
② 단위테스트 수행
③ 사용자매뉴얼 작성
④ 요구사항 정의
⑤ 인수테스트 수행

84 지역별 점포를 운영하고 있는 유통기업이 사용하는 판매시점관리를 지원하는 POS시스템에서 획득한 데이터의 관리 및 활용에 대한 설명으로 가장 옳지 않은 것은?

① 고객이 제품을 구매한 정보를 관리한다.
② 상품 판매동향을 분석하여 인기제품, 비인기제품을 파악할 수 있다.
③ 타 점포와의 상품 판매동향 비교·분석에 활용할 수 있다.
④ 개인의 구매실적, 구매성향 등에 관한 정보를 관리한다.
⑤ 기회손실(자점취급, 비취급)에 대한 분석은 어렵다.

85 아래 글상자의 내용이 설명하고 있는 ㉠에 들어갈 용어로 가장 옳은 것은?

- 기업 간의 거래에 관한 데이터(각종 서류양식)를 표준화하여 컴퓨터통신망을 통해 거래 당사자의 컴퓨터 사이에서 직접 전송신호로 주고받도록 지원하는 기술로 최근 클라우드 컴퓨팅 (㉠) 서비스가 등장하였다.
- 클라우드 기반의 (㉠) 서비스 업체인 A사는 코로나19로 인해 온라인 쇼핑몰을 통한 주문량이 폭주하면서 그동안 수작업으로 진행하던 주문 수발주 업무의 실수가 많이 발생하고, 업무 담당자들은 재택 근무를 하면서 업무가 지연되거나 공백이 발생하는 경우가 많아 이런 문제를 보완하기 위해서 본 사의 서비스 도입 문의가 늘어나고 있다고 밝혔다.

① Beacon   ② XML

③ O2O   ④ EDI

⑤ SaaS

86 A사는 전자상거래 서비스를 위해 기존의 시스템을 고도화하였다. 웹서비스 뿐만아니라 모바일 서비스도 구축하였다. 모바일 채널은 웹으로 개발하였다. 모바일 웹에 대한 설명으로 가장 옳지 않은 것은?

① 모바일 기기에 관계없이 모바일 웹사이트에 접속이 가능하다.

② 모바일웹은 컨텐츠나 디자인을 변경할 때 웹 표준에 맞춰 개발하기 때문에 OS별로 수정할 필요가 없다.

③ 단말기의 카메라, GPS 또는 각종 프로세싱 능력을 활용한 서비스 이용시 앱보다 훨씬 효과적이다.

④ 모바일웹은 데스크톱용 웹 브라우저와 기능적으로 동일한 수준의 브라우저 설치와 실행이 가능하다.

⑤ URL을 통해 접속한다.

87 인터넷 기반의 전자상거래를 위협하는 요소와 그 설명이 가장 옳지 않은 것은?

① 바이러스 – 자체 복제되며, 특정 이벤트로 트리거 되어 컴퓨터를 감염시키도록 설계된 컴퓨터 프로그램

② 트로이 목마 – 해킹 기능을 가지고 있어 인터넷을 통해 감염된 컴퓨터의 정보를 외부로 유출하는 것이 특징

③ 에드웨어 – 사용자의 동의 없이 시스템에 설치되어서 무단으로 사용자의 파일을 모두 암호화하여 인질로 잡고 금전을 요구하는 악성 프로그램

④ 웜 – 자체적으로 실행되면서 다른 컴퓨터에 전파가 가능한 프로그램

⑤ 스파이웨어 – 이용자의 동의 없이 또는 이용자를 속여 설치되어 이용자 몰래 정보를 빼내거나 시스템 및 정상프로그램의 설정을 변경 또는 운영을 방해하는 등의 악성행위를 하는 프로그램

88 QR코드를 활용하는 간편결제 방식에 대한 설명으로 가장 옳지 않은 것은?

① QR코드는 다양한 방향에서 스캔·인식이 가능하고 일부 훼손되더라도 오류를 정정하여 정상적으로 인식할 수 있는 장점이 있다.

② 소비자가 모바일 앱으로 가맹점에 부착된 QR코드를 스캔하여 결제처리하는 방식을 고정형이라 한다.

③ 결제 앱을 통해 소비자가 QR코드를 생성하고, 가맹점에서 QR리더기(결제 앱 또는 POS단말기)로 읽어서 결제처리하는 것을 변동형이라 한다.

④ 고정형 QR은 가맹점 탈퇴·폐업 즉시 QR코드를 파기한 후 가맹점 관리자에게 신고해야 한다.

⑤ 변동형 QR은 개인이 별도의 위·변조 방지 특수필름 부착이나 잠금장치 설치 등의 조치를 취해야 한다.

89 데이터 내에 포함된 개인 정보를 식별하기 어렵게 하는 조치를 비식별화라 한다. 이에 대한 설명으로 가장 옳지 않은 것은?

① 정형데이터는 개인정보 비식별 조치 가이드라인의 대상데이터이다.

② 비식별화를 위해 개인이 식별가능한 데이터를 삭제처리하는 방법이 있다.

③ 성별, 생년월일, 국적, 고향, 거주지 등 개인특성에 대한 정보는 비식별화 대상이다.

④ 혈액형, 신장, 몸무게, 허리둘레, 진료내역 등 신체 특성에 대한 정보는 비식별화 대상이다.

⑤ JSON, XML 포맷의 반정형데이터는 개인정보 비식별화 대상이 아니다.

90 데이터, 지식, 정보에 대한 설명으로 가장 옳지 않은 것은?

① 일반적으로 데이터에서 정보를 추출하고, 정보에서 지식을 추출한다.

② 1차 데이터는 이미 생성된 데이터를 의미하고, 2차 데이터는 특정한 목적을 달성하기 위해 직접적으로 고객으로부터 수집한 데이터를 의미한다.

③ 일반적으로 정보는 이전에 수집한 데이터를 재가공한 특성을 갖고 있다.

④ 암묵적 지식은 명확하게 체계화하기 어려운 지식을 의미한다.

⑤ 지식창출 프로세스에는 공동화, 표출화, 연결화, 내면화가 포함된다.

2022년 8월 20일 시행

2022년 제2회 기출문제

(ⓒ) 정답 및 해설 293p

01~25 1과목 | 유통물류일반

01 채찍효과(bullwhip effect)를 줄일 수 있는 대안으로 가장 옳지 않은 것은?

① 지나치게 잦은 할인행사를 지양한다.
② S&OP(Sales and Operations Planning)를 활용한다.
③ 공급체인에 소속된 각 주체들이 수요 정보를 공유한다.
④ 항시저가정책을 활용해서 수요변동의 폭을 줄인다.
⑤ 공급체인의 각 단계에서 독립적인 수요 예측을 통해 정확성과 효율성을 높인다.

02 아래 글상자의 동기부여이론을 설명하는 내용으로 가장 옳은 것은?

- 맥그리거(D. McGregor)가 제시함
- 종업원은 조직에 의해 조종되고 동기부여되며 통제받는 수동적인 존재임

① 위생요인에 대해 설명하는 이론이다.
② 인간의 행동을 지나치게 일반화 및 단순화하고 있다는 문제가 있다.
③ 고차원의 욕구가 충족되면 저차원의 욕구를 충족시키기 위해 노력한다.

④ Y형 인간에 대해 기술하고 있다.
⑤ 감독, 급료, 작업조건의 개선은 동기부여 자체와는 관련이 없다.

03 기업이 물류부문의 아웃소싱을 통해 얻을 수 있는 편익에 대한 설명으로 가장 옳지 않은 것은?

① 비용 절감
② 물류서비스 수준 향상
③ 외주 물류기능에 대한 통제력 강화
④ 핵심부분에 대한 집중력 강화
⑤ 물류 전문 인력 활용

04 풀필먼트(fulfillment)에 대한 설명으로 가장 옳지 않은 것은?

① 판매자 입장에서 번거로운 물류에 신경 쓰지 않고 기획, 마케팅 등 본업에 집중할 수 있도록 도와준다.
② 생산지에서 출발해 물류보관창고에 도착하는 구간인 last mile의 성장과 함께 부각되고 있다.
③ e-commerce 시장의 성장으로 소비자들의 소비패턴이 오프라인에서 온라인으로 이동하며 급격히 발달하고 있다.

④ 다품종 소량 상품, 주문 빈도가 잦은 온라인 쇼핑몰에 적합하다.

⑤ 판매상품의 입고, 분류, 재고관리, 배송 등 고객에게까지 도착하는 전 과정을 일괄처리하는 시스템이다.

05 기능식 조직(functional organization)의 단점에 대한 설명으로 가장 옳지 않은 것은?

① 명령이 통일되지 않아 전체적으로 관리가 어려워지는 경우가 있다.

② 각 관리자가 담당하는 전문적 기능에 대한 합리적인 업무분장이 실제로는 쉽지 않다.

③ 책임의 소재가 불명확하고 조직의 모순은 사기를 떨어 뜨린다.

④ 일의 성과에 따른 정확한 보수를 가감할 수 없다.

⑤ 각 직원이 차지하는 직능이 지나치게 전문화되어 그 수가 많아지면 간접적 관리자가 증가되어 고정적 관리비가 증가한다.

06 아래 글상자에서 JIT와 JITⅡ의 차이점에 대한 설명으로 옳지 않은 것을 모두 고르면?

> ㉠ JIT는 부품과 원자재를 원활히 공급하는 데 초점을 두고, JITⅡ는 부품, 원부자재, 설비공구, 일반자재 등 모든 분야를 대상으로 한다.
>
> ㉡ JIT가 공급체인 상의 파트너의 연결과 그 프로세스를 변화시키는 시스템이라면, JITⅡ는 개별적인 생산현장을 연결한 것이다.
>
> ㉢ JIT는 자사 공장 내의 무가치한 활동을 감소·제거하는 데 주력하고, JITⅡ는 기업 간의 중복업무와 무가치한 활동을 감소·제거하는 것이다.
>
> ㉣ JIT가 JIT와 MRP를 동시에 수용할 수 있는 기업 간의 운영체제를 의미한다면, JITⅡ는 푸시(push)형식인 MRP와 대비되는 풀(pull)형식의 생산방식을 말한다.

① ㉠, ㉡　　　　② ㉠, ㉢

③ ㉡, ㉣　　　　④ ㉡, ㉢

⑤ ㉠, ㉣

07 기업이 자재나 부품, 서비스를 외부에서 구매하지 않고 자체 생산하는 이유로 가장 옳지 않은 것은?

① 자신들의 특허기술 보호

② 경쟁력 있는 외부 공급자의 부재

③ 적은 수량의 제품은 자체 생산을 통해 자본투자를 정당화할 수 있음

④ 자사의 기존 유휴 생산능력 활용

⑤ 리드타임, 수송 등에 대한 통제 가능성 확대

08 물류영역과 관련해 고려할 사항으로 가장 옳지 않은 것은?

① 조달물류: JIT 납품
② 조달물류: 수송루트 최적화
③ 판매물류: 수배송시스템화를 위한 수배송센터의 설치
④ 판매물류: 공정재고의 최소화
⑤ 반품물류: 주문예측 정밀도 향상으로 반품을 감소시키는 노력

10 마이클 포터(Michael E. Porter)가 제시한 5가지 세력(force)모형을 이용하여 기업을 분석할 때, 이 5가지 세력에 해당되지 않는 것은?

① 신규 진입자의 위협
② 공급자의 교섭력
③ 구매자의 교섭력
④ 대체재의 위협
⑤ 보완재의 위협

09 기업의 사회적 책임의 중요성에 대한 내용으로 가장 옳지 않은 것은?

① 기업의 사회적 책임의 중요성은 자주성의 요구에 있다.
② 기업의 사회적 책임의 중요성은 자유주의 발전에 근거를 두고 있다.
③ 기업의 사회적 책임의 중요성은 기업 자체의 노력에 있다.
④ 사회적 책임의 중요성 내지 필요성은 권력-책임-균형의 법칙에 있다.
⑤ 기업의 사회적 책임은 기업이 당연히 지켜야 할 의무는 포함하지만 이익을 사회에 공유, 환원하는 것은 포함하지 않는다.

11 유통산업발전법(시행 2021. 1. 1., 법률 제17761호, 2020. 12. 29., 타법개정)에서 규정하고 있는 체인사업 중 아래 글상자에서 설명하고 있는 형태로 가장 옳은 것은?

> 체인본부가 주로 소매점포를 직영하되, 가맹계약을 체결한 일부 소매점포에 대하여 상품의 공급 및 경영지도를 계속하는 형태의 체인사업

① 프랜차이즈형 체인사업
② 중소기업형 체인사업
③ 임의가맹점형 체인사업
④ 직영점형 체인사업
⑤ 조합형 체인사업

12 유통기업의 경로구조에 대한 설명으로 옳지 않은 것은?

① 도매상이 제조업체를 통합하는 것은 후방통합이다.

② 유통경로의 수직적 통합을 이루는 방법에는 합작투자, 컨소시엄, M&A 등이 있다.

③ 기업형 수직적 경로구조를 통해 유통경로 상 통제가 가능하고 제품 생산, 유통에 있어 규모의 경제를 실현할 수 있다.

④ 기업형 수직적 경로구조는 소유의 규모가 커질수록 환경변화에 신속하고 유연하게 대응할 수 있다.

⑤ 관리형 수직적 경로구조는 독립적인 경로구성원 간의 상호 이해와 협력에 의존하고 있지만 협력을 해야만 하는 분명한 계약상의 의무는 없다.

13 기업이 오프라인, 온라인, 모바일 등의 모든 채널을 연결해 고객이 마치 하나의 매장을 이용하는 것처럼 느끼도록 하는 쇼핑 시스템을 지칭하는 것으로 옳은 것은?

① Cross border trade

② Omni channel

③ Multi channel

④ Mass customization

⑤ IoT

14 임금을 산정하는 방법에 대한 설명으로 가장 옳은 것은?

① 근로자의 성과와 무관하게 근로시간을 기준으로 보상을 지급하는 형태는 성과급제이다.

② 근로자의 성과에 따라 보상을 지급하는 형태는 시간급제이다.

③ 근로자의 입장에서는 시간당 보상액이 일정하고, 사용자 측에서는 임금산정방식이 쉬운 것은 시간급제이다.

④ 작업능률을 자극할 수 있고 근로자에게 소득증대 효과가 있는 것은 시간급제이다.

⑤ 근로자의 노력과 생산량과의 관계가 없을 때 효과적인 것은 성과급제이다.

15 유통환경분석 시 고려하는 거시환경, 미시환경과 관련된 내용으로 옳지 않은 것은?

① 자본주의, 사회주의 같은 경제체제는 거시환경에 포함된다.

② 어떤 사회가 가지고 있는 문화, 가치관, 전통 등은 사회적 환경으로서 거시환경에 포함된다.

③ 기업과 거래하는 협력업자는 미시환경에 포함된다.

④ 기업이 따라야 할 규범, 규제, 법 등은 미시환경에 포함된다.

⑤ 기업과 비슷한 제품을 제조하는 경쟁회사는 미시환경에 포함된다.

16 기업이 사용하는 재무제표 중 손익계산서의 계정만으로 옳게 나열된 것은?

① 자산 – 부채 – 소유주 지분
② 자산 – 매출원가 – 소유주 지분
③ 수익 – 매출원가 – 비용
④ 수익 – 부채 – 비용
⑤ 자산 – 부채 – 비용

17 구매관리를 위해 기능의 집중화와 분권화를 비교할 때, 집중화의 장점으로 가장 옳지 않은 것은?

① 구매절차가 간단하고 신속하다.
② 주문 비용을 절감할 수 있다.
③ 자금의 흐름을 통제하기 쉽다.
④ 품목의 표준화가 용이하다.
⑤ 구매의 전문화가 용이하다.

18 유통의 경제적 의미에 대한 설명으로 가장 옳지 않은 것은?

① 유통을 통해 생산자는 부가가치를 더 높일 수 있고, 소비자에게는 폭넓은 선택의 기회가 주어질 수 있다.
② 유통을 통해 생산과 소비 사이에서 발생할 수 있는 괴리를 줄여서 생산과 소비를 원활하게 연결할 수 있다.
③ 후기산업사회 이후 소비자들의 욕구가 다양해지면서 유통의 경제적 역할이 축소되고 있다.

④ 유통산업은 신업태의 등장, 유통단계의 축소 등과 같은 유통구조 개선을 통해 국가경제에 이바지하고 있다.
⑤ 유통은 일자리 창출에 기여하는 동시에 서비스산업 발전에 중요한 역할을 한다.

19 균형성과표(BSC)에 대한 설명으로 가장 옳지 않은 것은?

① 고객 관점은 고객유지율, 반복구매율 등의 지표를 활용한다.
② 각 지표들은 전략과 긴밀하게 연계되어 상호작용을 한다.
③ 조직의 지속적 생존을 위해 핵심 성공요인이 중요하다.
④ 학습과 성장의 경우 미래지향적인 관점을 가진다.
⑤ 비용이 저렴하지만 재무적 지표만을 성과관리에 적용한다는 한계를 가진다.

20 종업원들이 자신과 비슷한 위치에 있는 타인과 비교하여 자기가 투입한 노력과 결과물 간의 균형을 유지하려고 하는 이론으로 가장 옳은 것은?

① 강화이론
② 공정성이론
③ 기대이론
④ 목표관리론
⑤ 목표설정이론

21 연간 재고유지비용과 주문비용의 합을 최소화하는 로트 크기인 경제적 주문량을 계산하는 과정에서 사용하는 가정으로 가장 옳지 않은 것은?

① 수량할인은 없다.
② 각 로트의 크기에 제약조건은 없다.
③ 해당 품목의 수요가 일정하고 정확히 알려져 있다.
④ 입고량은 주문량에 안전재고를 포함한 양이며 시기별로 분할입고된다.
⑤ 리드타임과 공급에 불확실성이 없다.

22 유통기업의 윤리경영에 대한 설명으로 가장 옳지 않은 것은?

① 건전하고 투명한 경영을 위해 노력한다.
② 협력사와 합리적인 상호발전을 추구한다.
③ 유연하고 수직적인 임원우선의 기업문화를 조성한다.
④ 고객의 만족을 위해 노력한다.
⑤ 사회적 책임을 완수하기 위해 노력한다.

23 소비자기본법(시행 2021. 12. 30., 법률 제17799호, 2020. 12. 29., 타법개정) 상 제8조에서 사업자가 소비자에게 제공하는 물품등으로 인한 소비자의 생명·신체 또는 재산에 대한 위해를 방지하기 위해 지켜야 할 기준을 정해야 할 주체로 옳은 것은?

① 지방자치단체　②사업자
③ 공정거래위원회　④ 대통령
⑤ 국가

24 아래 글상자에서 설명하는 유통이 창출하는 소비자 효용으로 가장 옳은 것은?

> 탄산음료의 제조사들이 탄산음료의 원액을 제조하여 중간 상인 보틀러(bottler)에게 제공하면, 보틀러(bottler)는 탄산음료 원액에 설탕과 감미료를 첨가하여 탄산과 혼합해 병이나 캔에 넣어 소매상에게 판매하고 소비자는 탄산음료를 마시는 혜택을 누릴 수 있다.

① 시간효용　②장소효용
③ 소유효용　④형태효용
⑤ 거래효용

25 유통경로의 설계전략에 영향을 주는 시장의 특성과 관련된 설명으로 가장 옳지 않은 것은?

① 시장밀도는 지리적 영역단위 당 구매자의 수를 말한다.
② 시장지리는 생산자와 소비자 사이의 물리적인 거리 차이를 말한다.
③ 제조업체가 직접 채널에 의해 커버할 시장의 크기가 큰 경우에는 많은 소비자와 직접 접촉을 해야 하기 때문에 비용이 증

가한다.

④ 시장밀도가 낮으면 한정된 유통시설을 이용해 많은 고객을 상대할 수 있다.

⑤ 시장크기는 시장을 구성하는 소비자의 수에 의해 결정된다.

26~45 2과목 | 상권분석

26 분석대상이 되는 점포와의 거리를 기준으로 상권유형을 구분할 때 상대적으로 소비수요 흡인비율이 가장 낮은 지역을 한계상권(fringe trading area)이라고 한다. 일반적으로 한계상권은 다음 중 어느 것에 해당하는가?

① 최소수요충족거리

② 분기점상권

③ 1차상권

④ 2차상권

⑤ 3차상권

27 소비자들이 점포를 선택할 때 가장 가까운 점포를 선택한다는 가정을 하며, 상권경계를 결정할 때 티센다각형(thiessen polygon)을 활용하는 방법으로 가장 옳은 것은?

① 입지할당모델법

② Huff모델법

③ 근접구역법

④ 유사점포법

⑤ 점포공간매출액비율법

28 소비자의 점포방문동기를 개인적동기, 사회적동기, 제품구매동기로 분류할 수 있다. 이때 다른 항목들과 다른 유형의 동기로서 가장 옳은 것은?

① 사교적 경험　　② 기분 전환

③ 자기만족　　　④ 역할 수행

⑤ 새로운 추세 학습

29 점포를 이용하는 고객 인터뷰를 통해 소비자의 지리적 분포를 확인할 수 있는 방법은?

① 컨버스(Converse)의 소매인력이론

② 아날로그(analog) 방법

③ 허프(Huff)의 소매인력법

④ 고객점표법(customer spotting technique)

⑤ 라일리(Reilly)의 소매인력모형법

30 입지 분석에 사용되는 각종 기준에 대한 내용으로 가장 옳지 않은 것은?

① 호환성: 해당점포를 다른 업종으로 쉽게 전환할 수 있는가?
② 접근성: 고객이 쉽게 점포에 접근할 수 있는가?
③ 인지성: 점포의 위치를 쉽게 설명할 수 있는가?
④ 확신성: 입지분석의 결과를 확실하게 믿을 수 있는가?
⑤ 가시성: 점포를 쉽게 발견할 수 있는가?

31 아래 글상자의 내용은 Huff모델을 적용하여 신규점포 입지를 분석하는 단계들이다. 일반적인 분석과정을 순서대로 나열할 때 가장 옳은 것은?

> ㉠ 점포크기 및 거리에 대한 민감도계수를 추정한다.
> ㉡ 소규모 고객집단 지역(zone)으로 나눈다.
> ㉢ 신규점포의 각 지역(zone)별 예상매출액을 추정한다.
> ㉣ 전체시장 즉, 조사할 잠재상권의 범위를 결정한다.
> ㉤ 각 지역(zone)에서 점포까지의 거리를 측정한다.

① ㉡, ㉤, ㉣, ㉠, ㉢
② ㉣, ㉢, ㉤, ㉠, ㉡
③ ㉠, ㉣, ㉡, ㉤, ㉢
④ ㉣, ㉡, ㉤, ㉠, ㉢
⑤ ㉠, ㉤, ㉡, ㉢, ㉣

32 점포를 개점할 경우 전략적으로 고려해야 할 사항들에 대한 설명으로 가장 옳지 않은 것은?

① 경쟁관계에 있는 다른 점포의 규모나 위치도 충분히 검토한다.
② 상품의 종류에 따라 소비자의 이동거리에 대한 저항감이 다르기 때문에 상권의 범위도 달라진다.
③ 개점으로 인해 인접 주민의 민원제기나 저항이 일어날 부분이 있는지 검토한다.
④ 점포의 규모를 키울수록 규모의 경제 효과는 커지기에 최대규모를 지향한다.
⑤ 점포는 단순히 하나의 물리적 시설이 아니고 소비자들의 생활과 직결되며, 라이프스타일에도 영향을 미친다.

33 A시의 인구는 20만명이고 B시의 인구는 5만명이다. 두 도시 사이의 거리는 15km이다. Converse의 상권분기점 분석법을 이용할 경우 두 도시간의 상권경계는 A시로부터 얼마나 떨어진 곳에 형성되겠는가?

① 3km
② 5km
③ 9km
④ 10km
⑤ 12km

34 상가임대차 관계에서 권리금을 산정할 때 근거가 되는 유무형의 재산적 가치로 가장 옳지 않은 것은?

① 거래처
② 상가건물의 위치
③ 영업상의 노하우
④ 영업시설 · 비품
⑤ 임대료 지불수단

35 소매점 입지유형 가운데 아파트 단지내 상가의 일반적 특성으로 가장 옳지 않은 것은?

① 공급면적 변화가 어려워 일정한 고정고객의 확보를 통한 꾸준한 매출이 가능하다.
② 수요 공급 측면에서 아파트 단지 가구수와 가구당 상가 면적을 고려해야 한다.
③ 주변지역 거주자의 상가 이용과 같은 활발한 외부 고객유입이 장점이다.
④ 편의품 소매점의 경우 대형평형보다는 중형평형의 단지가 일반적으로 더 유리하다.
⑤ 관련법규에서는 단지내 상가를 근린생활시설로 분류하여 관련내용을 규정하고 있다.

36 면적 300m²인 대지에 지하2층 지상5층으로 소매점포 건물을 신축하려 한다. 층별 바닥면적은 각각 250m²로 동일하며 주차장은 지하1,2층에 각각 200m²와 지상1층 부속용

도에 한하는 주차장 면적 50m²로 구성되어 있다. 이 건물의 용적률을 계산하면 얼마인가?

① 300%
② 333%
③ 400%
④ 416%
⑤ 533%

37 지리정보시스템(GIS)과 관련한 내용으로 가장 옳지 않은 것은?

① 주제도작성, 공간조회, 버퍼링(buffering)을 통해 효과적인 상권분석이 가능하다.
② 점포의 고객을 대상으로 gCRM을 실현하기 위한 기본적 틀을 제공할 수 있다.
③ 지도레이어는 점, 선, 면을 포함하는 개별 지도형상으로 구성되며, 여러 겹의 지도레이어를 활용하여 상권의 중첩(overlay)을 표현할 수 있다.
④ 지도상에서 데이터를 표현하고 특정 공간기준을 만족시키는 지도를 얻는 데이터 및 공간조회 기능이 있다.
⑤ 위상은 어떤 지도형상, 즉 점이나 선 혹은 면으로부터 특정한 거리 이내에 포함되는 영역을 의미하며 면의 형태로 나타나 상권 혹은 영향권을 표현하는데 사용될 수 있다.

38 동선과 관련한 소비자의 심리를 나타내는 대표적 원리로 가장 옳지 않은 것은?

① 최단거리실현의 법칙: 최단거리로 목적지에 가려는 심리

② 보증실현의 법칙: 먼저 득을 얻는 쪽을 선택하려는 심리

③ 고차선호의 법칙: 넓고 깨끗한 곳으로 가려는 심리

④ 집합의 법칙: 군중심리에 의해 사람이 모여 있는 곳에 가려는 심리

⑤ 안전중시의 법칙: 위험하거나 모르는 길은 가려고 하지 않는 심리

39 대표적인 입지조건의 하나인 고객유도시설(customer generator)은 도시형 점포, 교외형 점포, 인스토어형 점포 등 점포 유형별로 구분해서 평가한다. 일반적인 인스토어형 점포의 고객유도시설로서 가장 옳지 않은 것은?

① 주차장 출입구 　② 푸드코트

③ 주 출입구 　　　④ 에스컬레이터

⑤ 간선도로

40 입지적 특성에 따라 소매점포 유형을 집심성, 집재성, 산재성, 국부적집중성 점포로 구분하기도 한다. 업태와 이들 입지유형의 연결로서 가장 옳지 않은 것은?

① 백화점-집심성점포

② 화훼점-집심성점포

③ 편의점-산재성점포

④ 가구점-집재성점포

⑤ 공구도매점-국부적집중성점포

41 신규점포의 예상매출액을 추정할 때 활용하는 애플바움(W. Applebaum)의 유추법(analog method)에 대한 설명으로 옳지 않은 것은?

① 일관성 있는 예측이 중요하므로 소비자 특성의 지역별 차이를 고려하기보다는 동일한 방법을 적용해야 한다.

② 현재 운영 중인 상업시설 중에서 유사점포(analog store)를 선택한다.

③ 과거의 경험을 계량화한 자료를 이용해 미래를 예측하지만 시장요인과 점포특성들이 끊임없이 변화하기 때문에 주관적 판단이 요구된다.

④ 비교대상 점포들의 특성이 정확히 일치하는 경우를 찾기 어려울 뿐만 아니라 특정 환경변수의 영향이 동일하게 작용하지도 않기 때문에 주관적 판단이 요구된다.

⑤ 점포의 물리적 특성, 소비자의 쇼핑패턴, 소비자의 인구통계적 특성, 경쟁상황이 분석대상과 비슷한 점포를 유사점포(analog store)로 선택하는 것이 바람직하다.

42 "국토의 계획 및 이용에 관한 법률" (법률 제17893호, 2021. 1. 12., 타법개정)에서 규정하고 있는 용도지역 중 상업지역을 구분하는 유형으로 볼 수 없는 것은?

① 중심상업지역   ② 일반상업지역
③ 근린상업지역   ④ 전용상업지역
⑤ 유통상업지역

43 중심지체계에 의한 상권유형 구분에서 전통적인 도심(CBD) 상권의 일반적 특징으로 가장 옳지 않은 것은?

① 고객흡인력이 강해 상권범위가 상대적으로 넓다.
② 교통의 결절점으로 대중교통이 편리하다.
③ 전통적 도시의 경우에는 주차문제가 심각하다.
④ 상대적으로 거주인구는 적고 유동인구는 많다.
⑤ 소비자들의 평균 체류시간이 상대적으로 짧다.

44 아래 글상자의 현상과 이들을 설명하는 넬슨(R. N. Nelson)의 입지원칙의 연결로서 옳은 것은?

> ㉠ 식당이 많이 몰려있는 곳에 술집이나 커피숍들이 있다든지, 극장가 주위에 식당들이 많이 밀집하는 현상

> ㉡ 귀금속 상점들이나 떡볶이 가게들이 한 곳에 몰려서 입지함으로써 더 큰 집객력을 갖는 현상

① ㉠ 동반유인 원칙, ㉡ 보충가능성 원칙
② ㉠ 고객차단 원칙, ㉡ 보충가능성 원칙
③ ㉠ 보충가능성 원칙, ㉡ 점포밀집 원칙
④ ㉠ 보충가능성 원칙, ㉡ 동반유인 원칙
⑤ ㉠ 점포밀집 원칙, ㉡ 보충가능성 원칙

45 제4차 산업혁명의 핵심기술 중의 하나인 빅데이터 기술이 소매 경영과 소매상권분석에 미치는 영향에 관한 설명으로서 가장 옳지 않은 것은?

① 개별적으로 상권분석 능력이 부족한 소규모 소매점포, 창업자들에게 정부 또는 각종 단체에서 빅데이터 기술에 기반한 상권분석 및 입지분석 정보를 제공함으로써 소매경영 개선을 돕는다.
② 신상품 개발이나 고객만족도 향상을 위한 소매믹스 개선에 기여할 수 있다.
③ 소매상권 내에서 표적시장을 구체적으로 파악하는 데 도움을 줄 수 있다.
④ 하나의 상권을 지향하는 개별점포 소유자들의 상권분석에 필수 도구이지만 복수의 상권에 접근하는 체인사업에게는 효과적이지 않다.
⑤ 히트상품 및 데드셀러(dead seller)분석을 통해 재고관리의 효율성을 높일 수 있게 한다.

46~70 3과목 | 유통마케팅

46 시장세분화 유형과 사용하는 변수들의 연결
로서 가장 옳지 않은 것은?

① 행동분석적 세분화: 라이프스타일, 연령
② 지리적 세분화: 인구밀도, 기후
③ 인구통계적 세분화: 성별, 가족규모
④ 심리적 세분화: 개성, 성격
⑤ 인구통계적 세분화: 소득, 직업

47 소매점포의 공간 분류와 그 용도에 대한 연
결이 가장 옳지 않은 것은?

항목	용도
㉠ 고객존	고객용 출입구, 통로 계단
㉡ 상품존	상품매입, 보관 장소
㉢ 직원존	사무실, 종업원을 위한 식당과 휴게실
㉣ 매장존	매장, 고객 휴게실과 화장실, 비상구
㉤ 후방존	물류 공간, 작업 공간

① ㉠　　　　　　② ㉡
③ ㉢　　　　　　④ ㉣
⑤ ㉤

48 지속성 상품의 경우 다음 주문이 도착하기
전에 판매 가능한 수량이 없거나 재고가 바
닥이 나게 되는 최저 재고물량을 기준으로
주문점을 결정한다. 일일 예상판매량이 5개
이고, 리드타임이 7일이며, 예비재고 20개
를 유지하고자 할 때 주문점은 얼마인가?

① 15개　　　　　② 35개
③ 55개　　　　　④ 75개
⑤ 145개

49 아래 글상자에서 설명하는 용어로 옳은 것
은?

> 주어진 상황에서 특정 대상에 대한 개인
> 의 중요성 및 관련성 지각정도를 의미하
> 는 것으로 고객이 제품 구매결정에 투입
> 하는 시간 및 정보수집 노력과 관련이 높
> 다.

① 판매정보　　　② 구매동기
③ 구매특성　　　④ 지각도
⑤ 관여도

50 매장에서 비주얼 머천다이징(VMD)을 구성
할 때 다양한 방법을 사용할 수 있다. 아래
글상자에서 설명하는 내용의 기법으로 가장
옳은 것은?

- 고객에게 상품의 특성과 장점에 대한 정보를 제공하고 인기상품이나 계절상품 등을 제안하는 역할을 한다.
- 고객의 시선이 닿기 쉬운 곳에 구성하여 고객의 무의식적인 구매충동을 자극하도록 구성한다.
- 고객에게 상품의 콘셉트나 가치를 시각적으로 호소한다.

① 쇼윈도 프레젠테이션
② 파사드 프레젠테이션
③ 비주얼 프레젠테이션
④ 포인트 프레젠테이션
⑤ 아이템 프레젠테이션

51 촉진예산을 결정하는 방법에 대한 설명으로 가장 옳지 않은 것은?

① 가용예산법: 기업의 여유 자금에 따라 예산을 결정하는 방법
② 매출액 비율법: 과거의 매출액이나 예측된 미래의 매출액을 근거로 예산을 결정하는 방법
③ 단위당 고정비용법: 고가격 제품의 촉진에 특정 비용이 수반될 때 이를 고려하여 예산을 결정하는 방법
④ 경쟁 대항법: 경쟁사의 촉진 예산 규모를 기반으로 결정하는 방법
⑤ 목표 과업법: 촉진목표를 설정하고 이를 달성하기 위한 과업을 분석하여 예산을 결정하는 방법

52 아래 글상자에 설명하는 마케팅조사 기법으로 가장 옳은 것은?

다수의 대상(소비자, 제품 등)들을 그들이 소유하는 특성을 토대로 유사한 대상들끼리 집단으로 분류하는 통계 기법

① 분산분석
② 회귀분석
③ 군집분석
④ t-검증
⑤ 컨조인트분석

53 세분화된 시장들 중에서 매력적인 표적시장을 선정하기 위한 고려사항으로 가장 옳지 않은 것은?

① 경쟁의 측면에서 개별 세분시장 내의 경쟁강도를 살펴보아야 한다.
② 해당 세분시장이 자사의 역량과 자원에 적합한지를 살펴보아야 한다.
③ 선택할 시장들의 절대적 규모를 고려하여 살펴보아야 한다.
④ 자사가 기존에 가지고 있는 마케팅 믹스 체계와 일치하는지를 살펴보아야 한다.
⑤ 선택할 시장이 자사가 가지고 있는 목표 및 이미지와 일치하는지 살펴보아야 한다.

54 셀프서비스를 활용한 상품판매의 특징으로 가장 옳지 않은 것은?

① 영업시간의 유연성 증가

② 소매점의 판매비용 절감

③ 고객에게 전달되는 상품정보의 정확성 향상

④ 구매과정에 대한 고객의 자기통제력 향상

⑤ 직원의 숙련도와 상관없는 비교적 균일한 서비스제공

55 고객생애가치(CLV: customer lifetime value)에 대한 설명으로 가장 옳지 않은 것은?

① CLV는 어떤 고객으로부터 얻게 되는 전체 이익흐름의 현재가치를 의미한다.

② 충성도가 높은 고객은 반드시 CLV가 높다.

③ CLV를 증대시키려면 고객에게 경쟁자보다 더 큰 가치를 제공해야 한다.

④ CLV 관리는 단속적 거래보다는 장기적 거래관계를 통한 이익에 집중한다.

⑤ 올바른 CLV를 정확하게 산출하려면 수입흐름 뿐만 아니라 고객획득비용이나 고객유지비용 같은 비용 흐름도 고려해야 한다.

56 판매촉진 방법 가운데 프리미엄(premium)의 장점으로 가장 옳지 않은 것은?

① 지속적으로 사용해도 제품 자체 이미지에 손상을 가져 오지 않는다.

② 많은 비용을 투입하지 않으면서 신규고객을 확보하는 효과적인 방법이다.

③ 제품에 별도의 매력을 부가함으로써 부족할 수 있는 상품력을 보완할 수 있다.

④ 제품수준이 평준화되어 차별화가 어려운 상황에서 특히 효과적이다.

⑤ 치열한 경쟁상황에서 제품에 대한 주목률을 높여주고 특히 구매시점에 경쟁제품보다 돋보이게 한다.

57 소매점에서 제공하는 상품 관련 핵심서비스의 내용으로서 가장 옳은 것은?

① 정확한 대금 청구 ② 편리한 환불 방식

③ 친절한 고객 응대 ④ 다양한 상품 구색

⑤ 신속한 상품 배달

58 생산업체가 경로구성원들의 성과를 평가하는 기준으로서 가장 옳지 않은 것은?

① 경로구성원에 대한 투자수익률

② 유통업체의 영업에서 차지하는 자사제품 판매 비중의 변화

③ 유통업체의 영업에 대한 자사 통제의 허용 정도

④ 환경 변화에 대한 경로구성원의 적응력

⑤ 경로구성원의 재고투자이익률

59 단수가격설정정책(odd pricing)에 대한 설명으로 옳은 것은?

① 최대한 인하된 상품 가격이라는 인상을 주어 판매량을 증가시키기 위해 가격을 990원, 1,990원처럼 설정하는 것을 말한다.

② 가격이 높을수록 우수한 품질이나 높은 지위를 상징하는 경우에 주로 사용된다.

③ 캔음료나 껌처럼 오랫동안 같은 가격을 지속적으로 유지함으로써 소비자가 그 가격을 당연하게 받아들이는 것을 말한다.

④ 같은 계열에 속하는 몇 개의 제품 가격을 품질에 따라 1만원, 3만원, 5만원 등으로 설정하는 것을 말한다.

⑤ 고객을 모으기 위해서 특정 제품을 아주 저렴한 가격으로 판매하는 방법이다.

60 고객 서비스는 사전적 고객 서비스, 현장에서의 고객서비스, 사후적 고객 서비스로 구분해볼 수 있다. 다음 중 사전적 고객 서비스 요소로 가장 옳은 것은?

① 자사의 경영철학에 따라 서비스에 관한 표준을 정하고 조직을 편성하여 교육 및 훈련한다.

② 구매계획이나 공급 여력 등에 따라 발생할지 모르는 재고품절을 방지하기 위해 적정 재고수준을 유지한다.

③ 고객의 주문 상황이나 기호에 맞는 상품의 주문을 위한 정보시스템을 효율적으로 관리·운영한다.

④ 고객의 상품 주문에서부터 상품 인도에 이르기까지 적절한 물류서비스를 공급한다.

⑤ 폭넓은 소비자 선택을 보장하기 위해 가능한 범위 내에서 다양한 상품을 진열하고 판매한다.

61 아래 글상자의 사례들에 해당하는 유통경쟁 전략으로 가장 옳은 것은?

> − A사는 30대 전후의 여성들에게 스포츠웨어를 주로 판매한다.
> − B사는 대형 사이즈의 의류를 주력상품으로 판매한다.
> − C사는 20대 여성을 대상으로 대중적인 가격대의 상품을 판매한다.
> − D사는 가격대와 스타일이 서로 다른 7개의 전문의류점 사업부를 가지고 있다.

① 편의성 증대

② 정보기술의 도입 및 확대

③ 점포 포지셔닝 강화 ④ 유통업체 브랜드의 확대

⑤ e-커머스 확대

62 과자나 라면 같은 상품들을 정돈하지 않고 뒤죽박죽으로 진열하여 소비자들에게 저렴한 특가품이라는 인상을 주려는 진열방식의 명칭으로 가장 옳은 것은?

① 돌출진열(extended display)

② 섬진열(island display)

③ 점블진열(jumble display)

④ 후크진열(hook display)

⑤ 골든라인진열(golden line display)

63 다음의 여러 가격결정 방법 중에서 원가중심 가격결정(cost-oriented pricing)방법에 해당하지 않는 것은?

① 원가가산법(cost plus pricing)

② 손익분기점 가격결정법(breakeven pricing)

③ 목표이익 가격결정법(target-profit pricing)

④ 지각가치 중심 가격결정법(perceived value pricing)

⑤ 이폭가산법(markup pricing)

64 고객관계관리(CRM)에 대한 접근방법으로 가장 옳지 않은 것은?

① 마케팅부서만이 아닌 전사적 관점에서 고객지향적인 전략적 마케팅활동을 수행한다.

② 전사적 자원관리(ERP) 시스템을 통해 고객정보를 파악하고 분석한다.

③ 데이터마이닝 기법을 활용해 고객행동에 내재돼 있는 욕구(needs)를 파악한다.

④ 고객과의 관계 강화를 지속적으로 모색하는 고객중심 비즈니스모델을 수립한다.

⑤ 표적고객에 대한 고객관계 강화에 집중하며 고객점유율 향상에 중점을 둔다.

65 마케팅 전략수립을 위한 다양한 조사활동 중 1차 자료를 수집하기 위한 조사방식으로 옳지 않은 것은?

① 현장조사　　② 관찰조사

③ 설문조사　　④ 문헌조사

⑤ 실험조사

66 점포의 구성 및 설계에 대한 설명으로 옳지 않은 것은?

① 포스 죠닝(POS zoning)은 판매가 이루어지는 마지막 접점이므로 최대한 고객의 체류시간을 늘려야 한다.

② 매장의 주통로는 고객의 편안한 이동을 제공하는 동시에 보조통로들과 잘 연계되게 구성해야 한다.

③ 공간면적당 판매생산성 향상을 고려하여 매장 내의 유휴 공간이 없도록 레이아웃

을 구성해야 한다.

④ 동선 폭은 고객의 편의를 고려해 유동성과 체류시간 등의 동선 혼잡도를 예상하여 결정해야 한다.

⑤ 표적고객을 최대한 명확하게 설정하고 상품 관련성을 고려하여 상품을 군집화한다.

67 마케팅변수를 흔히 제품변수, 가격변수, 유통변수, 촉진 변수로 나누어 4P라고 한다. 다음 중 나머지와는 다른 P에 속하는 변수로서 가장 옳은 것은?

① 시장 커버리지

② 재고와 보관

③ 점포 위치

④ 1차 포장과 2차 포장

⑤ 수송

68 기업의 성장전략 대안들 가운데 기존시장에서 기존제품으로 점유율을 높여서 성장하려는 전략의 명칭으로 가장 옳은 것은?

① 제품개발전략 ② 시장개척전략

③ 시장침투전략 ④ 전방통합전략

⑤ 다각화전략

69 아래 글상자의 괄호 안에 들어갈 용어를 순서대로 나열한 것으로 가장 옳은 것은?

> 상품의 다양성(variety)은 (㉠)의 수가 어느 정도 되는 지를 의미하며, 상품의 구색(assortment)은 (㉡)의 수를 말한다.

① ㉠ 상품계열, ㉡ 상품품목

② ㉠ 상품형태, ㉡ 상품지원

③ ㉠ 상품품목, ㉡ 상품계열

④ ㉠ 상품지원, ㉡ 상품형태

⑤ ㉠ 상품형태, ㉡ 상품계열

70 고객관계 강화 및 유지를 위한 CRM활동으로 가장 옳지 않은 것은?

① 교차판매(cross-selling)

② 상향판매(up-selling)

③ 고객참여(customer involvement)

④ 2차구매 유도(inducing repurchase)

⑤ 영업자원 최적화(sales resource optimization)

71~90　4과목 | 유통정보

71 RFID의 특징에 대한 설명으로 가장 옳지 않은 것은?

① 태그는 데이터를 저장하거나 읽어 낼 수 있어야 한다.
② 태그는 인식 방향에 관계없이 ID 및 정보 인식이 가능해야 한다.
③ 태그는 직접 접촉을 하지 않아도 자료를 인식할 수 있어야 한다.
④ 태그는 많은 양의 데이터를 보내고, 받을 수 있어야 한다.
⑤ 수동형 태그는 능동형 태그에 비해 일반적으로 데이터를 보다 멀리까지 전송할 수 있다.

72 의사결정시스템에 대한 설명으로 가장 옳지 않은 것은?

① 최고경영층은 주로 비구조적 의사결정에 대한 문제에 직면해 있고, 운영층은 주로 구조적 의사결정에 대한 문제에 직면해 있다.
② 의사결정지원시스템을 이용해 의사결정의 품질을 높이기 위해서는 의사결정지원시스템에서 활용하는 데이터의 품질을 개선해야 한다.
③ 의사결정지원시스템은 수요 예측 문제, 민감도 분석 등에 활용된다.

④ 운영층은 주로 의사결정지원시스템을 이용해 마케팅 계획 설계, 예산 수립 계획 등과 같은 업무를 수행한다.
⑤ 의사결정지원시스템의 의사결정 품질 개선을 위해 딥러닝(deep learning)과 같은 고차원적 알고리즘(algorithm)이 활용된다.

73 소스마킹과 인스토어마킹에 관련된 설명으로 가장 옳지 않은 것은?

① 인스토어마킹은 소분포장, 진열 단계에서 마킹이 이루어진다.
② 소스마킹은 생산 및 제품 포장 단계에서 마킹이 이루어진다.
③ 소스마킹은 전 세계적으로 공통 사용이 가능하다.
④ 소스마킹은 과일이나 농산물에 주로 사용된다.
⑤ 인스토어마킹은 원칙적으로 소매업체가 자유롭게 표시한다.

74 바코드에 대한 설명으로 가장 옳지 않은 것은?

① 유통업체의 재고관리와 판매관리에 도움을 제공한다.

② 국가표준기관에 의해 관리되고 있다.

③ 컬러 색상은 인식하지 못하고, 흑백 색상만 인식한다.

④ 스캐너 또는 리더기를 이용하여 상품 관련 정보를 간편하게 읽어들일 수 있다.

⑤ 바코드에는 국가코드, 제조업체코드, 상품품목코드 등에 대한 정보가 저장되어 있다.

75 아래 글상자의 내용을 지칭하는 용어로 가장 옳은 것은?

- 기업이 필요에 따라 단기 계약직이나 임시직으로 인력을 충원하고 그 대가를 지불하는 형태의 경제를 의미
- 맥킨지는 '디지털 장터에서 거래되는 기간제 근로자'라고 정의

① 오프쇼어링(off-shoring)

② 커스터마이징(customizing)

③ 매스커스터마이제이션(masscustomization)

④ 긱 이코노미(gig economy)

⑤ 리쇼어링(reshoring)

76 아래 글상자에서 설명하는 내용을 지칭하는 용어로 가장 옳은 것은?

- 기존 데이터베이스 관리도구의 능력을 넘어서 데이터에서 가치있는 정보를 추출하는 기술로, 디지털 환경에서 다양한 형식으로 빠르게 발생하는 대량의 데이터를 다루는 기술임.
- 유통업체에서 보다 탁월한 의사결정을 위해 활용하는 비즈니스 애널리틱스(Business Analytics: BA) 중 하나로 고차원적 의사결정을 지원하는 기술임.

① 리포팅　　　　② 쿼리

③ 스코어카드　　④ 대시보드

⑤ 빅데이터

77 유통정보시스템 이용에 있어서 정보보안의 주요 목표에 대한 내용으로 가장 옳은 것은?

① 허락받지 않은 사용자가 정보를 변경해서는 안되는 것은 기밀성이다.

② 정보의 소유자가 원치 않으면 정보를 공개할 수 없는 것은 무결성이다.

③ 보낸 이메일을 상대가 읽었는지 알 수 있는 수신 확인 기능은 부인방지 원칙을 잘 반영한 것이다.

④ 웹사이트에 접속하려고 할 때 에러 등 서비스 장애가 일어나는 것은 무결성이 떨어진다고 볼 수 있다.

⑤ 인터넷 거래에 필요한 공인인증서에 기록된 내용은 타인이 조작할 수 없도록 만들어 가용성을 유지해야 한다.

78 유통업체에서 새로운 비즈니스 모델을 개발하고자 할 때 사용하는 비즈니스 모델 캔버스를 구성하는 요인에 대한 설명으로 가장 옳지 않은 것은?

① 유통채널이란 기업이 고객에게 가치를 전달하는 경로이다.

② 고객 세분화란 고객이 무언가를 수행하는 것을 도움으로써 가치를 창출할 수 있다는 것이다.

③ 핵심자원은 기업이 비즈니스를 수행하는 데 핵심이 되는 중요한 자산이다.

④ 고객관계 구축이란 우량 고객과 비우량 고객을 구분하고, 차별화된 관리방안을 마련하는 것을 의미한다.

⑤ 핵심 파트너십은 비즈니스 생태계에서 원만한 기업관계를 구축하기 위한 핵심 역량을 말한다.

79 스마트폰과 같은 모바일 기기를 이용하는 모바일 쇼핑의 특성으로 가장 옳지 않은 것은?

① 소비자가 직접 능동적으로 필요한 제품을 검색하여 보다 상세하게 정보를 얻을 수 있다는 장점이 있다.

② 모바일 쇼핑은 소비자가 인지-정보탐색-대안평가-구매 등의 구매의사결정을 하나의 매체에서 통합적으로 수행할 수 있는 쇼핑형태이다.

③ 기업은 구매과정을 단순하고 편리하게 구성함으로써 구매단계에 대한 통합적 관리가 가능해진다.

④ 쿠폰, 티켓, 상품권 등을 중심으로 형성되었던 모바일쇼핑은 의류, 패션잡화, 가전제품, 화장품, 식품, 가구 등 거의 전 부문으로 확산되고 있다.

⑤ 모바일 쇼핑의 활성화에 따라 백화점, 대형마트, 인터넷 쇼핑 등과의 채널별 시장 경계가 명확해지면서 기존에 비해 가격 경쟁은 약화되고 있다.

80 EDI 시스템의 사용 이점에 대한 설명으로 가장 옳지 않은 것은?

① 데이터의 입력에 소요되는 시간과 오류를 줄일 수 있다.

② 주문기입 오류로 인해 발생되는 문제점 및 지연을 없앰으로써 데이터 품질을 향상시킨다.

③ 문서 관련 업무를 자동화처리함으로써 직원들은 부가가치업무에 집중할 수 있고 중요한 비즈니스 데이터를 실시간으로 추적할 수 있다.

④ EDI는 세계 도처에 있는 거래 당사자와 연계를 촉진시키는 공통의 비즈니스 언어를 제공하기 때문에 새로운 영역 및 시장에 진입을 원활하게 한다.

⑤ EDI는 전자기반 프로세스를 문서기반 프로세스로 대체함으로써 많은 비용을 절약하고 이산화탄소 배출량을 감소시켜 궁극적으로 기업의 사회적 책임을 이행하게 한다.

81 고객관리를 최적화하기 위해 활용되는 비즈니스 인텔리전스(Business Intelligence: BI)에 대한 설명으로 가장 옳지 않은 것은?

① BI는 의사결정자에게 적절한 시간, 적절한 장소, 적절한 형식의 실행가능한 방식으로 정보를 제공한다.

② BI는 사물인터넷 기술을 이용해서 새로운 데이터를 수집하는 기능을 제공한다.

③ BI는 데이터 마이닝이나 OLAP 등의 다양한 분석도구를 사용하여 의사결정에 필요한 정보를 제공한다.

④ BI는 발생된 사건의 내부 데이터, 구조화된 데이터, 히스토리컬 데이터(historical data) 등에 대한 분석기능을 제공한다.

⑤ BI는 분석적 도구를 활용해 경영 의사결정에 필요한 경쟁력 있는 정보와 지식을 제공한다.

82 일반 상거래와 비교할 때, 전자상거래의 차별화된 특성을 설명한 것으로 가장 옳지 않은 것은?

① 고객과 대화형 비즈니스 모델로의 변이가 가능하다.

② 인터넷 비즈니스는 시간적, 공간적 제약 없이 실시간으로 운영 가능하다.

③ 재고부담을 최소화하면서 기술개발과 마케팅에 더 많은 투자를 한다.

④ 변화에 대한 융통성은 프로세스에 의존하기보다는 유형자산에 의존한다.

⑤ 동시다발적 비즈니스 요소가 성립하며 포괄적 비즈니스 모델에 의한 운영이 가능하다.

83 아래 글상자의 괄호 안에 들어갈 용어를 순서대로 나열한 것으로 가장 옳은 것은?

> - 디지털 뉴딜의 일환으로 (㉠)을 이용한 '유통/물류 이력관리시스템'은 위변조가 불가하고 정보 공유가 용이하여 입고부터 가공, 포장, 판매에 이르는 과정을 소비자와 공유하는 것이 가능해짐.
> - (㉡)는 개인이 자신의 정보에 대한 완전한 통제권을 가지는 비대면 시대에 가장 적합한 기술로 분산원장의 암호학적 특성을 기반으로 한 신뢰된 ID 저장소를 이용하여 제3기관의 통제 없이 분산원장에 참여한 누구나 신원정보의 위조 및 변조 여부를 검증할 수 있도록 지원함.

① ㉠ 블록체인, ㉡ DID(Decentralized Identity)

② ㉠ 금융권 공동인증, ㉡ OID(Open Identity)

③ ㉠ 블록체인, ㉡ PID(Personality Identity)

④ ㉠ 블록체인, ㉡ OID(Open Identity)

⑤ ㉠ 공인인증, ㉡ DID(Decentralized Identity)

84 QR(Quick Response)에 대한 설명으로 가장 옳지 않은 것은?

① QR은 1980년대 중반 미국의 의류업계와 유통업체가 상호 협력하면서 시작되었다.

② QR의 도입으로 기업은 리드타임의 증가, 재고비용의 감소, 판매의 증진 등의 획기적인 성과를 거둘 수 있다.

③ QR이 업계 전반에 걸쳐 확산되기 위해서는 유통업체마다 각각 다르게 운영되고 있는 의류상품에 대한 상품분류체계를 표준화하여야 한다.

④ 미국의 식품업계는 QR에 대한 벤치마킹을 통해 식품업계에 적용할 수 있는 SCM 시스템인 ECR을 개발하였다.

⑤ QR의 핵심은 유통업체가 제조업체에게 판매된 의류에 대한 정보를 매일 정기적으로 제공함으로써 제조업체로 하여금 판매가 부진한 상품에 대해서는 생산을 감축하고 잘 팔리는 상품의 생산에 주력할 수 있도록 하는데 있다.

85 빅데이터는 다양한 유형으로 존재하는 모든 데이터가 대상이 된다. 데이터 유형과 데이터 종류, 그에 따른 수집 기술의 연결이 가장 옳지 않은 것은?

① 정형데이터 – RDB – ETL

② 정형데이터 – RDB – Open API

③ 반정형데이터 – JSON – Open API

④ 반정형데이터 – 이미지 – Crawling

⑤ 비정형데이터 – 소셜데이터 – Crawling

86 노나카 이쿠지로 교수가 제시한 지식변환 프로세스에서 암묵적 형태로 존재하는 지식을 형식화하여 수집 가능한 데이터로 생성시켜 공유가 가능하도록 만드는 과정을 일컫는 용어로 옳은 것은?

① 공동화(socialization)

② 지식화(intellectualization)

③ 외부화(externalization)

④ 내면화(internalization)

⑤ 연결화(combination)

87 고객발굴을 위해 CRM시스템의 고객정보를 활용하여 분석을 수행하고자 한다. 고객으로부터 전화문의, 인터넷 조회, 영업소 방문 등의 내용을 바탕으로 하는 분석을 지칭하는 용어로 가장 옳은 것은?

① 외부 데이터 분석

② 고객 프로필 분석

③ 현재 고객 구성원 분석

④ 하우스–홀딩 분석

⑤ 인바운드 고객 분석

88 공급업체와 구매업체의 재고관리 영역에서 구매업체가 가진 재고 보충에 대한 책임을 공급업체에게 이전하는 전략을 일컫는 용어로 가장 옳은 것은?

① CPP(cost per rating point)
② ASP(application service provider)
③ CMI(co-managed inventory)
④ ABC(activity based costing)
⑤ VMI(vender managed inventory)

89 CRM시스템을 구축하는 이유에 대한 설명으로 가장 옳지 않은 것은?

① 고객과의 장기적인 관계 형성
② 거래 업무 효율화와 수익 증대
③ 의사결정 향상을 위한 고객에 대한 이해 활성화
④ 우수한 고객서비스 제공 및 확고한 경쟁 우위 점유
⑤ 기존 고객유지보다 신규 고객유치 활성화를 통한 비용 절감

90 아래 글상자의 내용과 관련있는 용어로 가장 옳은 것은?

> - 금융소비자 개인의 금융정보(신용정보)를 통합 및 관리하여 주는 서비스
> - 개인데이터를 생산하는 정보주체인 개인이 본인 데이터에 대한 권리를 가지고, 본인이 원하는 방식으로 관리하고 처리하는 패러다임
> - 개인데이터의 관리 및 활용 체계를 기관 중심에서 사람 중심으로 전환한 개념

① 마이데이터
② BYOD(Bring Your Own Device)
③ 개인 핀테크
④ 디지털 전환
⑤ 빅테크

1과목 | 유통물류일반

01 국제물류주선업에 관련된 설명으로 가장 옳지 않은 것은?

① 화주에게 운송에 관련된 최적의 정보를 제공하고 물류비, 인력 등을 절감하는 데 도움을 줄 수 있다.

② 일반적으로 선사는 소량화물을 직접 취급하지 않기 때문에 소량화물의 화주들에게는 무역화물운송업무의 간소화와 운송비용 절감의 혜택을 제공할 수 있다.

③ 국제물류주선인은 다수의 화주로부터 위탁받은 화물로 선사에 보다 효과적인 교섭권을 행사하여 유리한 운임률 유도를 통해 규모의 경제 효과를 창출할 수 있다.

④ 안정적 물량 확보를 위해 선사는 국제물류주선인과 계약하는 것보다 일반화주와 직접 계약하는 것이 유리하다.

⑤ NVOCC(Non-Vessel Operating Common Carrier)는 실제운송인형 복합운송인에 속하지 않는다.

02 소비자기본법(법률 제17799호, 2020. 12. 29., 타법개정)에 의한 소비자의 기본적 권리로만 바르게 짝지어진 것은?

⊙ 물품 또는 용역을 선택함에 있어서 필요한 지식 및 정보를 제공받을 권리

ⓒ 합리적인 소비생활을 위하여 필요한 교육을 받을 권리

ⓒ 사업자 등과 더불어 자유시장경제를 구성하는 주체일 권리

ⓔ 안전하고 쾌적한 소비생활 환경에서 소비할 권리

ⓜ 환경친화적인 자원재활용에 대해 지원받을 권리

① ㉠, ㉡, ㉢, ㉣, ㉤
② ㉠, ㉡, ㉢
③ ㉠, ㉡, ㉣
④ ㉡, ㉢, ㉤
⑤ ㉡, ㉣, ㉤

03 재고관리에 대한 설명으로 가장 옳지 않은 것은?

① 소비자가 원하는 상품을 적시에 제공하기 위하여 소매점은 항상 적절한 양의 재고를 보유해야 할 필요가 있다.

② 재고가 지나치게 많을 경우, 적절한 시기에 처분하기 위해 상품가격을 인하시켜 판매하기 때문에 투매손실이 발생할 수 있다.

③ 재고가 너무 적은 경우 소비자의 수요에 대응할 수 없는 기회손실이 발생할 수 있다.

④ 투매손실이나 기회손실이 발생하지 않도록 하기 위해서 유지해야 하는 적정 재고량은 표준재고이다.

⑤ 재고가 적정 수준 이하가 되면 미리 결정해둔 일정주문량을 발주하는 방법은 상황 발주법이다.

04 경로 지배를 위한 힘의 원천으로 가장 옳지 않은 것은?

① 보상적 힘
② 협력적 힘
③ 합법적 힘
④ 준거적 힘
⑤ 전문적 힘

05 산업재와 유통경로에 대한 설명으로 가장 옳지 않은 것은?

① 산업재는 원자재의 저가격협상과 수급연속성, 안정적인 공급경로의 구축이 중요하다.

② 설비품(고정장비)은 구매결정자의 지위가 낮으며 단위당 가격이 낮고 단기적 거래가 많다.

③ 윤활유, 잉크 등과 같은 운영소모품의 거래는 구매 노력이 적게 들기에 구매결정자의 지위나 가격이 낮다.

④ 산업재는 제조업자와 소비자 간의 직접판매가 많고 소비재보다는 경로가 짧고 단순하다.

⑤ 산업재 중 못, 청소용구, 페인트 같은 수선소모품은 소비재 중 편의품과 같은 성격을 갖고 있다.

06 JIT(Just-in-time)와 JIT(Just-in-time) II와의 차이점에 대한 설명으로 가장 옳지 않은 것은?

① JIT는 부품과 원자재를 원활히 공급받는데 초점을 두고, JIT II는 부품, 원부자재, 설비공구, 일반자재 등 모든 분야를 공급받는데 초점을 둔다.

② JIT가 개별적인 생산현장(plant floor)을 연결한 것이라면, JIT II는 공급체인 상의 파트너의 연결과 그 프로세스를 변화시키는 시스템이다.

③ JIT는 자사 공장 내의 무가치한 활동을 감소·제거하는데 주력하고, JIT II는 기업 간의 중복업무와 무가치한 활동을 감소·제거하는데 주력한다.

④ JIT가 풀(pull)형인 MRP와 대비되는 푸시(push)형의 생산방식인데 비해, JIT II는 JIT와 MRP를 동시에 수용할 수 있는 기업 간의 운영체제를 의미한다.

⑤ JIT가 물동량의 흐름을 주된 개선대상으로 삼는 데 비해, JIT II는 기술, 영업, 개발을 동시화(synchronization)하여 물동량의 흐름을 강력히 통제한다.

07 공급사슬관리(SCM)를 위해 활용할 수 있는 지연전략(postponement strategy)에 대한 설명으로 가장 옳은 것은?

① 지연전략은 고객의 수요를 제품설계에 반영하기 위해 완제품의 재고보유 시간을 최대한 연장시키는 전략이다.

② 주문 이전에는 모든 스웨터를 하얀색으로 생산한 후 주문이 들어오면 염색을 통해 수요에 맞춰 공급하는 것은 지리적 지연전략이다.

③ 가장 중요한 창고에 재고를 유지하며, 지역 유통업자들에게 고객의 주문을 넘겨주거나 고객에게 직접 배송하는 것은 제조 지연전략이다.

④ 컴퓨터의 경우, 유통센터에서 프린터, 웹캠 등의 장치를 조립하거나 포장하는 것은 지리적 지연전략이다.

⑤ 자동차를 판매할 때 사운드 시스템, 선루프 등을 설치옵션으로 두는 것은 결합 지연전략이다.

08 경영성과 분석을 위해 글상자 안의 활동성 비율들을 계산할 때 공통적으로 사용되는 요소로 가장 옳은 것은?

> 재고자산회전율, 고정자산회전율,
> 총자산회전율, 매출채권회전율

① 재고자산 ② 자기자본
③ 영업이익 ④ 매출액
⑤ 고정자산

09 각 점포가 독립된 회사라는 점에서 프랜차이즈 체인방식과 같지만, 조직의 주체는 가맹점이며 전 가맹점이 경영의 의사결정에 참여한다는 차이점이 있는 연쇄점(chain)의 형태로 가장 옳은 것은?

① 정규연쇄점(regular chain)
② 직영점형 연쇄점(corporate chain)
③ 조합형 연쇄점(cooperative chain)
④ 마스터 프랜차이즈(master franchise)
⑤ 임의형 연쇄점(voluntary chain)

10 아래 글상자의 내용을 6시그마 도입절차대로 나열한 것으로 가장 옳은 것은?

> ㉠ 필요성(needs)의 구체화
> ㉡ 비전의 명확화
> ㉢ 계획수립
> ㉣ 계획실행
> ㉤ 이익평가
> ㉥ 이익유지

① ㉤ - ㉥ - ㉠ - ㉡ - ㉢ - ㉣
② ㉡ - ㉢ - ㉣ - ㉤ - ㉥ - ㉠
③ ㉢ - ㉣ - ㉤ - ㉥ - ㉠ - ㉡
④ ㉣ - ㉤ - ㉥ - ㉠ - ㉡ - ㉢
⑤ ㉠ - ㉡ - ㉢ - ㉣ - ㉤ - ㉥

11 정량주문법과 정기주문법을 적용하기 유리한 경우에 대한 상대적인 비교로 가장 옳은 것은?

구분	항목	정량주문법	정기주문법
㉠	표준화	전용부품	표준부품
㉡	품목수	적음	많음
㉢	주문량	변경가능	고정
㉣	리드타임	짧다	길다
㉤	주문시기	일정	일정하지 않음

① ㉠   ② ㉡
③ ㉢   ④ ㉣
⑤ ㉤

12 제품/시장 확장그리드(product/market expansion grid)에서 기존제품을 가지고 새로운 세분시장을 파악해서 진출하는 방식의 기업성장전략으로 가장 옳은 것은?

① 시장침투전략(market penetration strategy)
② 시장개발전략(market development strategy)
③ 제품개발전략(product development strategy)
④ 다각화전략(diversification strategy)
⑤ 수평적 다각화전략(horizontal diversification strategy)

13 공급사슬을 효율적 공급사슬과 반응적 공급사슬로 구분하여 설계할 때 반응적 공급사슬에 대한 특징으로 가장 옳지 않은 것은?

① 리드타임을 적극적으로 단축하려 노력한다.
② 여유생산능력이 높다.
③ 저가격, 일관된 품질이 납품업체 선정기준이다.
④ 제품 혹은 서비스의 다양성을 강조하는 생산전략이다.
⑤ 신속한 납기가 가능할 정도의 재고 투자를 한다.

14 아래 글상자의 물류채산분석 회계 내용에 대한 설명으로 가장 옳지 않은 것은?

구분	회계 내용	물류채산분석
㉠	계산목적	물류에 관한 의사결정
㉡	계산대상	특정의 개선안, 대체안
㉢	계산기간	개선안의 전체나 특정 기간
㉣	계산방식	상황에 따라 상이
㉤	계산의 계속성	반복적으로 계산

① ㉠   ② ㉡
③ ㉢   ④ ㉣
⑤ ㉤

15 프로젝트 조직에 대한 내용으로 가장 옳지 않은 것은?

① 과제 진행에 따라 인력 구성의 탄력성이 존재한다.

② 목적달성을 지향하는 조직이므로 구성원들의 과제해결을 위한 사기를 높일 수 있다.

③ 기업 전체의 목적보다는 사업부만의 목적달성에 더 관심을 기울이게 된다.

④ 해당 조직에 파견된 사람은 선택된 사람이라는 우월감이 조직 단결을 저해하기도 한다.

⑤ 전문가로 구성된 일시적인 조직이므로 그 조직 관리자의 지휘능력이 중요하다.

16 소비재의 유형별로 일반적인 경로목표를 설정할 경우에 대한 설명으로 가장 옳지 않은 것은?

① 편의품의 경우 최대의 노출을 필요로 하기에 개방적 유통을 사용한다.

② 일부 의약품은 고객 편의를 위해 편의점을 통한 개방적 유통을 사용하기도 한다.

③ 이질적 선매품의 경우 품질비교가 가능하도록 유통시킨다.

④ 동질적 선매품의 경우 가격비교가 용이하도록 유통시킨다.

⑤ 전문품은 구매횟수가 정기적인 것이 특징이기에 개방적 유통을 사용한다.

17 A사의 제품은 연간 19,200개 정도가 판매될 것으로 예상되고 있다. 제품의 1회 주문비용은 150원, 제품당 연간 재고유지비가 9원이라고 할 때 경제적주문량(EOQ)으로 가장 옳은 것은?

① 600개   ② 650개

③ 700개   ④ 750개

⑤ 800개

18 아래 글상자의 괄호 안에 들어갈 용어를 순서대로 바르게 나열한 것으로 가장 옳은 것은?

(㉠)은/는 이질적인 생산물을 동질적인 단위로 나누는 과정을 말한다.
(㉡)은/는 이질적인 것을 모으는 과정을 말한다.
(㉢)은/는 동질적으로 모아진 것을 나누는 과정을 말한다.

① ㉠ 배분, ㉡ 집적, ㉢ 구색

② ㉠ 구색, ㉡ 집적, ㉢ 분류

③ ㉠ 분류, ㉡ 구색, ㉢ 배분

④ ㉠ 배분, ㉡ 집적, ㉢ 분류

⑤ ㉠ 집적, ㉡ 구색, ㉢ 분류

19 인플레이션 상황에서 급격한 가격인상 없이 매출과 수익의 손실을 막기 위해 유통기업들이 채택할 수 있는 방법으로 가장 옳지 않은 것은?

① 취급하는 상품의 종류를 재정비하여 재고비용이나 수송비용을 줄인다.

② 생산성이 낮은 인력이나 시설을 정리하고 정보화를 통해 이를 대체한다.

③ 무료설치, 운반, 장기보증 같은 부가적 상품서비스를 줄이거나 없앤다.

④ 포장비를 낮추기 위해 더 저렴한 포장재를 이용한다.

⑤ 절약형 상표, 보급형 상표의 비중을 줄인다.

20 서비스 유통의 형태인 플랫폼 비즈니스(platform business)에 대한 설명으로 가장 옳지 않은 것은?

① 플랫폼을 통해 사람과 사람, 사람과 사물을 연결함으로써 새로운 유형의 서비스가 창출된다.

② 정보통신기술의 발달은 사람 간의 교류를 더 빠르고 효율적으로 실현시키면서 플랫폼 비즈니스 성장에 긍정적인 영향을 미치고 있다.

③ 플랫폼 비즈니스의 구성원은 플랫폼 구축자와 플랫폼 사용자로 크게 나뉜다.

④ 플랫폼은 소식, 물건, 서비스 등 다양한 유형의 콘텐츠 교류가 가능하게 해주는 일종의 장터이다.

⑤ 플랫폼 비즈니스 사업자는 플랫폼을 제공해주는 대가를 직접적으로 취할 수 없으므로, 광고 등을 통해 간접적으로 수익을 올리는 비즈니스 모델이다.

21 수직적 통합이 일어나는 경우 합병하는 회사측은 현실적으로 여러 문제점에 직면할 수 있는데 이에 대한 설명으로 가장 옳지 않은 것은?

① 분업에 따른 전문화의 이점을 누리기 힘들어진다.

② 유통경로 구성원 간의 관계를 경쟁관계로 바뀌게 한다.

③ 조직의 슬림화로 인해 구성원의 업무량이 증가한다.

④ 통합하려는 기업은 많은 자금을 합병에 투입하게 된다.

⑤ 조직관리에 많은 비용을 소모하게 되어 경기가 좋지 않을 때에는 자금부담이 생길 수 있다.

22 아래 글상자에서 설명하는 개념으로 옳은 것은?

> 제품에 대한 최종소비자의 수요 변동 폭은 크지 않지만, 소매상, 도매상, 제조업자, 원재료 공급업자 등 공급사슬을 거슬러 올라갈수록 변동 폭이 크게 확대되어 수요예측치와 실제 판매량 사이의 차이가 커지게 된다.

① 블랙 스완 효과(black swan effect)
② 밴드 왜건 효과(band wagon effect)
③ 채찍 효과(bullwhip effect)
④ 베블렌 효과(Veblen effect)
⑤ 디드로 효과(Diderot effect)

23 파욜(Fayol)의 조직원리에 대한 설명으로 가장 옳지 않은 것은?

① 각각의 종업원들은 오직 한명의 관리자에게 보고한다.
② 최고관리자에게 부여된 의사결정력의 크기는 상황에 따라 변화한다.
③ 마케팅, 재무, 생산 등의 전문적인 분야의 기능들은 통합된다.
④ 조직의 목표는 개인 각각의 목표보다 우선시 된다.
⑤ 종업원들은 누구에게 보고해야 하는지 알아야 한다.

24 기업윤리의 중요성을 강조하기 위해 취할 수 있는 방법으로 가장 옳지 않은 것은?

① 기업윤리와 관련된 헌장이나 강령을 만들어 발표한다.
② 기업의 모든 의사결정 프로세스에서 반영될 수 있게 모니터링한다.
③ 윤리경영의 지표로서 정성적인 지표는 적용하기 힘드므로 계량적인 윤리경영지표만을 활용한다.
④ 조직 내의 문제점을 제기할 수 있는 제도를 활성화한다.
⑤ 윤리기준을 적용한 감사 결과를 조직원과 공유한다.

25 아래 글상자의 내용을 이용하여 작업량 접근방식(workload approach)을 통해 확보해야 할 영업조직 규모(영업사원수)를 계산한 것으로 옳은 것은?

> – 거래처: 100개
> – 거래처별 연간 방문횟수: 1년에 12회 방문필수
> – 영업사원 1명이 한 해 평균 방문가능 횟수: 100번

① 10명   ② 12명
③ 14명   ④ 18명
⑤ 20명

26~45 2과목 | 상권분석

26 두 도시 A, B의 거리는 12km, A시의 인구는 20만 명, B시의 인구는 5만 명이다. Converse의 상권분기점 분석법에 따른 도시 간의 상권경계는 B시로부터 얼마나 떨어진 곳에 형성되겠는가?

① 3km
② 4km
③ 6km
④ 8km
⑤ 9km

27 국토의 계획 및 이용에 관한 법률(법률 제18310호, 2021. 7. 20., 타법개정)에 의거한 주거 및 교육 환경보호나 청소년 보호 등의 목적으로 오염물질 배출시설, 청소년 유해시설 등 특정시설의 입지를 제한할 필요가 있는 용도지구에 해당하는 것으로 가장 옳은 것은?

① 청소년보호지구
② 보호지구
③ 복합용도지구
④ 특정용도제한지구
⑤ 개발제한지구

28 입지의사결정 과정에서 점포의 매력도에 영향을 미치는 입지조건 평가에 대한 설명으로 가장 옳지 않은 것은?

① 상권단절요인에는 하천, 학교, 종합병원, 공원, 주차장, 주유소 등이 있다.

② 주변을 지나는 유동인구의 수보다는 인구특성과 이동방향 및 목적 등이 더 중요하다.

③ 점포가 보조동선 보다는 주동선상에 위치하거나 가까울수록 소비자 유입에 유리하다.

④ 점포나 부지형태는 정방형이 장방형보다 가시성이나 접근성 측면에서 유리하다.

⑤ 층고가 높으면 외부가시성이 좋고 내부에 쾌적한 환경을 조성하기 유리하다.

29 소비자 K가 거주하는 어느 지역에 아래 조건과 같이 3개의 슈퍼가 있는 경우, Huff모델을 사용하여 K의 이용확률이 가장 높은 점포와 해당 점포에 대한 이용확률을 추정한 것으로 가장 옳은 것은? (단, 거리와 점포면적에 대한 민감도계수가 −2와 3이라고 가정함)

구분	A 슈퍼	B 슈퍼	C 슈퍼
거 리	10	2	3
점포면적	5	4	6

① C 슈퍼, 57%
② A 슈퍼, 50%
③ B 슈퍼, 50%
④ A 슈퍼, 44%
⑤ B 슈퍼, 33%

30 소매입지를 선정하기 위해 활용되는 각종 지수(index)에 대한 설명으로 가장 옳지 않은 것은?

① 시장포화지수(IRS)는 특정 시장 내에서 주어진 제품계열에 대한 점포면적당 잠재매출액의 크기이다.

② 구매력지수(BPI)는 주로 통계자료의 수집단위가 되는 행정구역별로 계산할 수 있다.

③ 시장확장잠재력지수(MEP)는 지역 내 소비자들이 타지역에서 쇼핑하는 비율을 고려하여 계산한다.

④ 판매활동지수(SAI)는 특정지역의 총면적당 점포면적 총량의 비율을 말한다.

⑤ 구매력지수(BPI)는 주로 인구, 소매 매출액, 유효소득 등의 요인을 이용하여 측정한다.

31 유추법(analog method)을 통해 신규점포에 대한 수요를 추정하는 과정에 대한 설명으로 가장 옳지 않은 것은?

① 비교점포는 통계분석 대신 주관적 판단을 주로 사용해서 선정한다.

② 신규점포의 수요는 비교점포의 상권정보를 활용해서 산정한다.

③ 비교점포의 상권을 단위거리에 따라 구역(zone)으로 나눈다.

④ 비교점포의 구역별 고객 1인당 매출액을 추정한다.

⑤ 수요예측을 위해 반드시 2개 이상의 비교점포를 선정해야 한다.

32 주변에 인접한 점포가 없이 큰길가에 위치한 자유입지인 고립된 점포입지에 관한 설명 중 가장 옳지 않은 것은?

① 대형점포를 개설할 경우 관련상품의 일괄구매(onestopshopping)를 가능하게 한다.

② 토지 및 건물의 가격이 상대적으로 싸다.

③ 개점 초기에 소비자를 점포 내로 유인하기가 쉽다.

④ 고정자산에 투입된 비용이 적어서 상대적으로 상품가격의 할인에 융통성이 있다.

⑤ 비교구매를 원하는 소비자에게는 매력적이지 않다.

33 상가건물 임대차보호법(법률 제18675호, 2022. 1. 4.,일부개정)에서 규정하는 환산보증금의 계산식으로 가장 옳은 것은?

① 보증금+(월임차료×24)

② 보증금+(월임차료×36)

③ 보증금+(월임차료×60)

④ 보증금+(월임차료×100)

⑤ 보증금+(월임차료×120)

34 상권과 관련된 가맹본부와 가맹점 사이의 관계에 대한 설명으로 가장 옳지 않은 것은?

① 가맹계약 체결 시 가맹본부는 가맹점사업자의 영업지역을 설정하여 가맹계약서에 이를 기재하여야 한다.

② 정보공개서는 가맹본부의 재정상태, 임원 프로필, 직영점 및 가맹점 수 등과 같은 정보를 포함한다.

③ 상권의 급격한 변화가 발생하는 경우에는 가맹본부의 경영전략상의 의사결정과정을 통해 기존 영업지역을 합리적으로 변경할 수 있다.

④ 지역 환경에 따라 수익이 다를 수 있으므로 가맹희망자는 개점하려는 지역의 환경과 가맹본부에서 제시한 창업환경의 유사성을 면밀히 검토해야 한다.

⑤ 가맹본부는 가맹계약을 위반하여 가맹계약 기간 중 가맹사업자의 영업지역 안에서 가맹사업자와 같은 업종의 자기 또는 계열회사의 직영점이나 가맹점을 설치하면 안 된다.

35 상권 규정 요인에 대한 설명으로 가장 옳지 않은 것은?

① 상권을 규정하는 요인에는 시간요인과 비용요인이 있다.

② 공급측면에서 비용요인이 상대적으로 저렴할수록 상권은 축소된다.

③ 재화의 이동에서 사람을 매개로 하는 소매상권은 재화의 종류에 따라 비용 지출이나 시간 사용이 달라지므로 상권의 크기도 달라진다.

④ 수요측면에서 고가품, 고급품일수록 상권범위가 확대된다.

⑤ 시간요인은 상품가치를 좌우하는 보존성이 강한 재화일수록 상권이 확대된다.

36 상권의 유형에 대한 설명으로 가장 옳지 않은 것은?

① 도심상권은 중심업무지구(CBD)를 포함하며 상권의 범위가 넓고 소비자들의 평균 체류시간이 길다.

② 근린상권은 점포인근 거주자들이 주요 소비자로 생활밀착형 업종의 점포들이 입지하는 경향이 있다.

③ 부도심상권은 간선도로의 결절점이나 역세권을 중심으로 형성되는 경우가 많으며 도시전체의 소비자를 유인한다.

④ 역세권상권은 지하철이나 철도역을 중심으로 형성되며 지상과 지하의 입체적 상권으로 고밀도 개발이 이루어지는 경우가 많다.

⑤ 아파트상권은 고정고객의 비중이 높아 안정적인 수요확보가 가능하지만 외부와 단절되는 경우가 많아 외부고객을 유치하는 상권확대가능성이 낮은 편이다.

37 상권분석에서 활용하는 소비자 대상 조사기법 중 조사대상의 선정이 내점객조사법과 가장 유사한 것은?

① 고객점표법
② 점두조사법
③ 가정방문조사법
④ 지역할당조사법
⑤ 편의추출조사법

38 소매점포의 상권범위나 상권형태는 소매점포를 이용하는 소비자의 공간적 분포를 나타낸다. 이에 대한 설명으로 가장 옳지 않은 것은?

① 소매점포의 면적이 비슷하더라도 업종이나 업태에 따라 개별점포의 상권범위는 차이가 날 수 있다.
② 동일 점포라도 소매전략에 따른 판촉활동 등의 차이에 따라 시기별로 점포의 상권범위는 변화한다.
③ 상권의 형태는 점포를 중심으로 일정한 거리 간격의 동심원 형태로 나타난다.
④ 동일한 지역에 인접하여 입지한 경우에도 점포 규모에 따라 개별 점포의 상권범위는 차이가 날 수 있다.
⑤ 동일한 위치에서 입지조건의 변화가 없고 점포의 전략적 변화가 없어도 상권의 범위는 유동적으로 변화하기 마련이다.

39 소매점의 상권을 공간적으로 구획하는 과정에서 상권의 지리적 경계를 분석할 때 활용할 수 있는 기법이나 도구에 해당하지 않는 것은?

① 내점객 및 거주자 대상 서베이법(survey technique)
② 티센다각형(thiessen polygon)
③ 소매매트릭스분석(retail matrix analysis)
④ 고객점표법(CST: customer spotting technique)
⑤ 컨버스의 분기점분석(Converse's breaking-point analysis)

40 다양한 소매점포 유형들 중에서 광범위한 상권범위를 갖는 대형상업시설인 쇼핑센터의 전략적 특성은 테넌트믹스(tenant mix)를 통해 결정된다고 한다. 상업시설의 주요 임차인으로서 시설 전체의 성격을 결정하는 앵커점포(anchor store)에 해당하는 것으로 가장 옳은 것은?

① 마그넷 스토어
② 특수테넌트
③ 핵점포
④ 일반테넌트
⑤ 보조핵점포

41 넬슨(R.L. Nelson)의 소매입지 선정원리 중에서 아래 글상자의 괄호 안에 들어갈 내용을 순서대로 나열한 것으로 가장 옳은 것은?

> (㉠)은 동일한 점포 또는 유사업종의 점포가 집중적으로 몰려 있어 집객효과를 높일 수 있는 가능성을 말하며 집재성 점포의 경우에 유리하다.
> (㉡)은 상이한 업종의 점포들이 인접해 있으면서 보완관계를 통해 상호 매출을 상승시키는 효과를 발휘하는 것을 의미한다.

① ㉠ 양립성, ㉡ 누적적 흡인력
② ㉠ 양립성, ㉡ 경합의 최소성
③ ㉠ 누적적 흡인력, ㉡ 양립성
④ ㉠ 상권의 잠재력, ㉡ 경합의 최소성
⑤ ㉠ 누적적 흡인력, ㉡ 경합의 최소성

42 상권분석 기법과 관련한 특성을 설명하는 내용으로 그 연결이 가장 옳지 않은 것은?

① 회귀모형은 원인과 결과변수 사이의 관계를 분석하여 원인변수의 영향력을 파악한다.
② 다항로짓(MNL)모형은 점포이미지와 입지특성을 반영하여 상권을 분석할 수 있다.
③ Christaller의 중심지이론은 중심지와 배후지의 관계를 규명하고 중심지체계 및 중심지 공간배열의 원리를 설명한다.

④ 체크리스트법은 소비자의 점포선택 행동을 결정론적이 아닌 확률론적으로 인식한다.
⑤ 유사점포법에서는 상권의 범위와 특성을 파악하기 위하여 CST map을 활용한다.

43 소매점의 상품구색과 상권 및 입지 특성에 대한 설명 중에서 가장 옳지 않은 것은?

① 편의품 소매점의 상권은 도보로 이동이 가능한 범위 이내로 제한되는 경우가 많다.
② 편의품은 일반적으로 소비자가 점포선택에 구매노력을 상대적으로 덜 기울이기 때문에 주택이나 사무실 등에 가까운 입지가 유리하다.
③ 선매품 소매점은 편의품 보다 상권의 위계에서 높은 단계의 소매 중심지나 상점가에 입지하여 넓은 범위의 상권을 가져야 한다.
④ 전문품 소매점의 경우 고객이 지역적으로 밀집되어 있어서 상권의 밀도는 높고 범위는 좁은 것이 특징이다.
⑤ 동일 업종이라 하더라도 점포의 규모나 품목구성에 따라 상권의 범위가 달라진다.

44 입지조건에 대한 일반적인 평가 중에서 가장 옳은 것은?

① 방사(放射)형 도로구조에서 분기점에 위치하는 것은 불리하다.

② 일방통행로에 위치한 점포는 시계성(가시성)과 교통접근성에 있어서 유리하다.

③ 곡선형 도로의 안쪽입지는 바깥쪽입지보다 시계성(가시성) 확보 측면에서 불리하다.

④ 주도로와 연결된 내리막이나 오르막 보조도로에 위치한 점포는 양호한 입지이다.

⑤ 차량 출입구는 교차로 교통정체에 의한 방해를 피하기 위해 모퉁이에 근접할수록 좋다.

45 상권 범위내 소비자들이 특정점포를 선택할 확률을 근거로 예상매출액을 추정할 수 있는 상권분석 기법들로 가장 옳은 것은?

① 유사점포법, Huff모델

② 체크리스트법, 유사점포법

③ 회귀분석법, 체크리스트법

④ Huff모델, MNL모델

⑤ MNL모델, 회귀분석법

46~70 **3과목 | 유통마케팅**

46 유통업 고객관계관리 활동의 성과 평가기준으로서 가장 옳은 것은?

① 시장점유율의 크기

② 판매량의 안정성

③ 고객자산(customer equity)의 크기

④ 고객정보의 신뢰성

⑤ 시장의 다변화 정도

47 아래 글상자의 설명을 모두 만족하는 유통마케팅조사의 표본추출방법으로 가장 옳은 것은?

> – 모집단을 적절한 기준 변수에 따라 서로 상이한 소집단으로 나누고, 각 소집단별로 할당된 숫자의 표본을 단순무작위로 추출한다.
> – 기준 변수를 잘 선택할 경우 모집단을 대표하는 표본을 얻을 수 있는 장점이 있다.

① 할당표본추출　　② 군집표본추출

③ 판단표본추출　　④ 층화표본추출

⑤ 편의표본추출

48 아래 글상자에서 설명하는 경로구성원의 공헌도 평가기법이 평가하는 요소로 가장 옳은 것은?

> 구매자 입장에서 특정 공급자의 개별품목 혹은 재고관리단위(SKU: stock keeping unit) 각각에 대해 평가하는 기법

① 평당 총이익
② 직접제품이익
③ 경로구성원 종합성과
④ 경로구성원 총자산수익률
⑤ 상시종업원당 총이익

49 유통업체가 활용하는 자체 브랜드(PB: private brand)의 유형으로 가장 옳지 않은 것은?

① 제조업체 브랜드의 외형이나 명칭을 모방한 저가브랜드사용료를 지불한 제조업체 브랜드의 라이센스 브랜드
② 가격에 민감한 세분시장을 표적으로 하는 저가 브랜드
③ 제조업체 브랜드와 품질과 가격에서 경쟁하는 프리미엄 브랜드
④ 사용료를 지불한 제조업체 브랜드의 라이센스 브랜드
⑤ 제조업체 브랜드를 모방한 대체품이지만 유통업체 브랜드임을 밝힌 유사 브랜드

50 가격결정방식에 대한 설명으로 가장 옳지 않은 것은?

① 가격 탄력성이 1보다 클 경우 그 상품에 대한 수요는 가격비탄력적이라고 한다.
② 가격을 결정할 때 기업의 마케팅목표, 원가, 시장의 경쟁구조 등을 고려해야 한다.
③ 제품의 생산과 판매를 위해 소요되는 모든 비용을 충당하고 기업이 목표로 한 이익을 낼 수 있는 수준에서 가격을 결정하는 방식을 원가중심 가격결정이라고 한다.
④ 소비자가 제품에 대해 지각하는 가치에 따라 가격을 결정하는 것을 수요중심 가격결정이라고 한다.
⑤ 자사제품의 원가나 수요보다도 경쟁제품의 가격을 토대로 가격을 결정하는 방식을 경쟁중심 가격결정이라고 한다.

51 프랜차이즈 본부가 직영점을 설치하는 이유로 가장 옳지 않은 것은?

① 본부 직영점들은 프랜차이즈 시스템 내의 다른 점포들에 대한 모델점포로서의 기능을 할 수 있다.
② 직영점들은 프랜차이즈 시스템의 초기에 프랜차이즈 유통망의 성장을 촉진할 수 있다.
③ 본부 직영점을 통해 점포운영상의 문제점들을 직접 피부로 파악할 수 있다.

④ 본부가 전체 프랜차이즈 시스템의 운영에 대해 강력한 통제를 유지할 수 있는 가능성을 높일 수 있다.

⑤ 본부는 가맹점 증가보다 직영점을 통해 가입비, 교육비 등의 수입을 보다 적극적으로 확보할 수 있다.

52 고객충성도와 관련된 설명으로 가장 옳지 않은 것은?

① 충성도는 상호성과 다중성이라는 두 가지 속성을 가지고 있다.

② 충성도는 기업이 고객에게 물질적, 정신적 혜택을 제공하고, 고객이 긍정적인 반응을 해야 발생한다.

③ 고객 만족도가 높아지면 재구매 비율이 높아지고, 이에 따라 충성도도 높아진다.

④ 타성적 충성도(inertial loyalty)는 특정 상품에 대해 습관에 따라 반복적으로 나타나는 충성도이다.

⑤ 잠재적 충성도(latent loyalty)는 호감도는 낮지만 반복구매가 높은 경우에 발생하는 충성도이다.

53 효과적인 진열을 위해 활용하는 IP(item presentation), PP(point of presentation), VP(visual presentation)에 대한 설명으로 가장 옳지 않은 것은?

① IP의 목적은 판매포인트 전달과 판매유도이다.

② IP는 고객이 하나의 상품에 대한 구입의사를 결정할 수 있도록 돕기 위한 진열이다.

③ VP의 목적은 중점상품과 테마에 따른 매장 전체 이미지 표현이다.

④ VP는 점포나 매장 입구에서 유행, 인기, 계절상품 등을 제안하기 위한 진열이다.

⑤ PP는 어디에 어떤 상품이 있는가를 알려주는 진열이다.

54 매장 배치에 관한 아래의 내용 중에서 옳게 설명된 것은?

① 백화점 등 고급점포는 매장의 효율을 높이기 위해 그리드(grid) 방식의 고객동선 설계가 바람직하다.

② 복합점포매장의 경우, 고가의 전문매장, 가구매장 등은 고층이나 층 모서리에 배치하는 것이 바람직하다.

③ 충동구매를 일으키는 상품은 점포 후면에 진열, 배치하는 것이 바람직하다.

④ 층수가 높은 점포는 층수가 높을수록 그 공간가치가 높아진다.

⑤ 넓은 바닥면적이 필요한 상품은 통행량이 많은 곳에 배치하여야 한다.

55 산업재에 적합한 촉진수단으로 가장 옳은 것은?

① 광고
② 홍보
③ 인적판매
④ PR
⑤ 콘테스트

56 유통마케팅 조사 절차의 첫 번째 단계로서 가장 옳은 것은?

① 조사 설계
② 자료 수집
③ 모집단 설정
④ 조사문제 정의
⑤ 조사 타당성 평가

57 브랜드 관리와 관련된 설명으로 가장 옳지 않은 것은?

① 브랜드 자산(brand equity)이란 해당 브랜드를 가졌기 때문에 발생하는 차별적 브랜드 가치를 말한다.

② 브랜드 재인(brand recognition)은 브랜드가 과거에 본인에게 노출된 적이 있음을 알아차리는 것이다.

③ 브랜드 인지도(brand awareness)가 높을수록 브랜드 자산(brand equity)이 증가한다고 볼 수 있다.

④ 브랜드 인지도(brand awareness)는 브랜드 이미지의 풍부함을 의미한다.

⑤ 브랜드 회상(brand recall)이란 브랜드 정보를 기억으로 부터 인출하는 것을 말한다.

58 핵심고객관리(key account management)의 대상이 되는 핵심고객의 특징에 대한 설명으로 가장 옳지 않은 것은?

① 대량 구매를 하거나 구매점유율이 높다.

② 구매과정에서 기능적으로 상이한 여러 분야(생산, 배송, 재고 등)의 사람이 관여한다.

③ 지리적으로 분산된 조직단위(상점, 지점, 제조공장 등)를 위해 구매한다.

④ 전문화된 지원과 특화된 서비스(로지스틱스, 재고관리 등)가 필요하다.

⑤ 효과적이고 수익성 높은 거래의 수단으로 구매자와 판매자 간의 일회성 협력관계를 요구한다.

59 소매업체 대상 판촉프로그램에 대한 설명으로 옳지 않은 것은?

① 가격할인이란 일정 기간의 구매량에 대해 가격을 할인해주는 방법을 말한다.

② 리베이트란 진열위치, 판촉행사, 매출실적 등 소매상의 협력 정도에 따라 판매금액의 일정률에 해당하는 금액을 반환해주는 것을 말한다.

③ 인적지원이란 월 매출이 일정수준 이상인 점포에는 판촉사원을 고정적으로 배치하고 그 외 관리대상이 될 만한 점포에는 판촉사원을 순회시키는 것을 말한다.

④ 소매점 경영지도란 소매상에게 매장연출 방법, 상권분석 등의 경영지도를 통해 매출증대를 돕는 것을 말한다.

⑤ 할증판촉이란 소매점이 진행하고 있는

특정 제품 및 세일 관련 광고 비용 일부를 부담하는 것을 말한다.

60 아래 글상자에서 설명하는 경우에 적용할 수 있는 유통 마케팅전략으로 가장 옳은 것은?

> - 자사 제품을 효과적이고 효율적으로 전달할 수 있는 하나의 구매자 세분시장을 찾아낸 경우
> - 하나의 세분시장만으로도 기업의 이익목표를 충족시키기에 충분한 경우
> - 특정 시장, 특정 소비자 집단, 일부 제품종류, 특정 지역 등의 시장에 초점을 맞춰 공략하고자 하는 경우

① 시장확대전략 ② 비차별화전략
③ 집중화전략 ④ 차별화전략
⑤ 원가우위전략

61 점포의 매장면적에 관한 설명으로 가장 옳지 않은 것은?

① 점포면적은 매장면적과 비매장면적으로 구분한다.
② 각 상품부문의 면적당 생산성을 고려하여 매장면적을 배분한다.
③ 일반적으로 전체 면적에서 차지하는 매장면적의 비율은 점포의 규모가 클수록 높아진다.

④ 매장면적을 배분할 때는 소비자의 편의성에 대한 요구, 효과적인 진열과 배치 등도 고려해야 한다.
⑤ 전체 면적 중 매장면적의 비율은 고급점포일수록 낮아 진다.

62 제조업자가 중간상들과의 거래에서 사용하는 가격할인 유형 중 판매촉진지원금에 대한 설명으로 옳은 것은?

① 중간상이 제품을 현금으로 구매할 경우 제조업자가 판매대금의 일부를 할인해 주는 것이다.
② 중간상이 제조업자가 일반적으로 수행해야 할 업무의 일부를 수행할 경우 경비의 일부를 제조업자가 부담하는 것이다.
③ 중간상이 제조업자를 대신하여 지역광고를 하거나 판촉을 실시할 경우 지급하는 보조금이다.
④ 중간상이 대량구매를 하는 경우 해주는 현금할인이다.
⑤ 중간상이 하자있는 제품, 질이 떨어지는 제품 등을 구매할 때 지급하는 지원금이다.

63 고객생애가치(CLV: customer lifetime value)에 대한 설명으로 가장 옳은 것은?

① 업태에 따라 고객생애가치는 다르게 추정될 수 있다.

② 고객생애가치는 고객과 기업 간의 정성적 관계 가치이므로 수치화하여 측정하기 어렵다.

③ 고객생애가치는 고객이 일생동안 구매를 통해 기업에게 기여하는 수익을 미래가치로 환산한 금액이다.

④ 고객생애가치는 고객점유율(customer share)에 기반하여 추정할 수 있다.

⑤ 고객의 생애가치는 고객의 이용실적, 고객당 비용, 고객이탈가능성 및 거래기간 등을 통해 추정할 수 있다.

64 아래 글상자에서 설명하는 가격전략으로 가장 옳은 것은?

> – 동일 상품군에 속하는 상품들에 다양한 가격대를 설정하는 가격전략
> – 소비자가 디자인, 색상, 사이즈 등을 다양하게 비교하는 선매품, 특히 의류품의 경우 자주 활용
> – 몇 개의 구체적인 가격만이 제시되므로 복잡한 가격비교를 하지 않아도 되어 소비자의 상품선택과정이 단순화된다는 장점을 제공

① 가격계열화전략(price lining strategy)

② 가격품목화전략(price itemizing strategy)

③ 가격단위화전략(price unitizing strategy)

④ 가격구색화전략(price assortment strategy)

⑤ 가격믹스전략(price mix strategy)

65 마이클 포터(Michael Porter)의 5요인모델(5-Forces Model)에 근거한 설명으로 가장 옳지 않은 것은?

① 기존 기업들은 높은 진입장벽의 구축을 통해 시장매력도를 높일 수 있다.

② 구매자의 교섭력이 높아질수록 시장 매력도는 낮아진다.

③ 시장매력도는 산업 전체의 평균 수익성을 의미한다.

④ 경쟁자, 공급자, 구매자가 분명하게 구분되는 것을 가정한다.

⑤ 대체재가 많을수록 시장의 매력도는 높아진다.

2022년 제3회 기출문제

66 상품구색의 다양성(variety)에 대한 설명으로 가장 옳지 않은 것은?

① 취급하는 상품계열의 수가 어느 정도 되는가를 의미한다.
② 취급하는 상품품목의 수가 얼마나 되느냐와 관련된다.
③ 동일한 성능이나 용도를 가진 상품들을 하나의 상품군으로 취급하기도 한다.
④ 동일한 고객층 또는 동일한 가격대 등을 하나의 상품군으로 취급하기도 한다.
⑤ 전문점은 백화점이나 양판점에 비해 상품구색의 다양성이 한정되어 있다.

67 업체별 머천다이징의 특징으로 가장 옳지 않은 것은?

① 전문점의 머천다이징은 전문성의 표현과 개성전개, 표적의 명확화를 바탕으로 구성한다.
② 할인점은 저비용, 저마진, 대량판매의 효율성을 바탕으로 구성한다.
③ 선매품점은 계절욕구, 패션지향에 대한 특성과 개성표현이 잘 되도록 구성한다.
④ 백화점은 계절성, 편리성, 친절성을 바탕으로 효율적 판매가 가능하도록 구성한다.
⑤ 슈퍼마켓은 합리적 상품회전율과 상품품목별 효율 중심을 바탕으로 구성한다.

68 고객관계를 강화하기 위한 고객관리전략으로 가장 옳지 않은 것은?

① 잠재가능고객 파악 및 차별적 프로모션 실행
② 구매 후 고객관리를 통한 관계 심화
③ 고객충성도의 주기적 측정 및 관리
④ 적극적이고 체계적인 불평관리
⑤ 고객이탈을 방지하는 인센티브 제공

69 판매원의 판매활동에 대한 설명으로 가장 옳지 않은 것은?

① 상품과 대금의 교환을 실현시키는 활동이다.
② 상품의 효용과 가치에 대한 정보를 제공하는 활동이다.
③ 제한된 공간에서 소매점의 이익을 극대화하기 위한 활동이다.
④ 고객이 상품과 서비스를 구매하도록 설득하는 활동이다.
⑤ 대화를 통해 고객의 욕구를 파악하고 그에 부합되는 제품을 추천하는 활동이다.

70 판매 결정을 촉구하는 판매원의 행동기법으로 가장 옳지 않은 것은?

① 두 가지 대안 중 어느 한쪽을 선택하도록 유도한다.

② 제품을 구매함으로써 얻게 되는 여러 이점을 설명한다.

③ 고객이 어느 정도 사고 싶은 마음이 있는지 파악할 수 있는 질문을 한다.

④ 고객에게 어필할 수 있는 주요 이익을 요약 설명한다.

⑤ 구매하지 않아도 된다는 태도를 취하여 소비자를 유혹하는게 아니라는 신뢰감을 갖게 한다.

71~90 **4과목 | 유통정보**

71 인터넷 상거래의 비즈니스 모델 유형별로 세부 비즈니스 모델을 짝지어 놓은 것으로 가장 옳지 않은 것은?

① 소매 모델 – 소비자에게 제품이나 서비스 판매 – 온 · 오프 병행소매

② 중개 모델 – 판매자와 구매자 연결 – 이마켓플레이스

③ 콘텐츠서비스 모델 – 이용자에게 콘텐츠 제공 – 포털

④ 광고 모델 – 인터넷을 매체로 광고 – 배너광고

⑤ 커뮤니티 모델 – 공통관심의 이용자들에게 만남의 장제공 – 검색 에이전트

72 아래 글상자에서 암묵지에 해당하는 내용만을 모두 나열한 것으로 가장 옳은 것은?

㉠ 매뉴얼	㉡ 숙련된 기술
㉢ 조직 문화	㉣ 조직의 경험
㉤ 데이터베이스	㉥ 컴퓨터 프로그램

① ㉠, ㉢, ㉣

② ㉠, ㉢, ㉤

③ ㉡, ㉢, ㉣

④ ㉡, ㉢, ㉣, ㉥

⑤ ㉢, ㉣, ㉤, ㉥

73 베스트 오브 브리드(best of breed)전략을 통해 ERP 시스템을 구축할 경우에 대한 설명으로 가장 옳지 않은 것은?

① 상대적으로 낮은 비용으로 시스템을 구축할 수 있다.

② 특정 기능 구현에 있어서 고도의 탁월한 기능성을 발휘함으로써 보다 많은 경쟁 우위를 창출하도록 해준다.

③ 별도의 미들웨어 개발없이 모듈간 통합을 할 수 있다.

④ 소프트웨어 선택, 프로젝트 관리 및 업그레이드에 더 많은 시간과 자원이 소요된다.

⑤ 고도의 전문성을 지닌 IT자원이 요구된다.

74 데이터의 깊이와 분석차원을 마음대로 조정해가며 분석하는 OLAP(online analytical processing)의 기능으로 가장 옳은 것은?

① 분해(slice &dice) ② 리포팅(reporting)
③ 드릴링(drilling) ④ 피보팅(pivoting)
⑤ 필터링(filtering)

	㉠	㉡	㉢	㉣
①	이동통신사	모바일PG	이동통신사	모바일PG
②	이동통신사	모바일PG	모바일PG	이동통신사
③	모바일PG	이동통신사	이동통신사	모바일PG
④	모바일PG	이동통신사	모바일PG	이동통신사
⑤	이동통신사	모바일PG	신용카드사	모바일PG

① ① ② ②
③ ③ ④ ④
⑤ ⑤

75 절차별 모바일 결제 서비스에 대한 내용 중 괄호 안에 들어갈 용어를 순서대로 나열한 것으로 가장 옳은 것은?

절차	From	To
구매요청/지불 정보 전송	고객	쇼핑몰
지불 정보 전송	쇼핑몰	(㉠)
고객 확인 요청/거래 암호 생성, 전송	(㉠)	(㉡)
고객 확인 후 거래 암호 전송	(㉡)	고객
거래 암호 전송	고객	쇼핑몰
대금 정보 전송	쇼핑몰	모바일PG
상품 배송	쇼핑몰	고객
대금 정보 전송	모바일PG	이동통신사
대금 청구	이동통신사	고객
대금 수납	고객	(㉢)
수납 정보/수납 금액 인도	(㉢)	(㉣)
상점 정산	(㉣)	쇼핑몰

76 4차 산업혁명에 따라 파괴적인 혁신을 이루는 기하급수기술(exponential technology)로 가장 옳지 않은 것은?

① 3D 프린팅(3D printing)
② 인공지능(artificial intelligence)
③ 로봇공학(robotics)
④ 사물인터넷(internet of things)
⑤ 레거시 시스템(legacy system)

77 NoSQL에 관련된 내용으로 가장 옳지 않은 것은?

① 화면과 개발로직을 고려한 데이터 셋을 구성하여 일반적인 데이터 모델링이라기보다는 파일구조 설계에 가깝다고 볼 수 있다.

② 데이터 항목을 클러스터 환경에 자동적으로 분할하여 적재한다.

③ 스키마 없이 데이터를 상대적으로 자유롭게 저장한다.

④ 대규모의 데이터를 유연하게 처리할 수 있는 전통적인 관계형 데이터베이스 시스템이다.

⑤ 간단한 API Call 또는 HTTP를 통한 단순한 접근 인터페이스를 제공한다.

78 유통업체에서 활용하는 비즈니스 애널리틱스(analytics)의 유형에 대한 설명으로 가장 옳지 않은 것은?

① 대시보드(dashboards)는 데이터 분석결과에 대한 이용자 이해도를 높이기 위한 데이터 시각화 기술이다.

② 스코어카드(scorecards)는 데이터베이스로부터 정보를 추출하는 주요 매커니즘이다.

③ 데이터 마이닝(data mining)은 대규모 데이터를 분석하여 숨겨진 상관관계 및 트렌드를 발견하는 기법이다.

④ 리포트(reports)는 비즈니스에서 요구하는 정보를 포맷화하고 조직화하기 위해 변환시켜 표현하는 것이다.

⑤ 알림(alert)은 특정 사건이 발생했을 때 이를 관리자에게 인지시켜주는 자동화된 기능이다.

79 아래 글상자의 괄호 안에 들어갈 내용을 순서대로 나열한 것으로 가장 옳은 것은?

	자료	정보	지식
구조화	(㉠)	단위필요	(㉡)
부가가치	(㉢)	중간	(㉣)
객관성	(㉤)	가공필요	(㉥)

	㉠	㉡	㉢	㉣	㉤	㉥
①	어려움	쉬움	적음	많음	객관적	주관적
②	쉬움	어려움	많음	적음	주관적	객관적
③	어려움	쉬움	많음	적음	주관적	객관적
④	쉬움	어려움	적음	많음	객관적	주관적
⑤	어려움	쉬움	적음	많음	주관적	객관적

① ①　　　　　② ②

③ ③　　　　　④ ④

⑤ ⑤

80 고객이 기존에 구매한 상품보다 가치가 높고, 성능이 우수한 상품을 추천하는 시스템을 활용하는 것을 지칭하는 용어로 가장 옳은 것은?

① 클릭 앤드 모타르(click and mortar)

② 옴니채널(omnichannel)

③ 서비스 시점(point of service)

④ 크로스 셀링(cross selling)

⑤ 업 셀링(up selling)

81 아래 글상자가 설명하는 용어로 가장 옳은 것은?

> – Ian Foster, Carl Kesselman, Steve Tuecke에 의해 제안된 개념으로 분산 병령 컴퓨팅의 한 분야로 원거리 통신망(WAN: wide area network)으로 연결된 서로 다른 기종의 (heterogeneous) 컴퓨터들을 하나로 묶어 가상의 대용량 고성능 컴퓨터를 구성하는 기술을 지칭한다.
> – 거대 데이터 집합 분석과 날씨 모델링 같은 대규모 작업을 수행하는 네트워크로 연결된 컴퓨터 그룹이다.

① 클라우드 컴퓨팅　② 그리드 컴퓨팅

③ 그린 컴퓨팅　④ 클러스터 컴퓨팅

⑤ 가상 컴퓨팅

82 유통업체의 지식관리 시스템 구축 및 활용과 관련된 설명으로 가장 옳은 것은?

① 기업은 지식에 대한 유지관리를 위해 불필요한 지식도 철저하게 잘 보존해야 한다.

② 지식관리 시스템을 도입하면 조직 내부의 지식관리에 대한 모든 문제를 해결할 수 있다.

③ 지식관리 시스템 활용에 있어, 직원이 보유한 업무처리 지식에 대한 공유 방지를 위해 철저하게 통제한다.

④ 지식관리 시스템 구축은 단기적 관점에서 경쟁력을 강화하기 위한 프로젝트로 단기 매출 증대에 기여 하도록 시스템을 구축해야 한다.

⑤ 성공적인 도입을 위해서 초기에는 소규모로 시스템을 도입하고, 성과가 나타나기 시작하면 전사적으로 지식관리 시스템을 확장하는 것이 유용하다.

83 빅데이터 분석과 관련된 설명으로 가장 옳지 않은 것은?

① 텍스트 마이닝(text mining)은 자연어를 분석하고, 자연어 속에 숨겨진 정보를 파악하는 데이터 분석기법이다.

② 오피니언 마이닝(opinion mining)은 특정한 상품 및서비스에 대한 시장 규모 예측, 고객 구전효과 분석에 활용되는 데이터 분석 기법이다.

③ 소셜 네트워크분석(social network analysis)은 그래프 이론을 활용해서 소셜 네트워크의 연구구조 및 강도를 분석하는 데이터 분석 기법이다.

④ 군집 분석(cluster analysis)은 비슷한 특성을 가지고 있는 데이터를 통합해서 유사한 특성으로 군집화하는 데이터 분석 기법이다.

⑤ 회귀 분석(regression analysis)은 종속변수와 독립변수의 상관관계를 분석하는 데이터 분석 기법이다.

84 아래 글상자의 내용을 의사결정에 활용되는 시뮬레이션 절차대로 바르게 나열한 것으로 가장 옳은 것은?

> ㉠ 모델 설정
> ㉡ 문제 규정
> ㉢ 모형의 타당성 검토
> ㉣ 시뮬레이션 시행
> ㉤ 결과 분석 및 추론

① ㉠ - ㉡ - ㉢ - ㉣ - ㉤
② ㉠ - ㉡ - ㉣ - ㉢ - ㉤
③ ㉠ - ㉢ - ㉡ - ㉣ - ㉤
④ ㉡ - ㉠ - ㉢ - ㉣ - ㉤
⑤ ㉡ - ㉠ - ㉣ - ㉢ - ㉤

85 아래 글상자에서 설명하는 내용에 부합하는 용어로 가장 옳은 것은?

> 모든 디바이스가 정보의 뜻을 이해하고 논리적인 추론까지 할 수 있는 지능형 기술로 사람의 머릿속에 있는 언어에 대한 이해를 컴퓨터 언어로 표현하고 이것을 컴퓨터가 사용할 수 있게 만드는 것이다.

① 고퍼(gopher)
② 냅스터(napster)
③ 시맨틱웹(semantic-Web)
④ 오페라(opera)
⑤ 웹클리퍼(Web-clipper)

86 식별코드와 바코드에 대한 설명으로 가장 옳지 않은 것은?

① GS1 표준 상품 식별코드는 전세계적으로 널리 사용되는 '사실상의(de facto)' 국제 표준이다.

② 상품 식별코드 자체에는 상품명, 가격, 내용물 등에 대한 정보가 포함되어 있다.

③ 바코드는 식별코드를 기계가 읽을 수 있도록 막대 모양으로 표현한 것이다.

④ GTIN은 기업에서 자사의 거래단품을 고유하게 식별하는데 사용하는 국제표준상품코드이다.

⑤ ITF-14는 GTIN-14코드체계(물류단위 박스)를 표시하는데 사용되는 바코드 심벌이다.

87 QR 코드에 대한 설명으로 가장 옳지 않은 것은?

① 1994년 일본의 덴소 웨이브(DENSO WAVE)에서 데이터를 빠르게 읽는 데 중점을 두고 개발 보급한 기술이다.

② 360° 어느 방향에서나 빠르게 데이터를 읽을 수 있다.

③ 기존 바코드 기술과 비교할 때, 대용량 데이터의 저장이 가능하고, 고밀도 정보 표현이 가능하다.

④ 일부 찢어지거나 젖었을 때 오류를 복원하는 기능이 포함되어 있다.

⑤ 바이너리(binary), 제어 코드를 제외한 모든 숫자와 문자를 처리할 수 있다.

88 아래 글상자에서 설명하고 있는 용어로 가장 옳은 것은?

> - Robert Kaplan과 David Norton이 재무적 성과, 고객성과, 프로세스 혁신 성과, 학습 및 성장 성과 등을 기업의 핵심 성공요소로 파악하고 이들 요소를 종합적으로 평가할 것을 제안하였다.
> - 기업의 지적재산에 대한 체계적인 관리와 전략적 활용에 중점을 두고 있다.

① IC Index

② 스칸디아네비게이터

③ 균형성과표

④ 기술요소평가법

⑤ 무형자산모니터

89 드론의 구성요인에 대한 설명으로 가장 옳지 않은 것은?

① 드론의 항법센서는 전자광학센서, 초분광센서, 적외선 센서 등이 있다.

② 탑재 컴퓨터는 드론을 운영하는 브레인 역할을 하는 컴퓨터로 드론의 위치, 모터, 배터리 상태 등을 확인할 수 있다.

③ 드론 모터는 드론의 움직임이 가능하도록 지원하고, 배터리는 모터에 에너지를 제공한다.

④ 드론 임무장비는 드론 비행을 하면서 특정한 임무를 하도록 관련 장비를 장착한다.

⑤ 드론 프로펠러 및 프레임은 드론이 비행하도록 프레임 워크를 제공한다.

90 POS시스템의 특징에 대한 설명으로 가장 옳지 않은 것은?

① SKU별로 상품 정보를 파악할 수 있는 관리시스템으로 상품 판매동향을 파악할 수 있다.

② 모든 거래정보 및 영업정보를 즉시 파악할 수 있으므로 정보의 변화에 즉각 대응할 수 있는 배치(batch)시스템이다.

③ 현장에서 발생하는 각종 거래 관련 데이터를 실시간으로 직접 컴퓨터에 전달하는 수작업이 필요 없는 온라인시스템이다.

④ 고객과의 거래와 관련된 정보를 POS시스템을 통해 수집할 수 있다.

⑤ POS를 통해 수집된 정보는 고객판촉 활동의 기초자료로 사용할 수 있다.

2021년

유통관리사 2급 3개년 기출문제

제1회 기출문제 (2021년 5월 15일 시행)

제2회 기출문제 (2021년 8월 21일 시행)

제3회 기출문제 (2021년 11월 6일 시행)

01~25   1과목 | 유통물류일반

01 두 가지 이상의 운송 수단을 활용하는 복합운송의 결합형태 중 화물차량과 철도를 이용하는 시스템으로 옳은 것은?

① 버디백 시스템(Birdy Back System)

② 피기백 시스템(Piggy Back System)

③ 피시백 시스템(Fishy Back System)

④ 스카이쉽 시스템(Sky-Ship System)

⑤ 트레인쉽 시스템(Train-Ship System)

02 아래 글상자 ㉠과 ㉡에서 공통적으로 설명하는 품질관리비용으로 옳은 것은?

> ㉠ 제품이 고객에게 인도되기 전에 품질요건에 충족하지 못함으로써 발생하는 비용
> ㉡ 재작업비용, 재검사비용, 불량부품으로 인한 생산 중단 비용

① 예방비용(prevention costs)

② 평가비용(appraisal costs)

③ 내부실패비용(internal failure costs)

④ 외부실패비용(external failure costs)

⑤ 생산준비비용(setup costs)

03 기업에서 사용할 수 있는 수직적 통합 전략의 장점과 단점에 대한 설명으로 가장 옳지 않은 것은?

① 조직의 규모가 지나치게 커질 수 있다.

② 관련된 각종 기능을 통제할 수 있다.

③ 경로를 통합하기 위해 막대한 비용이 필요할 수 있다.

④ 안정적인 원재료 공급효과를 누릴 수 있다.

⑤ 분업에 의한 전문화라는 경쟁우위효과를 누릴 수 있다.

04 아래 글상자 ㉠과 ㉡에서 설명하는 직무평가(job evaluation) 방법으로 옳은 것은?

> ㉠ 직무가치나 난이도에 따라 사전에 여러 등급을 정하여 놓고 그에 맞는 등급으로 평가
> ㉡ 직무등급법이라고도 함

① 서열법(ranking method)

② 분류법(classification method)

③ 점수법(point method)

④ 요소비교법(factor comparison method)

⑤ 직무순환법(job rotation method)

05 자본구조에 관련하여 타인자본 중 단기부채로 옳지 않은 것은?

① 지급어음　　② 외상매입금
③ 미지급금　　④ 예수금
⑤ 재평가적립금

06 재고관리관련 정량주문법과 정기주문법의 비교 설명으로 옳지 않은 것은?

구분	정량주문법	정기주문법
㉠ 표준화	표준부품을 주문할 경우	전용부품을 주문할 경우
㉡ 품목수	많아도 된다	적을수록 좋다
㉢ 주문량	고정되어야 좋다	변경가능하다
㉣ 주문시기	일정하지 않다	일정하다
㉤ 구매금액	상대적으로 고가물품에 사용	상대적으로 값싼물품에 사용

① ㉠　　② ㉡
③ ㉢　　④ ㉣
⑤ ㉤

07 Formal 조직과 Informal 조직의 특징비교 설명으로 옳지 않은 것은?

구분	Formal 조직	Informal 조직
㉠	의식적 · 이성적 · 합리적 · 논리적으로 편성	자연발생적 · 무의식적 · 비논리적으로 편성
㉡	공통목적을 가진 명확한 구조	공통목적이 없는 무형 구조
㉢	외형적 · 제도적 조직	내면적 · 현실적 조직
㉣	불문적 · 자생적 조직	성문적 · 타의적 조직
㉤	위로부터의 조직	밑으로부터의 조직

① ㉠　　② ㉡
③ ㉢　　④ ㉣
⑤ ㉤

08 유통기업은 각종 전략이외에도 윤리적인 부분을 고려해야 하는데, 이러한 윤리와 관련된 설명으로 가장 옳지 않은 것은?

① 윤리적인 것은 나라마다, 산업마다 다를 수 있다.
② 윤리는 개인과 회사의 행동을 지배하는 원칙이라 할 수 있다.
③ 회사의 윤리 강령이라도 옳고 그름을 살펴서 판단해야 한다.
④ 윤리는 법과 달리 처벌시스템이 존재하지 않으므로 간과해도 문제가 되지 않는다.
⑤ 윤리적인 원칙은 시간의 흐름에 따라 변할 수도 있다.

09 아래 글상자 내용은 기업이 사용하는 경영 혁신 기법에 대한 설명이다. (   )안에 들어갈 용어로 가장 옳은 것은?

> (   )(은)는 기업이 통합된 데이터에 기반해 재무, 생산소요계획, 인적자원, 주문충족 등을 시스템으로 구축하여 관리하는 것을 말한다. 이 기법은 전반적인 기업의 업무 프로세스를 통합·관리하여 정보를 공유함으로써 효율적인 업무처리가 가능하게 한다.

① 리엔지니어링　　② 아웃소싱
③ 식스시그마　　　④ 전사적자원관리
⑤ 벤치마킹

10 제3자물류가 제공하는 혜택으로 옳지 않은 것은?

① 여러 기업들의 독자적인 물류업무 수행으로 인한 중복투자 등 사회적 낭비를 방지할 뿐만 아니라 수탁업체들의 경쟁을 통해 물류효율을 향상시킬 수 있다.
② 유통 등 물류를 아웃소싱함으로써 리드타임의 증가와 비용의 절감을 통해 고객만족을 높여 기업의 가치를 높일 수 있다.
③ 기업들은 핵심부문에 집중하고 물류를 전문업체에 아웃소싱하여 규모의 경제 등 전문화 및 분업화 효과를 극대화할 수 있다.
④ 아웃소싱을 통해 제조·유통업체는 자본비용 및 인건비 등이 절감되고, 물류업체

는 규모의 경제를 통해 화주기업의 비용을 절감해 준다.
⑤ 경쟁력 강화를 위해 IT 및 수송 등 전문업체의 네트워크를 활용하여 비용절감 및 고객서비스를 향상시킬 수 있다.

11 유통환경 분석의 범위를 거시환경과 미시환경으로 나누어볼 때 그 성격이 다른 하나는?

① 경제적 환경
② 정치, 법률적 환경
③ 시장의 경쟁 환경
④ 기술적 환경
⑤ 사회문화적 환경

12 아래 글상자 ㉠과 ㉡에서 설명하는 유통경로 경쟁으로 옳게 짝지어진 것은?

> ㉠ 동일한 경로수준 상의 서로 다른 유형을 가지는 기업을 간 경쟁
> ㉡ 하나의 마케팅 경로 안에서 서로 다른 수준의 구성원들 간 경쟁

① ㉠ 수직적 경쟁, ㉡ 수평적 경쟁
② ㉠ 업태 간 경쟁, ㉡ 수직적 경쟁
③ ㉠ 경로 간 경쟁, ㉡ 수평적 경쟁
④ ㉠ 업태 간 경쟁, ㉡ 경로 간 경쟁
⑤ ㉠ 수직적 경쟁, ㉡ 경로 간 경쟁

13 팬먼(Penman)과 와이즈(Weisz)의 물류아 웃소싱 성공전략에 관한 설명으로 옳지 않은 것은?

① 아웃소싱이 성공하려면 반드시 최고경영 자의 관심과 지원이 필요하다.

② 아웃소싱의 궁극적인 목표는 현재와 미래 의 고객만족에 있음을 잊지 말아야 한다.

③ 지출되는 물류비용을 정확히 파악하여 아웃소싱 시 비용절감효과를 측정해야 한다.

④ 아웃소싱의 가장 큰 장애는 인원감축 등 에 대한 저항이므로 적절한 인력관리로 사기저하를 방지해야 한다.

⑤ 아웃소싱의 목적이 기업 전체의 전략과 일치할 필요는 없으므로 기업의 전사적 목적이 차별화에 있다면 아웃소싱의 목 적은 비용절감에 두는 효율적 전략을 추 진해야 한다.

14 아래 글상자에서 공통적으로 설명하는 유통 경로의 특성으로 옳은 것은?

> ㉠ 우리나라는 도매상이 매우 취약하고 제조업자의 유통 지배력이 매우 강하 다.
> ㉡ 미국의 경우 광활한 국토를 가지고 있 어 제조업자가 자신의 모든 소매업체 를 관리하는 것이 어려워 일찍부터 도 매상들이 발달했다.
> ㉢ 각국의 특성에 따라 고유한 형태의 유 통경로가 존재한다.

① 유통경로의 지역성

② 유통경로의 비탄력성

③ 유통경로의 표준성

④ 유통경로의 집중성

⑤ 유통경로의 탈중계현상

15 아래 글상자 ㉠과 ㉡에 해당하는 유통경로 가 제공하는 효용으로 옳게 짝지어진 것은?

> ㉠ 24시간 영업을 하는 편의점은 소비자 가 원하는 시점 어느 때나 제품을 구매 할 수 있도록 함
> ㉡ 제조업체를 대신해서 신용판매나 할부 판매를 제공함

① ㉠ 시간효용, ㉡ 형태효용

② ㉠ 장소효용, ㉡ 시간효용

③ ㉠ 시간효용, ㉡ 소유효용

④ ㉠ 소유효용, ㉡ 시간효용

⑤ ㉠ 형태효용, ㉡ 소유효용

16 식품위생법 (시행2021. 1. 1.)(법률제 17809호, 2020. 12. 29., 일부개정) 상에서 사용되는 각종 용어에 대한 설명으로 옳은 것은?

① "식품"이란 의약을 포함하여 인간이 섭취할 수 있는 가능성이 있는 제품을 말한다.

② "식품첨가물"에는 용기를 살균하는데 사용되는 물질도 포함된다.

③ "집단급식소"란 영리를 목적으로 다수의 대중이 음식을 섭취하는 장소를 말한다.

④ "식품이력추적관리"란 식품이 만들어진 후 소비자에게 전달되기까지의 과정을 말한다.

⑤ "기구"란 음식을 담거나 포장하는 용기를 말하며 식품을 생산하는 기계는 포함되지 않는다.

17 아래 글상자에 제시된 내용을 활용하여 경제적주문량을 고려한 연간 총재고비용을 구하라. (기준 : 총재고비용 = 주문비 + 재고유지비)

> 연간 부품 수요량 : 1,000개
> 1회 주문비 : 200원
> 단위당 재고 유지비 : 40원

① 500원   ② 1,000원

③ 2,000원   ④ 3,000원

⑤ 4,000원

18 아래 글상자 ㉠, ㉡, ㉢에 해당하는 중간상이 수행하는 분류기준으로 옳게 짝지어진 것은?

> ㉠ 구매자가 원하는 소규모 판매단위로 나누는 활동
> ㉡ 다양한 생산자들로부터 제공되는 제품들을 대규모 공급이 가능하도록 다량으로 구매하여 집적하는 활동
> ㉢ 이질적인 제품들을 색, 크기, 용량, 품질 등에 있어 상대적으로 동질적인 집단으로 구분하는 활동

① ㉠ 분류(sorting out),
    ㉡ 수합(accumulation),
    ㉢ 분배(allocation)

② ㉠ 분류(sorting out),
    ㉡ 구색갖춤(assorting),
    ㉢ 수합(accumulation)

③ ㉠ 분배(allocation),
    ㉡ 구색갖춤(assorting),
    ㉢ 분류(sorting out)

④ ㉠ 분배(allocation),
    ㉡ 수합(accumulation),
    ㉢ 분류(sorting out)

⑤ ㉠ 구색갖춤(assorting),
    ㉡ 분류(sorting out),
    ㉢ 분배(allocation)

19 아래 글상자 ㉠과 ㉡에서 설명하는 제조업체가 부담하는 유통비용으로 옳게 짝지어진 것은?

> ㉠ 제조업체가 유통업체에 신제품 납품 시 진열대 진열을 위해 지원하는 비용
> ㉡ 유통업체가 하자있는 상품, 생산된 지 오래된 상품, 질이 떨어지는 상품 등을 구매할 때 이를 보상하기 위해 지급하는 비용

① ㉠ 리베이트, ㉡ 사후할인
② ㉠ 물량비례보조금, ㉡ 거래할인
③ ㉠ 머천다이징 보조금, ㉡ 현금할인
④ ㉠ 신제품입점비, ㉡ 상품지원금
⑤ ㉠ 외상수금비, ㉡ 소매점 재고보호 보조금

20 유통산업의 환경에 따른 유통경로의 변화를 다음의 다섯 단계로 나누어 볼 때 순서대로 나열한 것으로 옳은 것은?

> ㉠ 크로스채널 : 온, 오프라인의 경계가 무너지면서 상호 보완됨
> ㉡ 멀티채널 : 온, 오프라인의 다양한 채널에서 구매 가능 하나 각 채널은 경쟁 관계임
> ㉢ 듀얼채널 : 두 개 이상의 오프라인 점포에서 구매 가능
> ㉣ 싱글채널 : 하나의 오프라인 점포에서 구매
> ㉤ 옴니채널 : 다양한 채널이 고객의 경험 관리를 중심으로 하나로 통합됨

① ㉠ - ㉡ - ㉢ - ㉣ - ㉤
② ㉡ - ㉤ - ㉣ - ㉠ - ㉢
③ ㉢ - ㉠ - ㉡ - ㉤ - ㉣
④ ㉣ - ㉢ - ㉡ - ㉠ - ㉤
⑤ ㉤ - ㉣ - ㉡ - ㉢ - ㉠

21 유통에 관련된 내용으로 옳지 않은 것은?

① 제품의 물리적 흐름과 법적 소유권은 반드시 동일한 경로를 통해 이루어지고 동시에 이루어져야 한다.
② 유통경로는 물적 유통경로와 상적 유통경로로 분리된다.
③ 물적 유통경로는 제품의 물리적 이전에 관여하는 독립적인 기관이나 개인들로 구성된 네트워크를 의미한다.
④ 물적 유통경로는 유통목표에 부응하여 장소효용과 시간효용을 창출한다.
⑤ 상적 유통경로는 소유효용을 창출한다.

22 자사가 소유한 자가창고와 도, 소매상이나 제조업자가 임대한 영업창고를 비교한 설명으로 가장 옳지 않은 것은?

① 충분한 물량이 아니라면 자가 창고 이용비용이 저렴하지 않은 경우도 있다.
② 자가 창고의 경우 기술적 진부화에 따른 위험이 있다.

③ 영업창고를 이용하면 특정지역의 경우 세금혜택을 받는 경우도 있다.

④ 영업창고를 이용하는 경우 초기투자비용이 높은 것이 단점이다.

⑤ 영업창고의 경우 여러 고객을 상대로 하므로 규모의 경제가 가능하다.

리적 보유가 가능한 경우가 있다.

④ 제조업체, 도,소매상은 상품 소유권의 이전을 통해 수익을 창출한다.

⑤ 제조업체가 도매상을 대상으로, 소매상이 소비자를 대상으로 하는 촉진전략은 풀(Pull)전략이다.

23 UNGC(UN Global Compact)는 기업의 사회적 책임에 대한 지지와 이행을 촉구하기 위해 만든 자발적 국제협약으로 4개 분야의 10대 원칙을 핵심으로 하고 있다. 4개 분야에 포함되지 않는 것은?

① 반전쟁(Anti-War)

② 인권(Human Rights)

③ 노동규칙(Labour Standards)

④ 환경(Environment)

⑤ 반부패(Anti-Corruption)

24 유통경로에서 발생하는 유통의 흐름과 관련된 각종 설명 중 가장 옳지 않은 것은?

① 소비자에 대한 정보인 시장 정보는 후방 흐름기능에 해당된다.

② 대금지급은 소유권의 이전에 대한 반대급부로 볼 수 있다.

③ 소유권이 없는 경우에도 상품에 대한 물

25 물류활동에 관련된 내용으로 옳지 않은 것은?

① 반품물류 : 애초에 물품 반환, 반품의 소지를 없애기 위한 전사적 차원에서 고객 요구를 파악하는 것이 중요하다.

② 생산물류 : 작업교체나 생산사이클을 단축하고 생산평준화 등을 고려한다.

③ 조달물류 : 수송루트 최적화, JIT납품, 공차율 최대화 등을 고려한다.

④ 판매물류 : 수배송효율화, 신선식품의 경우 콜드체인화, 공동물류센터 구축 등을 고려한다.

⑤ 폐기물류 : 파손, 진부화 등으로 제품, 용기 등이 기능을 수행할 수 없는 상황이거나 기능수행 후 소멸되어야 하는 상황일 때 그것들을 폐기하는데 관련된 물류활동이다.

26~45 2과목 | 상권분석

26 권리금에 대한 설명 중에서 옳지 않은 것은?

① 해당 상권의 강점 등이 반영된 영업권의 일종으로, 점포의 소유자에게 임차인이 제공하는 추가적인 비용으로 보증금의 일부이다.

② 상가의 위치, 영업상의 노하우, 시설 및 비품 등과 같은 다양한 유무형의 재산적 가치에 대한 양도 또는 이용에 대한 대가로 지급하는 금전이다.

③ 권리금을 일정 기간안에 회복할 수 있는 수익성이 확보될 수 있는지를 검토하여야 한다.

④ 신축건물에도 바닥권리금이라는 것이 있는데, 이는 주변 상권의 강점을 반영하는 것이라고 볼 수 있다.

⑤ 권리금이 보증금보다 많은 경우가 발생하기도 한다.

27 상권분석에 필요한 소비자 데이터를 수집하는 조사기법 중에서 내점객조사법과 조사대상이 유사한 것으로 가장 옳은 것은?

① 편의추출조사법
② 점두(店頭)조사법
③ 지역할당조사법
④ 연령별 비율할당조사법
⑤ 목적표본조사법

28 정보기술의 발전이 유통 및 상권에 미친 영향으로 가장 옳지 않은 것은?

① 메이커에서 소매업으로의 파워시프트(power shift)현상 강화

② 중간 유통단계의 증가 및 배송거점의 분산화

③ 메이커의 영업거점인 지점, 영업소 기능의 축소

④ 수직적 협업체제 강화 및 아웃소싱의 진전

⑤ 편의품 소비재 메이커의 상권 광역화

29 상권분석 및 입지선정에 활용하는 지리정보시스템(GIS)에 대한 설명으로서 가장 옳지 않은 것은?

① 개별 상점이나 상점가의 위치정보를 점(點)데이터로, 토지 이용 등의 정보는 면(面)데이터로 지도에 수록한다.

② 지하철 노선이나 도로 등은 선(線)데이터로 지도에 수록하고 데이터베이스를 구축한다.

③ 상점 또는 상점가를 방문한 고객을 대상으로 인터뷰조사를 하거나 설문조사를 하여 지도데이터베이스 구축에 활용한다.

④ 라일리, 컨버스 등이 제안한 소매인력모델을 적용하는 경우에도 정확한 위치정보를 얻을 수 있는 지리정보시스템의 지원이 필요하다.

179

⑤ 백화점, 대형마트 등의 대규모 점포의 입지선정 등에 활용될 수 있으나, 편의점 등 소규모 연쇄점의 입지선정이나 잠재고객 추정 등에는 활용가능성이 높지 않다.

30 상권에 대한 설명으로 가장 옳지 않은 것은?

① 재화의 이동에서 사람을 매개로 하는 소매상권은 재화의 종류에 따라 그 사람의 비용이나 시간사용이 달라지므로 상권의 크기가 달라진다.

② 고가품, 고급품일수록 소비자들은 구매활동에 보다 많은 시간과 비용을 부담하려 하므로 상권범위가 확대된다.

③ 도매상권은 사람을 매개로 하지 않기에 시간인자의 제약이 커져서 상권의 범위가 제한된다.

④ 보존성이 강한 제품은 그렇지 않은 제품에 비해 상권이 넓어진다.

⑤ 상권범위를 결정하는 비용인자(因子)에는 생산비, 운송비, 판매비용 등이 포함되며 그 비용이 상대적으로 저렴할수록 상권은 확대된다.

31 "교육환경 보호에 관한 법률(약칭: 교육환경법)"(법률 제17075호, 2020. 3. 24., 일부개정)에서 정한 초·중·고등학교의 "교육환경 절대보호구역"에서 영업할 수 있는 업종으로 가장 옳은 것은?

① 여관   ② PC방
③ 만화가게   ④ 담배가게
⑤ 노래연습장

32 소매점 상권의 크기에 영향을 미치는 주요 요인을 모두 나열한 것으로 가장 옳은 것은?

> ㉠ 소매점의 이미지
> ㉡ 기생점포(parasite store)의 입지
> ㉢ 소매점의 규모
> ㉣ 소매점의 접근성
> ㉤ 경쟁점포의 입지

① ㉠, ㉡, ㉢, ㉣, ㉤
② ㉡, ㉢, ㉣, ㉤
③ ㉠, ㉡, ㉢
④ ㉡, ㉣, ㉤
⑤ ㉠, ㉢, ㉣, ㉤

33 크리스탈러(W. Christaller)의 중심지이론은 판매자와 소비자를 "경제인"으로 가정한다. 그 의미로서 가장 옳은 것은?

① 판매자와 소비자 모두 비용대비 이익의 최대화를 추구한다.
② 소비자는 거리와 상관없이 원하는 제품을 구매하러 이동한다.
③ 판매자는 경쟁을 회피하려고 최선을 다한다.
④ 소비자는 구매여행의 즐거움을 추구한다.
⑤ 소비자는 가능한 한 상위계층 중심지에서 상품을 구매한다.

34 상권측정을 위한 '상권실사'에 관한 설명으로서 가장 옳지 않은 것은?

① 항상 지도를 휴대하여 고객이 유입되는 지역을 정확하게 파악하는 것이 바람직하다.
② 요일별, 시간대별로 내점고객의 숫자나 특성이 달라질 수 있으므로, 상권실사에 이를 반영해야 한다.
③ 내점하는 고객의 범위를 파악하는 것이 목적이므로 상권범위가 인접 도시의 경계보다 넓은 대형 교외점포에서는 도보고객을 조사할 필요가 없는 경우도 있다.
④ 주로 자동차를 이용하는 고객이 증가하고 있는바, 도보보다는 자동차주행을 하면서 조사를 실시하는 것이 더 바람직하다.
⑤ 기존 점포의 고객을 잘 관찰하여 교통수단별 내점비율을 파악하는 것이 중요하다.

35 허프(Huff)의 수정모델을 적용해서 추정할 때, 아래 글상자 속의 소비자 K가 A지역에 쇼핑을 하러 갈 확률로서 가장 옳은 것은?

> A지역의 매장면적은 100평, 소비자 K로부터 A지역까지의 거리는 10분거리, B지역의 매장면적은 400평, 소비자 K로부터의 거리는 20분거리

① 0.30 ② 0.40
③ 0.50 ④ 0.60
⑤ 0.70

36 매력적인 점포입지를 결정하기 위해서는 구체적인 입지조건을 평가하는 과정을 거친다. 점포의 입지조건에 대한 일반적 평가로서 그 내용이 가장 옳은 것은?

① 점포면적이 커지면 매출도 증가하는 경향이 있어 점포규모가 클수록 좋다.
② 건축선 후퇴(setback)는 직접적으로 가시성에 긍정적인 영향을 미친다.
③ 점포 출입구 부근에 단차가 없으면 사람과 물품의 출입이 용이하여 좋다.
④ 점포 부지와 점포의 형태는 정사각형에 가까울수록 소비자 흡인에 좋다.
⑤ 평면도로 볼 때 점포의 정면너비에 비해 깊이가 더 클수록 바람직하다.

37 여러 층으로 구성된 백화점의 매장 내 입지에 관한 설명으로 가장 옳은 것은?

① 고객이 출입하는 층에서 멀리 떨어진 층일수록 매장공간의 가치가 올라간다.

② 대부분의 고객들이 왼쪽으로 돌기 때문에, 각 층 입구의 왼편이 좋은 입지이다.

③ 점포 입구, 주 통로, 에스컬레이터, 승강기 등에서 가까울수록 유리한 입지이다.

④ 층별 매장의 안쪽으로 고객을 유인하는 데 최적인 매장배치 유형은 자유형배치이다.

⑤ 백화점 매장 내 입지들의 공간적 가치는 층별 매장구성 변경의 영향은 받지 않는다.

38 소매점은 상권의 매력성을 고려하여 입지를 선정해야 한다. 상권의 매력성을 측정하는 소매포화지수(IRS: Index of Retail Saturation)와 시장성장잠재력지수(MEP: Market Expansion Potential)에 대한 설명으로 가장 옳은 것은?

① IRS는 현재시점의 상권 내 경쟁 강도를 측정한다.

② MEP는 미래시점의 상권 내 경쟁 강도를 측정한다.

③ 상권 내 경쟁이 심할수록 IRS도 커진다.

④ MEP가 클수록 입지의 상권 매력성은 낮아진다.

⑤ MEP보다는 IRS가 더 중요한 상권 매력성지수이다.

39 소비자에 대한 직접적 조사를 통해 점포선택행동을 분석하는 확률모델들에 대한 설명으로 가장 옳은 것은?

① 점포에 대한 객관적 변수와 소비자의 주관적 변수를 모두 반영할 수 있는 방법에는 MNL모델과 수정Huff모델이 있다.

② 공간상호작용 모델의 대표적 분석방법에는 Huff모델, MNL모델, 회귀분석, 유사점포법 등이 해당된다.

③ Huff모델과 달리 MNL모델은 일반적으로 상권을 세부지역(zone)으로 구분하는 절차를 거치지 않는다.

④ Luce의 선택공리를 바탕으로 한 Huff모델과 달리 MNL모델은 선택공리와 관련이 없다.

⑤ MNL모델은 분석과정에서 집단별 구매행동 데이터 대신 각 소비자의 개인별 데이터를 수집하여 활용한다.

40 점포의 입지조건을 평가할 때 핵심적 요소가 되는 시계성은 점포를 자연적으로 인지할 수 있는 상태를 의미한다. 시계성을 평가하는 4가지 요소들을 정리할 때 아래 글상자 ㉠과 ㉡에 해당되는 용어로 가장 옳은 것은?

> ㉠ 보도나 간선도로 또는 고객유도시설 등에 해당되는 것으로 어디에서 보이는가?
>
> ㉡ 점포가 무슨 점포인가를 한눈에 알 수 있도록 하는 것으로서, 무엇이 보이는가?

① ㉠ 거리 – ㉡ 주제

② ㉠ 거리 – ㉡ 대상

③ ㉠ 거리 – ㉡ 기점

④ ㉠ 기점 – ㉡ 대상

⑤ ㉠ 기점 – ㉡ 주제

500m^2, 1층 내부에 200m^2, 건물외부(건물 부속)에 300m^2 설치되어 있다. 건물 5층에는 100m^{2}의 주민공동시설이 설치되어 있다. 이 건물의 용적률로 가장 옳은 것은?

① 210% ② 220%

③ 240% ④ 260%

⑤ 300%

41 생산구조가 다수의 소량분산생산구조이고 소비구조 역시 다수에 의한 소량분산소비구조일 때의 입지 특성을 설명한 것으로 옳은 것은?

① 수집 기능의 수행이 용이하고 분산 기능 수행도 용이한 곳에 입지한다.

② 분산 기능의 수행보다는 수집 기능의 수행이 용이한 곳에 입지한다.

③ 수집 기능과 중개(仲介) 기능이 용이한 곳에 입지한다.

④ 수집 기능의 수행보다는 분산 기능의 수행이 용이한 곳에 입지한다.

⑤ 수집 기능과 분산 기능보다는 중개 기능의 수행이 용이한 곳에 입지한다.

43 상권 유형별로 개념과 일반적 특징을 설명한 내용으로서 가장 옳은 것은?

① 부도심 상권의 주요 소비자는 점포 인근의 거주자들이어서, 생활밀착형 업종의 점포들이 입지하는 경향이 있다.

② 역세권상권은 지하철이나 철도역을 중심으로 형성되는 지상과 지하의 입체적 상권으로서, 저밀도 개발이 이루어지는 경우가 많다.

③ 부도심상권은 보통 간선도로의 결절점이나 역세권을 중심으로 형성되는바, 도시 전체의 소비자를 유인하지는 못하는 경우가 많다.

④ 도심상권은 중심업무지구(CBD)를 포함하며, 상권의 범위가 넓지만 소비자들의 체류시간은 상대적으로 짧다.

⑤ 아파트상권은 고정고객의 비중이 높아 안정적인 수요확보가 가능하고, 외부고객을 유치하기 쉬워서 상권 확대가능성이 높다.

42 대형소매점을 개설하기 위해 대지면적이 1,000m^{2}인 5층 상가건물을 매입하는 상황이다. 해당 건물의 지상 1층과 2층의 면적은 각각 600m^{2}이고 3~5층 면적은 각각 400m^{2}이다. 단, 주차장이 지하1층에

44 소매점포 상권의 분석기법 가운데 하나인 Huff모델의 특징으로서 가장 옳은 것은?

① Huff모형은 점포이미지 등 다양한 변수를 반영하여 상권분석의 정확도를 높일 수 있다.

② 개별점포의 상권이 공간상에서 단절되어 단속적이며 타점포 상권과 중복되지 않는다고 가정한다.

③ 개별 소비자들의 점포선택행동을 확률적 방법 대신 기술적방법(descriptive method)으로 분석한다.

④ 상권 내 모든 점포의 매출액 합계를 추정할 수 있지만, 점포별 점유율은 추정하지 못한다.

⑤ 각 소비자의 거주지와 점포까지의 물리적 거리는 이동시간으로 대체하여 분석하기도 한다.

45 아래 글상자의 상권분석방법들 모두에 해당되거나 모두를 적용할 수 있는 상황으로서 가장 옳은 것은?

> 컨버스의 분기점분석, CST(customer spotting techinque) map, 티센다각형(thiessen polygon)

① 개별 소비자의 위치 분석

② 소비자를 대상으로 하는 설문조사의 실시

③ 상권의 공간적 경계 파악

④ 경쟁점의 영향력 파악

⑤ 개별점포의 매출액 예측

46~70 **3과목 | 유통마케팅**

46 회계데이터를 기초로 유통마케팅 성과를 측정하는 방법으로 옳은 것은?

① 고객 만족도 조사

② 고객 획득률 및 유지율 측정

③ 매출액 분석

④ 브랜드 자산 측정

⑤ 고객 생애가치 측정

47 유통마케팅 조사과정 순서로 가장 옳은 것은?

① 조사목적 정의 – 조사 설계 – 조사 실시 – 데이터분석 및 결과해석 – 전략수립 및 실행 – 실행결과 평가

② 조사목적 정의 – 조사 실시 – 조사 설계 – 데이터분석 및 결과해석 – 전략수립 및 실행 – 실행결과 평가

③ 조사목적 정의 – 조사 설계 – 조사 실시 – 전략수립 및 실행 – 데이터분석 및 결과해석 – 실행결과 평가

④ 조사목적 정의 – 실행결과 평가 – 전략수립 및 실행 – 조사 실시 – 데이터분석 및 결과해석 – 대안선택 및 실행

⑤ 조사목적 정의 – 조사 실시 – 데이터분석 및 결과해석 – 조사 설계 – 전략수립 및 실행 – 실행결과 평가

48 아래 글상자 ㉠과 ㉡에 해당되는 용어로 가장 옳은 것은?

> ㉠은(는) 미래 수요를 예측하는 질적 예측 방법의 하나이다. 불확실한 특정 문제(특정기술의 개발가능성, 새로운 소비패턴의 출현가능성 등)에 대해 여러 전문가의 의견을 되풀이해 모으고, 교환하고, 발전시켜 수요를 예측한다.
>
> ㉡은(는) 시간의 경과에 따라 일정한 간격을 두고 동일한 현상을 반복적으로 측정하여 각 기간에 일어난 변화에 대한 추세를 예측하는 방법이다.

① ㉠ 투사법 ㉡ 시계열분석
② ㉠ 패널조사법 ㉡ 사례유추법
③ ㉠ 투사법 ㉡ 수요확산모형분석
④ ㉠ 델파이기법 ㉡ 시계열분석
⑤ ㉠ 사례유추법 ㉡ 수요확산모형분석

49 아래 글상자의 (   ) 안에 들어갈 용어로서 가장 옳은 것은?

> (   )(은)는 기업내부의 경영혁신을 유도하는 전략의 하나이다. 고객이 제품이나 서비스를 소비하는 전 과정에서 무엇을 보고 느끼며, 어디에 가치를 두고, 어떠한 상호작용 과정을 통해 관계를 형성하는지 등을 총체적으로 이해함으로써 고객에게 차별화된 가치를 제공하는 고객중심경영의 핵심을 말한다.

① 로열티 프로그램
② 고객마일리지 프로그램
③ 고객불만관리
④ 공유가치경영
⑤ 전사적고객경험관리

50 상품판매에 대한 설명으로 옳지 않은 것은?

① 판매는 고객과의 커뮤니케이션을 통해 상품을 판매하고, 고객과의 관계를 구축하고자 하는 활동이다.
② 판매활동은 크게 신규고객을 확보하기 위한 활동과 기존고객을 관리하는 활동으로 나누어진다.
③ 인적판매는 다른 커뮤니케이션 수단에 비해 고객 1인당 접촉비용은 높은 편이지만, 개별적이고 심도 있는 쌍방향 커뮤니케이션이 가능하다는 장점을 가지고 있다.
④ 과거에는 전략적 관점에서 고객과 관계를 형성하는 영업을 중요시 하였으나, 판매기술이 고도화되면서 이제는 판매를 빠르게 달성하는 기술적 판매방식이 더욱 부각되고 있다.
⑤ 판매는 회사의 궁극적 목적인 수익창출을 실제로 구현하는 기능이다.

51 영업사원의 역할 및 관리에 대한 설명으로 가장 옳지 않은 것은?

① 영업사원은 제품과 서비스의 판매를 위해 구매가능성이 높은 고객을 개발, 확보하고 접촉하는 역할을 수행한다.

② 영업사원에 대한 보상체계는 성과에 따른 커미션을 중심으로 구성되는 경우가 많다.

③ 다른 직종의 업무에 비해 독립적으로 업무를 수행하는 경향이 있다.

④ 영업사원이 확보한 고객정보는 회사의 소유이므로 동료 영업사원들과의 협업을 위해 자주 공유한다.

⑤ 영업분야 전문인으로서의 역할과 조직구성원으로서의 역할 간 갈등이 발생할 수 있다.

52 고객가치를 극대화하기 위한 고객관계관리(CRM)의 중심활동으로 가장 옳지 않은 것은?

① 신규고객확보 및 시장점유율 증대

② 고객수명주기 관리

③ 데이터마이닝을 통한 고객 분석

④ 고객가치의 분석과 계량화

⑤ 고객획득/유지 및 추가판매의 믹스 최적화

53 아래 글상자에서 설명하는 가격정책으로 옳은 것은?

> ㉠ 제조업체가 가격을 표시하지 않고 최종 판매자인 유통업체가 가격을 책정하게 하여 유통업체 간 경쟁을 통해 상품가격을 전반적으로 낮추기 위한 가격정책
>
> ㉡ 실제 판매가보다 부풀려서 가격을 표시한 뒤 할인해주는 기존의 할인판매 폐단을 근절하기 위한 가격정책

① 오픈 프라이스(open price)

② 클로즈 프라이스(close price)

③ 하이로우 프라이스(high-low price)

④ EDLP(every day low price)

⑤ 단위가격표시제도(unit price system)

54 유명 브랜드 상품 등을 중심으로 가격을 대폭 인하하여 고객을 유인한 다음, 방문한 고객에 대한 판매를 증진시키고자 하는 가격 결정 방식은?

① 묶음가격결정(price bundling)

② 이분가격결정(two-part pricing)

③ 로스리더가격결정(loss leader pricing)

④ 포획가격결정(captive pricing)

⑤ 단수가격결정(odd pricing)

55 아래 글상자에서 설명하는 단품관리 이론으로 옳은 것은?

> 품목별 진열량을 판매량에 비례하게 하면 상품의 회전율이 일정화되어 품목별 재고의 수평적인 감소가 같아진다는 이론

① 풍선효과(ballon) 이론
② 카테고리(category) 관리이론
③ 20 : 80 이론
④ 채찍(bullwhip) 이론
⑤ 욕조마개(bathtub) 이론

56 소비자의 구매동기는 부정적인 상태를 제거하려는 동기와 긍정적인 상태를 추구하려는 동기로 나뉘어진다. 아래 글상자 내용 중 부정적인 상태를 제거하려는 동기로만 짝지어진 것으로 가장 옳은 것은?

> ㉠ 새로운 제품(브랜드)의 사용방법을 습득하고 싶은 동기
> ㉡ 필요할 때 부족함 없이 사용하기 위해 미리 구매해 놓으려는 동기
> ㉢ 제품(브랜드) 사용과정에서 즐거움을 느끼고 싶은 동기
> ㉣ 제품(브랜드)을 구매하고 사용함으로써 자긍심을 느끼고 싶은 동기
> ㉤ 당면한 불편을 해결해 줄 수 있는 제품(브랜드)을 탐색하려는 동기

① ㉠, ㉡   ② ㉠, ㉢
③ ㉡, ㉢   ④ ㉡, ㉤
⑤ ㉢, ㉣

57 상품믹스에 대한 설명으로 가장 옳지 않은 것은?

① 상품믹스(product mix)란 기업이 판매하는 모든 상품의 집합을 말한다.
② 상품믹스는 상품계열(product line)의 수에 따라 폭(width)이 정해진다.
③ 상품믹스는 평균 상품품목(product item)의 수에 따라 그 깊이(depth)가 정해진다.
④ 상품믹스의 상품계열이 추가되면 상품다양화 또는 경영다각화가 이루어진다.
⑤ 상품믹스의 상품품목이 증가하면 상품차별화의 정도가 약해지게 된다.

58 아래의 글상자 안 ㉠과 ㉡에 해당하는 소매업 변천이론으로 옳은 것은?

> ㉠은(는) 소매업체가 도입기, 초기성장기, 가속성장기, 성숙기, 쇠퇴기 단계를 거쳐 진화한다는 이론이다.
> ㉡은(는) 제품구색이 넓은 소매업태에서 전문화된 좁은 제품구색의 소매업태로 변화되었다가 다시 넓은 제품구색의 소매업태로 변화되어간다는 이론이다.

① ㉠ 자연도태설(진화론), ㉡ 소매아코디언 이론
② ㉠ 소매아코디언 이론, ㉡ 변증법적 과정
③ ㉠ 소매수명주기 이론, ㉡ 소매아코디언 이론
④ ㉠ 소매아코디언 이론, ㉡ 소매업수레바퀴 이론
⑤ ㉠ 소매업수레바퀴 이론, ㉡ 변증법적 과정

59 점포 내 레이아웃관리를 위한 의사결정의 순서로 가장 잘 나열된 것은?

① 판매방법 결정 – 상품배치 결정 – 진열용 기구배치 – 고객동선 결정
② 판매방법 결정 – 진열용 기구배치 – 고객동선 결정 – 상품배치 결정
③ 상품배치 결정 – 고객동선 결정 – 진열용 기구배치 – 판매방법 결정
④ 상품배치 결정 – 진열용 기구배치 – 고객동선 결정 – 판매방법 결정
⑤ 상품배치 결정 – 고객동선 결정 – 판매방법 결정 – 진열용 기구배치

60 아래 글상자에서 설명하는 소매점의 포지셔닝 전략으로 옳은 것은?

> ㉠ 더 높은 비용에 더 많은 가치를 제공하는 전략으로 시장크기는 작으나 수익률은 매우 높음
> ㉡ 미국의 Nieman Marcus, Sax Fifth Avenue, 영국의 Harrods 백화점의 포지셔닝전략

① More for More 전략
② More for the Same 전략
③ Same for Less 전략
④ Same for the Same 전략
⑤ More for Less 전략

61 소매점에 대한 소비자 기대관리에 대한 설명으로 옳지 않은 것은?

① 입지편리성을 판단할 때 소비자의 여행시간보다 물리적인 거리가 훨씬 더 중요하다.
② 점포분위기는 상품구색, 조명, 장식, 점포구조, 음악의 종류 등에 영향을 받는다.
③ 소비자는 상품구매 이외에도 소매점을 통해 친교나 정보획득과 같은 욕구를 충족하고 싶어한다.
④ 소비재는 소비자의 구매노력에 따라 편의품, 선매품, 전문품으로 구분할 수 있다.
⑤ 신용정책, 배달, 설치, 보증, 수리 등의 서비스는 소비자의 점포선택에 영향을 준다.

62 유통업체에 대한 판촉 유형 중 가격 할인에 대한 설명으로 가장 옳지 않은 것은?

① 정해진 기간 동안에 일시적으로 유통업체에게 제품가격을 할인해 주는 것이다.
② 일정 기간 동안 유통업체가 구입한 모든 제품의 누적주문량에 따라 할인해 준다.
③ 유통업체로 하여금 할인의 일부 또는 전부를 소비자가격에 반영하도록 유도한다.
④ 정기적으로 일정 기간 동안 실시하며, 비정기적으로는 실시하지 않는 것이 보통이다.
⑤ 수요예측력이 있으며 재고 처리능력을 보유한 유통업체에게 유리한 판촉유형이다.

63 아래 글상자에서 설명하는 점포 레이아웃 형태로 옳은 것은?

> ㉠ 기둥이 많고 기둥간격이 좁은 상황에서도 점포 설비 비용을 절감할 수 있음
> ㉡ 통로 폭이 동일해서 건물 전체 필요 면적이 최소화된다는 장점이 있으며 슈퍼마켓 점포 레이아웃에 많이 사용됨

① 격자형 레이아웃
② 자유형 레이아웃
③ 루프형 레이아웃
④ 복합형 레이아웃
⑤ 부띠끄형 레이아웃

64 고객생애가치(CLV, Customer lifetime value)에 대한 설명으로 옳은 것은?

① 고객생애가치는 인터넷쇼핑몰 보다는 백화점을 이용하는 고객들을 평가하는데 용이하다.
② 고객생애가치는 고객과 기업간의 정성적 관계 가치이므로 수치화하여 측정하기 어렵다.
③ 고객생애가치는 고객점유율(customer share)에 기반하여 정확히 추정할 수 있다.
④ 고객생애가치는 고객이 일생동안 구매를 통해 기업에게 기여하는 수익을 현재가치로 환산한 금액을 말한다.
⑤ 고객생애가치는 고객의 이탈률과 비례관계에 있다.

65 유통경로 상의 수평적 갈등의 사례로서 가장 옳은 것은?

① 도매상의 불량상품 공급에 대한 소매상의 불평
② 납품업체의 납품기일 위반에 대한 제조업체의 불평
③ 소매상이 무리한 배송을 요구했다는 택배업체의 불평
④ 제조업체가 재고를 제때 보충하지 않았다는 유통업체의 불평
⑤ 다른 딜러가 차량 가격을 너무 낮게 책정했다는 동일 차량회사 딜러의 불평

66 유형별 고객에 대한 설명으로 옳지 않은 것은?

① 고객이란 기업의 제품이나 서비스를 구매하거나 이용하는 소비자를 말한다.
② 이탈고객은 기업의 기준에 의해서 더 이상 자사의 제품이나 서비스를 이용하지 않는 것으로 정의된 고객을 말한다.
③ 내부고객은 조직 내부의 가치창조에 참여하는 고객으로서 기업의 직원들을 의미한다.
④ 비활동 고객은 자사의 제품이나 서비스를 구매한 경험도 향후 자사의 고객이 될 수 있는 가능성도 없는 고객을 말한다.
⑤ 가망고객은 현재 고객은 아니지만 광고, 홍보를 통해 유입될 가능성이 높은 고객을 말한다.

67 점포 설계의 목적과 관련된 설명으로 가장 옳지 않은 것은?

① 점포는 다양하고 복잡한 모든 소비자들의 욕구와 니즈를 충족할 수 있도록 설계해야 한다.

② 점포는 상황에 따라 상품구색 변경을 수용하고 각 매장에 할당된 공간과 점포 배치의 수정이 용이하도록 설계하는 것이 좋다.

③ 점포는 설계를 시행하고 외관을 유지하는데 드는 비용을 적정 수준으로 통제할 수 있도록 설계해야 한다.

④ 점포는 고객 구매 행동을 자극하는 방식으로 설계해야 한다.

⑤ 점포는 사전에 정의된 포지셔닝을 달성할 수 있도록 설계해야 한다.

68 유통업체의 업태 간 경쟁(intertype competition)을 유발시키는 요인으로 가장 옳지 않은 것은?

① 소비자 수요의 질적 다양화

② 생활 필수품의 범위 확대

③ 정보기술의 발달

④ 품목별 전문유통기업의 등장

⑤ 혼합상품화(scrambled merchandising) 현상의 증가

69 매장 내 상품진열의 방법을 결정할 때 고려해야 할 요인으로서 가장 옳지 않은 것은?

① 상품들간의 조화

② 점포이미지와의 일관성

③ 개별상품의 물리적 특성

④ 개별상품의 잠재적 이윤

⑤ 보유한 진열비품의 활용가능성

70 아래 글상자 ㉠과 ㉡에 들어갈 알맞은 용어는?

> 상품관리 시 품목구성에서 결정해야 할 중요한 사항으로 (㉠)와(과) (㉡)의 설정이 있다. (㉠)은(는) 취급 가격의 범위를 말하는데 최저가격부터 최고가격까지의 폭을 의미한다. (㉡)은(는) 중점을 두는 가격의 봉우리를 지칭하는데 고급품의 가격대, 중급품의 가격대 등 (㉠) 가운데 몇 가지를 설정하는 것이다.

① ㉠ 상품의 폭, ㉡ 상품의 깊이

② ㉠ 상품의 깊이, ㉡ 상품의 폭

③ ㉠ 가격, ㉡ 마진

④ ㉠ 프라이스 라인, ㉡ 프라이스 존

⑤ ㉠ 프라이스 존, ㉡ 프라이스 라인

4과목 | 유통정보

71 CRM 시스템에 대한 설명으로 가장 옳지 않은 것은?

① 신규고객 창출, 기존고객 유지, 기존고객 강화를 위해 이용된다.

② 기업에서는 장기적인 고객관계 형성보다는 단기적인 고객관계 형성을 위해 도입하고 있다.

③ 다양한 측면의 정보 분석을 통해 고객에 대한 이해도를 높여준다.

④ 유통업체의 경쟁우위 창출에 도움을 제공한다.

⑤ 고객유지율과 경영성과 모두를 향상시키기 위해 정보와 지식을 활용한다.

72 정보 단위에 대한 설명으로 옳지 않은 것은?

① 기가바이트(GB)는 바이트(B) 보다 큰 단위이다.

② 테라바이트(TB)는 기가바이트(GB) 보다 큰 단위이다.

③ 테라바이트(TB)는 메가바이트(MB) 보다 큰 단위이다.

④ 메가바이트(MB)는 킬로바이트(KB) 보다 큰 단위이다.

⑤ 기가바이트(GB)는 페타바이트(PB) 보다 큰 단위이다.

73 충성도 프로그램에 대한 설명으로 옳지 않은 것은?

① 유통업체에서 운영하는 충성도 프로그램은 고객들의 구매 충성도를 높이기 위해 운영되는 단발성 프로그램이다.

② 유통업체 고객의 충성도는 다양한데, 대표적인 충성도에는 행동적 충성도와 태도적 충성도가 있다.

③ 유통업체 고객의 행동적 충성도의 대표적인 사례로는 고객의 반복구매가 있다.

④ 유통업체 고객이 특정한 상품에 대해 애착을 형성하거나 우호적 감정을 갖는 것을 태도적 충성도라고 한다.

⑤ 유통업체에서 가지고 있는 충성도 강화 프로그램은 사전에 정해진 지침에 의해 운영된다.

74 유통업체들은 정보시스템 운영을 효율화하기 위해 ERP시스템을 도입하고 있는데 ERP시스템의 발전순서를 나열한 것으로 옳은 것은?

㉠ ERP	㉡ Extended ERP
㉢ MRP	㉣ MRP II

① ㉢ - ㉣ - ㉠ - ㉡

② ㉢ - ㉠ - ㉣ - ㉡

③ ㉢ - ㉡ - ㉠ - ㉣

④ ㉠ - ㉣ - ㉢ - ㉡

⑤ ㉠ - ㉡ - ㉢ - ㉣

75 사물인터넷 유형을 올인원 사물인터넷과 애프터마켓형 사물인터넷으로 구분할 경우 보기 중 애프터마켓형 사물인터넷 제품으로 가장 옳은 것은?

① 스마트 TV
② 스마트 지갑
③ 스마트 냉장고
④ 스마트 워치(watch)
⑤ 크롬 캐스트(Chrome Cast)

76 아래 글상자에서 설명하는 기술로 옳은 것은?

> ㉠ A사는 행정안전부와 협약을 통해 이 기술을 이용하여 긴급구조 활동에 지원하기로 하였으며, 재난 발생으로 고립된 지역에 의약품 키트를 긴급물품으로 지원하기로 하였다. 독일 제작업체와 합작해 도입한 '○○스카이도어'이다.
> ㉡ B사는 2019년 4월 이것에 대해 미국 FAA로부터 사업허가를 승인받았다. 버지니아와 블랙스버그의 외곽 지역에서 이 기술을 이용하여 기업에서 가정으로 상품을 실어 나르는 상업 서비스를 개시할 수 있게 되었다. 이 승인은 2년 간 유효하며, 조종사 1인당 동시에 가능한 조정대수는 최대 5대로 제한되고 위험물질은 실을 수 없다.

① GPS   ② 드론
③ 핀테크   ④ DASH
⑤ WING

77 전자상거래를 이용하는 고객들이 기업에서 발송하는 광고성 메일에 대해 수신거부 의사를 전달하면, 고객들은 광고성 메일을 받지 않을 수 있는데 이를 적절하게 설명하는 용어로 옳은 것은?

① 옵트아웃(opt out)
② 옵트인(opt in)
③ 옵트오버(opt over)
④ 옵트오프(opt off)
⑤ 옵트온(opt on)

78 유통업체와 제조업체들이 환경에 해로운 경영 활동을 하면서, 마치 친환경 경영 활동을 하고 있는 것처럼 광고하는 경우를 설명하는 용어로 옳은 것은?

① 카본 트러스트(Carbon Trust)
② 자원 발자국(Resource Footprint)
③ 허브 앤 스포크(Hub and Spoke)
④ 그린워시(Greenwash)
⑤ 친환경 공급사슬(Greenness Supply Chain)

79 아래 글상자의 ( )안에 공통적으로 들어갈 공급사슬관리 개념으로 가장 옳은 것은?

> ㉠ ( )은(는) 조직들이 시장의 실질적인 수요를 예측함과 동시에 비용효과적인 방법으로 대응하는 전략이다.
> ㉡ ( )의 목표는 조직들이 최소 재고를 유지하면서, 정시배송을 통한 가장 높은 수준의 소비자 만족을 가능하게 하는 것이다.
> ㉢ ( )의 핵심은 단일 계획에 의한 실행으로 조직의 경영목표를 달성하기 위한 계획을 정립하고 판매, 생산, 구매, 개발 등 조직 내의 모든 실행이 동기화되야 한다.

① S&OP(Sales and Operations Planning)
② LTM(Lead Time Management)
③ VMI(Vendor Managed Inventory)
④ DF(Demand Fulfillment)
⑤ SF(Supply Fulfillment)

80 전자자료교환(EDI)에 대한 설명으로 가장 옳지 않은 것은?

① 전용선 기반이나 텍스트 기반의 EDI 서비스는 개방적인터넷 환경으로 인해 보안상 취약성이 높아 웹기반 서비스 불가하며, 2022년 서비스가 예정이다.

② EDI 서비스는 기업 간 전자상거래 서식 또는 공공 서식을 서로 합의된 표준에 따라 표준화된 메시지 형태로 변환해 거래 당사자끼리 통신망을 통해 교환하는 방식이다.

③ EDI 서비스는 수작업이나 서류 및 자료의 재입력을 하지 않게 되어 실수 및 오류를 방지하며 더 많은 비즈니스 문서를 보다 정확하고 보다 빨리 공유하고 처리할 수 있다.

④ EDI 시스템의 기본 기능에는 기업의 수주, 발주, 수송, 결제 등을 처리하는 기능이 있으며, 상업 거래 자료를 변환, 통신, 표준 관리 그리고 거래처 관리 등으로 활용할 수 있다.

⑤ EDI 서비스는 1986년 국제연합유럽경제위원회(UN/ECE) 주관으로 프로토콜 표준화 합의가 이루어졌고, 1988년 프로토콜의 명칭을 EDIFACT로 하였으며, 구문규칙을 국제표준(ISO 9735)으로 채택하였다.

81 POS(Point of Sale)시스템의 구성기기 중 상품명, 가격, 구입처, 구입가격 등 상품에 관련된 모든 정보가 데이터베이스화되어 있으며, 자동으로 판매파일, 재고파일, 구매파일 등을 갱신하고 기록하여, 추후 각종 통계자료 작성 시에 사용 가능케 하는 기기로 가장 옳은 것은?

① POS 터미널
② 바코드 리더기
③ 바코드 스캐너
④ 본부 주 컴퓨터
⑤ 스토어 컨트롤러

82 e-SCM을 위해 도입해야 할 주요 정보기술로 가장 옳지 않은 것은?

① 의사결정을 지원해주기 위한 자료 탐색(data mining) 기술
② 내부 기능부서 간의 업무통합을 위한 전사적 자원관리(ERP) 시스템
③ 기업내부의 한정된 일반적인 업무활동에서 발생하는 거래자료를 처리하기 위한 거래처리시스템
④ 수집된 고객 및 거래데이터를 저장하기 위한 데이터웨어하우스(data ware-house)
⑤ 고객, 공급자 등의 거래 상대방과의 거래처리 및 의사소통을 위한 인터넷 기반의 전자상거래(e-Commerce)시스템

83 바코드 기술과 RFID 기술에 대한 설명으로 옳지 않은 것은?

① 유통업체에서는 바코드 기술을 판매관리에 활용하고 있다.
② 바코드 기술은 핀테크 기술에 결합되어 다양한 모바일 앱에서 활용되고 있다.
③ 바코드 기술을 대체할 기술로는 RFID(Radio Frequency IDentification) 기술이 있다.
④ RFID 기술은 바코드에 비해 구축비용이 저렴하지만, 보안 취약성 때문에 활성화되고 있지 않다.
⑤ RFID 기술은 단품관리에 활용될 수 있다.

84 아래 글상자에서 설명하는 기술로 옳은 것은?

> 인간을 대신하여 수행할 수 있도록 단순 반복적인 업무를 알고리즘화하고 소프트웨어적으로 자동화하는 기술이다. 물리적 로봇이 아닌 소프트웨어 프로그램으로 사람이 하는 규칙기반(rule based) 업무를 기존의 IT 환경에서 동일하게 할 수 있도록 구현하는 것이다. 2014년 이후 글로벌 금융사를 중심으로 확산되었으며, 현재는 다양한 분야에서 일반화되는 추세이다.

① RPA(Robotic Process Automation)
② 비콘(Beacon)
③ 블루투스(Bluetooth)
④ OCR(Optical Character Reader)
⑤ 인공지능(Artificial Intelligence)

85 QR(Quick Response) 도입으로 얻는 효과로 가장 옳지 않은 것은?

① 기업의 원자재 조달에서부터 상품이 소매점에 진열되기까지 총 리드타임 단축

② 낮은 수준의 재고와 대응시간의 감소가 서로 상충되어 프로세싱 시간 증가

③ 정확한 생산계획에 의한 생산관리로 낮은 수준의 재고 유지 가능

④ 전표 등을 EDI로 처리하여 정확성 및 신속성 향상

⑤ 기업 간 정보공유를 바탕으로 소비동향을 분석, 고객요구를 신속하게 반영하는 것이 가능

86 POS(Point of Sale) 시스템에 대한 설명으로 옳지 않은 것은?

① 유통업체에서는 POS 시스템을 도입함으로써 업무처리 속도를 개선하고, 업무에서의 오류를 줄일 수 있다.

② 유통업체에서는 POS 시스템의 데이터를 분석함으로써 중요한 의사결정에 활용할 수 있다.

③ 유통업체에서는 POS 시스템을 통해 얻은 시계열자료를 분석함으로써 판매 상품에 대한 추세 분석을 할 수 있다.

④ 유통업체에서는 POS 시스템을 도입해 특정 상품을 얼마나 판매하였는가에 대한 정보를 얻을 수 있다.

⑤ 고객의 프라이버시 보호를 위해 바코드로 입력된 정보와 고객 정보의 연계를 금지하고 있어 유통업체는 개인 고객의 구매내역을 파악할 수 없다.

87 아래 글상자 내용은 패턴 발견과 지식을 의사결정 및 지식 영역에 적용하기 위한 지능형 기술에 대한 설명이다. (   )안에 적합한 용어로 옳은 것은?

> (   )(은)는 자연 언어 등의 애매함을 정량적으로 표현하기 위하여 1965년 미국 버클리대학교의 자데(L. A. Zadeh) 교수에 의해 도입되었다. 이는 불분명한 상태, 모호한 상태를 참 혹은 거짓의 이진 논리에서 벗어난 다치성으로 표현하는 논리 개념으로, 근사치나 주관적 값을 사용하는 규칙들을 생성함으로써 부정확함을 표현할 수 있는 규칙 기반기술(rule-based techonology)이다.

① 신경망   ② 유전자 알고리즘
③ 퍼지 논리   ④ 동적계획법
⑤ 전문가시스템

88 지식관리에 대한 설명으로 옳지 않은 것은?

① 명시적 지식은 쉽게 체계화할 수 있는 특성이 있다.

② 암묵적 지식은 조직에서 명시적 지식보다 강력한 힘을 발휘하기도 한다.

③ 명시적 지식은 경쟁기업이 쉽게 모방하기 어려운 지식으로 경쟁우위 창출에 기반이 된다.

④ 암묵적 지식은 사람의 머릿속에 있는 지식으로 지적자본 (intellectual capital)이라고도 한다.

⑤ 기업에서는 구성원의 지식공유를 활성화 하기 위하여 인센티브 (incentive)를 도입한다.

89 전자서명이 갖추어야 할 특성으로 가장 옳지 않은 것은?

① 서명한 문서의 내용을 변경할 수 없어야 한다.

② 서명자가 자신이 서명한 사실을 부인할 수 없어야 한다.

③ 서명은 서명자 이외의 다른 사람이 생성할 수 없어야 한다.

④ 서명은 서명자의 의도에 따라 서명된 것임을 확인할 수 있어야 한다.

⑤ 하나의 문서의 서명을 다른 문서의 서명으로 사용할 수 있어야 한다.

90 유통업체에서 지식관리시스템 활용을 통해 얻을 수 있는 효과로 옳지 않은 것은?

① 동종 업계의 다양한 우수 사례를 공유할 수 있다.

② 지식을 획득하고, 이를 보다 효과적으로 활용함으로써 기업 성장에 도움을 받을 수 있다.

③ 중요한 지식을 활용해 기업 운영에 있어 경쟁력을 확보할 수 있다.

④ 지식 네트워크를 구축할 수 있고, 이를 통해 새로운 지식을 얻을 수 있다.

⑤ 의사결정을 위한 정보를 제공해주는 시스템으로 의사결정권이 있는 사용자가 빠르게 판단할 수 있게 돕는다.

01~25 1과목 | 유통물류일반

01 운송수단을 결정하기 전에 검토해야 할 사항에 대한 설명으로 가장 거리가 먼 것은?

① 운송할 화물이 일반화물인지 냉동화물인지 등의 화물의 종류
② 운송할 화물의 중량과 용적
③ 화물의 출발지, 도착지와 운송거리
④ 운송할 화물의 가격
⑤ 운송할 화물이 보관된 물류센터의 면적

02 SCM 관리기법 중 JIT(Just In Time)에 대한 내용으로 옳은 것은?

① JIT는 생산, 운송시스템의 전반에서 재고부족으로 인한 위험 요소를 제거하기 위해 안전재고 수준을 최대화한다.
② JIT에서 완성품은 생산과정품(Work In Process)에 포함시키지만 부품과 재료는 포함시키지 않는다.
③ 구매측면에서는 공급자의 수를 최대로 선정하여 호혜적인 작업관계를 구축한다.
④ 수송단위가 소형화되고 수송빈도가 증가하므로 수송과정을 효과적으로 점검, 통제하는 능력이 중요하다.
⑤ 창고설계 시 최대재고의 저장에 초점을 맞추는 것이지 재고이동에 초점을 맞추는 것은 아니다.

03 운송에 관련된 내용으로 옳지 않은 것은?

① 해상운송은 최종목적지까지의 운송에는 한계가 있기 때문에 피시백(fishy back) 복합운송서비스를 제공한다.
② 트럭운송은 혼적화물운송(LTL: Less than Truckload) 상태의 화물도 긴급 수송이 가능하고 단거리 운송에도 경제적이다.
③ 다른 수송형태에 비해 철도운송은 상대적으로 도착시간을 보증할 수 있는 정도가 높다.
④ 항공운송은 고객이 원하는 지점까지의 운송을 위해 버디백(birdy back) 복합운송 서비스를 활용할 수 있다.
⑤ COFC는 철도의 유개화차 위에 컨테이너를 싣고 수송하는 방식이다.

04 ROI에 대한 내용으로 옳지 않은 것은?

① 투자에 대한 이익률이다.
② 순자본(소유주의 자본, 주주의 자본 혹은 수권자본)에 대한 순이익의 비율이다.
③ ROI가 높으면 제품재고에 대한 투자가 총이익을 잘 달성했다는 의미이다.
④ ROI가 낮으면 자산의 과잉투자 등으로 인해 사업이 성공적이지 못하다는 의미이다.
⑤ ROI가 높으면 효과적인 레버리지 기회를 활용했다는 의미로도 해석된다.

05 아래 글상자는 포장설계의 방법 중 집합포장에 대한 설명이다. ㉠과 ㉡에서 설명하는 용어로 가장 옳은 것은?

> ㉠ 수축 필름의 열수축력을 이용하여 팔레트와 그 위에 적재된 포장화물을 집합포장하는 방법
> ㉡ 주로 생선, 식품, 청과물 등을 1개 또는 복수로 트레이에 올려 그 주위를 끌어당기면서 엷은 필름으로 덮어 포장하는 방법

① ㉠ 밴드결속, ㉡ 테이핑
② ㉠ 테이핑, ㉡ 슬리브
③ ㉠ 쉬링크, ㉡ 스트레치
④ ㉠ 꺽쇠 · 물림쇠, ㉡ 골판지상자
⑤ ㉠ 접착, ㉡ 슬리브

06 도 · 소매 물류를 7R을 활용하여 효과적으로 관리하는 방법에 대한 설명으로 가장 옳지 않은 것은?

① 적절한 품질의 제품을 적시에 제공해야 한다.
② 최고의 제품을 저렴한 가격으로 제공해야 한다.
③ 좋은 인상으로 원하는 장소에 제공해야 한다.
④ 적정한 제품을 적절한 양으로 제공해야 한다.
⑤ 적시에 원하는 장소에 제공해야 한다.

07 기업이 외부조달을 하거나 외주를 주는 이유로 옳지 않은 것은?

① 비용 상의 이점
② 불충분한 생산능력 보유
③ 리드타임, 수송, 창고비 등에 대한 높은 통제가능성
④ 전문성 결여로 인한 생산 불가능
⑤ 구매부품의 품질측면의 우수성

08 인적자원관리에 관련된 능력주의와 연공주의를 비교한 설명으로 옳지 않은 것은?

구분	정량주문법	정기주문법
㉠ 승진기준	직무중심 (직무능력기준)	사람중심 (신분중심)
㉡ 승진요소	성과, 업적, 직무수행능력 등	연력, 경력, 근속년수, 학력 등
㉢ 승진제도	직계승진제도	연공승진제도
㉣ 경영 내적요인	일반적으로 전문직종의 보편화 (절대은 아님)	일반적으로 일반직종의 보편화 (절대적은 아님)
㉤ 특성	승진관리의 안정성 / 객관적 기준 확보 가능	승진관리의 불안정 / 능력평가의 객관성 보가 힘듦

① ㉠
② ㉡
③ ㉢
④ ㉣
⑤ ㉤

09 포트폴리오 투자이론에 관련된 설명으로 옳지 않은 것은?

① 포트폴리오란 투자자들에 의해 보유되는 주식, 채권 등과 같은 자산들의 그룹을 말한다.

② 포트폴리오 수익률은 개별자산의 수익률에 투자비율을 곱하여 모두 합한 값이다.

③ 포트폴리오 가중치는 포트폴리오의 총가치 중 특정 자산에 투자된 비율을 말한다.

④ 체계적 위험은 주식을 발행한 각 기업의 경영능력, 발전가능성, 수익성 등의 변동가능성으로 개별주식에만 발생하는 위험이다.

⑤ 비체계적 위험은 분산투자로 어느 정도 제거가 가능한 위험이다.

10 조직 내에서 이루어지는 공식, 비공식적인 의사소통의 유형과 그 설명이 가장 옳지 않은 것은?

① 개선보고서와 같은 상향식 의사소통은 하위계층에서 상위계층으로 이루어진다.

② 태스크포스(task force)와 같은 하향식 의사소통은 전통적 방식의 소통이다.

③ 다른 부서의 동일 직급 동료 간의 정보교환은 수평식 의사소통이다.

④ 인사부서의 부장과 품질보증팀의 대리 간의 의사소통은 대각선 방식의 의사소통이다.

⑤ 비공식 의사소통 채널의 예로 그레이프바인(grape vine)이 있다.

11 아래의 글상자에서 설명하고 있는 동기부여 전략으로 옳은 것은?

> - 자신의 업무와 관련된 목표를 상사와 협의하여 설정하고 그 과정과 결과를 정기적으로 피드백한다.
> - 구체적인 목표가 동기를 자극하여 성과를 증진시킨다.
> - 목표가 완성되었을 경우 상사와 함께 평가하여 다음 범 목표 설정에 활용한다.

① 목표관리이론 ② 직무충실화이론
③ 직무특성이론 ④ 유연근로제
⑤ 기대이론

12 서로 다른 제품을 각각 다른 생산설비를 사용하는 것보다 공동의 생산 설비를 이용해서 생산한다면 보다 효과적이라는 이론으로 옳은 것은?

① 규모의 경제
② 분업의 원칙
③ 변동비 우위의 법칙
④ 범위의 경제
⑤ 집중화 전략

13 유통경영 전략계획 수립에 대한 설명으로 가장 옳지 않은 것은?

① 기업수준의 전략계획수립은 조직의 목표 및 역량과 변화하는 마케팅 기회 간의 전략적 적합성을 개발·유지하는 과정을 말한다.

② 기업수준의 전략계획수립은 기업 내에서 이루어지는 다른 모든 계획수립의 근간이 된다.

③ 기업수준의 전략계획수립과정은 기업전반의 목적과 사명을 정의하는 것으로 시작된다.

④ 기업수준의 전략계획이 실현될 수 있도록 마케팅 및 기타 부서들은 구체적 실행계획을 수립한다.

⑤ 기업수준의 전략계획은 기능별 경영전략과 사업수준별 경영전략을 수립한 후 전략적 일관성에 맞게 수립해야 한다.

14 유통경로에서 발생하는 각종 현상에 관한 설명으로 가장 옳지 않은 내용은?

① 유통경로의 같은 단계에 있는 경로구성원 간의 경쟁을 수평적 경쟁이라고 한다.

② 제조업자는 수직적 마케팅 시스템을 통해 도소매상의 판매자료를 공유함으로써 효율적 재고관리, 경로전반의 조정개선 등의 이점을 얻을 수 있다.

③ 가전제품도매상과 대규모로 소매상에 공급하는 가전 제조업자와의 경쟁은 업태 간 경쟁이다.

④ 이미지, 목표고객, 서비스 등 기업전략의 유사성 때문에 수평적 경쟁이 생기는 경우도 많다.

⑤ 유통기업은 수직적 경쟁을 회피하기 위해 전방통합, 후방통합을 시도하기도 한다.

15 기업의 과업환경에 속하지 않는 것은?

① 경쟁기업

② 고객

③ 규제기관

④ 협력업자

⑤ 인구통계학적 특성

16 기업의 이해관계자별 주요 관심사에 관한 설명으로 옳지 않은 것은?

구분	이해관계자	이해관계자의 관심사
㉠	기업주/경영자	기업평판, 경쟁력
㉡	종업원	임금과 근무조건, 복리후생제도, 채용 관행과 승진제도
㉢	노동조합	허위정보, 과대광고, 폭리, 유해상품
㉣	소비자/고객	제품의 안전성, 적정가격, 서비스 수준과 품질 보장
㉤	유통업체/거래처	입찰과 납품 시 합법적 행위, 대금 결제의 합법성

① ㉠   ② ㉡
③ ㉢   ④ ㉣
⑤ ㉤

④ 특수산업용 기계 제조업자는 주문을 받지 않는 한 생산을 미룬다.

⑤ 다른 유통경로 구성원이 비용우위를 갖는 기능은 위양하고 자신이 더 비용우위를 갖는 일은 직접 수행한다.

17 청소년보호법(법률 제17761호, 2020. 12. 29., 타법개정) 상, 청소년유해약물에 포함되지 않는 것은?

① 주류
② 담배
③ 마약류
④ 고카페인 탄산음료
⑤ 환각물질

18 '재고를 어느 구성원이 가지는가에 따라 유통경로가 만들어진다'라고 하는 유통경로 결정 이론과 관련한 내용으로 옳지 않은 것은?

① 중간상이 재고의 보유를 연기하여 제조업자가 재고를 가진다.

② 유통경로의 가장 최후시점까지 제품을 완성품으로 만들거나 소유하는 것을 미룬다.

③ 자전거 제조업자가 완성품 조립을 미루다가 주문이 들어오면 조립하여 중간상에게 유통시킨다.

19 상인 도매상은 수행기능의 범위에 따라 크게 완전기능 도매상과 한정기능도매상으로 구분한다. 완전기능도매상에 해당되는 것으로 옳은 것은?

① 현금으로 거래하며 수송서비스를 제공하지 않는 현금 무배달도매상

② 제품에 대한 소유권을 가지고 제조업자로부터 제품을 취득하여 소매상에게 직송하는 직송도매상

③ 우편을 통해 주문을 접수하여 제품을 배달해주는 우편 주문도매상

④ 서로 관련이 있는 몇 가지 제품을 동시에 취급하는 한정상품도매상

⑤ 트럭에 제품을 싣고 이동판매하는 트럭도매상

20 소비자기본법(법률 제17290호, 2020. 5. 19., 타법개정) 상, 소비자중심경영의 인증 내용으로 옳지 않은 것은?

① 소비자중심경영인증의 유효기간은 그 인증을 받은 날부터 1년으로 한다.

② 소비자중심경영인증을 받은 사업자는 대통령령으로 정하는 바에 따라 그 인증의 표시를 할 수 있다.

③ 소비자중심경영인증을 받으려는 사업자는 대통령령으로 정하는 바에 따라 공정거래위원회에 신청하여야 한다.

④ 공정거래위원회는 소비자중심경영인증을 신청하는 사업자에 대하여 대통령령으로 정하는 바에 따라 그 인증의 심사에 소요되는 비용을 부담하게 할 수 있다.

⑤ 공정거래위원회는 소비자중심경영을 활성화하기 위하여 대통령령으로 정하는 바에 따라 소비자중심경영 인증을 받은 기업에 대하여 포상 또는 지원 등을 할 수 있다.

21 최근 국내외 유통산업의 발전상황과 트렌드로 옳지 않은것은?

① 제품설계, 제조, 판매, 유통 등 일련의 과정을 늘려 거대한 조직을 만들어 복잡한 가치사슬을 유지하고 높은 재고비용을 필요로 하는 가치사슬이 중요해졌다.

② 소비자의 구매 패턴 등을 담은 빅데이터를 기반으로 생산과 유통에 대한 의사결정이 이루어지고 있다.

③ 글로벌 유통기업들은 무인점포를 만들고, 시범적으로 드론 배송서비스를 시작하였다.

④ 디지털 기술 및 다양한 기술이 융합됨에 따라 온라인 플랫폼을 통하여 개인화된 제품으로 변화된 소비자 선호에 대응할 수 있게 되었다.

⑤ VR/AR 등을 이용한 가상 스토어에서 물건을 살 수 있다.

22 중간상이 행하는 각종 분류기능 중 ㉠과 ㉡에 들어갈 용어로 옳은 것은?

> – (㉠)은/는 생산자들에 의해 공급된 이질적인 제품들을 크기, 품질, 색깔 등을 기준으로 동질적인 집단으로 나누는 기능을 의미한다.
> – (㉡)은/는 동질적인 제품을 소규모 단위로 나누는 기능을 의미한다.

① ㉠ 수합(accumulation),
　㉡ 등급(sort out)

② ㉠ 등급(sort out),
　㉡ 분배(allocation)

③ ㉠ 분배(allocation),
　㉡ 구색(assortment)

④ ㉠ 구색(assortment),
　㉡ 수합(accumulation)

⑤ ㉠ 수합(accumulation),
　㉡ 분배(allocation)

23 유통산업의 개념 및 경제적 역할에 대한 설명으로 가장 옳지 않은 것은?

① 유통산업이란 도매상, 소매상, 물적 유통기관 등과 같이 유통기능을 수행·지원하는 유통기구들의 집합을 의미 한다.

② 우리나라의 경우 1960년대 이후 주로 유통산업 부문 중심의 성장을 이루었으나, 1980년대 이후에는 제조업의 육성과 활성화가 중요 과제가 되었다.

③ 유통산업은 국민경제 및 서비스산업 발전에 파급효과가 크고 성장잠재력이 높은 고부가가치 산업으로 평가되고 있다.

④ 유통산업은 경제적으로 일자리 창출에 크게 기여하고 있는 산업이며 서비스산업 발전에도 중요한 역할을 하고 있다.

⑤ 유통산업은 모바일 쇼핑과 같은 신업태의 등장, 유통 단계의 축소 등의 유통구조의 개선으로 상품거래비용과 소매가격 하락을 통해 물가안정에도 기여하고 있다.

24 마이클 포터(Michael Porter)의 산업구조분석모형(5-forces model)에 대한 설명으로 옳지 않은 것은?

① 공급자의 교섭력이 높아질수록 시장 매력도는 높아진다.

② 대체재의 유용성은 대체재가 기존 제품의 가치를 얼마나 상쇄할 수 있는지에 따라 결정된다.

③ 교섭력이 큰 구매자의 압력으로 인해 자사의 수익성이 낮아질 수 있다.

④ 진입장벽의 강화는 신규 진입자의 진입을 방해하는 요소가 된다.

⑤ 경쟁기업간의 동질성이 높을수록 암묵적인 담합가능성이 높아진다.

25 중간상의 사회적 존재 타당성에 대한 설명 중 그 성격이 다른 하나는?

① 제조업은 고정비가 차지하는 비율이 변동비보다 크다.

② 제조업자가 중간상과 거래하여 사회적 총 거래수가 감소한다.

③ 유통업은 고정비보다 변동비의 비율이 높다.

④ 중간상이 배제되고 제조업이 유통의 역할을 통합하는 것이 비용측면에서 이점이 크지 않다.

⑤ 제조업체가 변동비를 중간상과 분담함으로써 비용면에서 경쟁 우위를 차지할 수 있다.

26~45 **2과목 | 상권분석**

26 소매점 개점을 위한 투자계획에 관한 설명으로 가장 옳지 않은 것은?

① 투자계획은 개점계획을 자금계획과 손익계획으로 계수화한 것이다.
② 자금계획은 자금조달계획과 자금운영계획으로 구성된다.
③ 손익계획은 수익계획과 비용계획으로 구성된다.
④ 자금계획은 투자활동 현금흐름표, 손익계획은 연도별 손익계산서로 요약할 수 있다.
⑤ 물가변동이 심하면 경상가격 대신 불변가격을 적용하여 화폐가치 변동을 반영한다.

27 아래 글상자 속의 설명에 해당하는 상업입지로서 가장 옳은 것은?

> 주로 지방 중소도시의 중심부에 형성되는 커뮤니티형 상점가이다. 실용적인 준선매품 소매점 및 가족형 음식점들이 상점가를 형성하며, 대부분의 생활기능을 충족시킨다.

① 거점형 상업입지
② 광역형 상업입지
③ 지역중심형 상업입지
④ 지구중심형 상업입지
⑤ 근린형 상업입지

28 점포를 개점할 때 고려해야할 전략적 사항에 대한 설명으로 옳지 않은 것은?

① 점포는 단순히 하나의 물리적 시설이 아니고 소비자들의 생활과 직결되며, 라이프스타일에도 영향을 미친다.
② 상권의 범위가 넓어져서 규모의 경제를 유발할 수 있기 때문에, 점포의 규모는 클수록 유리하다.
③ 점포개설로 인해 인접 주민 또는 소비자단체의 민원제기나 저항이 일어나지 않도록 사전에 대비하여야 한다.
④ 취급하는 상품의 종류에 따라 소비자의 이동거리에 대한 저항감이 다르기 때문에 상권의 범위가 달라진다.
⑤ 경쟁관계에 있는 다른 점포의 규모나 위치를 충분히 검토하여야 한다.

29 상권설정이 필요한 이유로 가장 옳지 않은 것은?

① 지역내 고객의 특성을 파악하여 상품구색과 촉진의 방향을 설정하기 위해
② 잠재수요를 파악하기 위해
③ 구체적인 입지계획을 수립하기 위해
④ 점포의 접근성과 가시성을 높이기 위해
⑤ 업종선택 및 업태개발의 기본 방향을 확인하기 위해

30 현재 "상가건물 임대차보호법"(법률 제 17471호, 2020. 7. 31., 일부개정) 등 관련 법 규에서 규정하고 있는 상가임대료의 인상률 상한(청구당시의 차임 또는 보증금 기준)으로 옳은 것은?

① 3% ② 4%

③ 5% ④ 7%

⑤ 9%

31 입지후보지에 대한 예상 매출금액을 계량적 으로 추정하기 위한 상권분석기법이 아닌 것으로만 짝지어진 것은?

① 유사점포법(analog method), 허프모델 (Huff model)

② 허프모델(Huff model), 체크리스트법 (Checklist method)

③ 티센다각형(Thiessen polygon)모형, 체 크리스트법(Checklist method)

④ 회귀분석(regression analysis)모형, 허 프모델(Huff model)

⑤ 다항로짓모델(multinomial logit model), 유사점포법(analog method)

32 소매점의 입지와 상권에 대한 설명으로 가 장 옳은 것은?

① 입지 평가에는 점포의 층수, 주차장, 교 통망, 주변 거주 인구 등을 이용하고, 상 권 평가에는 점포의 면적, 주변 유동인 구, 경쟁점포의 수 등의 항목을 활용한 다.

② 입지는 점포를 이용하는 소비자들이 분 포하는 공간적 범위 또는 점포의 매출이 발생하는 지역 범위를 의미한다.

③ 상권은 점포를 경영하기 위해 선택한 장 소 또는 그 장소의 부지와 점포 주변의 위치적 조건을 의미한다.

④ 입지를 강화한다는 것은 점포가 더 유리 한 조건을 갖출수 있도록 점포의 속성들 을 개선하는 것을 의미한다.

⑤ 입지는 일정한 공간적 범위(boundary) 로 표현되고 상권은 일정한 위치를 나타 내는 주소나 좌표를 가지는 점(point)으 로 표시된다.

33 시계성 관점에서 상대적으로 좋은 입지에 대한 설명으로 가장 옳지 않은 것은?

① 차량 이용보다는 도보의 경우에 더 먼 거 리에서부터 인식할 수 있게 해야 한다.

② 간판은 눈에 띄기 쉬운 크기와 색상을 갖 춰야 한다.

③ 건물 전체가 눈에 띄는 것이 효과적이다.

④ 교외형인 경우 인터체인지, 대형 교차로 등을 기점으로 시계성을 판단한다.

⑤ 주차장의 진입로를 눈에 띄게 하는 것도 중요하다.

34 지도작성체계와 데이터베이스관리체계의 결합으로 상권 분석의 유용한 도구가 되고 있는 지리정보시스템(GIS)의 기능에 대한 설명으로 옳은 것은?

① 버퍼(buffer) – 지도상에서 데이터를 조회하여 표현하고, 특정 공간기준을 만족시키는 지도를 얻기 위해 조회도구로써 지도를 사용하는 것이다.

② 주제도(thematic map) 작성 – 속성정보를 요약하여 표현한 지도를 작성하는 것이며, 면, 선, 점의 형상으로 구성된다.

③ 위상 – 지리적인 형상을 표현한 지도상에 데이터의 값과 범위를 할당하여 지도를 확대 · 축소하는 등의 기능이다.

④ 데이터 및 공간조회 – 어떤 지도형상, 즉 점이나 선혹은 면으로부터 특정한 거리 이내에 포함되는 영역을 의미하며, 면의 형태로 나타나 상권 혹은 영향권을 표현하는데 사용될 수 있다.

⑤ 프레젠테이션 지도작업 – 공간적으로 동일한 경계선을 가진 두 지도 레이어들에 대해 하나의 레이어에 다른 레이어를 겹쳐 놓고 지도 형상과 속성들을 비교하는 기능이다.

35 동일하거나 유사한 업종은 서로 멀리 떨어져 있는 것보다 가까이 모여 있는 것이 고객을 유인할 수 있다는 입지 평가의 원칙으로 옳은 것은?

① 보충가능성의 원칙
② 점포밀집의 원칙
③ 동반유인의 원칙
④ 고객차단의 원칙
⑤ 접근 가능성의 원칙

36 한 도시 내 상권들의 계층성에 대한 설명으로 가장 옳지 않은 것은?

① 지역상권은 보통 복수의 지구상권을 포함한다.
② 지역상권은 대체로 도시의 행정구역과 일치하기도 한다.
③ 일반적으로 점포상권은 점포가 입지한 지구의 상권보다 크지 않다.
④ 같은 지구 안의 점포들은 특성이 달라도 상권은 거의 일치한다.
⑤ 지방 중소도시의 지역상권은 도시 중심부의 지구상권과 거의 일치한다.

37 페터(R. M. Petter)의 공간균배의 원리에 대한 내용으로 가장 옳지 않은 것은?

① 경쟁점포들 사이의 상권분배 결과를 설명한다.

② 상권 내 소비자의 동질성과 균질분포를 가정한다.

③ 상권이 넓을수록 경쟁점포들은 분산 입지한다.

④ 수요의 교통비 탄력성이 클수록 경쟁점포들은 집중 입지한다.

⑤ 수요의 교통비 탄력성이 0(영)이면 호텔링(H. Hotelling) 모형의 예측결과가 나타난다.

38 상권분석은 지역분석과 부지분석으로 나누어진다. 다음 중 지역분석의 분석항목 만으로 구성된 것은?

① 기후ㆍ지형ㆍ경관, 용도지역ㆍ용적률, 기존 건물의 적합성, 금융 및 조세 여건

② 인구변화 추세, 기후ㆍ지형ㆍ경관, 도로망ㆍ철도망, 금융 및 조세 여건

③ 용도지역ㆍ용적률, 기존 건물의 적합성, 인구변화 추세, 도로망ㆍ철도망

④ 인구변화 추세, 민원발생의 소지, 토지의 지형ㆍ지질ㆍ배수, 금융 및 조세 여건

⑤ 민원발생의 소지, 용도지역ㆍ용적률, 도로망ㆍ철도망, 공익설비 및 상하수도

39 지역시장의 매력도를 분석할 때 소매포화지수(IRS)와 시장성장잠재력지수(MEP)를 활용할 수 있다. 입지후보가 되는 지역시장의 성장가능성은 낮지만, 시장의 포화 정도가 낮아 기존 점포간의 경쟁이 치열하지 않은 경우로서 가장 옳은 것은?

① 소매포화지수(IRS)와 시장성장잠재력지수(MEP)가 모두 높은 경우

② 소매포화지수(IRS)는 높지만 시장성장잠재력지수(MEP)가 낮은 경우

③ 소매포화지수(IRS)는 낮지만 시장성장잠재력지수(MEP)가 높은 경우

④ 소매포화지수(IRS)와 시장성장잠재력지수(MEP)가 모두 낮은 경우

⑤ 소매포화지수(IRS)와 시장성장잠재력지수(MEP)만으로는 판단할 수 없다.

40 일반적인 백화점의 입지와 소매전략에 관한 설명으로 가장 옳지 않은 것은?

① 입지조건에 따라 도심백화점, 터미널백화점, 쇼핑센터 등으로 구분할 수 있다.

② 대상 지역의 주요산업, 인근지역 소비자의 소비행태 등을 분석해야 한다.

③ 선호하는 브랜드를 찾아다니면서 이용하는 소비자가 존재함을 인지해야 한다.

④ 상품 구색의 종합화를 통한 원스톱 쇼핑보다 한 품목에 집중해야 한다.

⑤ 집객력이 높은 층을 고려한 매장 배치나 차별화가 중요하다.

41 업종형태와 상권과의 관계에 대한 아래의 내용 중에서 옳지 않은 것은?

① 동일 업종이라 하더라도 점포의 규모나 품목의 구성에 따라 상권의 범위가 달라진다.

② 선매품을 취급하는 소매점포는 보다 상위의 소매 중심지나 상점가에 입지하여 넓은 범위의 상권을 가져야 한다.

③ 전문품을 취급하는 점포의 경우 고객이 지역적으로 밀집되어 있으므로 상권의 밀도는 높고 범위는 좁은 특성을 갖고 있다.

④ 상권의 범위가 넓을 때는, 상품품목 구성의 폭과 깊이를 크게 하고 다목적구매와 비교구매가 용이하게 하는 업종/업태의 선택이 필요하다.

⑤ 생필품의 경우 소비자의 구매거리가 짧고 편리한 장소에서 구매하려 함으로 이런 상품을 취급하는 업태는 주택지에 근접한 입지를 취하는 것이 좋다.

42 상권 조사 및 분석에 관한 설명으로서 가장 옳지 않은 것은?

① 유추법을 활용해 신규점포의 수요를 예측할 수 있다.

② 고객스포팅기법(CST)을 활용하여 상권의 범위를 파악 할 수 있다.

③ 이용가능한 정보와 상권분석 결과의 정확성은 역U자 (즉, ∩)형 관계를 갖는다.

④ 동일한 결론을 얻는데 적용한 분석기법이 다양할수록 분석결과의 신뢰도가 높다.

⑤ 회귀분석을 통해 복수의 변수들 각각이 점포 수요에 미치는 영향을 추정할 수 있다.

43 쇼핑센터의 공간구성요소들 중에서 교차하는 통로를 연결하며 원형의 광장, 전이공간, 이벤트 장소가 되는 것은?

① 통로(path)
② 결절점(node)
③ 지표(landmark)
④ 구역(district)
⑤ 에지(edge)

44 크리스탈러(Christaller)의 중심지이론과 관련된 설명으로 가장 옳지 않은 것은?

① 중심지란 배후지의 거주자들에게 재화와 서비스를 제공하는 상업기능이 밀집된 장소를 말한다.

② 배후지란 중심지에 의해 서비스를 제공받는 주변지역으로서 구매력이 균등하게 분포하고 끝이 없이 동질적인 평지라고 가정한다.

③ 중심지기능의 최대도달거리(도달범위)는 중심지에서 제공되는 상품의 가격과 소비자가 그것을 구입하는 데드는 교통비에 의해 결정된다.

④ 도달범위란 중심지 활동이 제공되는 공간적 한계를 말하는데 중심지로부터 어느 재화에 대한 수요가 0이 되는 곳까지의 거리를 의미한다.

⑤ 상업중심지의 정상이윤 확보에 필요한 최소한의 수요를 발생시키는 상권범위를 최대수요 충족거리라고 한다.

45 빅데이터의 유용성이 가장 높은 상권분석의 영역으로 가장 옳은 것은?

① 경쟁점포의 파악
② 상권범위의 설정
③ 상권규모의 추정
④ 고객맞춤형 전략의 수립
⑤ 점포입지의 적합성 평가

3과목 | 유통마케팅

46 유통마케팅 성과 평가에 대한 설명으로 가장 옳지 않은 것은?

① 유통마케팅 성과측정 방법은 크게 재무적 방법과 마케팅적 방법으로 나눌 수 있다.
② 재무적 방법은 회계 데이터를 기초로 성과를 측정한다.

③ 마케팅적 방법은 주로 고객들로부터 수집된 데이터를 이용하여 성과를 측정한다.
④ 마케팅적 방법은 과거의 성과를 보여주지 못하지만 미래를 예측할 수 있다는 장점이 있다.
⑤ 재무적 방법과 마케팅적 방법을 상호보완적으로 활용하여 측정하는 것이 효과적이다.

47 아래 글상자의 상황에서 A사가 선택할 수 있는 분석방법으로 가장 옳은 것은?

> 공기청정기를 판매하는 A사는 다양한 판매촉진을 통해 매출 부진에서 벗어나고자 한다.
> 가격인하와 할인쿠폰행사 그리고 경품행사가 매출 향상에 효과적인가를 판단하기 위해 각 판촉방법 당 5개 지점의 자료를 표본으로 선정하여 판촉유형이 매출에 미치는 효과 여부에 관한 조사를 실시하기로 했다.

① 요인분석(factor analysis)
② 회귀분석(regression analysis)
③ 다차원척도법(MDS, Multi-Dimensional Scaling)
④ 표적집단면접법(FGI, Focus Group Interview)
⑤ 분산분석(ANOVA, analysis of variance)

48 촉진믹스에 대한 설명으로 옳지 않은 것은?

① 광고는 커뮤니케이션을 위한 직접적인 비용을 지불한다는 점에서 홍보(publicity)와 구분된다.

② 인적판매는 소비자 유형별로 개별화된 정보를 전달할 수 있다.

③ 인적판매의 경우 대체로 타 촉진믹스에 비해 고비용이 발생한다.

④ 판매촉진의 주된 목적은 제품에 대한 체계적이고 설득력 있는 정보를 제공하는 것이다.

⑤ 광고는 제품 또는 서비스 정보의 비대면적 전달방식이다.

49 아래 글상자는 로열티(고객충성도)의 유형을 설명하고 있다. ㉠, ㉡, ㉢에 들어갈 용어를 순서대로 나열한 것으로 옳은 것은?

- (㉠): 그냥 예전부터 하던 대로 습관화되어 반복적으로 특정 제품을 구매하는 경우
- (㉡): 반복구매 정도는 낮지만 호감의 정도는 높아 다소의 노력을 기울여서라도 특정 제품이나 브랜드를 구입하는 경우
- (㉢): 특정 제품에 대한 애착과 호감의 수준이 높고 반복구매가 빈번하게 발생하며 때로 긍정적 구전을 하는 경우
- 비로열티(no loyalty): 어떤 차선책을 찾을 수 없어 특정 제품을 반복적으로 선택하는 경우

① ㉠ 잠재적 로열티, ㉡ 초우량 로열티, ㉢ 타성적 로열티

② ㉠ 초우량 로열티, ㉡ 타성적 로열티, ㉢ 잠재적 로열티

③ ㉠ 타성적 로열티, ㉡ 잠재적 로열티, ㉢ 초우량 로열티

④ ㉠ 잠재적 로열티, ㉡ 타성적 로열티, ㉢ 초우량 로열티

⑤ ㉠ 초우량 로열티, ㉡ 잠재적 로열티, ㉢ 타성적 로열티

50 고객서비스에 대한 설명으로 가장 옳지 않은 것은?

① 고객서비스는 고객에게 만족스러운 쇼핑경험을 제공하기 위해 소매업체가 수행하는 일련의 활동과 프로그램을 의미한다.

② 고객서비스는 소비자들이 구매한 상품에서 느낄 수 있는 가치를 증진시킨다.

③ 소매업체는 보다 많은 단기적 이익을 추구하려는 전술적 관점에서 고객서비스를 제공한다.

④ 좋은 고객서비스는 경쟁사가 모방하기 어렵고 고객들이 점포를 다시 찾게 만드는 전략적 이점을 제공한다.

⑤ 훌륭한 고객서비스 제공을 통해 점포들은 상품을 차별화하고 고객충성도를 구축하며 지속가능한 경쟁 우위를 확보하려고 한다.

51 판매원의 고객서비스와 판매업무활동에 대한 설명으로 가장 옳지 않은 것은?

① 판매원의 판매업무활동은 고객에게 상품에 대한 효용을 설명함으로써 구매결정을 내리도록 설득하는 것을 의미한다.

② 개별 소비자의 구매 성향에 맞게 고객서비스를 조정하는 고객화 접근법(customization)은 최소화된 비용으로 고객을 설득 시킬 수 있는 직접적 판매활동이다.

③ 전체 고객집단에 대하여 동일한 고객서비스를 제공하는 것을 표준화 접근법(standardization)이라 한다.

④ 판매업무 활동의 마지막 단계는 고객의 니즈에 부합하면서 판매가 만족스럽게 이루어지도록 하는 판매 종결(closing)기능이다.

⑤ 고객으로부터 얻은 정보를 기업에게 전달하는 역할도 판매업무활동의 하나이다.

52 성공적인 고객관계관리(CRM)의 도입과 실행을 위해 고려해야 할 사항으로 옳지 않은 것은?

① 고객을 중심으로 모든 거래 데이터를 통합해야 한다.

② 고객의 정의와 고객그룹별 관리방침을 수립해야 한다.

③ 고객관계관리는 전략적 차원이 아닌 단순 정보기술 수준에서 활용해야 한다.

④ 고객 분석에 필요한 고객의 상세정보를 수집해야 한다.

⑤ 고객 분석결과를 활용할 수 있도록 제반 업무절차를 정립하고 시행해야 한다.

53 고객관계관리(CRM)에 기반한 마케팅활동으로 가장 옳지 않은 것은?

① 비용을 최소화할 수 있는 고객확보 활동

② 고객과의 신뢰를 쌓아가는 전략적 마케팅 활동

③ 수익성 높은 고객의 분류 및 표적화마케팅

④ 중간상을 배제한 고객과의 직접적 · 개별적 커뮤니케이션

⑤ 교차판매와 상향판매의 기회 증대 및 활용

54 아래 글상자 ㉠, ㉡, ㉢에 들어갈 용어로 옳은 것은?

일반적으로 소비자는 어떤 상품을 살 때, 과거 경험이나 기억, 외부에서 들어온 정보 등에 의해 특정 가격을 떠올리게 되는데 이를 (㉠)이라 한다. 또한, 소비자마다 최하 얼마 이상 최고 얼마 미만의 가격이라면 사겠다고 생각하는 범위가 존재하는데 이를 (㉡)이라 한다. 그러나 항상

이렇게 합리적인 방식으로 가격에 반응하지는 않는다. 소비자는 디자이너 명품 의류나 주류, 시계와 같은 제품에 대해서는 가격을 품질이나 지위의 상징으로 여기는 경우가 있다. 따라서 소비자가 지불가능한 가장 높은 가격을 유지하는 전략을 (㉢) 전략이라 한다.

① ㉠ 준거가격, ㉡ 할증가격, ㉢ 수요점화
　가격수준
② ㉠ 준거가격, ㉡ 명성가격, ㉢ 할증가격
③ ㉠ 준거가격, ㉡ 명성가격, ㉢ 수요점화
　가격수준
④ ㉠ 준거가격, ㉡ 수요점화가격수준, ㉢
　명성가격
⑤ ㉠ 할증가격, ㉡ 준거가격, ㉢ 수요점화
　가격수준

55 아래 글상자 보기 중 머천다이저(MD)가 상품을 싸게 구매할 수 있는 일반적인 상황을 모두 고른 것은?

> ㉠ 주문을 많이 하는 경우
> ㉡ 반품 없이 모두 직매입하는 경우
> ㉢ 현찰로 물품대금을 지불하는 경우
> ㉣ 경쟁업체들이 취급하지 못하는 제조업
> 　체 제품(NB)들을 매입하는 경우

① ㉠, ㉡　　　　　② ㉠, ㉢
③ ㉠, ㉣　　　　　④ ㉠, ㉡, ㉢
⑤ ㉠, ㉡, ㉢, ㉣

56 다음 중 머천다이징(merchandising)을 뜻하는 의미로 가장 옳은 것은?

① 상품화계획　　　② 상품구매계획
③ 재고관리계획　　④ 판매활동계획
⑤ 물류활동계획

57 제품구색의 변화에 초점을 맞춘 소매업태이론으로서, 소매상은 제품구색이 넓은 소매업태에서 전문화된 좁은 구색의 소매업태로 변화되었다가 다시 넓은 구색의 소매 업태로 변화되어 간다고 설명하는 이론으로 가장 옳은 것은?

① 소매수명주기이론 ② 소매변증법이론
③ 소매아코디언이론 ④ 소매차륜이론
⑤ 소매진공이론

58 아래 글상자에서 수직적 경쟁과 관련하여 옳은 내용만을 모두 나열한 것은?

> ㉠ 유통경로상의 서로 다른 경로 수준에
> 　위치한 경로 구성원간의 경쟁을 의미
> 　한다.
> ㉡ 유사한 상품을 판매하는 서로 상이한
> 　형태의 소매업체간 경쟁을 뜻한다.
> ㉢ 자체상표(PB) 확산으로 발생하는 유
> 　통업체와 제조업체와의 경쟁도 수직적

경쟁에 포함된다.

ㄹ 체인 간의 경쟁, 협동조합과 프랜차이즈 간의 경쟁도 수직적 경쟁에 포함된다.

ㅁ 수직적 경쟁이 치열해질수록 횡적/수평적 관계로 경쟁을 완화하려는 욕구가 커진다.

① ㄱ, ㄴ, ㄷ   ② ㄴ, ㄷ, ㅁ

③ ㄱ, ㄷ, ㅁ   ④ ㄴ, ㄷ, ㄹ

⑤ ㄷ, ㄹ, ㅁ

59 다음 중 온·오프라인(O2O) 유통전략을 실행한 결과의 사례로서 가장 옳지 않은 것은?

① 온라인 몰을 통해서 구매한 식품을 근처 오프라인 매장에서 원하는 시간에 집으로 배송 받음

② 모바일 앱을 통해 영화·TV프로그램 등의 콘텐츠를 구매하고 TV를 통해 시청함

③ PC나 모바일 앱으로 상품을 주문한 후 원하는 날짜 및 시간에 점포에 방문하여 픽업함

④ 온라인을 통해 구매한 제품에 대해 환불을 신청한 후 편의점을 통해 제품 반품함

⑤ 모바일 지갑 서비스를 통해 쿠폰을 다운 받아 매장에서 결제할 때 사용함

60 최근 우리나라에서 찾아볼 수 있는 소매경영환경의 변화로 가장 옳지 않은 것은?

① 소비자의 편의성(convenience)추구 증대

② 중간상 상표의 매출 증대

③ 온라인채널의 비약적 성장

④ 하이테크(hi-tech)형 저가 소매업으로의 시장통합

⑤ 파워 리테일러(power retailer)의 영향력 증대

61 엔드진열(end cap display)에 대한 설명으로 가장 옳지 않은 것은?

① 진열된 상품의 소비자들에 대한 노출도가 높다.

② 소비자들을 점내로 회유시키는 동시에 일반 매대로 유인하는 역할을 한다.

③ 생활제안 및 계절행사 등을 통해 매력적인 점포라는 인식을 심어줄 수 있다.

④ 상품정돈을 하지 않으므로 작업시간이 절감되고 저렴한 특가품이라는 인상을 준다.

⑤ 고마진 상품진열대로서 활용하여 이익 및 매출을 높일 수 있다.

62 중간상을 비롯한 유통경로 구성원들에게 제공하는 판매 촉진 방법으로 옳지 않은 것은?

① 중간상 가격할인 ② 협력광고
③ 판매원 교육 ④ 지원금
⑤ 충성도 프로그램

63 레이아웃의 유형 중 격자형 점포배치(grid layout)가 갖는 상대적 특성으로 가장 옳지 않은 것은?

① 비용 대비 효율성이 매우 높다.
② 공간의 낭비를 크게 줄일 수 있다.
③ 심미적으로 가장 우수한 배열은 아니다.
④ 고객의 충동구매를 효과적으로 자극한다.
⑤ 같은 면적에 상대적으로 더 많은 상품을 진열할 수 있다.

64 아래 글상자에서 공통적으로 설명하는 가격전략은?

> ⊙ A대형마트에서는 비누와 로션 등을 3개씩 묶어서 판매함
> ⓒ 초고속인터넷과 IPTV를 따로 가입할 때보다 함께 가입하면 할인된 가격으로 제공

① 종속제품 가격전략(captive product pricing)
② 부산물 가격전략(by-product pricing)
③ 시장침투 가격전략(market-penetration pricing)
④ 묶음제품 가격전략(product-bundle pricing)
⑤ 제품라인 가격전략(product line pricing)

65 유통시장을 세분화할 때 세분화된 시장이 갖추어야 할 요건으로 가장 옳지 않은 것은?

① 세분화된 시장의 크기나 규모, 구매력의 정도가 측정 가능해야 함
② 세분시장별 수익성을 보장하기 위한 시장성이 충분해야 함
③ 마케팅 활동을 통해 세분화된 시장의 소비자에게 효과적으로 접근할 수 있어야 함
④ 자사가 세분화된 시장에서 높은 경쟁우위를 갖고 있어야 함
⑤ 세분시장별 효과적인 마케팅 믹스가 개발될 수 있어야 함

66 점포구성에 대한 설명으로 가장 옳지 않은 것은?

① 점포는 상품을 판매하는 매장과 작업장, 창고 등의 후방으로 구성된다.

② 점포를 구성하는 방법, 배치 방법을 레이아웃이라 한다.

③ 점포 구성 시 고객의 주동선, 보조 동선, 순환동선 모두를 고려해야 한다.

④ 점포 레이아웃 안에서 상품을 그룹핑하여 진열 순서를 결정하는 것을 조닝(zoning)이라 한다.

⑤ 명확한 조닝 구성을 위해 외장 출입구 및 점두 간판의 설치 위치를 신중하게 결정해야 한다.

67 다음 중 자체상표(private brand) 상품의 장점으로 가장 옳지 않은 것은?

① 다른 곳에서는 구매할 수 없는 상품이기 때문에 차별화된 상품화 가능

② 유통기업이 누릴 수 있는 마진폭을 상대적으로 높게 책정 가능

③ 유통단계를 축소시킴으로써 비교적 저렴한 가격으로 판매 가능

④ 유통기업이 전적으로 권한을 갖기 때문에 재고소요량, 상품회전율 등의 불확실성 제거 가능

⑤ 유사한 전국상표 상품 옆에 저렴한 자체상표 상품을 나란히 진열함으로써 판매 촉진효과 획득 가능

68 아래 ㉠과 ㉡에 들어갈 성장전략으로 알맞게 짝지어진 것은?

	기존제품	신제품
기존시장	㉠	
신시장		㉡

① ㉠ 시장침투전략, ㉡ 제품개발전략
② ㉠ 시장침투전략, ㉡ 다각화전략
③ ㉠ 시장개발전략, ㉡ 제품개발전략
④ ㉠ 시장개발전략, ㉡ 다각화전략
⑤ ㉠ 수직적통합전략, ㉡ 신제품전략

69 다음 중 판매를 시도하기 위해 고객에게 다가가는 고객접근 기술로 가장 옳지 않은 것은?

① 고객에게 명함을 전달하며 공식적으로 접근하는 상품 혜택 접근법

② 판매하고자 하는 상품을 고객에게 제시하며 주의와 관심을 환기시키는 상품 접근법

③ 고객의 관심과 흥미를 유발시켜 접근해 나가는 환기 접근법

④ 고객에게 가치 있는 무언가를 무료로 제공하면서 접근하는 프리미엄 접근법

⑤ 이전에 구매한 상품에 대한 정보제공이나 조언을 해주며 접근하는 서비스 접근법

70 다음 중 각 상품수명주기에 따른 관리전략을 연결한 것으로 옳지 않은 것은?

① 도입기 – 기본형태의 상품 출시

② 성장기 – 상품 확대, 서비스 향상

③ 성숙기 – 브랜드 및 모델의 통합, 품질보증의 도입

④ 쇠퇴기 – 경쟁력 없는 취약상품의 철수

⑤ 쇠퇴기 – 재활성화(reactivation)

71~90 4과목 | 유통정보

71 아래 글상자에서 설명하는 기능으로 가장 옳은 것은?

> A사는 온라인과 오프라인 매장을 동시에 운영하는 코스메틱 유통회사이다. 따라서 창고 환경(온도, 습도 등)과 제품 재고에 대한 실시간 상황 관리가 무엇보다 중요하다고 판단하였다. 창고관리 시스템을 구축할 때, 실시간으로 창고환경과 물품별 재고현황 등을 한 화면에서 파악할 수 있도록 하였다.

① 시스템자원관리 ② 주문처리집계

③ 항온항습센서 ④ 재고관리통계

⑤ 대시보드

72 4차 산업혁명 시대에는 다양한 인공지능 알고리즘을 활용해 혁신적인 유통 솔루션이 개발되고 있다. 유통 솔루션 개발에 활용되는 다음의 알고리즘 중 딥러닝이 아닌 것은?

① CNN(Convolutional Neural Network)

② DBN(Deep Belief Network)

③ RNN(Recurrent Neural Network)

④ LSTM(Long Short-Term Memory)

⑤ GA(Genetic Algorithm)

73 전형적인 조직구조는 피라미드와 유사하며 조직 수준별로 의사결정, 문제해결, 기회포착에 요구되는 정보유형이 각기 다르다. 조직구조를 3계층으로 구분할 때, 다음 중 운영적 수준에서 이루어지는 의사결정과 관련된 정보활용 사례로 가장 옳지 않은 것은?

① 병가를 낸 직원이 몇 명인가?

② 코로나19 이후 향후 3년에 걸친 고용수준 변화와 기업에 미치는 영향은?

③ 이번 달 온라인 쇼핑몰 구매자의 구매후기 건수는?

④ 지역별 오늘 배송해야 하는 주문 건수는?

⑤ 창고의 제품군별 재고 현황은?

74 전자상거래에서 거래되는 제품들의 가격인하 요인으로 가장 옳지 않은 것은?

① 신디케이트 판매
② 경쟁심화에 따른 가격유지의 어려움
③ 최저 가격 검색 가능
④ 인터넷 판매의 낮은 경비
⑤ 사이트의 시장점유율 우선의 가격 설정

75 아래 글상자의 (   )안에 들어갈 내용을 순서대로 나열한 것으로 가장 옳은 것은?

	자료	정보	지식
구조화	(㉠)	단위필요	(㉡)
부가가치	(㉢)	중간	(㉣)
객관성	(㉤)	가공필요	(㉥)
의사결정	관련 없음	객관적사용	주관적사용

① ㉠ 어려움, ㉡ 쉬움, ㉢ 적음, ㉣ 많음,
   ㉤ 객관적, ㉥ 주관적
② ㉠ 쉬움, ㉡ 어려움, ㉢ 적음, ㉣ 많음,
   ㉤ 객관적, ㉥ 주관적
③ ㉠ 어려움, ㉡ 쉬움, ㉢ 많음, ㉣ 적음,
   ㉤ 주관적, ㉥ 객관적
④ ㉠ 쉬움, ㉡ 어려움, ㉢ 많음, ㉣ 적음,
   ㉤ 주관적, ㉥ 객관적
⑤ ㉠ 어려움, ㉡ 쉬움, ㉢ 적음, ㉣ 많음,
   ㉤ 주관적, ㉥ 객관적

76 A사는 기업활동에 관련된 내외부자료를 관리 영역별로 각기 수집·저장관리하고 있다. 관리되고 있는 자료를 한 곳에 모아 활용하기 위해서, 자료를 목적에 맞게 적당한 형태로 변환하거나 통합하는 과정을 거쳐야 한다. 수집된 자료를 표준화시키거나 변환하여 목표 저장소에 저장할 수 있도록 도와주는 기술로 가장 옳은 것은?

① ETL(Extract, Transform, Load)
② OLAP(Online Analytical Processing)
③ OLTP(Online Transaction Processing)
④ 정규화(Normalization)
⑤ 플레이크(Flake)

77 아래 글상자의 (   )안에 공통적으로 들어갈 용어로 가장 옳은 것은?

> – (   )는 창의성을 가지고 있는 소비자를 의미하며, 미국의 미래학자 앨빈 토플러가 제3의 물결이라는 저서에서 제시한 용어이다.
> – (   )는 기업의 신상품 개발과 디자인, 판매 등의 활동에 적극적으로 개입하는 소비자를 의미한다.

① 파워 크리에이터(power creator)
② 크리슈머(cresumer)
③ 얼리어답터(early adopter)
④ 에고이스트(egoist)
⑤ 창의트레이너(kreativitäää)

78 GS1 표준 식별코드에 대한 설명으로 가장 옳지 않은 것은?

① 식별코드는 숫자나 문자(또는 둘의 조합)의 열로, 사람이나 사물을 식별하는데 활용

② 하나의 상품에 대한 GS1 표준 식별코드는 전 세계적으로 유일

③ A아이스크림(포도맛)에 오렌지맛을 신규 상품으로 출시할 경우 고유 식별코드가 부여되어야 함

④ 상품의 체적정보 또는 총중량의 변화가 5% 이하인 경우 고유 식별코드를 부여하지 않음

⑤ 상품 홍보 또는 이벤트를 위해 특정기간을 정하여 판매하는 경우는 고유 식별코드를 부여하지 않음

79 아래 글상자의 ( ) 안에 들어갈 용어로 가장 옳은 것은?

> e-CRM은 단 한 명의 고객까지 세분화하여 고객의 개별화된 특성을 파악하고 이들 고객에게 맞춤 서비스를 제공하는 데 목적을 두고 구현한다. 이를 위해 다양한 정보를 수집하고 분석하여 활용하는데, 고객이 인터넷을 서핑하면서 만들어 내는 고객의 ( )는 고객의 성향을 파악할 수 있는 훌륭한 정보가 된다.

① 웹 로그(Web log)
② 웹 서버(Web Server)
③ 웹 사이트(Web Site)
④ 웹 서비스(Web Service)
⑤ 웹 콘텐츠(Web Contents)

80 전자상거래 용어에 대한 해설로 가장 옳은 것은?

① 온라인 쇼핑몰 – 컴퓨터 등과 정보통신 설비를 이용하여 재화 또는 용역을 거래할 수 있도록 설정된 가상의 영업장

② 모바일 앱 – 모바일 기기의 인터넷 기능을 통해 접속하는 각종 웹사이트 중 모바일 환경을 고려하여 설계된 모바일 전용 웹사이트

③ 모바일 웹 – 스마트폰, 스마트 패드 등 스마트 기기에 설치하여 사용할 수 있는 응용 프로그램

④ 종합몰 – 하나 혹은 주된 특정 카테고리의 상품군만을 구성하여 운영하는 온라인쇼핑몰

⑤ 전문몰 – 각종 상품군 카테고리를 다양하게 구성하여 여러 종류의 상품을 구매할 수 있는 온라인쇼핑몰

81 유통업체에서 비즈니스 애널리틱스 (analytics)의 유형에 대한 설명으로 가장 옳지 않은 것은?

① 리포트(reports)는 비즈니스에서 요구하는 정보를 포맷화하고, 조직화하기 위해 변환시켜 표현하는 것이다.

② 쿼리(queries)는 데이터베이스로부터 정보를 추출하는 주요 매커니즘이다.

③ 알림(alert)은 특정 사건이 발생했거나, 이를 관리자에게 인지시켜주는 자동화된 기능이다.

④ 대시보드(dashboards)는 데이터 분석결과에 대한 이용자 이해도를 높이기 위한 데이터 시각화 기술이다.

⑤ 스코어카드(scorecards)는 숨겨진 상관관계 및 트렌드를 발견하기 위해 대규모 데이터를 분석하는 통계적 분석이다.

82 수집된 지식을 컴퓨터와 의사결정자가 동시에 이해할 수 있는 형태로 표현하기 위해 갖추어야 할 조건으로 가장 옳지 않은 것은?

① 추론의 효율성

② 저장의 복잡성

③ 표현의 정확성

④ 지식획득의 용이성

⑤ 목적달성에 부합되는 구조

83 아래 글상자에서 설명하는 인터넷 서비스의 종류로 가장 옳은 것은?

> 네트워크상의 시스템 사용자가 자기 시스템의 자원에 접속하는 것처럼 원격지에 있는 다른 시스템에 접속할 수 있게 지원하는 서비스이다. 세계 어느 지역의 컴퓨터든지 그 컴퓨터가 인터넷에 연결만 되어 있으면 일정한 조건 충족시 시간이나 공간의 제약없이 접속할 수 있다.

① FTP(File Transfer Protocol)

② Gopher

③ Telnet

④ Usenet

⑤ E-Mail

84 RFID 도입에 따른 제조업자 측면에서의 이점으로 가장 옳지 않은 것은?

① 재고 가시성

② 노동 효율성

③ 제품 추적성

④ 주문 사이클 타임의 증가

⑤ 제조자원 이용률의 향상

85 아래 글상자에서 공통적으로 설명하는 개념으로 가장 옳은 것은?

> – 공급사슬 네트워크의 복잡성을 설명하는 개념으로, 공급 사슬 네트워크의 특정한 부분에서 하나의 이벤트가 발생하면, 공급사슬 네트워크의 다른 부분에서 예측하지 못했던 문제가 발생한다는 것을 설명해 준다.
> – 공급사슬 혼동 현상을 설명해주는 용어로, 아마존 강 유역 어딘가에서 나비가 날개를 펄럭이면, 수천 마일 떨어진 곳에서 허리케인이 만들어 질 수 있다는 개념이다.

① 파레토의 법칙(Pareto's principle)
② 기하급수 기술(exponential technology)
③ 메트칼프의 법칙(Law of Metcalfe)
④ 규모의 경제(economy of scale)
⑤ 나비효과(butterfly effect)

86 아래 글상자에서 설명하는 유통정보시스템으로 가장 옳은 것은?

> 미국의 패션 어패럴 산업에서 공급망에서의 상품 흐름을 개선하기 위하여 판매업체와 제조업체 사이에서 제품에 대한 정보를 공유함으로써, 제조업체는 보다 효과적으로 원재료를 충원하여 제조하고, 유통함으로써 효율적인 생산과 공급체인 재고량을 최소화시키려는 시스템이다.

① QR(Quick Response)
② ECR(Efficient Consumer Response)
③ VMI(Vendor Management Inventory)
④ CPFR(Collaborative Planning, Forecasting and Replenishment)
⑤ e–프로큐어먼트(e–Procurement)

87 아래 글상자의 괄호 안에 공통적으로 들어갈 용어로 가장 옳은 것은?

> (   )은(는) 시간 경과에 의해 질이 떨어지거나 소실될 우려가 있는 자료를 장기 보존하는 것이다. 전산화된 자료라 해도 원본자료는 고유성을 띠며, 손실시 대체가 불가능 하다.
> (   ) 구축의 목적은 기록을 보존하는 것에서 나아가 다양한 기록정보 콘텐츠를 구축, 공유, 활용하기 위함이다.

① 디지털아카이브   ② 전자문서교환
③ 크롤링   ④ 클라우드저장소
⑤ 기기그리드

88 노나카의 SECI모델을 근거로 아래 글상자의 내용 중 외재화(externalization)의 사례를 모두 고른 것으로 가장 옳은 것은?

> ㉠ 실무를 통한 학습
> ㉡ 숙련된 기능공의 지식
> ㉢ 숙련된 기능공의 노하우의 문서화
> ㉣ 형식적 지식을 통합하는 논문 작성
> ㉤ 이전에 기록된 적이 없는 구체적 프로세스에 대한 매뉴얼 작성

① ㉠, ㉡
② ㉡, ㉣
③ ㉢, ㉤
④ ㉠, ㉢, ㉤
⑤ ㉡, ㉣, ㉤

89 e-비즈니스 모델별로 중점을 두어야할 e-CRM의 포인트에 관한 설명 중 가장 거리가 먼 것은?

① 서비스모델의 경우 서비스차별화나 서비스 이용 행태 정보제공을 고려한다.
② 상거래모델의 경우 유사커뮤니티에 대한 정보제공을 고려한다.
③ 정보제공모델의 경우 맞춤정보제공에 힘쓴다.
④ 커뮤니티 모델의 경우 회원관리도구 제공에 힘쓴다.
⑤ 복합모델의 경우 구성하는 개별모델에 적합한 요소를 찾아 적용시킨다.

90 POS 시스템에 대한 설명으로 가장 옳지 않은 것은?

① POS 시스템은 유통업체에서 소비자의 상품구매 과정에서 활용되는 판매관리 시스템이다.
② POS 시스템으로부터 얻은 데이터는 유통업체에서 판매전략 수립에 활용된다.
③ POS 시스템에서 바코드의 정보를 인식하는 스캐너(scanner)는 출력장치이다.
④ POS 시스템은 시간별, 주기별, 계절별 상품의 판매 특성을 파악하는데 도움을 제공한다.
⑤ 제조업체는 유통업체로부터 협조를 얻어 POS 시스템으로부터 얻은 데이터를 공유할 수 있고, 이를 통해 제품 제조전략을 수립하는데 도움을 제공한다.

01~25 **1과목 | 유통물류일반**

01 공급자주도형재고관리(VMI:Vendor Managed Inventory)에 대한 내용으로 옳은 것은?

① VMI는 공급자가 고객사를 위해 제공하는 가치향상 서비스 활동이다.

② VMI는 생산공정의 효율적 관리를 위해 우선순위계획, 능력계획, 우선순위통제관리, 능력통제관리 등을 수행하는 생산관리시스템이다.

③ VMI에서는 고객사가 재고를 추적하고, 납품일정과 주문량을 결정한다.

④ VMI를 활용하면 공급자는 재고관리에 소요되는 인력이나 시간 등 비용절감 효과를 얻을 수 있다.

⑤ CMI(Co-Managed Inventory)보다 공급자와 고객사가 더 협력적인 형태로 발전한 것이 VMI이다.

02 직무분석과 직무평가에 대한 설명으로 옳지 않은 것은?

① 직무분석이란 과업과 직무를 수행하는데 요구되는 인적 자질에 의해 직무의 내용을 정의하는 공식적 절차를 말한다.

② 직무분석에서 직무요건 중 인적 요건을 중심으로 정리한 문서를 직무기술서라고 한다.

③ 직무분석은 효과적인 인적자원관리를 위해 선행되어야 할 기초적인 작업이다.

④ 직무평가는 직무를 일정한 기준에 의거하여 서로 비교 함으로써 상대적 가치를 결정하는 체계적인 활동을 말한다.

⑤ 직무평가는 직무의 가치에 따라 공정한 임금지급 기준, 합리적인 인력의 확보 및 배치, 인력의 개발 등을 결정할 때 이용된다.

03 조직문화에 대한 설명으로 옳지 않은 것은?

① 한 조직의 구성원들이 공유하는 가치관, 신념, 이념, 지식 등을 포함하는 종합적인 개념이다.

② 특정 조직 구성원들의 사고판단과 행동의 기본 전제로 작용하는 비가시적인 지식적, 정서적, 가치적 요소이다.

③ 조직구성원들이 공통적으로 생각하는 방법, 느끼는 방향, 공통의 행동 패턴의 체계이다.

④ 조직 외부 자극에 대한 조직 전체의 반응과 임직원의 가치의식 및 행동을 결정하는 요인을 포함한다.

⑤ 다른 기업의 제도나 시스템을 벤치마킹하는 경우 그 조직문화적가치도 쉽게 이전된다.

04 유통경로구조를 결정하기 위해 체크리스트법을 사용할 때 고려해야 할 요인들에 대한 설명으로 옳지 않은 것은?

① 재무적 능력이나 규모 등의 기업요인
② 시장규모와 지역적 집중도 등의 시장요인
③ 제품의 크기와 중량 등의 제품요인
④ 경영전문성이나 구성원 통제 등에 대한 기업요인
⑤ 구매빈도와 평균 주문량 등의 제품요인

05 유통경영환경에 대한 설명으로 옳지 않은 것은?

① 거시환경은 모든 기업에 공통적으로 영향을 미치는 환경이다.
② 과업환경은 기업의 성장과 생존에 직접적 영향을 미치는 환경으로 기업이 어떤 제품이나 서비스를 생산하는 가에 따라 달라진다.
③ 인구분포, 출생률과 사망률, 노년층의 비율 등과 같은 인구통계학적인 특성은 사회적 환경으로 거시환경에 속한다.
④ 제품과 종업원에 관련된 규제 및 환경규제, 각종 인허가 등과 같은 법과 규범은 정치적, 법률적 환경으로 과업 환경에 속한다.
⑤ 경제적 환경은 기업의 거시환경에 해당된다.

06 기업 내에서 일어날 수 있는 각종 윤리상의 문제들에 대한 설명으로 가장 옳지 않은 것은?

① 다른 이해당사자들을 희생하여 회사의 이익을 도모하는 행위는 지양해야 한다.
② 업무 시간에 SNS를 통해 개인활동을 하는 것은 업무시간 남용에 해당되므로 지양해야 한다.
③ 고객을 위한 무료 음료나 기념품을 개인적으로 사용하는 것은 지양해야 한다.
④ 회사에 손해를 끼칠 수 있는 사안이라면, 중대한 문제라 해도 공익제보를 하는 것은 지양해야 한다.
⑤ 다른 구성원들에게 위협적인 행위나 무례한 행동을 하는 것은 지양해야 한다.

07 중간상이 있음으로 인해 각 경로구성원에 의해 보관되는 제품의 총량을 감소시킨다는 내용이 의미하는 중간상의 필요성을 나타내는 것으로 가장 옳은 것은?

① 효용창출의 원리
② 총거래수 최소의 원칙
③ 분업의 원리
④ 변동비 우위의 원리
⑤ 집중준비의 원리

08 최근 유통시장 변화에 대해 기술한 내용으로 옳지 않은 것은?

① 신선식품 배송에 대한 수요가 증가하고 있다.

② 외식업체들은 매장에 설치한 키오스크를 통해 주문을 받음으로써 생산성을 높이고 고객의 이용 경험을 완전히 바꾸는 혁신을 시도하고 있다.

③ 온라인 쇼핑 시장의 성장세가 두드러지면서 유통업체의 배송 경쟁이 치열해지고 있다.

④ 가공 · 즉석식품의 판매는 편의점 매출에 긍정적인 영향을 주었다.

⑤ 상품이 고객에게 판매되는 단계마다 여러 물류회사들이 역할을 나누어 서비스를 제공하는 풀필먼트 서비스를 통해 유통 단계가 획기적으로 단축되고 있다.

09 아래 글상자의 ㉠, ㉡, ㉢에서 설명하는 유통경로의 효용으로 옳게 짝지어진 것은?

> ㉠ 소비자가 제품이나 서비스를 구매하기에 용이한 곳에서 구매할 수 있게 함
> ㉡ 소비자가 제품을 소비할 수 있는 권한을 갖는 것을 도와줌
> ㉢ 소비자가 원하는 시간에 제품과 서비스를 공급받을 수 있게 함

① ㉠ 시간효용, ㉡ 장소효용, ㉢ 소유효용

② ㉠ 장소효용, ㉡ 소유효용, ㉢ 시간효용

③ ㉠ 형태효용, ㉡ 소유효용, ㉢ 장소효용

④ ㉠ 소유효용, ㉡ 장소효용, ㉢ 형태효용

⑤ ㉠ 장소효용, ㉡ 형태효용, ㉢ 시간효용

10 아웃소싱과 인소싱을 비교해 볼 때 아웃소싱의 단점을 설명한 것으로 옳지 않은 것은?

① 부적절한 공급업자를 선정할 수 있는 위험에 노출된다.

② 과다 투자나 과다 물량생산의 위험이 높다.

③ 핵심지원활동을 잃을 수도 있다.

④ 프로세스 통제권을 잃을 수도 있다.

⑤ 리드타임이 장기화 될 수도 있다.

11 아래 글상자에서 설명하는 동기부여 이론으로 옳은 것은?

> - 봉급, 근무조건, 작업 안전도와 같은 요인들은 불만을 없앨 수는 있으나 만족을 증대시키지 못한다.
> - 성취욕, 우수한 업적에 대한 인정, 문제해결 지원 등은 직원들의 만족감을 증대시킬 뿐만 아니라 우수한 실적을 계속 유지하는 데 큰 영향을 준다.

① 매슬로(Maslow)의 욕구단계이론

② 맥그리거(Mcgregor)의 XY이론

③ 앨더퍼(Alderfer)의 ERG이론

④ 허츠버그(Herzberg)의 두 요인 이론

⑤ 피들러(Fiedler)의 상황적합성이론

12 물류의 상충(trade off) 관계에 대한 설명으로 가장 옳지 않은 것은?

① 기업의 물류합리화는 상충관계의 분석이 기본이 된다.

② 기업 내 물류기능과 타 기능 간의 상충관계 역시 효율적 물류관리를 위해 고려해야 한다.

③ 제조업자와 운송업자 및 창고업자 등 기업조직과 기업 외 조직간의 상충관계 또한 고려해야한다.

④ 상충관계에서 발생하는 문제점을 극복하기 위해서는 물류 흐름을 세분화하여 부분 최적화를 달성해야 한다.

⑤ 배송센터에서 수배송 차량의 수를 늘릴 경우 고객에게 도착하는 배송시간은 짧아지지만 물류비용은 증가하는 경우는 상충관계의 사례에 해당한다.

13 식품위생법(법률 제18363호, 2021. 7. 27., 일부개정) 상, 아래 글상자의 (   )안에 들어갈 용어로 옳게 나열된 것은?

> – (㉠)(이)란 식품, 식품첨가물, 기구 또는 용기 · 포장에 존재하는 위험요소로서 인체의 건강을 해치거나 해칠 우려가 있는 것을 말한다.
> – (㉡)(이)란 식품 또는 식품첨가물을 채취 · 제조 · 가공 · 조리 · 저장 · 소분 · 운반 또는 판매하거나 기구 또는 용기 · 포장을 제조 · 운반 · 판매하는 업(농업과 수산업에 속하는 식품 채취업은 제외한다)을 말한다.

① ㉠ 합성품, ㉡ 식품이력추적관리

② ㉠ 화학적 합성품, ㉡ 공유주방

③ ㉠ 위해, ㉡ 영업

④ ㉠ 식품위생, ㉡ 영업자

⑤ ㉠ 위험요소, ㉡ 집단급식소

14 신용등급이 낮은 기업이 자본을 조달하기 위해 발행하는 것으로 높은 이자율을 지급하지만 상대적으로 높은 위험을 동반하는 채무 수단으로 가장 옳은 것은?

① 변동금리채　　② 연속상환채권

③ 정크본드　　　④ 무보증채

⑤ 보증채

15 리더십에 대한 설명으로 가장 옳지 않은 것은?

① 민주적 리더십은 종업원이 더 많은 것을 알고 있는 전문직인 경우에 효과적이다.

② 독재적 리더십은 긴박한 상황에서 절대적인 복종이 필요한 경우에 효과적이다.

③ 독재적 리더십은 숙련되지 않거나 동기부여가 안 된 종업원에게 효과적이다.

④ 독재적 리더십은 자신의 지시를 따르게 하기 위해 경제적 보상책을 사용하기도 한다.

⑤ 자유방임적 리더십은 종업원에게 신뢰와 확신을 보여 동기요인을 제공한다.

16 앤소프(Ansoff, H. I.)의 성장전략 중 아래 글 상자에서 설명하는 전략으로 가장 옳은 것은?

> – 기존제품을 전제로 새로운 시장을 개척함으로써 성장을 도모하려는 전략을 말한다.
> – 가격이나 품질면에서 우수한 자사 제품을 새로운 세분 시장에 배치함으로써 시장 확대가 이루어지도록 하는 전략이다.

① 시장침투전략　　② 제품개발전략

③ 시장개발전략　　④ 코스트절감전략

⑤ 철수전략

17 도매상과 관련된 내용으로 옳지 않은 것은?

① 과일, 야채 등 부패성 식품을 공급하는 트럭도매상은 한정기능도매상에 속한다.

② 한정상품도매상은 완전기능도매상에 속한다.

③ 현금무배달도매상은 거래대상소매상이 제한적이기는 하지만 재무적인 위험을 질 염려는 없다는 장점이 있다.

④ 직송도매상은 일반관리비와 인건비를 줄일 수 있다는 장점이 있다.

⑤ 몇 가지의 전문품 라인만을 취급하는 전문품도매상은 한정기능도매상에 속한다.

18 제3자 물류에 대한 설명으로 가장 옳은 것은?

① 거래기반의 수발주관계

② 운송, 보관 등 물류기능별 서비스 지향

③ 일회성 거래관계

④ 종합물류서비스 지향

⑤ 정보공유 불필요

19 보관 효율화를 위한 기본적인 원칙과 관련된 설명으로 가장 옳지 않은 것은?

① 위치표시의 원칙 – 물품이 보관된 장소와 랙 번호 등을 표시함으로써 보관업무의

효율을 기한다.

② 중량특성의 원칙 – 물품의 중량에 따라 보관 장소의 높낮이를 결정한다.

③ 명료성의 원칙 – 보관된 물품을 시각적으로 용이하게 식별할 수 있도록 보관한다.

④ 회전대응 보관의 원칙 – 물품의 입출고 빈도에 따라 장소를 달리해서 보관한다.

⑤ 통로대면보관의 원칙 – 유사한 물품끼리 인접해서 보관한다.

20 유통산업의 다양한 역할 중 경제적, 사회적 역할로 가장 옳지 않은 것은?

① 생산자와 소비자 간 촉매역할을 한다.

② 고용을 창출한다.

③ 물가를 조정한다.

④ 경쟁으로 인해 제조업의 발전을 저해한다.

⑤ 소비문화의 창달에 기여한다.

21 경로성과를 평가하기 위한 척도의 예가 모두 올바르게 연결된 것은?

① 양적 척도 – 단위당 총 유통비용, 선적비용, 경로과업의 반복화 수준

② 양적 척도 – 신기술의 독특성, 주문처리에서의 오류수, 악성부채비율

③ 양적 척도 – 기능적 중복 수준, 가격인하 비율, 선적 오류 비율

④ 질적 척도 – 경로통제능력, 경로 내 혁신, 재고부족 방지비용

⑤ 질적 척도 – 시장상황정보의 획득 가능성, 기능적 중복수준, 경로과업의 반복화 수준

22 아래 글상자에서 공통적으로 설명하고 있는 유통경영전략 활동으로 가장 옳은 것은?

- 유통경영전략 실행과정에서 많은 예상치 않은 일들이 발생하기 때문에 지속적으로 실시되어야 한다.
- 유통경영목표가 성취될 수 있도록 성과를 측정하고 성과와 목표 사이의 차이가 발생한 원인을 분석하고 시정조치를 취한다.
- 성과에 대한 철저한 분석과 시정조치 없이, 다음번에 더 나은 성과를 기대하기 어렵다.

① 유통마케팅 계획수립

② 유통마케팅 실행

③ 유통마케팅 위협·기회 분석

④ 유통마케팅 통제

⑤ 유통마케팅 포트폴리오 개발

23 기업의 의사결정기준을 경제적 이익에 근거한 기업가치인 경제적 부가가치를 중심으로 하는 사업관리기법으로 가장 옳은 것은?

① 상생기업경영 ② 크레비즈
③ 가치창조경영 ④ 편경영
⑤ 지식경영

24 제품의 연간 수요량은 4,500개이고 단위 당 원가는 100원이다. 또한 1회 주문비용은 40원이며 평균재고유지비는 원가의 25%를 차지한다. 이 경우 경제적 주문량(EOQ)으로 가장 옳은 것은?

① 100단위 ② 110단위
③ 120단위 ④ 1,000단위
⑤ 1,200단위

25 공급사슬관리(SCM)의 실행과 관련한 설명으로 가장 옳지 않은 것은?

① 공급업체와 효과적인 커뮤니케이션이 적시에 이루어져야 한다.
② 장기적으로 강력한 파트너십을 구축한다.
③ 각종 정보기술의 효과적인 활용보다 인적 네트워크의 활용을 우선시한다.
④ 경로 전체를 통합하는 정보시스템의 구축이 중요하다.
⑤ 고객의 가치와 니즈를 이해하고 만족시킨다.

26~45 **2과목 | 상권분석**

26 상가건물이 지하1층, 지상5층으로 대지면적은 300m²이다. 층별 바닥면적은 각각 200m²로 동일하며 주차장은 지하 1층에 200m²와 지상1층 내부에 100m²로 구성되어 있다. 이 건물의 용적률은?

① 67% ② 233%
③ 300% ④ 330%
⑤ 466%

27 수정Huff모델의 특성과 관련한 설명 중 가장 옳지 않은 것은?

① 수정Huff모델은 실무적 편의를 위해 점포면적과 거리에 대한 민감도를 따로 추정하지 않는다.
② 점포면적과 이동거리에 대한 소비자의 민감도는 '1'과 '−2'로 고정하여 인식한다.
③ Huff모델과 같이 점포면적과 점포까지의 거리 두 변수만으로 소비자들의 점포 선택확률을 추정할 수 있다.
④ 분석과정에서 상권 내에 거주하는 소비자의 개인별 구매행동 데이터를 활용하여 예측의 정확도를 높인다.
⑤ Huff모델 보다 정확도는 낮을 수 있지만, 일반화하여 쉽게 적용하고 대략적 추정을 가능하게 한 것이다.

28 소매점포의 상권범위나 상권형태를 설명한 내용 중에서 가장 옳지 않은 것은?

① 현실에서 관찰되는 상권의 형태는 점포를 중심으로 일정거리 이내를 포함하는 원형으로 나타난다.

② 상품구색이 유사하더라도 판촉활동이나 광고활동의 차이에 따라 점포들 간의 상권범위가 달라진다.

③ 입지조건과 점포의 전략에 변화가 없어도 상권의 범위는 다양한 영향요인에 의해 유동적으로 변화하기 마련이다.

④ 동일한 지역시장에 입지한 경우에도 점포의 규모에 따라 개별 점포의 상권범위는 차이를 보인다.

⑤ 점포의 규모가 비슷하더라도 업종이나 업태에 따라 점포들의 상권범위는 차이를 보인다.

29 지역시장의 수요잠재력을 총체적으로 측정할 수 있는 지표로 많이 이용되는 소매포화지수(IRS)와 시장성장 잠재력지수(MEP)에 대한 설명으로 옳지 않은 것은?

① IRS는 한 지역시장 내에서 특정 소매업태의 단위 매장 면적당 잠재수요를 나타낸다.

② IRS가 낮으면 점포가 초과 공급되어 해당 시장에서의 점포간 경쟁이 치열함을 의미한다.

③ IRS의 값이 클수록 공급보다 수요가 상대적으로 많으며 시장의 포화정도가 낮은 것이다.

④ 거주자의 지역외구매(outshopping) 정도가 낮으면 MEP가 크게 나타나고 지역시장의 미래 성장가능성은 높은 것이다.

⑤ MEP와 IRS가 모두 높은 지역시장이 가장 매력적인 시장이다.

30 현 소유주의 취득일과 매매과정, 압류, 저당권 등의 설정, 해당 건물의 기본내역 등이 기록되어 있는 공부서류로 가장 옳은 것은?

① 등기사항전부증명서
② 건축물대장
③ 토지대장
④ 토지이용계획확인서
⑤ 지적도

31 글상자 안의 내용이 설명하는 상권 및 입지 분석방법으로 가장 옳은 것은?

> 소매점포의 매출액을 예측하는데 사용되는 간단한 방법의 하나이다. 어떤 지역에 입지한 한 소매점의 매출액 점유율은 그 지역의 전체 소매매장면적에 대한 해당 점포의 매장 면적의 비율에 비례할 것이라는 가정하에서 예측한다.

① 체크리스트법
② 유사점포법
③ 점포공간매출액비율법
④ 확률적상권분석법
⑤ 근접구역법

32 상권을 구분하거나 상권별 대응전략을 수립할 때 필수적으로 이해하고 있어야 할 상권의 개념과 일반적 특성을 설명한 내용 중에서 가장 옳지 않은 것은?

① 1차상권이 전략적으로 중요한 이유는 소비자의 밀도가 가장 높은 곳이고 상대적으로 소비자의 충성도가 높으며 1인당 판매액이 가장 큰 핵심적인 지역이기 때문이다.

② 1차상권은 전체상권 중에서 점포에 가장 가까운 지역을 의미하는데 매출액이나 소비자의 수를 기준으로 일반적으로 약 60% 정도까지를 차지하지만 그 비율은 절대적이지 않다.

③ 2차상권은 1차상권을 둘러싸는 형태로 주변에 위치하여 매출이나 소비자의 일정비율을 추가로 흡인하는 지역이다.

④ 3차상권은 상권으로 인정하는 한계(fringe)가 되는 지역 범위로, 많은 경우 지역적으로 넓게 분산되어 위치하여 소비자의 밀도가 가장 낮다.

⑤ 3차상권은 상권내 소비자의 내점빈도가 1차상권에 비해 높으며 경쟁점포들과 상권중복 또는 상권잠식의 가능성이 높은 지역이다.

33 상가건물 임대차보호법(약칭: 상가임대차법)(법률 제17471호, 2020. 7. 31.,일부개정)에서 규정하는 임차인의 계약갱신 요구에 대한 정당한 거절사유에 해당하지 않는 것은?

① 임차인이 3기의 차임액에 해당하는 금액에 이르도록 차임을 연체한 사실이 있는 경우

② 임차인이 임대인의 동의 없이 목적 건물의 전부 또는 일부를 전대(轉貸)한 경우

③ 임차인이 임차한 건물의 전부 또는 일부를 고의나 중대한 과실로 파손한 경우

④ 서로 합의하여 임대인이 임차인에게 상당한 보상을 제공한 경우

⑤ 최초의 임대차기간을 포함한 전체 임대차기간이 5년을 초과한 경우

34 일반적으로 인간은 이익을 얻는 쪽을 먼저 선택하고자 하는 심리가 있어서 길을 건널 때 처음 만나는 횡단보도를 이용하려고 한다는 법칙으로 가장 옳은 것은?

① 안전우선의 법칙
② 집합의 법칙
③ 보증실현의 법칙
④ 최단거리 실현의 법칙
⑤ 주동선 우선의 법칙

35 아래 글상자는 소비자에 대한 점포의 자연적 노출가능성인 시계성을 평가하는 4가지 요소들을 정리한 것이다. 괄호 안에 들어갈 용어를 나열한 것으로 가장 옳은 것은?

> (㉠): 어디에서 보이는가?
> (㉡): 무엇이 보이는가?
> (㉢): 어느 정도의 간격에서 보이는가?
> (㉣): 어떠한 상태로 보이는가?

① ㉠ 거리, ㉡ 주제, ㉢ 기점, ㉣ 대상
② ㉠ 거리, ㉡ 대상, ㉢ 기점, ㉣ 주제
③ ㉠ 대상, ㉡ 거리, ㉢ 기점, ㉣ 주제
④ ㉠ 기점, ㉡ 대상, ㉢ 거리, ㉣ 주제
⑤ ㉠ 기점, ㉡ 주제, ㉢ 거리, ㉣ 대상

36 상권분석을 위해 활용하는 지리정보시스템(GIS)의 기능 중 공간적으로 동일한 경계선을 가진 두 지도 레이어들에 대해 하나의 레이어에 다른 레이어를 겹쳐 놓고 지도 형상과 속성들을 비교하는 기능으로 옳은 것은?

① 버퍼(buffer)
② 위상
③ 주제도 작성
④ 중첩(overlay)
⑤ 프레젠테이션 지도작업

37 상권분석을 위한 데이터를 소비자를 대상으로 직접 수집 하는 방법의 하나로서, 내점객조사법과 조사대상의 특성이 가장 유사한 것은?

① 그룹인터뷰조사법
② 편의추출조사법
③ 점두조사법
④ 지역할당조사법
⑤ 가정방문조사법

38 대형상업시설인 쇼핑센터의 전략적 특성은 테넌트믹스(tenant mix)를 통해 결정된다. 앵커점포(anchor store)에 해당하는 점포로서 가장 옳은 것은?

① 핵점포   ② 보조핵점포
③ 대형테넌트   ④ 일반테넌트
⑤ 특수테넌트

39 한 지역의 소매시장의 상권구조에 영향을 미치는 다양한 요인들에 대한 설명으로 가장 옳지 않은 것은?

① 인구의 교외화 현상은 소비자와 도심 상업집적과의 거리를 멀게 만들어 상업집적의 교외 분산화를 촉진한다.
② 대중교통의 개발은 소비자의 거리저항을

줄여 소비자의 이동거리를 증가시킨다.

③ 자가용차 보급은 소비자를 전방위적으로 자유롭게 이동할 수 있게 하여 상권간 경쟁영역을 축소시킨다.

④ 교외형 쇼핑센터의 건설은 자가용차를 이용한 쇼핑의 보급과 함께 소비자의 쇼핑패턴과 상권구조를 변화시킨다.

⑤ 소비자와 점포사이의 거리는 물리적거리, 시간거리, 심리적거리를 포함하는데, 교통수단의 쾌적함은 심리적 거리에 영향을 미친다.

40 소규모 소매점포의 일반적인 상권단절요인으로 가장 옳지 않은 것은?

① 강이나 하천과 같은 자연지형물
② 왕복2차선 도로
③ 쓰레기 처리장
④ 공장과 같은 C급지 업종시설
⑤ 철도

41 상권분석 방법 중 애플바움(W. Applebaum)이 제안한 유추법에 대한 설명으로 가장 옳지 않은 것은?

① 유사한 점포의 상권정보를 활용하여 신규점포의 상권 규모를 분석한다.

② 유사점포는 점포 특성, 고객 특성, 경쟁 특성 등을 고려하여 선정한다.

③ 고객스포팅기법(CST)을 활용하여 유사점포의 상권을 파악한다.

④ 유사점포의 상권을 구역화하고, 회귀분석을 통해 구역별 매출액을 추정한다.

⑤ 유사점포의 상권 구역별 매출액을 적용하여 신규점포의 매출액을 추정한다.

42 중심상업지역(CBD : central business district)의 일반적 입지특성에 대한 설명으로 가장 옳지 않은 것은?

① 대중교통의 중심이며 백화점, 전문점, 은행 등이 밀집되어 있다.

② 주로 차량으로 이동하므로 교통이 매우 복잡하고 도보 통행량이 상대적으로 적다.

③ 일부 중심상업지역은 공동화(空洞化) 되었거나 재개발을 통해 새로운 주택단지가 건설된 경우도 있다.

④ 상업활동으로 많은 사람을 유인하지만 출퇴근을 위해서 통과하는 사람도 많다.

⑤ 소도시나 대도시의 전통적인 도심지역에 해당되는 경우가 많다.

43 점포의 위치인 부지 특성에 대한 일반적인 설명으로 가장 옳지 않은 것은?

① 건축용으로 구획정리를 할 때 한 단위가 되는 땅을 획지라고 한다.

② 획지 중 두 개 이상의 도로가 교차하는 곳에 있는 경우를 각지라고 한다.

③ 각지는 상대적으로 소음, 도난, 교통 등의 피해를 받을 가능성이 높다는 단점이 있다.

④ 각지는 출입이 편리하여 광고 효과가 높다.

⑤ 각지에는 1면각지, 2면각지, 3면각지, 4면각지 등이 있다.

44 아래 글상자의 상황에서 활용할 수 있는 분석 방법으로 가장 옳은 것은?

- 다수의 점포를 운영하는 경우 소매점포 네트워크 설계
- 신규점포를 개설할 때 기존 네트워크에 대한 영향 분석
- 기존점포의 재입지 또는 폐점여부에 관한 의사 결정

① 레일리모형   ② 회귀분석모형

③ 입지배정모형   ④ 시장점유율모형

⑤ MCI모형

45 점포의 매출액에 영향을 미치는 요인은 크게 입지요인과 상권요인으로 구분할 수 있다. 이 구분에서 입지요인으로 가장 옳지 않은 것은?

① 고객유도시설 – 지하철 역, 학교, 버스정류장, 간선도로, 영화관, 대형소매점 등

② 교통 – 교통수단, 교통비용, 신호등, 도로 등

③ 시계성 – 자연적 노출성, 고객유도시설, 간판, 승용차의 주행방향 등

④ 동선 – 주동선, 부동선, 복수동선, 접근동선 등

⑤ 규모 – 인구, 공간범위 등

46~70   **3과목 | 유통마케팅**

46 고객에 대한 판매자의 바람직한 이해로서 가장 옳지 않은 것은?

① 고객별로 기업에 기여하는 가치 수준이 다르다.

② 고객은 기업에게 다른 고객을 추가로 유인해주는 주체이기도 하다.

③ 고객은 제품과 서비스의 개선을 위한 제언을 제공한다.

④ 고객은 제품 또는 서비스로부터 더 많은 가치를 얻기 위해 기업과 경쟁한다.

⑤ 고객의 범주에는 잠재적으로 고객이 될 가능성이 있는 가망고객들도 포함될 수 있다.

47 유통목표의 달성 성과를 평가하기 위한 방법으로 옳지 않은 것은?

① 소비자 기대치와 비교
② 경로구성원 간 갈등비교
③ 업계평균과 비교
④ 경쟁사와 비교
⑤ 사전 목표와 비교

48 응답자들이 제공하기 꺼리는 민감한 정보를 수집하는 조사방법으로 가장 옳은 것은?

① 관찰조사
② 우편설문조사
③ 온라인 서베이
④ 개인별 면접
⑤ 표적집단 면접

49 몇몇 인기상품의 가격을 인상한 다음 판매 감소를 겪고 있는 소매점의 경영자 A는 빠르게 그리고 효율적으로 판매하락을 초래한 상품을 찾아내려고 한다. 다음 중 A가 사용할 조사 방법으로서 가장 옳은 것은?

① 외부 파트너를 활용한 조사
② 내부 판매실적 자료의 활용
③ 명품회사의 마케팅 첩보 입수
④ 경쟁자의 전략에 관한 정보의 수집
⑤ 명성이 높은 마케팅조사 회사를 통한 조사

50 "이미 판매한 제품이나 서비스와 관련이 있는 제품이나 서비스를 추가로 판매하는 것"을 의미하는 용어로 가장 옳은 것은?

① 교차판매
② 유사판매
③ 결합판매
④ 묶음판매
⑤ 상향판매

51 서비스스케이프(servicescape)에 대한 설명으로 가장 옳지 않은 것은?

① 서비스스케이프의 품질수준을 측정하기 위해 서브퀄(SERVQUAL)모델이 개발되었다.
② 서비스스케이프를 구성하는 요인 중 디자인 요소는 내부인테리어와 외부시설(건물디자인, 주차장 등)을 포함한다.
③ 서비스스케이프를 구성하는 요인 중 주변적 요소는 매장(점포)의 분위기로서 음악, 조명, 온도, 색상 등을 포함한다.
④ 서비스스케이프를 구성하는 요인 중 사회적 요소는 종업원들의 이미지, 고객과 종업원간의 상호교류를 포함한다.
⑤ 서비스스케이프가 소비자행동에 미치는 영향을 설명하는 포괄적인 모형들은 일반적으로 자극-유기체-반응(stimulus-organism-response)의 프레임워크를 기초로 한다.

52 고객관계관리(CRM, Customer Relationship Management)에 대한 설명으로 가장 옳지 않은 것은?

① 고객에 대한 정보를 활용하여 고객관계를 구축하고 강화시키기 위한 것이다.

② 고객의 고객생애가치(customer lifetime value)를 극대화하는데 활용되고 있다.

③ 기존우량 고객과 유사한 특징을 지닌 유망고객을 유치하기 위해 활용되고 있다.

④ 기존에 구매하던 제품과 관련된 다른 제품들의 구매를 유도하는 업셀링(up-selling)을 통해 고객관계를 강화 하는 것이다.

⑤ 고객의 지출을 증가시켜 소비점유율(share of wallet)을 높이는데 활용되고 있다.

53 아래 글상자에서 설명하는 머천다이징 전략으로 가장 옳은 것은?

> - 식료품 종류만 취급하던 슈퍼마켓에서 가정용품을 함께 취급함
> - 약국에서 의약품과 함께 아기 기저귀 등의 위생용품과 기능성 화장품을 동시에 판매함
> - 책을 판매하는 서점에서 오디오, 가습기 등의 가전제품을 함께 판매함

① 크로스 머천다이징(cross merchandising)

② 탈상품화 머천다이징 (decommodification merchandising)

③ 스크램블드 머천다이징 (scrambled merchandising)

④ 선택적 머천다이징 (selective merchandising)

⑤ 집중적 머천다이징 (intensive merchandising)

54 단품관리(unit control)의 효과로서 가장 옳지 않은 것은?

① 매장효율성 향상

② 결품감소

③ 과잉 재고의 감소

④ 명확한 매출기여도 파악

⑤ 취급상품의 수 확대

55 상품믹스를 결정할 때는 상품믹스의 다양성, 전문성, 가용성 등을 따져보아야 한다. 이에 대한 설명으로 옳지 않은 것은?

① 다양성이란 한 점포 내에서 취급하는 상품카테고리 종류의 수를 말한다.

② 가용성을 높이기 위해서는 특정 단품에 대해 품절이 발생하지 않도록 재고를 보유하고 있어야 한다.

③ 전문성은 특정 카테고리 내에서의 단품의 수를 의미한다.

④ 상품믹스를 전문성 위주로 할지, 다양성 위주로 할지에 따라 소매업태가 달라진다.

⑤ 다양성이 높을수록 점포 전체의 수익성은 높아진다.

56 아래 글상자에서 설명하고 있는 ㉠ 소매상에 대한 소비자 기대와 ㉡ 소매점의 마케팅 믹스를 모두 옳게 나타낸 것은?

> ㉠ 소비자는 소매점에서 구매 이외에 제품지식 도는 친교 욕구를 충족하고 싶어함
> ㉡ 목표고객의 라이프 스타일을 연구하여 이에 부응하는 상품을 개발하고 확보하며 관리하는 활동

① ㉠ 서비스, ㉡ 정보와 상호작용
② ㉠ 촉진, ㉡ 상품
③ ㉠ 정보와 상호작용, ㉡ 머천다이징
④ ㉠ 입지, ㉡ 서비스
⑤ ㉠ 점포분위기, ㉡ 공급업자관리

57 아래 글상자의 내용 중 협동광고(cooperative advertising)가 상대적으로 중요한 촉진 수단으로 작용하는 상품들을 나열한 것으로 가장 옳은 것은?

> ㉠ 구매빈도가 높지 않은 상품
> ㉡ 상대적으로 고가의 상품
> ㉢ 인적서비스가 중요한 상품
> ㉣ 상표선호도가 높은 상품
> ㉤ 충동구매가 높은 상품
> ㉥ 개방적 경로를 채택하는 상품

① ㉠, ㉡, ㉢   ② ㉡, ㉢, ㉥
③ ㉢, ㉣, ㉤   ④ ㉣, ㉤, ㉥
⑤ ㉢, ㉣, ㉥

58 점포 배치 및 디자인과 관련된 설명으로 옳지 않은 것은?

① 자유형 점포배치는 특정 쇼핑경로를 유도하지 않는다.
② 경주로형 점포배치는 고객들이 다양한 매장의 상품을 볼 수 있게 하여 충동구매를 유발하려는 목적으로 활용된다.
③ 격자형 점포배치는 소비자들의 제품탐색을 용이하게 하고 동선을 길게 만드는 장점이 있다.
④ 매장의 입구는 고객들이 새로운 환경을 둘러보고 적응하는 곳이므로 세심하게 디자인해야 한다.
⑤ 매장 내 사인물(signage)과 그래픽은 고객들의 매장 탐색을 돕고 정보를 제공한다.

59 유통마케팅투자수익률에 대한 설명으로 가장 옳은 것은?

① 정성적으로 측정할 수 있는 마케팅 효과만을 측정한다.
② 마케팅투자에 대한 순이익과 총이익의 비율로써 측정한다.
③ 마케팅활동에 대한 투자에서 발생하는 이익을 측정한다.
④ 고객의 획득과 유지 등 마케팅의 고객 관련 효과를 고려하지 않는다.
⑤ 판매액, 시장점유율 등 마케팅성과의 표준측정치를 이용해 평가할 수는 없다.

60 마케팅 커뮤니케이션 수단들에 대한 설명으로 가장 옳지 않은 것은?

① 신뢰성이 높은 매체를 통한 홍보(publicity)는 고객의 우호적 태도를 형성하기 위한 좋은 수단이다.

② 인적판매는 대면접촉을 통하기 때문에 고객에게 구매를 유도하기에 적절한 도구이다.

③ 판매촉진은 시험적 구매를 유발하는데 효과적인 도구이다.

④ 광고의 목적은 판매를 촉진하기 위한 것이라면, 홍보는 이미지와 대중 관계를 향상시키는데 목적이 있다.

⑤ 광고는 시간과 공간의 제약은 없으나 다른 커뮤니케이션 수단들에 비해 노출당 비용이 많이 소요된다는 단점이 있다.

61 아래 글상자의 내용은 상품수명주기에 따른 경로관리 방법을 기술한 것이다. 세부적으로 어떤 수명주기 단계에 대한 설명인가?

ⓐ 충분한 제품공급을 위해 시장범위 역량을 지닌 경로 구성원을 확보

ⓑ 통제가 성장을 방해하는 것이 아니라는 점을 경로구성원에게 확산시킴

ⓒ 경쟁 제품들의 경로 구성원 지원 현황 조사 및 감시

---

① 도입기 ② 성장기
③ 성숙기 ④ 쇠퇴기
⑤ 재도약기

62 편의점이 PB상품을 기획하는 이유로 가장 옳지 않은 것은?

① 편의점은 대형마트나 슈퍼마켓보다 비싸다는 점포 이미지를 개선시킬 수 있다.

② PB상품이 NB상품에 비해 점포차별화에 유리하다.

③ 소량구매 생필품 중심으로 PB상품을 개발하여 매출을 높일 수 있다.

④ PB상품이 중소 제조업체를 통해 납품될 경우, NB 상품을 공급하는 대형 제조업체에 비해 계약조건이 상대적으로 유리할 수도 있다.

⑤ NB상품 보다 수익률은 낮지만 가격에 민감한 소비자 욕구에 부응할 수 있다.

63 병행수입상품에 대한 설명으로 가장 옳지 않은 것은?

① 상표 등 지적재산권의 보호를 받는 상품이다.

② 미국에서는 회색시장(gray market) 상품이라고 부른다.

③ 제조업자나 독점수입업자의 동의 없이 수입한 상품이다.

④ 외국에서 적법하게 생산되었기 때문에 위조상품이 아니다.

⑤ 수입업자들은 동일한 병행상품에 대해서로 다른 상표를 사용해야 한다.

64 옴니채널(omni channel) 소매업에 대한 설명으로서 가장 옳은 것은?

① 세분시장별로 서로 다른 경로를 통해 쇼핑할 수 있게 한다.

② 동일한 소비자가 점포, 온라인, 모바일 등 다양한 경로를 통해 쇼핑할 수 있게 한다.

③ 인터넷만을 활용하여 영업한다.

④ 고객에게 미리 배포한 카달로그를 통해 직접 주문을 받는 소매업이다.

⑤ 인포머셜이나 홈쇼핑채널 등 주로 TV를 활용하여 영업 하는 소매업이다.

65 구매시점광고(POP)에 대한 설명으로 가장 옳지 않은 것은?

① 구매하는 장소에서 이루어지는 광고로서 판매촉진 활동에 대한 효과 측정이 용이하다.

② 스토어트래픽을 창출하여 소비자의 관심을 끄는 역할을 한다.

③ 저렴한 편의품을 계산대 주변에 진열해 놓는 활동을 포함한다.

④ 판매원을 돕고 판매점에 장식효과를 가져다주는 역할을 한다.

⑤ 충동적인 구매가 이루어지는 제품의 경우에는 더욱 강력한 소구 수단이 된다.

66 공산품 유통과 비교한 농산물 유통의 특징으로서 가장 옳지 않은 것은?

① 보관시설 등이 잘 갖추어지지 않은 경우 작황에 따른 가격 등락폭이 심하게 나타난다.

② 보관 및 배송 등에 소요되는 유통비용이 상대적으로 더 크다.

③ 부패하기 쉽기 때문에 적절한 보관과 신속한 배송 등이 더 중요하다.

④ 크기, 품질, 무게 등에 따라 표준화하고 등급화하기가 더 힘들다.

⑤ 가격 변동이나 소득 변동에 따른 수요변화가 더 탄력적이다.

67 상품의 진열 방식 중 상품들의 가격이 저렴할 것이라는 기대를 갖게 하는데 가장 효과적인 진열방식은?

① 스타일, 품목별 진열

② 색상별 진열

③ 가격대별 진열

④ 적재진열

⑤ 아이디어 지향적 진열

68 다음 중에서 새로운 소매업태가 나타나게 되는 이유를 설명하는 이론으로 가장 옳지 않은 것은?

① 소매수명주기 이론

② 수레바퀴 이론

③ 소매 아코디언 이론

④ 소매인력이론

⑤ 변증법적 이론

69 매장 외관인 쇼윈도(show window)에 대한 설명 중 가장 옳지 않은 것은?

① 매장 외관을 결정짓는 요소 중 하나로 볼 수 있다.

② 돌출된 형태의 쇼윈도의 경우 소비자를 입구 쪽으로 유도하는 효과가 있다.

③ 지나가는 사람들의 시선을 끌어 구매욕구를 자극하는 효과가 있다.

④ 설치형태에 따라 폐쇄형, 반개방형, 개방형, 섀도박스(shadow box)형이 있다.

⑤ 제품을 진열하는 효과는 있으나 점포의 이미지를 표현할 수는 없다.

70 다음 중 모든 구매자들에게 단일의 가격을 책정하는 것이 아닌 개별고객의 특징과 욕구 및 상황에 맞추어 계속 가격을 조정하는 가격전략은?

① 초기 고가격 전략

② 시장침투 가격전략

③ 세분시장별 가격전략

④ 동태적 가격전략

⑤ 제품라인 가격전략

71 아래 글상자의 ( ) 안에 들어갈 용어로 가장 옳은 것은?

> 소비자의 구매패턴 변화는 유통산업 구조에 변화를 가져와, 옴니채널(Omni Channel)에서 온라인 상거래의 범위를 오프라인으로 확장한 서비스를 제공하는 ( ) 방식의 사업 모델이 활발히 적용되고 있다.

① O2O(Online to Offline)

② O2O(Online to Online)

③ O2M(One to Multi spot)

④ O2M(One to Machine)

⑤ O2C(Online to Customer)

72 유통업체가 POS(point of sales)시스템을 도입하여 얻을 수있는 효과로 가장 옳지 않은 것은?

① 상품 계산을 위해 판매원이 상품정보를 등록하는 시간을 단축하여 고객대기시간 단축 가능

② 판매원의 수작업에 의한 입력 누락, 반복 입력 등과 같은 입력 오류 감소

③ 자동발주시스템(Electronic Order System: EOS)과 연계하여 주문관리, 재고관리, 판매관리의 정보를 통한 경영활동 효율성 확보

④ 신속한 고객 정보의 수집과 관리를 통해 합리적 판촉 전략 수립 및 고객 만족도 개선

⑤ 경쟁 유통업체의 제품 구성 및 판매 동향 분석을 통한 경쟁력 제고

73 아래 글상자에서 설명하고 있는 용어를 나열한 것으로 가장 옳은 것은?

> - ㉠는 유행에 관심이 많고 소비를 놀이처럼 즐기는 사람을 지칭하는 용어이다. 생산적인 소비자를 일컫는 프로슈머(prosumer)에서 한 단계 진화하여 참여와 공유를 통해 개인의 만족과 집단의 가치를 향상시키는 능동적인 소비자를 말한다. 필립 코틀러(Philip Kotler)의 '사회 구조가 복잡해지고 물질적으로 풍요로워질수록 소비자는 재미를 추구한다.'는 주장을 반영한 소비형태이다.
> - ㉡는 에너지를 소비도 하지만 생산도 하는 사람을 지칭하는 용어이다. 스마트 그리드가 구축되면 일반 가정이나 사무실에서도 소형 발전기, 태양광, 풍력 등을 이용한 신재생 에너지를 생산하고 사용한 후 여분을 거래할 수 있다.

① ㉠ 모디슈머, ㉡ 스마트너
② ㉠ 플레이슈머, ㉡ 스마트너
③ ㉠ 플레이슈머, ㉡ 에너지 프로슈머
④ ㉠ 트랜드슈머, ㉡ 에너지 프로슈머
⑤ ㉠ 트랜드슈머, ㉡ 스마트 프로슈머

74 아래 글상자의 ㉠, ㉡에 해당되는 각각의 용어로 가장 옳은 것은?

> 전통적인 경제학에서 기업의 생산활동은 ㉠이 주로 적용된다고 가정하고 있다. 정보화 사회에 들어서면서 컴퓨터산업을 포함한 정보통신 산업분야에서는 이러한 현상이 적용되지 않는다. 오히려 ㉡이 적용되고 있다. 브라이언아서 교수는 농업이나 자연자원을 많이 소모하는 대량생산 체제에서는 ㉠이 지배하고, 첨단기술의 개발과 지식 중심의 생산 체제에서는 반대로 ㉡이 지배한다고 주장하였다.

① ㉠ 수확체증의 법칙, ㉡ 수확불변의 법칙
② ㉠ 수확체증의 법칙, ㉡ 수확체감의 법칙
③ ㉠ 수확체감의 법칙, ㉡ 수확불변의 법칙
④ ㉠ 수확체감의 법칙, ㉡ 수확체증의 법칙
⑤ ㉠ 수확불변의 법칙, ㉡ 수확체감의 법칙

75 EDI 시스템에 대한 설명으로 가장 옳지 않은 것은?

① EDI 시스템은 데이터를 효율적으로 교환하기 위해 전자 문서표준을 이용해 데이터를 교류하는 시스템이다.

② EDI 시스템은 기존 서류 작업에 비해 문서의 입력 오류를 줄여주는 장점이 있다.

③ EDI 시스템은 국제표준이 아닌, 기업간 상호 협의에 의해 만들어진 규칙을 따른다.

④ EDI 시스템은 종이 문서 없는 업무 환경을 구현해 주는 장점이 있다.

⑤ EDI 시스템은 응용프로그램, 네트워크 소프트웨어, 변환 소프트웨어 등으로 구성된다.

③ 크롤링(Crawling)

④ 해시태그(Hashtag)

⑤ 둠스크롤링(Doomscrolling)

76 QR코드의 장점으로 가장 옳지 않은 것은?

① 작은 공간에도 인쇄할 수 있다.

② 방향에 관계없는 인식능력이 있다.

③ 바코드에 비해 많은 용량의 정보를 저장할 수 있다.

④ 훼손에 강하며 훼손 시 데이터 복원력이 매우 좋다.

⑤ 문자나 그림 등의 이미지가 중첩된 경우에도 인식률이 매우 높다.

77 아래 글상자에서 설명하는 용어로 가장 옳은 것은?

- 끌어모음이라는 뜻과 꼬리표라는 의미의 합성어이다.
- 특정 단어 앞에 '#'을 사용하여 그 단어와 관련된 내용물을 묶어 주는 기능이다.
- SNS에서 마케팅을 위해 활발하게 이용된다.

① 스크롤링(Scrolling)

② 롱테일의 법칙(Long Tail Theory)

78 데이터마이닝에서 사용하는 기법과 그에 대한 설명으로 가장 옳지 않은 것은?

① 추정 – 연속형이나 수치형으로 그 결과를 규정, 알려지지 않은 변수들의 값을 추측하여 결정하는 기법

② 분류 – 범주형 자료이거나 이산형 자료일 때 주로 사용하며, 이미 정의된 집단으로 구분하여 분석하는 기법

③ 군집화 – 기존의 정의된 집단을 기준으로 구분하고 이와 유사한 자료를 모으고, 분석하는 기법

④ 유사통합 – 데이터로부터 규칙을 만들어내는 것으로 어떠한 것들이 함께 발생하는지에 대해 결정하는 기법

⑤ 예측 – 미래의 행동이나 미래 추정치의 예측에 따라 구분되는 것으로 분류나 추정과 유사 기법

79 아래 글상자의 괄호 안에 공통적으로 들어 갈 용어로 가장 옳은 것은?

> 데이터 수집과 활용을 통해 데이터 경제를 가속화하기 위한 대책으로 2020년 정부가 발표한 디지털 뉴딜 사업에는 (　　)에 대한 계획이 포함되어 있다. (　　)은(는) 우리나라의 유무형 자산이나 문화유산, 국가행정정보 등의 공공정보를 데이터화하여 수집 · 보관하고, 필요한 곳에 사용할 수 있도록 하는 것이다.

① 데이터 댐
② 국가DW
③ 빅데이터프로젝트
④ 대한민국AI
⑤ 디지털 트윈

80 오늘날 공급사슬관리는 IT의 지원 없이 작동할 수 없다. 공급사슬관리에 일어난 주요 변화로 옳지 않은 것은?

① 공급자 중심에서 고객중심으로 - 비용보다는 유연한 대응력 즉 민첩성이 핵심요인
② 풀(pull)관행에서 푸시(push)관행으로 - 생산 풀로부터 소비자 주문 또는 구매를 근거로 하는 푸시관행으로 이동
③ 재고에서 정보로 - 실질 수요에 대한 더 나은 가시성 확보가 중요
④ 운송과 창고관리에서 엔드투엔드 파이프라인관리가 강조 - 가시성과 시간단축 중요

⑤ 기능에서 프로세스로 - 급변하는 환경에 다기능적이고 시장지향적인 프로세스에 초점

81 국가종합전자조달 사이트인 나라장터를 전자상거래 거래 주체별 모델로 구분하였을 때 가장 옳은 것은?

① B2B
② G2B
③ G4C
④ B2C
⑤ C2C

82 대칭키 암호화 방식에 해당되지 않는 것은?

① IDEA(International Data Encryption Algorithm)
② SEED
③ DES(Data Encryption Standard)
④ RSA(Rivest Shamir Adleman)
⑤ RC4

83 공급사슬관리를 위한 정보기술로 적절성이 가장 낮은 것은?

① VMI(Vendor Managed Inventory)
② RFID(Radio-Frequency Identification)

③ PBES(Private Branch Exchange Systems)

④ EDI(Electronic Data Interchange)

⑤ CDS(Cross Docking Systems)

84 지식경영을 위한 자원으로써 지식을 체계화하기 위해 다양한 분류 방식을 활용해 볼 수 있다. 다음 중 분류 방식과 그 내용에 대한 설명으로 가장 옳지 않은 것은?

① 도서관형 분류 – 알파벳/기호로 하는 분류

② 계층형 분류 – 대분류 · 중분류 · 소분류로 분류

③ 인과형 분류 – 원인과 결과 관계로 분류

④ 요인분해형 분류 – 의미 네트워크에 기반하여 공간적으로 의미를 구성

⑤ 시계열적 분류 – 시계열적으로 과거, 현재, 미래의 사상, 의의의 변화를 기술

85 빅데이터의 핵심 특성 3가지를 가장 바르게 제시한 것은?

① 가치, 가변성, 복잡성

② 규모, 속도, 다양성

③ 규모, 가치, 복잡성

④ 가치, 생성 속도, 가변성

⑤ 규모, 가치, 가변성

86 고객관리를 위해 인터넷 쇼핑몰을 운영하는 A사는 웹로그 분석을 실시하고 있다. 아래 글상자의 (   )안에 들어갈 용어로 가장 옳은 것은?

> 방문자가 웹 브라우저를 통해 웹사이트에 방문할 때 브라우저가 웹 서버에 파일을 요청한 기록을 시간과 IP 등의 정보와 함께 남기는데 이것을 (   )라고 한다. 이 로그는 웹사이트의 트래픽에 대한 가장 기초적인 정보를 제공하며 서버로부터 브라우저에 파일이 전송된 기록이므로 Transfer Log라고도 한다.

① 리퍼럴 로그(referrer log)

② 에이전트 로그(agent log)

③ 액세스 로그(access log)

④ 에러 로그(error log)

⑤ 호스트 로그(host log)

87 유통업체의 관리문제를 해결하기 위해 활용되는 의사결정 지원시스템 모델 중 수학적 모형으로 작성하여 그 해를 구함으로써 최적의 의사결정을 도모하는 수리계획법의 예로 가장 옳지 않은 것은?

① 시뮬레이션(Simulation)

② 목표계획법(Goal Programming)

③ 선형계획법(Linear Programming)

④ 정수계획법(Integer Programming)

⑤ 비선형계획법(Non-Linear Programming)

88 파일처리시스템과 비교하여 데이터베이스 시스템의 특징을 설명한 것으로 가장 옳지 않은 것은?

① 특정 응용프로그램을 활용해 개별 데이터를 생성하고 저장하므로 데이터를 독립적으로 관리할 수 있다.

② 조직내 데이터의 공유를 통해 정보자원의 효율적 활용이 가능하다.

③ 데이터베이스에 접근하기 위해 인증을 거쳐야 하기에 불법적인 접근을 차단하여 보안관리가 용이하다.

④ 프로그램에 대한 데이터 의존성이 감소하게 됨으로써 데이터의 형식이나 필드의 위치가 변화해도 응용프로그램을 새로 작성할 필요가 없다.

⑤ 표준화된 데이터 질의어(SQL)를 이용하여 필요한 데이터에 쉽게 접근하고 정보를 생성할 수 있다.

89 디지털 시대의 경영환경 특징으로 가장 옳지 않은 것은?

① 무형의 자산보다 유형의 자산이 중시된다.

② 지식상품이 부상하고 개인의 창의력이 중시된다.

③ 정보의 전달 속도가 빨라 제품수명주기가 단축된다.

④ 기술발전 속도가 빠를 뿐만 아니라 사업 범위가 글로벌화 되어 경쟁이 심화된다.

⑤ 기업 간 경쟁이 심화되어 예측이 어려워짐으로써 복잡계시스템으로서의 경영이 요구된다.

90 전자금융거래시 간편결제를 위한 QR코드 결제 표준에 대한 내용으로 가장 옳지 않은 것은?

① 고정형QR 발급시 별도 위변조 방지 조치(특수필름부착, 잠금장치 설치 등)를 갖추어야 한다.

② 변동형 QR은 보안성 기준을 충족한 앱을 통해 발급하며 위변조 방지를 위해 1분 이내만 발급이 유지되도록 규정한다.

③ 자체 보안기능을 갖추어야 하며 민감한 개인·신용정보 포함을 금지하고 있다.

④ 고정형 QR은 소상공인 등이 QR코드를 발급·출력하여 가맹점에 붙여두고, 소비자가 모바일 앱으로 QR코드를 스캔하여 결제처리하는 방식이다.

⑤ 가맹점주는 가맹점 탈퇴·폐업 즉시 QR코드 파기 후 가맹점 관리자에게 신고해야 한다.

2023년

유통관리사 2급 3개년 정답 및 해설

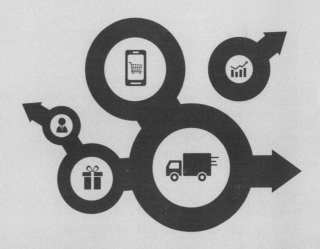

제1회 정답 및 해설 (2023년 5월 13일 시행)

제2회 정답 및 해설 (2023년 8월 26일 시행)

제3회 정답 및 해설 (2023년 11월 25일 시행)

2023년 제1회 기출문제 정답 및 해설

01	②	02	①	03	⑤	04	④	05	④
06	②	07	④	08	⑤	09	③	10	④
11	④	12	⑤	13	⑤	14	③	15	③
16	⑤	17	⑤	18	③	19	③	20	⑤
21	③	22	③	23	③	24	②	25	④
26	③	27	④	28	③	29	②	30	④
31	④	32	③	33	③	34	①	35	①
36	④	37	③	38	③	39	③	40	⑤
41	④	42	③	43	③	44	③	45	⑤
46	②	47	⑤	48	③	49	④	50	②
51	⑤	52	④	53	①	54	②	55	③
56	⑤	57	③	58	①	59	②	60	⑤
61	④	62	④	63	③	64	④	65	①
66	①	67	④	68	④	69	①	70	④
71	④	72	⑤	73	③	74	⑤	75	④
76	⑤	77	④	78	③	79	④	80	②
81	⑤	82	④	83	④	84	③	85	⑤
86	④	87	③	88	②	89	①	90	④

[1과목] 유통물류일반

01   정답 ②

사치재와 같은 재화는 수요의 가격 탄력성이 크고, 편의품은 수요의 가격 탄력성이 낮다. 그러므로 소득에서 재화의 가격이 차지하는 비중과 가격탄력성은 비례한다.

02   정답 ①

유통비용을 최소화시킬 수 있는 유통시스템 설계를 위한 유통경로의 길이 결정 시 파악해야 할 상품요인은 부피, 부패성, 기술적 특성, 총마진이다.
② 고객에 대한 지식, 통제의 욕구, 재무적 능력 → 기업요인
③ 비용, 품질, 이용가능성 → 경로구성원요인
④ 지리적 분산, 고객밀집도, 고객의 수준, 평균 주문량 → 시장요인
⑤ 단위가치, 상품표준화, 비용, 품질 → 환경요인

03   정답 ⑤

갈등은 조직의 획일적 운영을 배제하고 다양성과 민주성 확보에 기여하는 순기능의 역할을 한다. 유통시스템 내의 자원을 권력 순서대로 재분배하게 해주는 것은 권력의 서열화이므로 갈등의 순기능으로 보기 어렵다.

04   정답 ④

• 무점포판매란 상시 운영되는 매장을 가진 점포를 두지 아니하고 상품을 판매하는 것으로서 (산업통상자원부령)으로 정하는 것을 말한다.
• 유통표준코드란 상품·상품포장·포장용기 또는 운반용기의 표면에 표준화된 체계에 따라 표기된 숫자와 바코드 등으로서 (산업통상자원부령)으로 정하는 것을 말한다.

05   정답 ④

6시그마 실행 단계

정의 (Define)	ⓔ CTQ를 파악하고 개선 프로젝트를 선정한다.
측정 (Measure)	ⓒ 현재 CTQ 충족 정도를 측정한다.
분석 (Analyze)	ⓛ 핵심품질특성(CTQ)과 그에 영향을 주는 요인의 인과관계를 파악한다.
개선 (Improve)	ⓜ CTQ의 충족 정도를 높이기 위한 방법과 조건을 찾는다.
관리 (Control)	ⓙ 개선된 상태가 유지될 수 있도록 관리한다.

06 정답 ②

인간의 욕구를 성장, 관계, 생존의 3단계로 구분하여 설명한 것은 앨더퍼(C. Alderfer)의 ERG이론이다. 맥클리란드는 성취동기이론에서 인간의 욕구를 성취, 권력, 친교로 구분하여 설명하였다.

07 정답 ④

수량 표시(case mark)는 포장 화물 안의 내용물의 총 수량이 아니라, 화물의 개수를 표시하기 위하여 연속적으로 기입하는 일련번호이다.

08 정답 ⑤

물류여건에 대응하는 원가 절감형 포장법 개발은 기법 표준화에 해당한다. 관리표준화를 제외한 재료표준화, 강도표준화, 치수표준화, 기법표준화는 포장 표준화의 4대 요소이다.

09 정답 ③

지급형태별 물류비에는 자가 물류비와 위탁 물류비가 있다. 자가 물류비는 자사의 설비 및 인력으로 물류활동을 수행하면서 지출한 비용이고, 위탁 물류비는 물류활동의 일부 또는 전부를 제3자 물류업체나 자회사에게 위탁하여 지불한 비용이다.
① 영역별 물류비 : 조달물류비, 사내물류비, 역물류비
② 기능별 물류비 : 수송비, 보관비, 포장비
④ 세목별 물류비 : 재료비, 노무비, 경비
⑤ 조업도별 물류비 : 물류고정비, 물류변동비

10 정답 ④

기본 형태의 제품 제공은 제품수명주기 단계 중 도입기에 사용할 수 있는 마케팅믹스전략이다. 성숙기에는 다양한 소비자 요구를 충족시키기 위한 다양한 형태의 제품을 제공해야 한다.

11 정답 ④

제품이 고객에게 인도되기 전에 품질요건이 충족되지 못함으로써 발생하는 품질관리비용은 내부실패비용이다.

품질관리비용

구분		설명
통제비용	예방비용	결함 예방을 위해 지출되는 비용
	평가비용	규격을 만족하는지 확인하기 위해 제품의 품질을 측정하고 평가하는데 드는 비용
실패비용	내부실패비용	고객에게 배달되기 전에 품질 규격이 맞지 않아 수정하거나, 실패를 진단하는데 드는 비용
	외부실패비용	고객에게 배달된 뒤 제품이나 서비스를 수정하는데 드는 비용

12 정답 ⑤

근무시간은 개인 임의로 조정해서는 안 되며, 관리자와 사전에 상의하여 조율해야 한다.

13 정답 ⑤

글로벌 유통산업의 환경변화
㉠ 유통시장 개방의 가속화로 인한 글로벌 경영의 확대
㉡ 주요 소매업체들의 해외 신규출점 증대 및 M&A를 통한 규모의 경쟁력 강화
㉢ 선진국 시장의 포화에 따른 시장 잠재성이 높은 신흥 시장 발굴 노력
㉣ 대형유통업체들의 해외시장 개척 및 글로벌 유통망 확대

14 정답 ③

테일러의 기능식 조직(functional organization)은 조직의 상층에서 하층까지 공통기능을 중심으로 활동이 부서화되는 조직으로, 조직 구성원들에게 정확한 과업을 부여할 수 있어 일의 성과에 따른 보수산정이 용이하다.

15 정답 ③

유통기업에 종사하는 종업원은 근무시간 이외의 시간에 자유

2023년 제1회 정답 및 해설

의사에 따라 정치활동을 포함한 외부활동을 자유롭게 할 수 있는 권리가 있다.

16 　　　　　　　　　　　　　　　정답 ⑤

도매상의 혁신전략 중 자산가치가 높은 브랜드의 보유는 시장에서의 지속적인 경쟁력을 획득하기 위한 전략이다. 창고 자동화와 향상된 재고관리에 해당하는 도매상의 혁신전략은 유통의 새로운 기술이다.

17 　　　　　　　　　　　　　　　정답 ⑤

> **유통경로의 기능**
> ① **교환과정의 촉진** : 중간상의 개입으로 교환과정을 보다 단순화시킬 수 있으므로 보다 많은 거래를 효율적으로 이루어낼 수 있음
> ② **소비자와 제조업체의 연결** : 제조업자는 소수의 제품라인을 대량생산하고 소비자는 소수의 다양한 제품을 구매함에 따라 양자의 욕구차이에서 발생하는 제품구색과 생산·구매량 간의 불일치를 유통경로가 완화시켜줌
> ③ **제품구색 불일치의 완화** : 제조업자는 중간상 이용을 통해 적은 비용으로 더 많은 잠재고객에 도달할 수 있고, 소비자들의 탐색비용도 절약됨
> ④ **고객서비스 제공** : 유통경로는 제조업자를 대신하여 소비자에게 애프터서비스의 제공과 제품의 배달, 설치, 사용방법의 교육 등의 서비스를 제공함

18 　　　　　　　　　　　　　　　정답 ⑤

유통경영조직의 원칙 중 조정의 원칙은 조직의 공통목적을 달성하기 위하여 모든 업무는 조정되어야 한다는 원칙이다.
① **기능화의 원칙** : 조직은 사람이 아닌 직무를 중심으로 구성되어야 한다는 원칙
② **권한위양의 원칙** : 권한을 갖고 있는 상위자가 하위자에게 일정범위의 직무를 위임할 경우 그 직무를 효과적으로 수행할 수 있도록 직무에 수반되는 권한도 동시에 위양해야 한다는 원칙
③ **명령통일의 원칙** : 조직의 각 구성원은 누구나 한 사람의 직속상관에게만 보고하고 또 그로부터 명령을 받아야 한다는 원칙
④ **관리한계의 원칙** : 한 사람의 상급자가 가장 효과적으로 직접 관리할 수 있는 하급자의 수는 한정되어 있다는 원칙

19 　　　　　　　　　　　　　　　정답 ③

기업 수준의 경영전략은 주로 최고경영층에 의해 이루어지는 전략으로 시장개발전략, 제품개발전략, 시장침투전략, 다각화전략 등이 이에 해당한다. ③의 차별화전략은 기업 수준 경영전략의 하위 전략인 사업부 전략에 해당한다.

20 　　　　　　　　　　　　　　　정답 ⑤

마이클 포터가 제시한 5가지 세력(forces) 모델은 보완재가 아니라 대체재의 유무가 중요한 경쟁요소로 작용한다.

> **포터의 산업분석(5 forces model)**
> • 기존 기업 간의 경쟁 정도
> • 신규 기업의 진입 위협
> • 대체재의 위협
> • 구매자의 협상력
> • 공급자의 협상력

21 　　　　　　　　　　　　　　　정답 ③

㉠ 출입구가 동일한 경우 입출하 빈도가 높은 상품을 출입구에서 가까운 장소에 보관하는 것은 회전대응 보관의 원칙이다.
㉡ 표준품은 랙에 보관하고 비표준품은 특수한 보관기기 및 설비를 사용하여 보관하는 것은 형상 특성의 원칙이다.

> **보관의 원칙**
> • **통로대면 보관의 원칙** : 물품의 입출고를 용이하게 하고 효율적으로 보관하기 위해 통로면에 보관하는 원칙
> • **높이 쌓기의 원칙** : 팰레트 등을 이용하여 물품을 고층으로 적재함으로써 평평하게 적재하는 것보다 용적효율을 향상시키는 원칙
> • **선입선출의 원칙** : FIFO(First In First Out), 즉 먼저 보관한 물품을 먼저 출고하는 원칙
> • **회전대응보관의 원칙** : 보관할 물품의 장소를 회전정도에 따라 정하는 것으로 입출하 빈도의 정도에 따라 보관장소를 결정하는 원칙
> • **동일성 및 유사성의 원칙** : 동일품종은 동일장소에 보관하고, 유사품은 근처 가까운 장소에 보관하는 원칙
> • **중량특성의 원칙** : 중량에 따라 보관장소나 높낮이를 결정하는 원칙
> • **형상특성의 원칙** : 형상에 따라 보관방법을 변경하며 형상특성에 부응하여 보관하는 원칙

- **위치표시의 원칙** : 보관품의 장소와 선반번호 등의 위치를 표시함으로써 업무의 효율화를 증대시키는 원칙
- **명료성의 원칙** : 시각적으로 보관품을 용이하게 식별할 수 있도록 보관하는 원칙
- **네트워크보관의 원칙** : 관련 품목을 한 장소에 모아서 보관하는 원칙

22 　　　　　　　　　　　정답 ③

사전 주문 수량과 일치하는 재고를 보유하면 예상치 못한 긴급 상황에 대비할 수 없으므로, 리드타임 등을 고려한 최적화된 수준의 재고를 보유하여 결품을 방지하고 서비스 수준을 높일 수 있다.

23 　　　　　　　　　　　정답 ③

SWOT(Strength, Weakness, Opportunities, Threats)는 기업의 내부환경을 분석하여 강점과 약점을 발견하고, 외부환경을 분석하여 기회와 위협을 찾는 마케팅 전략 분석법이다. WT 상황에서는 기업 내부의 약점을 보완하고 원가 절감, 사업 축소 및 철수 등 위험을 회피하는 전략을 구사한다.

24 　　　　　　　　　　　정답 ②

매입자는 콜옵션 또는 풋옵션을 행사할 권리만 가지고, 매도자는 매입자가 권리를 행사할 때만 그 계약을 이행할 의무를 가지는 전형적인 비대칭적 계약이다.

25 　　　　　　　　　　　정답 ④

쇼루밍(Showrooming)은 오프라인 매장에서 자신이 원하는 상품을 살펴본 후 가격이 더 저렴한 온라인 쇼핑몰에서 구매하는 것을 말한다. 스마트폰을 통해 가격을 검색하고 오프라인 매장에서 실물을 보고 구매하는 것은 역쇼루밍이다.

[2과목] 상권분석

26 　　　　　　　　　　　정답 ③

선매품이란 제품을 구매하기 전에 가격·품질·형태·욕구 등에 대한 적합성을 충분히 비교하여 선별적으로 구매하는 제품을 말한다. 구매자는 여러 점포를 통해 상품을 비교한 후 선매품을 구매하기 때문에 인접한 경쟁점포는 선매품점의 상권을 확장시킨다.
① 인접한 경쟁점포는 편의품점의 상권을 축소시킨다.
② 인접한 경쟁점포는 편의품점의 매출을 감소시킨다.
④ 산재성 점포는 분산입지하는 것이 유리한 점포 유형이므로, 산재성 점포가 인접해 있을 경우 매출증가에 불리하다.
⑤ 집재성 점포는 점포가 한 곳에 모여 입지해야 유리한 점포 유형이므로, 인접한 동일업종 점포가 있어야 유리하다.

27 　　　　　　　　　　　정답 ④

비용요인에는 생산비, 운송비, 판매비용 등이 포함되며 비용이 상대적으로 저렴할수록 상권은 확대된다.

28 　　　　　　　　　　　정답 ②

상권은 상업상의 거래가 행하여지고 있는 공간적 범위로, 이러한 상권의 범위는 확정적 개념이 아니라 가변적 개념이다.

29 　　　　　　　　　　　정답 ②

인근점포의 보완성이 클수록 고객이 상호보완적인 다른 소매점포를 방문할 가능성도 높으므로 소매점포의 상권은 확장된다.

30 　　　　　　　　　　　정답 ⑤

신규 소매점포의 개점은 상권분석 → 입지선정 → 점포계획 → 소매믹스설계의 순으로 준비하는 것이 가장 바람직하다.

31 　　　　　　　　　　　정답 ④

일방통행 도로는 차량이 한 방향으로만 통행하기 때문에 가시성과 접근성 면에서 불리하다.

32 　　　　　　　　　　　정답 ③

체크리스트법(Checklist method)은 상권에 영향을 주는 요소에 대한 평가표를 통해 신규상권의 잠재력을 평가한다.

그러므로 현재 영업 중인 점포의 상권범위를 파악하려는 조사기법으로는 부적절하다.

33   정답 ⑤

상권은 상업상의 거래가 행하여지고 있는 공간적 범위로 표현되고, 입지는 점포의 소재지인 주소나 좌표를 가지는 점으로 표시된다. 그러므로 가구 특성, 경쟁 강도, 소득 수준, 인구 특성 등은 상권요인에 해당하고, 점포 면적은 입지요인에 해당한다.

34   정답 ①

백화점은 (㉠)고객흡인력이 강하고, (㉢)점포주변 유동인구가 많으며, (㉣)대형 개발업체의 개발계획으로 조성된다.
② 독립입지는 다른 점포들과 지리적으로 떨어져 교외지역에 위치한 입지이므로, ㉡은 독립입지의 특성으로 옳지 않다.
③ 도심입지는 대도시나 소도시에 자연발생적으로 형성된 전통적 입지이므로, ㉣은 도심입지의 특성으로 옳지 않다.
④ 교외 대형쇼핑몰은 주로 땅값이 저렴한 도시 외곽에 조성되므로, ㉡ · ㉢은 교외 대형쇼핑몰의 입지 특성으로 옳지 않다.
⑤ 근린쇼핑센터는 일용품 위주의 소규모 쇼핑센터를 의미하므로, ㉠ · ㉡ · ㉣은 근린쇼핑센터의 입지 특성으로 옳지 않다.

35   정답 ①

유통산업발전법상 대규모점포를 개설하거나 전통상업보존구역에 준대규모점포를 개설하려는 자는 영업을 시작하기 전에 산업통상자원부령으로 정하는 바에 따라 상권영향평가서 및 지역협력계획서를 첨부하여 특별자치시장 · 시장 · 군수 · 구청장에게 등록하여야 한다. 즉, 전통상업보존구역에 준대규모점포를 개설하려고 할 때 개설등록 기한은 영업 개시 전까지이다.

36   정답 ④

A점포의 매력도 : $\dfrac{50,000}{4^2} = 3.125$

B점포의 매력도 : $\dfrac{70,000}{6^2} = 1.944$

C점포의 매력도 : $\dfrac{40,000}{3^2} = 4.444$

그러므로 세 점포에 대해 소비자가 느끼는 매력도의 크기는 C > A > B순이다.

37   정답 ④

대형마트, 대형병원, 대형공연장 등 대규모 서비스업종은 독자적 입지선정이 가능하므로, 경쟁점이 몰려있으면 상호보완 효과가 낮아지고 경쟁력은 입지보다는 차별성이나 홍보 등에 의해 주로 정해진다.

38   정답 ②

크리스탈러의 중심지이론에서 중심지로부터 실제로 재화가 공급되는 범위를 재화의 도달 범위라고 하고, 중심지의 기능을 유지하기 위해 필요한 최소한의 수요인 최소 요구치보다 재화의 도달 범위가 클 때 중심지는 이익을 확보하게 되어 중심지가 성립하게 된다고 하였다. 그러므로 크리스탈러의 중심지이론은 중심지에서 먼 곳은 재화와 서비스를 제공받지 못하게 된다고 가정하지 않는다.

39   정답 ③

대형 쇼핑센터의 공간구성요소 중 결절점(node)은 교차하는 통로의 접합점 또는 교차점으로 쇼핑센터 내부의 주요 공간인 전이공간, 이벤트 장소 등이 된다.
① 지표(landmark) – 길찾기를 위한 방향성 제공
② 선큰(sunken) – 지하공간의 쾌적성과 접근성을 높임
④ 구역(district) – 공간과 공간을 분리하여 영역성을 부여
⑤ 에지(edge) – 경계선이며 건물에서 꺾이는 부분에 해당

40   정답 ⑤

공급체인관리(SCM : Supply Chain Management)는 제품이나 정보가 생산자에게서 사용자에게로 전달되는 일련의 과정을 최적화함으로써 적기배송과 물류비용의 절감 등을 목적으로 한다. 그러므로 공급체인관리(SCM)는 상권분석의 주요 목적과는 연관성이 떨어진다.

41   정답 ④

토지의 소재, 지번, 지목, 면적 등을 확인하기 위한 공부서류는 토지대장이다.

42 　　　　　　　　　　정답 ②

수치지도(Digital Map)는 컴퓨터상에서 도로, 철도, 건물, 하천 등 다양한 인공지물과 자연지형을 도식(기호)과 3차원의 위치좌표로 표현한 디지털 지리정보 지도를 말한다. 즉, 수치지도와 디지털지도는 유사 개념이다.

43 　　　　　　　　　　정답 ②

거리감소효과(distance decay effect)는 해당 점포와 거리가 멀수록 거리 마찰에 따른 비용과 시간의 증가로 소비자 분포의 크기와 밀도가 감소하는 거리조락현상 또는 거리체감효과를 말한다.

44 　　　　　　　　　　정답 ③

점포신축을 위한 부지매입은 적당한 부지 확보가 어렵고 건설 및 인허가기간이 소요되며 초기 고정투자부담이 크다. 그러나 직접 소유로 인한 자산가치 증대와 장기간 영업이 가능하고 점포형태, 진입로, 주차장 등 새로운 시설의 설계 및 구조의 유연성을 확보할 수 있다.

45 　　　　　　　　　　정답 ⑤

Huff모형과 MNL모형은 Luce의 선택공리를 근거로 하는 확률적 상권분석 기법들이지만, Reilly의 소매중력모형은 규범적 모형에 의한 상권분석 기법이다.

상권분석기법 유형
- 서술적 방법에 의한 상권분석기법 : 체크리스트법, 유추법, 현지조사법, 비율법 등
- 규범적 모형에 의한 상권분석기법 : 중심지이론, 소매중력모형, 컨버스모형
- 확률적 모형에 의한 상권분석기법 : Huff모델, MNL모델, MCI모델

[3과목] 유통마케팅

46 　　　　　　　　　　정답 ②

GRP(gross rating points)는 특정 기간 동안 한 매체나 여러 매체를 통해 노출된 총 시청률로, 도달범위와 도달빈도의 곱으로 측정한다. 즉, 시청자들의 광고인지도를 중심으로 GRP를 측정하는 것은 아니다.

47 　　　　　　　　　　정답 ⑤

고객들이 주 통로를 지나다니면서 다양한 각도의 시선으로 상품을 살펴볼 수 있는 매장 레이아웃은 경주로형 배치이다. 자유형 배치는 특정 쇼핑경로를 유도하지 않고 충동구매를 유발하려는 목적의 매장 레이아웃이다.

48 　　　　　　　　　　정답 ③

기업은 평생고객 유치를 위해 고객관계관리를 전략적 차원에서 활용하게 된다. 전략적 CRM의 적용 과정은 전략개발과정, 가치창출과정, 다채널통합과정, 정보관리과정, 성과평가과정으로 구성된다.

49 　　　　　　　　　　정답 ④

최종소비자를 대상으로 영업활동을 하는 소매상은 점포와 같은 물리적인 시설에 비용투자를 해야 한다.

50 　　　　　　　　　　정답 ②

소매업체들의 서비스 마케팅 관리를 위한 서비스 마케팅 믹스(7P)는 전통적인 마케팅 믹스인 제품(product), 가격(price), 장소(place), 촉진(promotion)의 4P에 사람(people), 과정(process), 물리적 환경(physical evidence)의 3P를 추가한 것을 말한다.

51 　　　　　　　　　　정답 ⑤

제품 및 제품성과에 대한 소비자들의 지각과 느낌을 상징하는 것은 브랜드 인지도이다. 머천다이징(merchandising)은 제조업자 또는 유통업자가 특정 제품의 구매와 판매방법 등을 계획하는 것으로서 상품화계획이라고도 한다.

52 　　　　　　　　　　정답 ④

심리묘사적 세분화는 시장을 사회 계층, 라이프 스타일, 개성 등의 기준에 따라 세분화하는 것을 말한다.
① **지리적 세분화** : 국가, 지방, 도, 도시, 군, 주거지, 기후, 입지조건 등에 의한 시장 세분화
② **인구통계적 세분화** : 연령, 성별, 직업, 소득, 교육, 종교, 인종 등에 의한 시장 세분화
③ **행동적 세분화** : 추구하는 편익, 사용량, 상표충성도 등에

의한 시장 세분화

53 　　　　　　　　　　　정답 ①

제품라인 내 제품품목의 수는 제품믹스의 깊이(product mix depth)를 일컫는다.

> **제품믹스의 폭·깊이·길이의 구분**
> - **제품믹스의 폭(width)** : 기업이 가지고 있는 제품계열의 수
> - **제품믹스의 깊이(depth)** : 각 제품계열 안에 있는 품목의 수
> - **제품믹스의 길이(length)** : 제품믹스 내의 모든 제품품목의 수

54 　　　　　　　　　　　정답 ②

㉠ **전방통합** : 제조회사가 도·소매업체를 소유하거나, 도매상이 소매업체를 소유하는 것과 같이 공급망의 상류 기업이 하류의 기능을 통합하는 것

㉡ **후방통합** : 도·소매업체가 제조기능을 수행하거나 소매업체가 도매기능을 수행하는 것과 같이 공급망의 하류에 위치한 기업이 상류의 기능까지 통합하는 것

55 　　　　　　　　　　　정답 ③

㉡은 다각화전략으로 가장 위험도가 높은 전략이다. 위험이 낮고 투자가 적게 요구되는 전략이지만, 가맹계약 해지를 통해 경쟁자가 되는 위험을 가지고 있는 것은 프랜차이즈전략에 해당한다.

56 　　　　　　　　　　　정답 ⑤

로열티 프로그램은 포인트나 마일리지 등과 같은 각종 보상제도를 통하여 소비자가 해당 상품이나 브랜드를 지속적으로 사용하게 만드는 마케팅 전략으로, 기업의 자선활동 및 공익프로그램과는 거리가 멀다.

57 　　　　　　　　　　　정답 ⑤

시각적 머천다이징은 고객에게 알맞은 상품구색을 결정하고 구색이 갖춰진 상품에 대해 최적의 매장 이미지를 연출하는 전략적 판촉을 통해 소매점포의 이윤을 극대화시키는 작업이다. 따라서 시각적 머천다이징은 상품의 잠재적 이윤은 물론 인테리어 컨셉 및 전체적 조화 등을 고려하여 이루어진다.

58 　　　　　　　　　　　정답 ①

제품구색이 넓은 소매업태에서 전문화된 좁은 제품구색의 소매업태로 변화되었다가 다시 넓은 제품 구색의 소매업태로 변화되는 과정을 설명한 이론은 소매아코디언 이론(retail accordion theory)이다.

② **소매수명주기 이론(retail life cycle theory)** : 소매업체가 시간의 경과에 따라 진화하는 이론으로 도입기, 초기성장기, 가속성장기, 성숙기, 쇠퇴기 단계를 거치게 된다.

③ **소매차륜 이론(the wheel of retailing theory)** : 소매기관의 진입, 성장, 쇠퇴 과정을 비용에 초점을 두어 설명한 이론으로, 초기에는 혁신적인 형태에서 출발하다 성장하면서 다른 신업태에 자리는 내주는 것을 말한다.

④ **변증법적 이론(dialetic theory)** : 소매점의 진화과정을 변증법적 유물론에 입각하여 정반합의 과정 속에 계속해서 새로운 형태의 소매점이 출현하게 된다는 이론이다.

⑤ **진공지대 이론(vacuum zone theory)** : 기존의 소매업태가 다른 유형의 소매로 변화할 때 그 빈 자리, 즉 진공지대를 새로운 형태의 소매업태가 자리를 메운다는 이론이다.

59 　　　　　　　　　　　정답 ②

보다 풍요로운 생활과 즐거움을 제공하는 제품으로 스타일과 디자인을 강조하는 것은 편의품이 아니라 선매품이다. 선매품은 제품을 구매하기 전에 가격·품질·형태·욕구 등에 대한 적합성을 충분히 비교하여 선별적으로 구매하는 제품이다.

60 　　　　　　　　　　　정답 ⑤

옴니채널(omni channel)이란 소비자가 온라인, 오프라인, 모바일 등 다양한 경로를 넘나들며 상품을 검색하고 구매할 수 있도록 한 서비스로, 각 유통 채널의 특성을 결합해 어떤 채널에서든 같은 매장을 이용하는 것처럼 느낄 수 있도록 한 쇼핑 환경을 말한다. 그러므로 매장별로 독특한 마케팅 프로그램을 활용하여 판매하는 것은 옴니채널의 특징이 아니다.

61 　　　　　　　　　　　정답 ④

개인정보는 보유기간의 경과나 처리 목적의 달성 등으로 불

필요하게 되었을 때에는 지체 없이 파기해야 한다. 경품응모
권을 통해 수집한 개인정보도 보유 및 이용기간이 끝나면 지
체 없이 파기해야 한다.

---

62   정답 ⑤

대부분의 기업에서는 데이터마이닝 등 고객행동분석에 있어
CRM과 eCRM을 통합하여 전사적으로 활용한다.
① CRM과 eCRM 모두 원투원마케팅(one-to-one marketing)과 데이터베이스마케팅 활용을 중시한다.
② CRM과 eCRM 모두 고객 개개인에 대한 차별적 서비스를 실시간으로 제공한다.
③ CRM과 eCRM 모두 고객접점과 커뮤니케이션 경로의 활용을 중시한다.
④ CRM과 eCRM 모두 고객서비스 개선 및 거래활성화를 위한 고정고객 관리에 중점을 둔다.

---

63   정답 ③

비율척도는 가장 높은 수준의 척도로 모든 수학 연산이 가능하며 절대적 크기의 비교가 가능한 척도이다. ⓔ 소비자의 구매확률, ⓕ 충성고객의 구매액, ⓗ 매장의 시장점유율은 비율척도로 측정해야 하는 요소들이다.
ⓐ 구매자의 성별 및 직업 → 명목척도
ⓒ 상품 인기 순위 → 서열척도
ⓒ 타겟고객의 소득구간 → 등간척도

---

64   정답 ④

다단계 판매는 제품을 구매한 고객이 새로운 판매원이 되고,
이 판매원이 다시 소비자에게 제품을 판매하는 연쇄적인 형태로 유통망을 확대하는 무점포 판매기법이다. 따라서 다단계 판매는 매출 증가 없이도 조직을 방대하게 늘려가는 것이 가능하다.

---

65   정답 ①

소매업체 입장에서 특정 공급자의 개별품목 혹은 재고 관리 단위(SKU : Stock Keeping Unit)를 평가하는 방법은 직접제품이익(DPP : Direct Product Profit)이다. 직접 제품이익은 각 경로대안의 총 마진에서 직접제품비용을 뺀 제품수익성을 평가하여 직접제품이익이 가장 높은 경로 대안을 선택하는 기법이다.

---

66   정답 ①

주어진 글상자의 내용은 경로구성원들 간에 이해관계의 대립이나 추구하는 목표들 간의 양립불가능성, 즉 목표 불일치에서 오는 갈등 원인이다.

> **유통경로 갈등의 원인**
> • **목표불일치** : 이해관계의 대립이나 추구하는 목표의 불일치에서 오는 갈등
> • **지각불일치** : 동일 현상을 다르게 해석하는 데서 오는 갈등
> • **영역불일치** : 상권의 범위 또는 경로구성원의 역할에 대한 견해 차이로 인한 갈등

---

67   정답 ③

원가가산법(cost plus pricing)에 의한 가격책정은 제품의 원가와 이익률만을 이용하여 가격을 결정할 수 있기 때문에, 예상판매량이 예측 가능한 경우가 아니더라도 사용할 수 있다. 원가가산법은 재화의 가격탄력성이 크지 않고 경쟁이 치열하지 않을 경우 활용되는 가격결정법으로, 시장의 수요 상황이나 경쟁사의 가격 등을 고려하지 않는다는 한계가 있다.

---

68   정답 ④

컨조인트 분석은 어떤 제품 또는 서비스가 갖고 있는 속성 하나하나에 고객이 부여하는 가치를 추정함으로써 그 고객이 어떤 제품을 선택할지를 예측하는 기법이다.
① **t-검증** : 두 집단 또는 두 상관적인 표본의 평균치가 동일한 모집단에서 추출되었는지를 검증하는 분석기법이다.
② **분산 분석** : 두 개 이상인 대상의 평균을 비교하는 분석방법으로, 평균 간의 차이가 발견되는지 검증하기 위해 사용된다.
③ **회귀 분석** : 하나 또는 하나 이상의 독립변수의 종속변수에 대한 영향을 추정할 수 있는 분석기법이다. 체계적인 변수 고려로 점포의 매출에 미치는 영향에 대해 계량적으로 분석할 수 있다.
⑤ **군집 분석** : 서로 유사한 특성을 지니는 사례를 묶어 집단화한 후 군집들의 특성을 파악해 군집들 사이의 관계를 분석하는 방법이다.

---

69   정답 ①

매장의 입출구와 주차시설은 매장의 외부환경요소에 해당한다.

70 정답 ③

쉘빙(shelving)은 매대나 선반에 올려서 진열하는 방법으로, 종적인 공간효율을 개선시키고 진열선반의 높이가 낮을 때는 위에서 아래로 시선을 유도하는 페이싱 방법이다.
① 페이스 아웃(face out) : 상품의 전면이 보이도록 진열하는 방법으로 디자인을 한눈에 볼 수 있다.
② 슬리브 아웃(sleeve out) : 상의의 소매나 바지, 스커트의 측면이 보이도록 행거를 이용하여 진열하는 방법이다.
④ 행깅(hanging) : 상품을 걸어서 진열하는 방법이다.
⑤ 폴디드 아웃(folded out) : 선반이나 상자를 이용하여 상품의 접은 면이 보이도록 진열하는 방법이다.

[4과목] 유통정보

71 정답 ④

QR(Quick Response) 코드는 현재 국제규격으로 규격화되어 있으며, 특허권이 없기 때문에 누구라도 다양한 목적으로 쉽게 제작하여 사용할 수 있다.

72 정답 ⑤

챗지피티는 미국의 오픈AI(Open AI)에서 개발한 GPT(Generative Pre-trained Transformer) 기반의 대화형 인공지능 서비스로, 사전에 학습한 데이터를 기반으로 실시간 대화가 가능하다.

73 정답 ③

반정형 데이터는 데이터의 형식과 구조가 변경될 수 있는 데이터로 HTML, XML, JSON 등이 이에 속한다. 문서는 비정형 데이터이다.

데이터의 유형
- 정형 데이터 : 미리 정해놓은 형식과 구조에 따라 저장된 구조화된 데이터 예 관계형 데이터베이스(RDB), 스프레드시트, CSV 데이터 등
- 반정형 데이터 : 데이터의 형식과 구조가 변경될 수 있는 데이터로, 데이터의 구조 정보를 데이터와 함께 제공하는 파일 형식의 데이터 예 웹로그, HTML, XML, JSON 등
- 비정형 데이터 : 정해진 구조가 없이 저장된 데이터 예 문서, 텍스트, 이미지, 비디오, PDF 문서 등

74 정답 ⑤

시스템 다운타임은 시스템이 동작 불능이거나 오프라인 상태여서 이용할 수 없는 시간이므로, CRM을 통해 성공적으로 고객을 관리하고 있음을 추적하는 지표로 사용할 수 없다.

75 정답 ④

㉠ 정보 정정권 : 개인정보가 부정확하거나 불완전한 경우 이를 수정할 권리
㉡ 정보 삭제권 : 자신의 개인정보를 삭제할 수 있는 법적 강제력이 있는 권리

76 정답 ⑤

인공지능과 사물인터넷 등의 정보기술을 이용해 비즈니스 프로세스에 혁신이 이루어진 시기는 4차 산업혁명 때이다.
① 컴퓨터와 같은 전자기기의 활용을 통해 업무 프로세스 개선을 달성한 것은 3차 산업혁명 때이다.
② 업무 프로세스에 대한 부분 자동화가 이루어지고 네트워킹 기능이 프로세스 혁신을 위해 활성화되기 시작한 것은 3차 산업혁명 때이다.
③ 노동에서 분업이 이루어지기 시작하고 전문성이 강조되기 시작한 것은 2차 산업혁명 때이다.
④ 전화, TV, 인터넷 등과 같은 의사소통 방식이 기업에서 활성화된 것은 3차 산업혁명 때이다.

산업혁명의 발전과정
- 1차 산업혁명 : 증기기관 기반의 기계화 혁명
- 2차 산업혁명 : 전기 에너지 기반의 대량생산 혁명
- 3차 산업혁명 : 컴퓨터와 인터넷 기반의 지식정보 혁명
- 4차 산업혁명 : 빅데이터, AI, 사물인터넷 등 정보기술 기반의 초연결 혁명

77 정답 ④

디지털 전환(digital transformation)은 디지털 기술을 다양한 분야에 적용하여 전통적인 산업군의 디지털화를 촉진시키는 것을 말한다.
① 디지타이제이션(digitization) : 아날로그 또는 물리적 데이터에서 디지털 형식으로 이전 또는 변환하는 단순한 디지털화를 의미한다.
② 초지능화(hyper-intellectualization) : 빅데이터와 인공지능과 같은 초연결성을 기반으로 하여 유입된 다분

야·대량의 데이터를 분석하고 처리하는 과정에서 의미 있는 결과물을 통해 기계의 자가 학습에 필요한 데이터·지식이 산업의 새로운 경쟁 원천이 되는 것을 의미한다.

③ 디지털 컨버전스(digital convergence) : 디지털 융합이라는 뜻으로, 하나의 기기와 서비스에 모든 정보통신기술이 융합되는 현상을 말한다.

⑤ 하이퍼인텐션(hyper-intention) : 꼭 하고 싶다는 강한 의도가 목적하는 일을 불가능하게 만든다는 심리학적 용어이다.

78 　　　　　　　　　　　　　　　정답 ②

새로운 공장입지 선정 및 신기술 도입 등과 같은 사항은 전략적 수준에서 다루는 정보이다. 관리적 수준의 의사결정은 기업의 목표와 전략을 실행하기 위한 구체적이고 반구조적인 의사결정으로, 인력 및 원재료의 획득, 인적 자원 개발 및 훈련, 자본 및 설비 조달 등을 위한 의사결정이 이에 해당한다.

79 　　　　　　　　　　　　　　　정답 ④

균형성과표(BSC : balanced score card)는 기업의 비전과 전략을 조직 내외부의 핵심성과지표(KPI)로 재구성해 전체 조직이 목표달성을 위한 활동에 집중하도록 하는 성과관리 기법이다.

① 경제적 부가가치(economic value added) : 기업이 벌어들인 영업이익 가운데 세금과 자본비용을 공제한 금액으로, 경제적 부가가치가 클수록 수익성과 안전성이 높은 기업으로 인식한다.

② 인적자원회계(human resource accounting) : 기업의 인적자원을 대상으로 하는 회계의 한 영역으로, 조직자원으로서 인간 가치를 측정하는 것을 말한다.

③ 총자산이익률(return on assets) : 수익성을 나타내는 대표적인 지표로, 총자산에서 당기순이익이 차지하는 비중을 말한다.

⑤ 투자수익률(return on investment) : 가장 널리 사용되는 경영성과 측정기준 중의 하나로, 기업의 순이익을 투자액으로 나누어 구한다.

80 　　　　　　　　　　　　　　　정답 ②

데이터마트는 데이터의 한 부분으로서 특정 사용자가 관심을 갖는 데이터들을 담은 비교적 작은 규모의 데이터 웨어하우스이다. 데이터마트는 일반적인 데이터베이스 형태로 갖고 있는 다양한 정보를 사용자의 요구 항목에 따라 체계적으로 분석하여 기업의 경영 활동을 돕는다.

81 　　　　　　　　　　　　　　　정답 ⑤

메타버스는 가상, 초월 등을 뜻하는 영어 단어 메타(Meta)와 우주를 뜻하는 유니버스(Universe)의 합성어로, 현실세계와 같은 사회·경제·문화 활동이 이뤄지는 3차원 가상세계를 가리킨다. 메타버스는 가상현실보다 한 단계 더 진화한 개념으로, 아바타를 활용해 단지 게임이나 가상현실을 즐기는 데 그치지 않고 실제 현실과 같은 사회·문화적 활동을 할 수 있다는 특징이 있다.

82 　　　　　　　　　　　　　　　정답 ④

UDI(Unique Device Identification)는 의료기기에 고유 식별 번호를 부여한 의료기기 표준 코드로, 최소 명칭단위 및 포장단위별로 생성해야 하기 때문에 상위 포장인 묶음 포장단위에도 부여해야 한다.

83 　　　　　　　　　　　　　　　정답 ④

블록체인(block chain)은 관리 대상 데이터를 블록이라고 하는 소규모 데이터들이 P2P 방식을 기반으로 생성된 체인 형태의 연결고리 기반 분산 데이터 저장 환경에 저장하여, 누구라도 임의로 수정할 수 없고 누구나 변경의 결과를 열람할 수 있는 분산 컴퓨팅 기술 기반의 원장 관리 기술이다.

① 비트코인 : P2P 기반의 암호화폐로, 각국 중앙은행이 화폐발행을 독점하고 자의적인 통화정책을 펴는 것에 대한 반발로 탄생한 사이버 머니이다.

② 비콘 : 블루투스 프로토콜을 기반으로 한 근거 무선통신 장치로, 모든 기기가 항상 연결되는 사물인터넷 구현에 적합하다.

⑤ 딥러닝 : 컴퓨터가 스스로 외부 데이터를 조합·분석하여 학습하는 기술로, 컴퓨터가 인간처럼 판단하고 학습할 수 있도록 하고 이를 통해 사물이나 데이터를 군집화하거나 분류하는 데 사용한다.

84 　　　　　　　　　　　　　　　정답 ③

웹 3.0은 탈중앙화와 개인의 콘텐츠 소유가 주요 특징인 차세대 인터넷으로, 블록체인과 분산 기술을 기반으로 지능화된 개인맞춤형 웹을 구현한다.

85 　　　　　　　　　　　　　　　정답 ⑤

옵트 인(opt in)은 선동의 후사용으로 정보 주체의 개인정보를 보호하기 위한 방식이고, 옵트 아웃(opt out) 선사용 후배제로 마케팅 등에 있어서 개인정보를 활용하기 위한 방식이다. 기업에서 발송하는 광고성 메일에 대해 수신거부 의사를 전달해야만 더 이상 광고성 메일을 받지 않을 수 있는 것은 옵트 아웃에 해당한다.

86 　　　　　　　　　　　　　정답 ④

빅데이터는 단순히 큰 데이터가 아니라 부피(Volume)가 크고, 변화의 속도(Velocity)가 빠르며, 속성이 매우 다양(Variety)한 데이터라는 3가지 특징을 가진 큰 데이터를 말한다.

87 　　　　　　　　　　　　　정답 ③

플랫폼이란 공급자와 수요자 등 복수 그룹이 참여해 각 그룹이 얻고자 하는 가치를 공정한 거래를 통해 교환할 수 있도록 구축된 환경이다. 플랫폼 참여자들의 연결과 상호작용을 통해 진화하며, 모두에게 새로운 가치와 혜택을 제공해 줄 수 있는 상생의 생태계라고 말할 수 있다.
① 데이터베이스 : 데이터를 한곳에 모아 놓고 관리함으로써 효율성을 높이고 여러 사람에게 필요한 정보를 제공할 수 있도록 체계적으로 구성된 데이터의 집합체
② 옴니채널 : 다양한 채널이 고객의 경험관리를 중심으로 하나로 통합된 것
④ 클라우드 컴퓨팅 : 인터넷 상의 서버를 통하여 IT 관련 서비스를 한번에 사용할 수 있는 컴퓨팅 환경
⑤ m-커머스 : 스마트폰, 개인정보 단말기, 기타 이동 전화 등을 이용한 은행 업무, 지불 업무, 티켓 업무와 같은 서비스를 하는 비즈니스 모델

88 　　　　　　　　　　　　　정답 ②

㉠ 디지털문서 : 어떤 사람을 특정할 수 있는 정보와 공개 키(public key), 전자서명으로 구성된 전자적 형태의 문서를 말한다.
㉡ 분산ID : 블록체인 기술 기반으로 구축한 전자신분증 시스템으로, 지갑에서 주민등록증을 꺼내듯 필요한 상황에만 블록체인 지갑에서 분산ID를 제출해 신원을 증명할 수 있다.

89 　　　　　　　　　　　　　정답 ①

가상현실(VR : Virtual Reality)은 특정한 장소나 상황을 3차원 컴퓨터 그래픽으로 구현하여 간접적으로 경험할 수 있는 환경을 제공하는 기술이다.
② 증강 현실 : 가상현실(VR)의 한 분야로 실제로 존재하는 환경에 가상의 사물이나 정보를 합성하여 마치 원래의 환경에 존재하는 사물처럼 보이도록 하는 컴퓨터 그래픽 기법이다.
③ UI/UX : UI(User Interface)는 사용자와 디지털 제품 또는 서비스 간의 상호작용을 가능하게 하는 시각적 요소이고, UX(User Experience)는 사용자가 제품 또는 서비스와 상호작용을 하는 동안 느끼는 모든 경험을 말한다.
④ 사이버 물리 시스템 : 융합연구의 발전으로 새롭게 이목을 끌고 있는 시스템으로, 일반적으로는 다양한 컴퓨터 기능들이 물리세계의 일반적인 사물들과 융합된 형태인 시스템을 의미한다.
⑤ 브레인 컴퓨터 인터페이스 : 인간의 뇌파 신호를 해석하여 컴퓨터와의 상호작용을 가능하게 하는 기술이다.

90 　　　　　　　　　　　　　정답 ④

㉠ 채찍효과(bullwhip effect) : 공급사슬관리에서 제품에 대한 수요정보가 공급사슬상의 참여 주체를 하나씩 거쳐 전달될 때마다 그 변동 폭이 확대·왜곡되는 현상을 말한다.
㉡ 가시성 : 공급자, 유통업자, 고객 관련 정보 등의 흐름을 효율적으로 관리하는 e-SCM을 구축하여 공급사슬의 가시성을 확보하면 채찍효과 현상을 감소시키거나 제거할 수 있다.

2023년
제2회 기출문제
정답 및 해설

01	③	02	③	03	②	04	⑤	05	④
06	②	07	④	08	⑤	09	④	10	④
11	④	12	③	13	①	14	④	15	③
16	④	17	⑤	18	④	19	⑤	20	④
21	④	22	③	23	④	24	⑤	25	⑤
26	④	27	⑤	28	⑤	29	④	30	④
31	②	32	⑤	33	⑤	34	⑤	35	⑤
36	⑤	37	③	38	⑤	39	④	40	⑤
41	①	42	②	43	④	44	④	45	⑤
46	①	47	⑤	48	⑤	49	⑤	50	⑤
51	③	52	⑤	53	④	54	①	55	①
56	⑤	57	③	58	③	59	⑤	60	⑤
61	③	62	④	63	②	64	④	65	④
66	①	67	⑤	68	③	69	④	70	①
71	②	72	③	73	④	74	②	75	⑤
76	⑤	77	⑤	78	⑤	79	⑤	80	⑤
81	⑤	82	①	83	④	84	④	85	③
86	④	87	④	88	②	89	④	90	③

[1과목] 유통물류일반

01 정답 ③

기업의 윤리경영은 계량적 지표 외에 기업에 대판 평판, 지역 사회의 공헌 정도, 종업원의 기업 경영에 대한 만족도 등 정성적인 지표들도 함께 활용해야 한다.

02 정답 ③

제조업자는 소수의 제품라인을 대량생산하고 소비자는 소수의 다양한 제품을 구매하려는 양자의 욕구차이에서 발생하는 제품구색과 생산·구매량 간의 불일치를 해소할 수 있기 때문에 유통경로와 중간상이 필요하다.

03 정답 ②

- ㉠ 합작투자 : 2개국 이상의 기업·개인·정부기관이 영구적인 기반 아래 특정기업체 운영에 공동으로 참여하는 국제경영방식으로 전체 참여자가 공동으로 소유권을 갖는다.
- ㉡ 위탁제조 : 주문자상표부착생산(OEM : Original Equipment Manufacturing)으로 일컬으며, 유통망을 구축하고 있는 주문업체에서 생산기술을 가진 제조업체에 주문자가 요구하는 상품을 제조하도록 위탁하여 완성된 상품을 주문자의 브랜드로 판매하는 방식이다.
- **전략적 제휴** : 다수의 기업들이 자신의 경쟁우위 요소를 바탕으로 각자의 독립성을 유지하면서 전략적으로 상호협력 관계를 형성함으로써 타 경쟁기업에 대해 경쟁우위를 확보하려는 경영 전략이다.
- **라이선싱(licensing)** : 상표 등록된 재산권을 가지고 있는 개인 또는 단체가 타인에게 대가를 받고 그 재산권을 사용할 수 있도록 상업적 권리를 부여하는 계약이다.
- **해외직접투자** : FDI(Foreign Direct Investment)는 외국인이 장기적인 관점에서 타국 기업에 출자하고 경영권을 확보하여 직접 경영하거나 경영에 참여하는 형태의 외국인투자를 말한다.
- **프랜차이징(franchising)** : 정부 또는 회사가 개인 또는 집단에게 특정한 활동을 할 수 있도록 하는 권한을 부여하여, 특정한 지역 안에서 회사의 상품 또는 서비스를 거래하도록 하는 것이다.

04 정답 ⑤

윤리 라운드는 윤리적 행위를 기업 경영활동에 적용하려는 국제적 시도로서 경제활동의 윤리적 환경과 조건을 세계 각국 공통으로 표준화하려는 움직임을 말한다. 비윤리적인 기업의 제품이나 서비스를 국제 거래에서 규제하자는 것이 대표적인 움직임이다.

① **우루과이 라운드** : 이전까지 세계 무역 질서를 이끌어 온 관세 및 무역에 관한 일반협정(GATT) 체제의 문제점을 해결하고 이 체제를 다자간 무역기구로 발전시키려는 국가 간 협상이다.

② **부패 라운드** : 국제무역에서 부패 관행을 퇴치할 국제적 규칙의 마련을 위한 다자간 협상을 말한다.

2023년 제2회 정답 및 해설

③ 블루 라운드 : 세계 각국의 근로조건을 국제적으로 표준화할 목적으로 추진되는 다자간 무역협상이다.
④ 그린 라운드 : 지구 환경문제를 국제무역거래와 연계할 경우 관세 및 무역에 관한 일반협정을 중심으로 맺어지는 협상이다.

05　　　　　　　　　　　　　정답 ④

경영자는 조직 공동의 목표를 명확히 설정하고, 목표 달성과 보상을 적절히 연계하여 실행해야 한다.

06　　　　　　　　　　　　　정답 ②

관리격자연구에 따른 리더십 유형 중 팀형(9-9)은 헌신적인 과업 활동과 구성원에 대한 신뢰와 존중을 바탕으로 목표를 달성한다.

> **관리격자이론의 리더십 유형**
> • **인기형(1-9)** : 만족스러운 관계를 위해 사람들의 욕구 만족에 대해 배려하고 편안하고 친절한 조직 분위기를 만든다.
> • **무관심형(1-1)** : 퇴출 되지 않고 조직에 남아 있을 정도로만 과업 수행의 노력을 기울인다.
> • **중도형(5-5)** : 적절한 과업 수행과 구성원 만족을 관리하여 일정 수준의 성과를 추구한다.
> • **팀형(9-9)** : 헌신적인 과업 활동과 구성원에 대한 신뢰와 존중을 바탕으로 목표를 달성한다.
> • **과업형(9-1)** : 인간적 요소의 개입을 최소화하여 업무 수행의 능률을 최대화하고 조직의 목표를 중시한다.

07　　　　　　　　　　　　　정답 ④

팩토링(factoring)은 금융기관들이 기업으로부터 상업어음, 외상매출증서 등 매출채권을 매입하고 이를 바탕으로 자금을 빌려주는 외상매출채권의 매입업무이다.

08　　　　　　　　　　　　　정답 ⑤

직계·참모식(line & staff) 조직은 직계조직과 참모조직의 혼합 형태로, 직계조직에 있어서의 지휘·명령의 일원화를 유지하고 수평적 분화에 따른 책임과 권한을 확립하는 조직 형태이다.

09　　　　　　　　　　　　　정답 ④

프랜차이즈 시스템은 가맹본부가 일정 조건 하에 가맹점에게 판매권을 주어 판매활동권리와 특권을 부여함과 동시에 직영과 같이 경영지도 및 자금지원을 하는 수직적 마케팅 시스템(vertical marketing system)이다.

10　　　　　　　　　　　　　정답 ④

유통경로 커버리지(channel coverage)는 특정 지역에서 자사 제품을 취급하는 점포의 수를 말한다. 즉, 특정 지역에서 자사 제품을 취급하는 점포를 얼마나 많이 활용할 것인가를 결정하는 것이다.
① 유통경로의 수준
②·⑤ 유통경로의 길이
③ 전속적 유통경로(exclusive distribution)

11　　　　　　　　　　　　　정답 ④

우리나라 유통산업은 1990년대 후반 유통시장 개방과 자유화 정책 이후 선진유통기법의 도입과 대형유통업체의 등장으로 급속히 성장하였다.

12　　　　　　　　　　　　　정답 ③

상품의 가치 및 상태를 보호하기 위해 적절한 재료와 용기를 사용하는 것은 포장활동이다. 유통가공활동은 유통부분이 수행하는 제품의 형태 변화 및 품질의 변경 등을 말한다.

13　　　　　　　　　　　　　정답 ①

조직 문화(organizational culture)는 조직 구성원의 공유된 가치나 신념 체계이다. 즉, 구성원들이 공유하는 가치나 신념, 관습, 전통 등을 통합한 총체적인 개념이며 조직과 개개인에게 영향을 미치는 비공식적인 분위기이다.

14　　　　　　　　　　　　　정답 ③

> **유통채널 구조의 변화 과정**
> ㉠ 전통시장단계 → ㉡ 제조업체 우위단계 → ㉢ 소매업체 성장단계와 제조업체 국제화단계 → ㉣ 소매업체 대형화단계 → ㉤ 소매업체 국제화단계

15 정답 ③

고객이 대금을 지급하거나 판매점이 생산자에게 송금하는 것은 지급 흐름이다. 지급 흐름은 물적 흐름 및 소유권 흐름과 반대로 소비자에서 생산자로 흐른다.

⊙ 물적 흐름 : 생산자로부터 최종 소비자에 이르기까지의 제품의 이동
ⓛ 소유권 흐름 : 유통 기관으로부터 다른 기관으로의 소유권 이전
ⓔ 정보 흐름 : 유통 기관 사이의 정보의 흐름
ⓜ 촉진 흐름 : 광고, 판매원 등 판매촉진 활동의 흐름

16 정답 ⑤

유통기업들이 물류에 높은 관심을 가지는 것은 기술혁신에 의하여 운송, 보관, 하역, 포장기술이 발전되었고 정보면에서도 그 발전 속도가 현저하게 높아졌기 때문이다.

17 정답 ③

드럭스토어는 의사의 처방전 없이 구입할 수 있는 일반의약품 및 화장품·건강보조식품·음료 등 다양한 상품을 판매하는 복합형 전문점이다.

① 상설할인매장 : 상시로 제품의 가격을 할인하여 판매하는 매장
② 재래시장 : 소상인들이 모여서 갖가지 물건을 직접 판매하는 전통적 구조의 시장
④ 대중 양판점 : 백화점과 슈퍼마켓의 장점을 살려 쾌적한 분위기로 물건을 싸게 파는 소매점
⑤ 구멍가게 : 간단한 식료품이나 공산품을 살 수 있는 시골이나 동네 골목길의 작은 가게

18 정답 ④

소매수명주기이론(retail life cycle theory)에서 소매기관의 상대적 취약성이 명백해지면서 시장점유율이 떨어지고 수익이 감소하여 경쟁에서 뒤처지게 되는 단계는 쇠퇴기이다.

① 도입기 : 판매량과 이익이 모두 낮으며 경쟁사 수도 소수이기 때문에 시장확대 전략에 초점을 두는 시기
② 성장기 : 판매량과 이익이 모두 급성장하여 경쟁자 수도 증가하기 때문에 시장침투 전략에 초점을 두는 시기
③ 성숙기 : 판매량은 저성장, 이익은 정점에 달하고 경쟁자 수도 다수이기 때문에 시장 점유율을 유지하는 전략에 초점을 두는 시기

19 정답 ⑤

공동집배송센터란 여러 유통사업자 또는 제조업자가 공동으로 사용할 수 있도록 집배송시설 및 부대업무시설이 설치되어 있는 지역 및 시설물을 말한다.

20 정답 ④

품질관련부서의 직원을 중심으로 챔피언, 마스터블랙벨트, 블랙벨트, 그린벨트의 자격이 주어지는 것은 6시그마 벨트제도에 대한 설명이다. ISO 9000 시리즈(품질경영규격)는 공급자에 대한 품질경영 및 품질보증의 국제규격으로, 9000과 9001~9004의 5가지 규격으로 구성되어 있다.

21 정답 ④

단순 이동평균법은 가장 최근의 기간 동안의 자료들의 단순 평균을 이용하여 다음 기간을 예측하는 방법이다. 이동평균 기간을 2개월로 한다고 하였으므로, 단순 이동평균법으로 예측한 4월의 판매량은 다음과 같다.

$$\frac{2월 판매량 + 3월 판매량}{2개월} = \frac{19 + 21}{2} = 20$$

22 정답 ③

⊙ 감정적 갈등 / ⓛ 표출된 갈등

조직 내 갈등의 생성 단계
- **감정적 갈등** : 상대방에 대한 감정이 적대적이거나 긴장된 상태
- **잠재적 갈등** : 갈등이 존재할 수도 있는 상태
- **지각 갈등** : 상대방에 대해 적대적이거나 긴장된 감정을 지각하는 상태
- **표출 갈등** : 갈등이 밖으로 드러난 상태
- **갈등 결과** : 갈등이 해소 또는 잠정적으로 억제된 상태

23 정답 ④

집중준비의 원칙은 도매상이 유통경로에 개입하여 상품재고의 도매상 집중현상을 소매상에 분산함으로써 도매상의 대량 보관기능을 분담시키고, 사회 전체의 상품재고 총량을 감소시킨다는 원칙이다.

① **분업의 원칙** : 유통경로에서 수급조절기능, 보관기능, 위험

부담기능, 정보수집기능 등을 제조업자가 일괄적으로 수행하기보다는 중간상들이 분업의 원리로 참여하면 유통기능이 경제적·능률적으로 원활하게 수행될 수 있다는 원칙이다.
② **변동비 우위의 원칙** : 조건적으로 제조와 유통기관을 통합하여 대규모화하기보다는 각각의 유통기관이 적절한 규모로 역할분담을 하는 것이 비용면에서 훨씬 유리하다는 원칙이다
③ **총거래수 최소의 원칙** : 생산자와 소비자가 직거래를 하는 것보다 중간상이 개입하면 거래가 보다 효율적으로 이루어져 총거래수가 줄어든다는 원칙이다.
⑤ **규모의 경제 원칙** : 기업이 생산량을 증대하여 단위당 비용의 하락을 통해 이익을 얻는다는 원칙이다.

---

24 정답 ③

자신의 가맹점만이 개선할 수 있는 부분을 활용한 차별점을 검토하는 것은 가맹점이 아니라 가맹본부, 즉 본사에서 고려해야 할 점이다.

---

25 정답 ⑤

물류관리의 3S 1L 원칙은 필요한 물품을 필요한 장소에 필요한 때에 적절한 가격으로 전달한다는 원칙으로 신속성(Speedy), 정확성(Surely), 안전성(Safely), 경제성(Low)이 모두 고려된 원칙이다.

[2과목] 상권분석

26 정답 ④

접근가능성의 원칙은 지리적으로 인접하거나 교통이 편리한 입지에 점포가 위치하면 고객을 유인하는데 유리하다는 원칙으로, 점포를 방문하는 고객의 심리적·물리적 특성과 관련된 원칙이다.
① **고객차단의 원칙** : 사무실밀집지역, 쇼핑지역 등은 고객이 특정지역에서 타 지역으로 이동할 시에 점포를 유인하게 한다.
② **동반유인의 원칙** : 동종 점포가 서로 집중된 입지가 고객을 유인하는데 유리하다는 원칙이다.
③ **점포밀집의 원칙** : 유사한 점포 또는 대체가 가능한 점포가 인접할수록 고객 흡인력이 떨어진다.
⑤ **보충가능성의 원칙** : 두 개의 점포가 인접한 장소에 위치할수록 고객을 유인하는데 있어 유리하다.

---

27 정답 ⑤

중심상업지역(CBD : central business district)은 대도시나 소도시의 전통적인 도시상업지역으로, 그 지역에 많은 주민이 거주하고 대중교통의 중심지역이기 때문에 도보통행량이 많다.

---

28 정답 ③

수정허프(Huff)모델에 따르면 소비자가 어느 상업지에서 구매하는 확률은 그 상업 집적의 매장면적에 비례하고 그곳에 도달하는 거리의 제곱에 반비례한다고 한다. 주어진 글상자에서 이사 이후에 C의 거주지와 A 사이의 거리가 C의 거주지와 B 사이 거리의 2배가 되었다고 하였으므로, 소비자 C의 소매지출에 대한 소매단지 A의 점유율은 $\frac{1}{2^2} = \frac{1}{4}$로 감소하였다고 볼 수 있다.

---

29 정답 ⑤

둥지내몰림 또는 젠트리피케이션(gentrification)은 낙후된 구도심 지역이 활성화되어 중산층 이상의 계층이 유입됨으로써 기존의 저소득층 원주민을 대체하는 현상을 말한다. 상권이 활성화되면서 자본이 유입되어 대형 프랜차이즈 점포가 입점하는 등 대규모 상업지구로 변모하면서 결국 치솟은 임대료를 감당할 수 없게 된 기존의 소규모 근린상점들이 떠나게 된다.

---

30 정답 ④

체크리스트법은 상권의 규모에 영향을 미치는 요인들을 수집·평가하여 이들에 대한 시장잠재력을 측정하는 방법으로, 특정 점포의 상대적 매력도는 파악할 수 있지만 상권의 공간적 경계를 추정하는 데는 도움을 주지 못한다.
① **CST map** : 점포를 이용하는 고객 인터뷰를 통해 소비자의 지리적 분포를 확인하는 방법
② **컨버스(P. D. Converse)의 분기점 분석** : 두 도시 간의 구매 영향력이 같은 분기점의 위치를 구하는 방법
③ **티센다각형(thiessen polygon)** : 소비자들이 가장 가까운 소매시설을 이용한다는 가정 하에 공간독점 접근법에 기반한 일종의 상권 구획모형
⑤ **허프(Huff)모델** : 소비자의 점포선택을 결정론적 접근이 아닌 확률론적 접근으로 보며, 고객이 특정 점포를 선택할 확률은 점포의 크기에 비례하고 점포까지의 거리에 반비례한다고 추정하는 기법

31 　　　　　　　　　　　　정답 ②

중심지 이론과 소매인력법칙은 규범적 분석에 의한 상권분석 기법이다.

> **상권분석기법 유형**
> • 서술적 방법에 의한 상권분석기법 : 체크리스트법, 유추법, 현지조사법, 비율법 등
> • 규범적 모형에 의한 상권분석기법 : 중심지이론, 소매중력모형, 컨버스모형
> • 확률적 모형에 의한 상권분석기법 : Huff모델, MNL모델, MCI모델

32 　　　　　　　　　　　　정답 ②

공급측면에서의 비용요인 중 교통비가 저렴할수록 상권은 확대된다.

33 　　　　　　　　　　　　정답 ⑤

노면 독립입지는 전혀 점포가 없는 곳에 독립하여 점포를 운영하는 형태로, 고객을 지속적으로 흡인하기 위한 마케팅 비용이 많이 든다.

34 　　　　　　　　　　　　정답 ⑤

점포의 예상수요는 상권설정 시 획득가능한 매출을 추정하는 단계이므로, 점포의 상권을 설정하기 위한 지역특성 및 입지조건 관련 조사내용과는 거리가 멀다.

35 　　　　　　　　　　　　정답 ⑤

신규점포의 개점은 ⓒ 창업자 특성분석 → ⓪ 창업 아이템 선정 → ③ 상권분석 및 입지선정 → ② 점포계획 → ⓛ 홍보 및 운영 계획의 순으로 준비하는 것이 바람직하다.

36 　　　　　　　　　　　　정답 ⑤

집심성 입지는 백화점, 고급음식점, 고급보석상, 미술품점, 영화관처럼 배후지나 도시의 중심지에 모여 입지하는 것이 유리한 입지유형이다.

① 적응형 입지 - 거리에서 통행하는 유동인구에 의해 영업

이 좌우됨
② 산재성 입지 - 동일 업종끼리 모여 있으면 불리함
③ 집재성 입지 - 동일 업종끼리 한곳에 집단적으로 입지하는 것이 유리함
④ 생활형 입지 - 지역 주민들이 주로 이용함

37 　　　　　　　　　　　　정답 ③

용적률을 계산할 때 해당 건축물의 부속용도에 한하는 지상 주차장은 연면적에서 제외된다. 즉, 건축물의 부속용도가 아닌 지상층의 주차용 면적은 연면적에 포함된다.

38 　　　　　　　　　　　　정답 ⑤

어떤 지역의 소매판매액을 1인당 평균 구매액으로 나눈 값을 상업인구라 하고, 상업인구를 그 지역의 거주인구로 나눈 값을 중심성지수라 한다. 따라서 소매 판매액의 변화가 없어도 해당 지역의 인구가 감소하면 중심성지수는 상승한다.

39 　　　　　　　　　　　　정답 ④

허프(Huff)모델과 마찬가지로 수정허프(Huff)모델도 상권을 세부지역(zone)로 구분하는 절차를 거친다.

40 　　　　　　　　　　　　정답 ⑤

평면도로 볼 때 도로에 접한 정면너비가 깊이보다 큰 장방형 형태의 점포가 가시성이 좋으므로 유리한 점포 입지이다.
① 건축선의 후퇴(setback)는 해당 점포가 앞 건물에 가려질 수 있으므로 상가건물의 가시성을 떨어트린다.
② 점포 출입구 부근에 단차가 있으면 사람과 물품의 출입이 용이하지 않다.
③ 점포 부지와 점포의 형태는 직사각형에 가까울수록 소비자 흡인에 좋다.
④ 점포규모가 커지면 매출이 증가할 수 있으나 단위면적당 매출비율이 낮아져 효율성이 떨어질 수 있으므로, 점포면적이 무조건 클수록 좋은 것은 아니다.

41 　　　　　　　　　　　　정답 ①

임차인이 3기의 차임액에 해당하는 금액에 이르도록 차임을 연체한 사실이 있는 경우가 임대인이 임대차 계약의 갱신을 거부할 수 있는 예외 사항에 해당한다.

42 　　　　　　　　　　정답 ②

구매력지수(BPI : Buying Power Index)를 산출하기 위해서는 인구수, 소매매출액, 가처분소득 등 3가지 요소에 가중치를 곱하여 합산한다. 이때 가처분소득 비율의 가중치가 0.5로 가장 크다.

> **구매력지수(BPI : Buying Power Index)**
> BPI = (인구비 × 0.2) + (소매매출액비 × 0.3) + (가처분소득비 × 0.5)

43 　　　　　　　　　　정답 ④

컨버스(P. D. Converse)의 분기점분석은 소매점포의 예상 매출을 추정하는 분석 방법이 아니라, 두 상권의 경계를 분석하는 방법이다. 두 상권의 분기점에서의 두 점포에 대한 구매지향력은 같다고 보고, 두 도시 간의 상권경계지점을 계산한다.

44 　　　　　　　　　　정답 ②

소매포화지수(IRS : Index of Retail Saturation)는 특정 지역시장의 잠재수요를 총체적으로 측정할 수 있는 지표로, 다음과 같이 특정 업태의 총매장면적을 분모로 한다.

> **소매포화지수(IRS)**
> $$= \frac{\text{지역시장의 총가구수} \times \text{가구당 특정 업태에 대한 지출액}}{\text{특정 업태의 총매장면적}}$$

45 　　　　　　　　　　정답 ⑤

지리정보시스템(GIS)에 기반한 상권분석정보는 백화점, 대형마트 등의 대규모 점포의 입지선정뿐만 아니라 편의점, 마트 등의 소규모 점포의 입지선정에도 활용가능성이 높다.

[3과목] 유통마케팅

46 　　　　　　　　　　정답 ①

> **시장세분화를 위한 조건**
> ㉠ **측정가능성** : 시장세분화 후 세분시장의 특성들을 측

정할 수 있어야 한다.
㉡ **접근가능성** : 해당 세분시장의 소비자에게 유통경로를 통해 기업의 제품을 전달할 수 있어야 한다.
㉢ **실행가능성** : 각 세분시장을 공략할 수 있는 효과적인 마케팅프로그램을 개발하고 실행할 수 있어야 한다.
㉣ **규모의 적정성** : 세분시장은 충분한 규모를 가지고 이익을 낼 수 있어야 한다.
㉤ **차별화 가능성** : 세분시장 내에는 동질적인 소비자들로 구성되지만, 세분시장 간에는 이질적인 차별성이 있어야 한다.

47 　　　　　　　　　　정답 ②

ABC분석은 재고 항목을 중요도에 따라 A, B, C의 세 그룹으로 나누어 관리하는 전략적 분류 방법으로, 매출비중이 높더라도 수익성이 떨어지는 상품은 재고의 상당 부분을 차지하므로 미끼상품으로 활용하는 등의 전략이 필요하다.

48 　　　　　　　　　　정답 ⑤

소매업 수레바퀴가설은 소매기관의 진입, 성장, 쇠퇴 과정을 비용에 초점을 두어 설명한 이론으로, 초기에는 혁신적인 형태에서 출발하다 성장하면서 다른 신업태에 자리를 내주는 소매업의 순환과정을 말한다.
① **자연도태설** : 환경에 적응하는 소매상은 생존 및 발전하고, 환경에 적응하지 못한 소매상은 도태된다는 이론이다.
② **소매수명주기 이론** : 소매업체가 시간의 경과에 따라 진화하는 이론으로 도입기, 초기성장기, 가속성장기, 성숙기, 쇠퇴기 단계를 거치게 된다.
③ **소매아코디언 이론** : 소매업태의 변천은 제품구색의 변화에 따라 제품구색이 넓은 소매업태에서 제품구색이 좁은 소매업태로, 다시 넓은 제품구색의 소매업태를 되풀이하게 된다.
④ **변증법적 이론** : 소매점의 진화과정을 변증법적 유물론에 입각하여 정반합의 과정 속에 계속해서 새로운 형태의 소매점이 출현하게 된다는 이론이다.

49 　　　　　　　　　　정답 ②

쾌락적 편익은 소비자의 오감을 만족시키거나 혹은 소비자의 사회 · 심리적인 상징적 욕구를 충족시켜 주는 편익이므로, 소매업체가 점포를 디자인할 때 효율적으로 제품을 찾고 구입하기 위해 고려해야 하는 요소는 아니다.

50 정답 ⑤

손익분기점은 일정 기간 수익과 비용이 같아서 이익도 손실도 생기지 않는 경우의 매출액을 말한다. 따라서 손익분기 매출액 산출이 채산성을 위한 목표 매출 및 달성 가능성을 분석하기 위한 유통계량조사의 내용으로는 부적절하다.

51 정답 ③

고저가격전략(high-low pricing)은 일부 제품은 가격인하용 미끼상품으로 판매하고 일부는 정상가격으로 판매하는 전략으로, 할인이나 이벤트 등의 판매촉진을 위한 광고 및 운영비가 증가하는 단점이 있다.

52 정답 ③

경로구성원과 장기적 협력관계를 구축할 필요가 있는 경우 경제성, 통제성, 적응성 등의 기준에 따라 평가한 후 성과가 좋지 못한 중간상은 교체한다.

53 정답 ④

제시된 글상자에서 N사는 고객에게 잊지 못할 감동을 주고 있으므로, 서비스품질을 평가하는 요소 중 고객에 대한 관심과 배려의 정도를 평가하는 공감성(empathy)이다.
① 신뢰성(reliability) : 정확한 서비스를 수행하는 능력
② 확신성(assurance) : 고객에게 신뢰를 주는 능력
③ 유형성(tangibility) : 시설, 장비, 직원 등의 외적 요소
⑤ 응답성(responsiveness) : 즉각적인 서비스 능력

54 정답 ①

교차판매, 묶음판매를 통한 관계의 확대는 고객과의 관계에서 견고성과 친밀성을 강화하여 수익성이 높은 우량고객으로 진화시켜 나가는 관계강화 단계에 해당한다.

55 정답 ①

㉠ 풀전략 : 제조사가 직접 광고나 판촉 활동을 통해 소비자의 관심을 끌고, 소비자들이 유통업체에게 제품을 주문하도록 유도하는 전략
㉡ 푸시전략 : 제조사가 유통업체에 직접 접근하여 판촉 활동을 하고 유통업체가 소비자에게 적극적인 판매를 유도하는 전략

• 집중적 마케팅전략 : 큰 시장에서 작은 점유율을 추구하는 대신 하나 혹은 소수의 작은 세분시장 또는 틈새시장에서 높은 점유율을 추구하는 전략
• 차별적 마케팅전략 : 여러 세분시장을 표적시장으로 선정하고, 각 세분시장별로 서로 다른 시장제공물을 개발하는 전략

56 정답 ⑤

산업구조분석모형(5-forces model)은 마이클 포터(Michael Porter)가 발표한 산업구조분석 기법으로 다섯 가지 경쟁요인을 통해 특정 산업분야의 현황과 미래를 분석한다. 한 재화의 가격이 상승하면 다른 재화의 수요가 증가하므로 대체재가 많을수록 시장의 매력도는 낮아진다.

57 정답 ③

마케팅 성과는 통합적이고 가치 프로세스 상에서 발생하는 특성이 있으므로, 단일 마케팅성과척도보다는 통합된 마케팅성과척도를 사용하는 것이 바람직하다.

58 정답 ③

판매촉진 예산을 결정할 때 과거의 매출액이나 예측된 미래의 매출액을 근거로 예산을 결정하는 방법은 매출비율법이다. 가용예산법(affordable method)은 기업의 여유 자금에 따라 예산을 결정하는 방법으로, 기업의 다른 필수적 경영활동에 우선적으로 자금을 책정한 후 여유자금이 허락하는 범위 내에서 판매촉진 예산을 결정하는 방법이다.

59 정답 ⑤

CRM을 성공적으로 수행하기 위해서는 다양한 채널을 고객의 경험관리를 중심으로 통합하여 운영해야 한다.

60 정답 ⑤

상품 설명, 쇼핑 상담, 배달 등과 같은 노역 기술 제공 서비스는 소매업이 상품 판매를 효과적으로 전개하기 위해 제공하는 인적 서비스에 해당한다.

61 정답 ③

제한된 지역을 순방하므로 상대적으로 영업비용을 줄일 수 있는 영업조직은 지역별 영업조직이다.

62 정답 ④

OLAP(On-Line Analytical Processing)는 사용자가 직접 데이터를 검색 및 분석해서 문제점이나 해결책을 찾는 온라인 분석 처리 기법이다.
① 데이터마이닝(data mining) : 대량의 데이터베이스에 내재되어 있는 패턴을 발견하고 규칙을 추론함으로써 유용한 정보를 추출해내는 과정
② 데이터웨어하우징(data warehousing) : 기업 내 흩어져 있는 방대한 양의 데이터에 쉽게 접근하고 이를 활용할 수 있게 하는 기술
③ OLTP(online transaction processing) : 네트워크 상의 여러 이용자가 실시간으로 데이터베이스의 데이터를 갱신하거나 조회하는 등의 단위 작업을 처리하는 방식
⑤ EDI(electronic data interchange) : 기업 간에 데이터를 효율적으로 교환하기 위해 지정한 데이터와 문서의 표준화 시스템

63 정답 ②

격자형 레이아웃은 점포의 공간 효율성을 높이는 레이아웃으로, ㉠·㉣·㉤이 장점이다. ㉡·㉢·㉥은 자유형 레이아웃의 장점에 해당한다.

64 정답 ③

고객생애가치(CLV : Customer lifetime value)는 고객이 일생동안 기업에게 구매를 통해 평균적으로 기여하는 미래수익의 현재가치이다. 따라서 기업은 고객생애가치를 높이기 위하여 경쟁자보다 더 높은 가치를 제공해 주어야 한다.
① 고객생애가치는 특정 고객으로부터 얻게 되는 이익 흐름의 현재가치를 의미한다.
② 고객 애호도가 높다고 해서 반드시 고객생애가치가 높은 것은 아니다.
④ 올바른 고객생애가치를 산출하기 위해서는 기업의 수입 흐름 외에 고객의 이용실적, 고객당 비용, 고객이탈가능성 및 거래기간 등을 고려해야 한다.
⑤ 고객생애가치는 고객과의 한 번의 거래에서 나오는 이익이 아니라, 일생동안 누적된 거래에서 나오는 이익이다.

65 정답 ④

주로 충동구매 상품을 배치하여 매출을 극대화하기 위해 활용하는 비주얼 머천다이징 구성요소는 PP이다. IP(interior presentation)는 상품을 분류 및 정리하고 행거, 선반, 테이블 등을 이용해 보기 쉽게 진열하여 고객의 구입의지를 결정하도록 하는 진열방식이다.

66 정답 ①

쿠폰은 판매촉진을 위해 사용되는 일종의 가격할인권으로, 상품의 구매동기 유발이나 촉진을 목적으로 소비자에게 여러 혜택이나 가격할인 등을 제공하는 다양한 형태의 대상물이다.
② 프리미엄 : 일정 금액 이상을 구매하면 추가 증정품을 지급하는 판매촉진 방법이다.
③ 컨테스트 : 특정 제품이나 서비스에 대한 행사 또는 경연을 통해 경품이나 상을 주어 소비자들의 관심과 인지도를 높이는 방법이다.
④ 인적 판매 : 구입을 유도하기 위해 고객 및 예상고객과 직접 접촉할 때 판매를 촉진시키기 위해 제품과 서비스를 제공하는 활동이다.
⑤ 리베이트 : 상품을 구입하거나 서비스를 이용한 소비자가 표시가격을 완전히 지불한 후, 그 지불액의 일부를 돌려주는 판매장려금 제도이다.

67 정답 ③

세그먼트 머천다이징(segment merchandising)은 세분시장 대응 머천다이징으로, 동일한 고객층을 대상으로 하되 경쟁점과는 달리 그들 고객이 가장 원하는 품종에 중점을 두거나, 가격대에 대응하는 상품이나 품질을 차별화하는 방향으로 전개하는 머천다이징이다
① 혼합식 머천다이징(scrambled merchandising) : 소매점이 상품의 구색, 즉 구성을 확대하여 가는 유형의 머천다이징
② 선별적 머천다이징(selective merchandising) : 소매업, 2차 상품 제조업자, 가공업자 및 소재 메이커가 수직적으로 연합하여 상품계획을 수립하는 머천다이징
④ 계획적 머천다이징(programed merchandising) : 대규모 소매업과 선정된 주요 상품 납품회사 사이의 계획을 조정·통합시킨 머천다이징
⑤ 상징적 머천다이징(symbol merchandising) : 자기 점포의 상징적 구색을 정하여 자기 점포의 특색을 명확히 함으로써 점포의 매력을 증대시키는 머천다이징

68 　　　　　　　　 정답 ③

㉠ 선도가격(leader pricing) : 특정 제품의 가격을 미리 정해놓고 그 가격에 맞추어 다른 제품의 가격도 결정하는 방식
㉡ 단수가격(odd pricing) : 가격 자릿수를 한 단위 낮춤으로써 상품의 판매를 증진시키는 가격결정 방식

69 　　　　　　　　 정답 ④

POS시스템은 소매점의 판매시점에서 발생하는 판매정보를 컴퓨터로 자동처리하는 판매시점 정보관리시스템으로, 전년도 목표 대비 판매량 또는 전월 대비 매출액 변화분석과 같은 시계열 정보를 효율적으로 수집하고 분석할 수 있다.

70 　　　　　　　　 정답 ①

성숙기는 경쟁사 제품들과 치열한 경쟁이 진행되고 판매 성장률이 둔화되는 시기로, 타사 상품 사용자에 대한 상표 전환을 유도하기 위해 판촉을 증대시켜야 한다.
② 수요확대에 따라 점차적으로 판촉이 감소하는 단계는 성장기이다.
③ 매출증대를 위한 판매촉진 활동을 최저 수준으로 감소시키는 단계는 성장기이다.
④ 제품의 인지도 향상을 위한 강력한 판촉을 전개해야 하는 단계는 도입기이다.
⑤ 성장기에는 시장점유율을 방어하기 위해 제품을 다양화하고 경쟁대응가격을 실행해야 한다.

[4과목] 유통정보

71 　　　　　　　　 정답 ②

상품등록은 백 오피스(back office) 요소에 해당한다.

- **프론트 오피스(front office)** : 고객이 쇼핑몰에 로그인을 하여 접속한 후 상품을 검색하여 진열된 상품을 보고 상품결제 및 상품리뷰를 작성하는 것을 말한다.
- **백 오피스(back office)** : 일련의 서비스를 제공하기 위해 상품을 등록하고 마케팅 설정, 결제, 매출, 수익 등을 관리하는 것을 말한다.

72 　　　　　　　　 정답 ③

라이브 커머스(live commerce)는 온라인상에서 실시간 소통을 기반으로 한 홈쇼핑 플랫폼으로, 생방송이 진행되는 동안 소비자들은 채팅을 통해 쇼호스트 혹은 다른 소비자들과 실시간으로 대화할 수 있다.

73 　　　　　　　　 정답 ⑤

4차 산업혁명 시대에는 인공 지능, 사물 인터넷, 빅데이터, 모바일 등 첨단 정보통신기술이 경제·사회 전반에 융합되어 혁신적인 변화가 나타나는 시대로, 노동과 자본 중심의 성장이 한계를 보이고 전통적 생산요소인 토지, 노동, 자본의 가치가 이전만큼 중요하지 않다.

74 　　　　　　　　 정답 ②

QR 물류시스템은 리드타임을 감소시키는 효과가 있다. 리드타임은 물품 발주부터 납입되어 사용하기까지의 기간을 의미한다.

75 　　　　　　　　 정답 ⑤

블록체인은 공급망 관리의 투명성과 효율성을 크게 향상시키며, 블록체인 기록에 모든 거래를 추적함으로써 기업은 상품의 출처, 이동 및 상태에 대한 실시간 가시성을 확보할 수 있다.

76 　　　　　　　　 정답 ⑤

비즈니스 모델 캔버스는 비즈니스를 운영하는 데 필요한 9가지 요소를 문서화하기 위해 사용하는 템플릿으로, ① 고객 세분화 → ② 가치제안 → ③ 채널 → ④ 고객관계 → ⑤ 수익원 → ⑥ 핵심자원 → ⑦ 핵심 활동 → ⑧ 핵심 파트너 → ⑨ 비용구조의 순으로 작성한다.

77 　　　　　　　　 정답 ⑤

연속 판매 프로그램은 순차 패턴에 해당한다. 데이터마이닝 기법 중 순차 패턴은 CRM에서 시간에 따른 고객들의 구매 형태를 분석한다.

78 정답 ⑤

그린워싱(green washing)은 기업이 실제로는 환경에 악영향을 끼치는 제품을 생산하면서도 광고 등을 통해 친환경적인 이미지를 내세우는 행위를 말한다. 즉, 실제로는 친환경적이지 않지만 마치 친환경적인 것처럼 홍보하는 위장환경주의를 가리킨다.

79 정답 ⑤

스튜어트(Stewart)의 지식 자산 특성 중 구조적 자산으로 외재적 존재 형태를 갖고 있는 지식은 형식적 지식에 해당한다.

80 정답 ⑤

마이데이터는 개인이 자신의 정보를 적극적으로 관리·통제하는 것은 물론 이러한 정보를 신용이나 자산관리 등에 능동적으로 활용하는 일련의 과정을 말한다.
① 데이터베이스 : 데이터를 한곳에 모아 놓고 관리함으로써 효율성을 높이고 여러 사람에게 필요한 정보를 제공할 수 있도록 체계적으로 구성된 데이터의 집합체
② 빅데이터 분석 : 소셜 빅데이터, 실시간 사물지능통신(M2M) 센서 데이터, 기업 고객관계 데이터 등 도처에 존재하는 다양한 성격의 빅데이터를 효과적으로 분석하는 것
③ 데이터 댐 : 사회, 경제, 인프라 전반에서 생성되는 빅데이터를 초연결 통신망을 이용해 수집하고 인공지능(AI)으로 분석하도록 인프라를 구축하는 국가 프로젝트
④ 데이터마이닝 : 대량의 데이터베이스에 내재되어 있는 패턴을 발견하고 규칙을 추론함으로써 유용한 정보를 추출해내는 과정

81 정답 ⑤

라스트마일은 주문한 물품이 고객에게 배송되는 마지막 단계를 의미하는 용어로, 상품을 받으면서 만족도가 결정되는 고객과의 마지막 접점을 일컫는다.
① 엔드 투 엔드 공급사슬 : 제품 설계 및 원자재 조달부터 일정 계획, 생산 및 최종 제품을 고객에게 전달하는 전체 통합 공급사슬
② 고객만족경영 : 경영의 모든 부문을 고객의 입장에서 생각하고 고객을 만족시켜 기업을 유지하고자 하는 경영기법
③ 배송 리드타임 : 발주부터 물품 배송까지 걸리는 시간
④ 스마트 로지스틱 : 인공지능(AI), 빅데이터, 블록체인 등의 최신 IT 기술을 접목시켜 물류 기능을 지능화·고도화시키는 것

82 정답 ①

㉠ 메트칼프의 법칙 : 네트워크의 규모가 커짐에 따라 그 비용의 증가 규모는 점차 줄어들지만 네트워크의 가치는 기하급수적으로 증가한다는 법칙을 말한다.
㉡ 티핑 포인트 : 대중의 반응이 한 순간 폭발적으로 늘어날 때, 광고 마케팅이 효과를 발하며 폭발적인 주문으로 이어질 때 등을 일컫는다.
• 팔레토의 법칙 : 상위 20%가 전체 생산의 80%를 해낸다는 법칙
• 롱테일의 법칙 : 주목받지 못하는 다수가 핵심적인 소수보다 더 큰 가치를 창출하는 현상
• 네트워크 효과 : 특정 상품에 대한 어떤 사람의 수요가 다른 사람의 수요에 의해 영향을 받는 효과
• 무어의 법칙 : 반도체 집적회로의 성능이 24개월마다 2배로 증가한다는 법칙
• 규모의 경제 : 기업이 생산량을 증대하여 단위당 비용의 하락을 통해 이익을 얻는 것
• 범위의 경제 : 하나의 기업이 2가지 이상의 제품을 함께 생산할 경우, 2가지를 각각 따로 생산하는 경우보다 생산비용이 적게 드는 현상
• 학습효과 : 지속적으로 쌓인 경험으로 기억속에 저장되는 인지 현상
• 공정가치선 : 고객이 기업의 수익창출에 기여하는 가치와 기업이 고객에게 제공하는 가치가 일치하는 경향을 갖고 있는지를 확인하기 위한 기준

83 정답 ④

다이나믹 프라이싱 전략(dynamic pricing strategy)은 제품이나 서비스의 가격을 수요·공급 및 경쟁 조건에 따라 탄력적으로 조정하는 동적 가격 설정 전략이다.
① 시장침투가격 전략(penetration pricing strategy) : 빠른 기간 안에 매출, 시장점유율을 확보하기 위해 신제품 출시 초기에는 낮은 가격을 책정하는 가격전략
② 초기고가 전략(skimming pricing strategy) : 시장에 신제품을 선보일 때 고가로 출시한 후 점차적으로 가격을 낮추는 전략
③ 낚시가격 전략(bait and hook pricing strategy) : 초기 제품의 가격을 낮게 설정하여 고객들의 구매를 유도한 후 추가 구매품, 교체부품 또는 소모품에 높은 가격을 설정하여 수익을 얻는 전략
⑤ 명성가격 전략(prestige pricing strategy) : 제품에

고급 이미지를 부여하기 위해 가격 결정 시 해당 제품군의 주 소비자층이 지불할 수 있는 가장 높은 가격이나 시장에서 제시된 가격 중 가장 높은 가격을 설정하는 전략

84 　　　　　　　　　　　　　　　　정답 ④

OECD 개인정보 보호 8원칙

㉠ **수집 제한의 법칙** : 개인정보는 적법하고 공정한 방법을 통해 수집되어야 한다.

㉡ **정보 정확성의 원칙** : 이용 목적상 필요한 범위 내에서 개인정보의 정확성, 완전성, 최신성이 확보되어야 한다.

㉢ **목적 명시의 원칙** : 개인정보는 수집 과정에서 수집 목적을 명시하고, 명시된 목적에 적합하게 이용되어야 한다.

㉣ **이용 제한의 원칙** : 정보 주체의 동의가 있거나, 법규정이 있는 경우를 제외하고 목적 외 이용되거나 공개될 수 없다.

㉤ **안전성 확보의 원칙** : 개인정보의 침해, 누설, 도용 등을 방지하기 위한 물리적, 조직적, 기술적 안전 조치를 확보해야 한다.

㉥ **공개의 원칙** : 개인정보의 처리 및 보호를 위한 정책 및 관리자에 대한 정보는 공개되어야 한다.

㉦ **개인 참가의 원칙** : 정보 주체의 개인정보 열람 · 정정 · 삭제 청구권은 보장되어야 한다.

㉧ **책임의 원칙** : 개인정보 관리자에게 원칙 준수 의무 및 책임을 부과해야 한다.

85 　　　　　　　　　　　　　　　　정답 ③

비즈니스 애널리틱스에 대한 분석

㉠ **기술분석(descriptive analytics)** : 과거에 발생한 일에 대한 소급 분석함

㉡ **예측분석(predictive analytics)** : 애널리틱스를 이용해 미래에 발생할 가능성이 있는 일을 예측함

㉢ **진단분석(diagnostic analytics)** : 특정한 일이 발생한 이유를 이해하는 데 도움을 제공

㉣ **처방분석(prescriptive analytics)** : 성능개선 조치에 대한 대응 방안을 제시함

86 　　　　　　　　　　　　　　　　정답 ④

NFT를 적용한 다양한 형태의 콘텐츠는 소유권 거래가 가능한 디지털 자산이자 고유성과 희소성을 가지고 있어 투자의 대상으로도 주목받고 있지만, 누구나 온라인상에서 열람할 수 있는 콘텐츠를 거액에 거래하는데다 가치 책정 또한 매우 주관적이어서 안전자산으로 인정되고 있지 않다.

87 　　　　　　　　　　　　　　　　정답 ④

GS1에서는 각국 GS1 코드관리기관의 회원업체정보 데이터베이스를 인터넷을 통해 연결하여 자국 및 타 회원국의 업체 정보를 실시간으로 검색할 수 있게 해주는 글로벌 기업정보 조회서비스(GEPIR : Global Electronic Party Information Registry)를 제공하고 있다.

① **덴소 웨이브(DENSO WAVE)** : QR 코드나 IC 카드 자동인식기기, 산업용 로봇(FA기기) 등을 개발 · 제조하는 기업

② **코리안넷** : 유통표준코드(GTIN) 생성, 상품정보 등록 및 회원정보까지 통합하여 관리할 수 있는 유통표준코드 통합 관리 시스템

⑤ **GS1(Global Standard No.1)** : 유통물류를 비롯한 전 산업에 사용되는 상품 식별용 바코드, 전자문서, 전자카탈로그 등의 표준화를 주도해 온 민간 국제표준기구

88 　　　　　　　　　　　　　　　　정답 ②

㉠ **무결성** : 데이터의 정확성과 일관성을 유지하고 전달 과정에서 위변조가 없는 것

㉡ **기밀성** : 정보를 암호화하여 인가된 사용자만이 접근할 수 있게 하는 것

• **부인방지** : 메시지의 송수신이나 교환 후, 또는 통신이나 처리가 실행된 후에 그 사실을 사후에 증명함으로써 사실 부인을 방지하는 보안 기술

• **가용성** : 서버, 네트워크 등의 정보 시스템이 장애 없이 정상적으로 요청된 서비스를 수행할 수 있는 능력

89 　　　　　　　　　　　　　　　　정답 ④

구매–지불 프로세스 : ㉠ 재화 및 용역에 대한 구매요청서 발송 → ㉡ 조달 확정 → ㉢ 구매주문서 발송 → ㉥ 재화 및 용역 수령증 수취 → ㉣ 공급업체 송장 확인 → ㉤ 대금 지불

90   정답 ③

ETL(extract, transform, load)은 다양한 소스 시스템으로부터 필요한 데이터를 추출하여 변환작업을 거쳐 저장하거나 분석을 담당하는 시스템으로 전송 및 적재하는 모든 과정을 포함한다.

① OLTP(online transaction processing) : 네트워크 상의 여러 이용자가 실시간으로 데이터베이스의 데이터를 갱신하거나 조회하는 등의 단위 작업을 처리하는 방식

② OLAP(online analytical processing) : 사용자가 직접 데이터를 검색 및 분석해서 문제점이나 해결책을 찾는 온라인 분석 처리 기법

④ **정규화**(normalization) : 데이터를 일정한 규칙에 따라 변형하여 이용하기 쉽게 만드는 것으로, 가지고 있는 데이터를 모델에 학습시키기 위해 스케일링(scaling) 작업을 함

① **대리인(agency)이론** : 대리인비용을 최소화하기 위해 주인과 대리인의 이해관계가 연계된 인센티브 시스템과 통제시스템 등을 개발하게 되고 이로 인해 효율적인 유통경로구조가 설계된다는 이론
② **게임(game)이론** : 수직적으로 경쟁관계에 있는 제조업체와 중간상이 각자 자신의 이익을 극대화하기 위해 자신과 상대방의 행위를 조정하는 과정에서 유통경로구조가 결정된다는 이론
③ **거래비용(transaction cost)이론** : 거래비용이 증가하는 원인과 그 해결방안을 수직적 통합으로 나타낸 이론
⑤ **연기-투기(postponement-speculation)이론** : 경로구성원들 중 누가 재고보유에 따른 위험을 감수하느냐에 따라 경로구조가 결정된다는 이론

02 정답 ①

경제적주문량(EOQ)=200

$$EOQ=\sqrt{\frac{2\times주문비용\times연간총수요량}{단위당\ 재고유지비용}}$$ 이므로,

$$200=\sqrt{\frac{2\times200\times10,000}{단위당\ 재고유지비용}}$$

$$200=\sqrt{\frac{4,000,000}{단위당\ 재고유지비용}}$$

$$(200)^2=\frac{4,000,000}{단위당\ 재고유지비용}$$

단위당 재고유지비용$=\frac{4,000,000}{40,000}$

∴ 연간 단위당 재고유지비용=100

03 정답 ④

항공운송은 고객이 원하는 지점까지의 운송을 위해 버디백(birdy back) 복합운송서비스를 활용한다. 피기백(piggy back)은 화물차량과 철도를 이용한 복합운송서비스이다.

04 정답 ④

예수금은 회사가 거래처 또는 임직원으로부터 임시로 수령한 자금, 고객이 거래의 이행을 보증하기 위해 금융기관에 거래대금의 일부를 예치하는 자금 등 거래와 관련하여 임시로 보관하는 자금으로 부채 항목에 속한다.

01	④	02	①	03	④	04	④	05	⑤
06	⑤	07	③	08	②	09	②	10	⑤
11	④	12	③	13	②	14	④	15	②
16	③	17	③	18	⑤	19	④	20	③
21	⑤	22	①	23	③	24	⑤	25	④
26	④	27	⑤	28	③	29	③	30	④
31	①	32	③	33	④	34	③	35	①
36	⑤	37	③	38	⑤	39	③	40	④
41	④	42	⑤	43	⑤	44	④	45	③
46	⑤	47	③	48	④	49	④	50	④
51	③	52	④	53	④	54	②	55	②
56	④	57	④	58	①	59	④	60	④
61	①	62	⑤	63	④	64	③	65	②
66	②	67	⑤	68	④	69	②	70	⑤
71	④	72	⑤	73	④	74	②	75	①
76	③	77	④	78	⑤	79	③	80	⑤
81	③	82	④	83	⑤	84	③	85	②
86	④	87	②	88	⑤	89	③	90	②

[1과목] 유통물류일반

01 정답 ④

기능위양(functional spinoff)이론은 경로구성원들 가운데서 특정 기능을 가장 저렴한 비용으로 수행하는 구성원에게 그 기능이 위양된다는 이론이다.

05 정답 ⑤

e-SCM은 공급자로부터 최종소비자에게 상품이 도달되는 모든 과정인 SCM과 관련된 기술들을 웹상에서도 수행할 수 있도록 한 것으로, 구매자의 데이터를 분석하여 그들의 개별 니즈를 충족시킬 수 있는 개별화된 고객 서비스 제공이 가능해졌다.

06 정답 ⑤

플랫폼 비즈니스 사업자는 생산자와 소비자로부터 플랫폼을 제공해주는 대가를 직접적으로 취할 수 있다. 즉, 플랫폼은 가치 창출과 이익 실현의 비즈니스 모델이다.

07 정답 ③

채찍효과(bullwhip effect)는 공급사슬관리에서 제품에 대한 수요정보가 공급사슬상의 참여 주체를 하나씩 거쳐 전달될 때마다 그 변동 폭이 확대 · 왜곡되는 현상을 말한다.
① **블랙 스완 효과(black swan effect)** : 극단적으로 예외적이어서 발생가능성이 없어 보이지만 일단 발생하면 엄청난 충격과 파급 효과를 가져오는 사건
② **밴드 왜건 효과(band wagon effect)** : 어떤 재화에 대한 수요가 많아지면 다른 사람들도 그 경향에 따라서 수요를 증가시키는 편승효과
④ **베블렌 효과(Veblen effect)** : 가격이 오르는 데도 불구하고 특정 계층의 허영심 또는 과시욕으로 인해 수요가 줄어들지 않고 오히려 증가하는 현상
⑤ **디드로 효과(Diderot effect)** : 하나의 물건을 구입한 후 그 물건과 어울리는 다른 제품들을 계속 구매하는 현상

08 정답 ②

시장개발전략(market development strategy)은 기존 제품을 신규 시장에 판매하는 방법을 통한 기업의 성장전략으로 지역적인 한계를 넘어서는 전략이다.
① **시장침투전략(market penetration strategy)** : 같은 상품으로 같은 시장에서의 점유율을 높여 성장하는 전략으로 경쟁사 고객획득, 소비자 구매회수 및 구매량 증대를 추구한다.
③ **제품개발전략(product development strategy)** : 같은 시장에서 다른 상품을 이용하여 기업을 성장시키는 전략으로 신제품 개발, 기존 제품의 개량을 통해 기존시장에서 판매 증가를 추구한다.
④ **다각화전략(diversification strategy)** : 다른 상품으로 새로운 시장을 개척하여 기업을 성장시키는 전략으로 성장과 위험분산을 위한 것이며 가장 위험도가 높은 전략이다.

09 정답 ②

강제력은 영향력 있는 한 경로구성원의 요구에 구성원들이 따르지 않을 경우 이를 처벌하거나 제재를 가할 수 있는 능력으로, 강제력의 강도는 처벌이 지닌 부정적 효과의 크기에 비례한다.

10 정답 ⑤

환경오염, 자연파괴, 산업폐기물 수출입, 지구환경 관련 규정 위반 등은 공생적 관계를 가치이념으로 추구하는 환경집단의 문제들이다. 경쟁자는 공정경쟁을 가치이념으로 추구하며 카르텔, 입찰담합, 거래선제한, 거래선차별 취급, 덤핑, 지식재산침해, 기업비밀침해, 뇌물 등의 각종 불공정경쟁행위 문제들을 취급한다.

11 정답 ④

각 판매지역별로 하나 혹은 극소수의 중간상에게 독점적으로 유통할 권리를 부여하는 유통 형태는 전속적 유통이다.
①·② **집중적(개방적) 유통** : 소비자들에게 가능한 한 제품의 노출 수준을 높임으로써 소비자들이 쉽게 접근하여 구입할 수 있도록 한 유통 형태로, 자사 제품을 어떠한 도매상과 소매상이라도 취급할 수 있도록 유통 경로를 개방한다.
③ **선택적 유통** : 소비자들에게 제품의 노출 수준을 선택적으로 제한하기 위하여 어떤 기준에 의해 선택된 중간상을 통해 제품을 유통시키는 형태로, 선택된 중간상들에 대해 판매노력을 강화할 수 있고 중간상에 대한 통제도 강화할 수 있다.

12 정답 ③

유통산업이 합리화될수록 법률이나 정부의 규제는 완화된다.

13 정답 ②

②는 직무기술서, ①·③·④·⑤는 직무명세서에 대한 내용이다.

직무기술서 & 직무명세서
- **직무기술서** : 직무분석을 통해 얻어진 직무의 성격과 내용, 직무의 이행방법과 직무에서 기대되는 결과 등 과업요건을 중심으로 정리해 놓은 문서
- **직무명세서** : 직무를 만족스럽게 수행하는 데 필요한 작업자의 지식 · 기능 · 능력 및 기타 특성 등을 정리해 놓은 문서

14 정답 ④

유통경영전략의 수립단계 : 기업의 사명 정의 → 기업의 목표 설정 → 사업포트폴리오분석 → 성장전략의 수립

15 정답 ②

영업 창고는 물류업자가 소유 · 운영하며, 타인이 기탁한 물품을 보관하고 그 대가로 보관료와 기타 수수료를 받는 창고이다. 영업 창고의 창고 요금에는 하역료도 포함된다.

16 정답 ③

아웃소싱은 업무의 일부 공정을 외부 기업 등에 위탁하여 처리하는 방식으로, 고정비용을 줄여서 비용절감 효과를 얻을 수 있다.

17 정답 ③

라이센싱(licensing)은 한 회사가 외국에 있는 다른 회사에게 자사의 생산기술, 특허, 등록브랜드 등을 쓸 수 있는 권리를 부여하고 그 대가로 사용료를 받는 것을 말한다. 이러한 경우 라이센싱을 주는 회사는 큰 위험부담 없이 외국에 진출할 수 있다.

① **계약생산(contract manufacturing)** : 라이센싱과 직접투자의 중간적 성격을 띠고 있지만 지분 참여가 없다는 점에서는 직접투자와 확실히 구분된다. 통상 해외고객에게 자사가 제품을 직접 공급할 수 있는 생산 여력이 미치지 못하거나 현지시장이 협소하여 직접투자형태 진출이 타당하지 않는 경우에 이용된다.

② **관리계약(management contracting)** : 기업이 자본을 투자하는 외국 기업에게 자사의 관리 노하우를 제공하는 것이다. 즉 기업은 제품이 아닌 관리 서비스를 수출한다.

④ **공동소유(joint ownership)** : 여러 명이 하나의 물건을 공동으로 소유하는 것을 말한다.

⑤ **간접수출(indirect exporting)** : 종합무역상사, 수출대행업자 등을 통하여 수출함으로써 수출 관련 기능을 제조업체가 스스로 수행하지 않으면서 제품을 해외에 판매하는 방식이다.

18 정답 ⑤

윤리적 리더십
① **변혁적 리더십(transformation leadership)** : 구성원들의 가치관, 정서, 행동규범 등을 변화시켜 개인, 집단, 조직을 바람직한 방향으로 변혁시키는 리더십
② **참여적 리더십(participative leadership)** : 부하들의 의견을 의사결정에 많이 반영시키고 정보를 공유하는 리더십
③ **지원적 리더십(supportive leadership)** : 부하의 복지와 안락에 관심을 두며 지원적 분위기 조성에 노력하는 리더십
④ **지시적 리더십(directive leadership)** : 부하 직원에게 과업지시를 내리고 그들에게 기대하는 성과기준을 명확히 알려주는 리더십

19 정답 ④

제품에 대한 소유권을 갖고 제조업자로부터 제품을 취득하여 소매상에 바로 직송하는 도매상은 직송도매상(drop shipper)이다.

① **우편주문도매상(mail-order wholesaler)** : 우편을 통해 카탈로그와 제품주문서 등을 발송하여 주문을 접수받으면 제품을 배달하는 도매상
② **진열도매상(rack jobber)** : 소매점 내의 상품 진열 선반에 상품을 공급하는 것을 목적으로 하는 도매상
③ **트럭도매상(truck wholesaler)** : 소매상에게 트럭으로 직접 제품을 수송하며 거래하는 도매상
⑤ **현금무배달도매상(cash-and-carry wholesaler)** : 현금거래만 하며 배달 서비스는 제공하지 않는 도매상

20 정답 ③

제조업자의 대리인은 제조업자의 시장지배력이 약한 지역에서만 활동하지만 판매대리인은 모든 지역에서 판매를 한다.

판매대리인 & 제조업자대리인
- **판매대리인(selling agent)** : 제조업자의 물건 판매에 대한 권한을 계약에 의하여 부여받은 자로, 제조업자가 판매 능력을 갖추지 못하였을 경우 실질적인 판매기능을 수행한다.
- **제조업자대리인(manufacture's agent)** : 제조업자와 계약한 대리인으로, 일반적으로 의류나 가구 또는 전자제품 등을 제조하는 제조업 중 판매원을 고용할 수 없는 소규모 제조업자나 자사의 판매원이 접근하기 어려운 판매지역으로 진출하려는 대규모 제조업자와 대리인 계약을 체결한 자를 말한다.

---

21   정답 ⑤

직매입 납품업체의 납품과정에서 상품에 훼손이나 하자가 발생한 경우 상품대금을 감액하는 것은 납품업체의 단순 실수로 인한 손해배상 행위일 뿐 불공정 거래행위는 아니다. 불공정 거래행위는 주로 독과점적 지위나 거래상 우월적인 지위를 이용하여 거래과정에서 거래상대방에게 불이익을 주는 행위를 말한다.

---

22   정답 ①

인지가치와 행위가치로 구분할 수 있는 가치관은 샤인(Schein)이 제시한 조직 문화의 세 가지 수준 중 인식적 수준에 해당한다.
② · ⑤ 가시적 수준
③ · ④ 내재적 수준

샤인(Schein)의 조직문화 수준

수준	설명
내재적 수준	신념이나 가치관 이면에 숨겨져 있는 암묵적 기본 가정
인식적 수준	그 집단이 표방하는 신념이나 가치관
가시적 수준	물리적 공간과 겉으로 드러난 행동 등의 인공물과 창조물

---

23   정답 ③

평가 기준의 중요성을 정확하게 판단할 수 없는 경우 평가 오류를 줄이기 위해 평가대상 항목을 최소화한 최소기준 평가방법이 유용하다.

---

24   정답 ⑤

국가는 물품 등의 잘못된 소비 또는 과다한 소비로 인하여 발생할 수 있는 소비자의 생명 · 신체 또는 재산에 대한 위해를 방지하기 위하여 다음의 어느 하나에 해당하는 경우에는 광고의 내용 및 방법에 관한 기준을 정하여야 한다.
- 용도 · 성분 · 성능 · 규격 또는 원산지 등을 광고하는 때에 허가 또는 공인된 내용만으로 광고를 제한할 필요가 있거나 특정내용을 소비자에게 반드시 알릴 필요가 있는 경우
- 소비자가 오해할 우려가 있는 특정용어 또는 특정표현의 사용을 제한할 필요가 있는 경우
- 광고의 매체 또는 시간대에 대하여 제한이 필요한 경우

---

25   정답 ④

상품을 품질수준에 따라 분류하거나 규격화함으로써 거래 및 물류를 원활하게 하는 유통의 기능은 표준화기능이다.
① **보관기능** : 상품을 생산 시점에서 소비 시점까지 저장함으로써 상품의 효용가치를 창조하는 것으로 생산 · 소비의 시간적 간격을 해소하는 기능
② **운송기능** : 상품 및 재화의 생산과 소비 사이의 공간 · 장소적 불일치를 극복하고 사회적 유통을 조성하는 기능
③ **정보제공기능** : 생산자의 의사정보를 소비자에게 전달하고, 반대로 소비자의 의사정보를 생산자에게 전달하는 기능
⑤ **위험부담기능** : 상품이 생산자에서 소비자에게 유통되는 과정에서 발생하는 물질적 위험이나 경제적 위험을 상업기관에서 부담하는 기능

[2과목] 상권분석

26   정답 ④

동일한 경계선을 가진 두 지도레이어를 겹쳐서 형상과 속성을 비교하는 지리정보시스템(GIS)의 기능은 중첩(overlay)이다.

27 　　　　　　　　　　　　정답 ⑤

포켓상권은 도로 개설이 용이하지 않은 산이나 하천을 배후로 하여 독립적으로 상권이 형성되는 경우 도로, 산, 강에 둘러싸여 독립적으로 형성되는 상권으로, 항아리 상권이라고도 한다.

28 　　　　　　　　　　　　정답 ③

부도심상권은 간선도로의 결절점이나 역세권을 중심으로 형성되며, 주도심에서 나온 소비자를 상대하기 때문에 도시 전체의 소비자를 유인하지 못하는 경우가 많다.

29 　　　　　　　　　　　　정답 ③

소매점의 상권범위는 자사점포를 중심으로 서로 다른 거리의 동심원을 그려 파악한다. 즉, 상권의 형태가 점포를 중심으로 일정한 거리 간격의 동심원 형태로 나타나는 것은 아니다.

30 　　　　　　　　　　　　정답 ④

가격조사 당시 주력상품 특매상황이라면 실제 판매가격보다는 정상 판매가격을 분석하는 것이 바람직하다.

31 　　　　　　　　　　　　정답 ①

크리스탈러의 중심지이론에서 중심지 기능의 최대 도달거리(the range of goods and services)는 중심지의 유통서비스 기능이 지역거주자에게 제공될 수 있는 최대거리, 즉 한계거리를 의미한다.

32 　　　　　　　　　　　　정답 ④

할당표본추출법(quota sampling)은 조사변수에 관련이 있다고 판단되는 특성에 대한 모집단의 구성비율이 표본에 그대로 유지되도록 하는 비확률표본추출법이다.

표본추출방법

확률 표본추출법	• 단순무작위표본추출법 • 층화표본추출법 • 군집표본추출법 • 체계적표본추출법
비확률 표본추출법	• 할당표본추출법 • 편의표본추출법 • 판단표본추출법 • 눈덩이표본추출법

33 　　　　　　　　　　　　정답 ④

일반적으로 특정 지역에 유사한 단일 목적으로 방문하는 통행객보다는 서로 다른 목적으로 방문하는 통행객이 많을수록 상권의 질은 높아진다.

34 　　　　　　　　　　　　정답 ③

도심으로부터 새로운 교통로가 발달하면 교통로를 축으로 도매, 경공업 지구가 부채꼴 모양으로 확대된다는 공간구조 이론은 호이트(H. Hoyt)의 선형이론(sector theory)이다.
① **동심원지대이론(concentric zone theory)** : 도시 공간은 도심부를 중심으로 토지 이용이 동심원상으로 분할되고, 그 외주 방향으로의 발전이 이루어진다고 하는 이론
② **다핵심이론(multiple nuclei theory)** : 도시의 발달은 하나의 핵을 중심으로 구조화되어 있지 않고, 다른 기능을 수행하는 몇 개의 핵을 중심으로 전개된다는 사실을 규명한 이론
④ **차액지대설(differential rent theory)** : 토지의 생산성의 차이로 인해 지주에게 지불하는 대가를 지대로 보고, 그 지대는 토지의 비옥도에 따라 차이가 난다는 가설
⑤ **절대지대설(absolute rent theory)** : 토지 소유 자체가 농산물의 가격을 인상시키고, 잉여가치는 평균이윤보다 높아진다는 주장

35 　　　　　　　　　　　　정답 ①

Converse의 제1법칙 공식에 따라 도시 B로부터 두 도시 간 상권분기점까지의 거리는

$$\frac{D_{ab}}{1+\sqrt{\dfrac{P_b}{P_a}}}=\frac{20}{1+\sqrt{\dfrac{90,000}{10,000}}}=\frac{20}{1+\sqrt{9}}$$

$$=\frac{20}{1+3}=\frac{20}{4}=5$$

그러므로 두 도시 간의 상권경계는 5km이다.

Converse의 제1법칙 공식

$$D_a = \frac{D_{ab}}{1 + \sqrt{\dfrac{P_b}{P_a}}}$$

D_a=A시로부터 분기점까지의 거리
D_b=B시로부터 분기점까지의 거리
D_{ab}=A, B 두 도시 간의 거리
P_a=A시의 인구
P_b=B시의 인구

---

36 정답 ⑤

회귀분석모형은 체계적인 변수 고려로 점포의 매출에 미치는 영향에 대해 계량적으로 분석할 수 있는 방법이므로 표본의 수가 충분하게 확보되어야 한다.

---

37 정답 ③

키오스크(kiosk)는 신문·음료 등을 파는 매점으로, 쇼핑몰 내 일반점포에 비해 임대차 계약기간이 짧다.

---

38 정답 ⑤

특별자치시장·시장·군수·구청장은 건전한 유통질서확립과 근로자의 건강권 및 대규모점포 등과 중·소유통업의 상생발전을 위해 필요한 경우 영업시간 제한을 명할 수 있다.
① 의무휴업일은 공휴일 중에서 지정하되, 이해당사자와 합의를 거쳐 공휴일이 아닌 날을 의무휴업일로 지정할 수 있다.
② 특별자치시장·시장·군수·구청장은 의무휴업일 지정에 따라 매월 이틀을 의무휴업일로 지정하여야 한다.
③ 영업시간 제한 및 의무휴업일 지정에 필요한 사항은 해당 지방자치단체의 조례로 정한다.
④ 특별자치시장·시장·군수·구청장 등은 오전 0시부터 오전 10시까지의 범위에서 영업시간을 제한할 수 있다.

---

39 정답 ③

경쟁업체의 수, 종류, 품질, 가격 등을 고려하여 경쟁분석을 실시하는 분석수준은 상권분석(trade area analysis)에 해당한다.

---

40 정답 ④

전문품점은 도시 전체를 배후지로 하여 배후지의 중심부에 입지하여야 유리한 집심성 점포에 해당한다.

공간균배의 원리에 따른 점포유형

집심성 점포	배후지의 중심지에 입지하는 것이 경영상 유리한 점포 예 백화점, 고급음식점, 고급보석상, 미술품점, 영화관 등
집재성 점포	동일 업종의 점포가 서로 한 곳에 모여서 입지하여야 하는 유형의 점포 예 은행, 보험회사, 관공서, 서점, 가구점 등
산재성 점포	동일 업종의 점포가 서로 분산입지하여야 하는 유형의 점포 예 잡화점, 소매점포, 주방용품점, 이발소, 공중목욕탕, 세탁소 등
국부적 집중성 점포	동일 업종의 점포끼리 국부적 중심지에 입지하여야 하는 점포 예 농기구점, 철공소, 비료상, 종묘판매상, 기계공구점, 컴퓨터부품점 등

---

41 정답 ④

물류요구의 크기는 취급하는 소매점 숫자에 영향을 미치지만, 물류요구의 크기만으로 취급하는 소매점 숫자를 알 수는 없다.
① 물류요구가 높을수록 집중적 유통이 이루어진다.
② 물류요구가 낮을수록 전속적 유통이 이루어진다.
③ 물류요구의 정도에 따라 효율적인 유통방식을 선택해야 한다.
⑤ 물류요구의 크기는 취급하는 소매점 숫자에 영향을 미친다.

---

42 정답 ⑤

투자계획은 신규설비 및 시설 등의 투자에 관한 점포의 예산으로 자금조달계획, 자금운용계획, 수익계획, 비용계획 등을 포함한다. 상품계획은 판매목표를 효과적으로 실현하기 위해 소비자의 욕구와 구매력에 맞는 상품을 기획·결정하는 활동이다.

43 정답 ⑤

인구증가와 소득수준의 향상, 교통망의 발달과 소매단지의 분포 등은 도시상권의 매력도를 높이는 직접적인 요인들이다. 행정구역의 구분은 행정기관의 권한이 미치는 범위를 구분한 것으로, 상권의 범위와는 관련이 없으므로 도시상권의 매력도 측정 지표로는 부적절하다.

44 정답 ③

빅데이터 축적은 상권분석을 위해 필요한 분석 도구로, 상권분석의 수단이지 목적이 아니다.

45 정답 ③

상가건물 임대차보호법상 차임 또는 보증금의 증액청구는 청구 당시의 차임 또는 보증금의 100분의 5의 금액을 초과하지 못한다.

[3과목] 유통마케팅

46 정답 ⑤

통합적 마케팅커뮤니케이션(IMC : integrated marketing communication)은 마케팅 커뮤니케이션의 효과를 극대화하기 위하여 광고, 홍보, PR, 판매 촉진 등 다양한 커뮤니케이션 수단들의 전략적인 역할을 비교 · 검토하여 통합적인 메시지를 전달하는 전략으로, 동일한 촉진 목표를 달성하도록 하는 것은 아니다.

47 정답 ③

소비자에게 상품에 대한 정보를 전달하거나 결제를 도와주는 곳은 판매 공간이다. 판매 예비 공간은 상품을 준비하는 공간이다.

48 정답 ④

마케팅믹스 요소인 4P 중 유통(Place)을 구매자 관점인 4C로 표현한 것은 편의성(Convenience)이다.

마케팅믹스의 4P와 4C

4P		4C
제품 (Product)		소비자 (Consumer)
가격 (Price)	➡	소비자 가격 (Customer Cost)
유통 (Place)		편의성 (Convenience)
판촉 (Promotion)		의사소통 (Communication)

49 정답 ④

현재 보고 있는 창 앞에 나타나는 새로운 창에 구현되는 온라인 광고는 팝업광고이다. 리치미디어광고(rich media advertising)는 배너광고에 비디오, 오디오, 애니메이션 효과 등을 결합하여 배너광고를 보다 풍부하게 만든 멀티미디어형 광고를 말한다.

50 정답 ④

브랜드 인지도(brand awareness)는 소비자가 한 제품 범주에 속하는 특정 브랜드를 재인하거나 회상할 수 있는 능력으로, 소비자가 특정 제품이나 서비스의 이름을 얼마나 알고 있는지를 나타내는 지표로 사용된다.

51 정답 ③

판매를 빠르게 달성하는 전술적, 기술적 관점에 비해 판매기술이 고도화 되는 요즘은 전략적 관점에서 고객과의 관계를 형성하는 영업 방식이 더욱 부각되고 있다.

52 정답 ③

소매업, 2차 상품 제조업자, 가공업자 및 소재 메이커가 수직적으로 연합하여 상품계획을 수립하는 머천다이징은 선별적 머천다이징이다.
① 혼합식 머천다이징 : 소매점이 상품의 구색, 즉 구성을 확대하여 가는 유형의 머천다이징
② 세그먼트 머천다이징 : 동일한 고객층을 대상으로 하되 경

쟁점과는 달리 그들 고객이 가장 원하는 품종에 중점을 두거나, 가격대에 대응하는 상품이나 품질을 차별화하는 방향으로 전개하는 머천다이징
④ **계획적 머천다이징** : 대규모 소매업과 선정된 주요 상품 납품회사 사이의 계획을 조정·통합시킨 머천다이징
⑤ **상징적 머천다이징** : 자기 점포의 상징적 구색을 정하여 자기 점포의 특색을 명확히 함으로써 점포의 매력을 증대시키는 머천다이징

53 　　　　　　　　　　　　정답 ④

친절한 접객서비스와 쾌적한 점포분위기를 제공하는 것은 가치증진서비스에 해당한다. ①·②·③·⑤는 거래지원서비스에 해당한다.

54 　　　　　　　　　　　　정답 ②

균형점수표(BSC)는 과거의 성과에 대한 재무적 지표뿐만 아니라 미래의 성과를 창출하는 고객, 공급자, 종업원, 프로세스 및 혁신 등의 비재무적 지표도 균형적으로 적용한다. 즉, 균형점수표(BSC)의 균형은 과거 성과지표와 현재 성과지표 사이의 균형이 아니라, 과거 성과지표와 미래 성과지표 사이의 균형을 의미한다.

55 　　　　　　　　　　　　정답 ②

로저스(Rogers)는 소비자가 신제품을 수용하는 시점에 따라 5단계로 소비자층을 구분하였다. 조기 수용자(early adopter)는 혁신자 다음으로 신제품을 수용하는 소비자층으로, 제품 정보나 자신의 의견 등을 타인들에게 전파시키는 데 적극적이어서 의견 선도자 역할을 수행한다.
① **혁신자(innovator)** : 제품 도입 초기에 가장 먼저 신제품을 수용하는 소비자층으로, 모험적인 성향을 가지고 있으며 신제품 수용에 따르는 위험을 기꺼이 감수한다.
③ **조기 다수자(early majority)** : 조기 수용자 다음으로 신제품을 수용하는 소비자층으로, 조기 수용자의 신제품에 대한 반응 및 평가를 참고하여 신중하게 신제품을 수용한다.
④ **후기 다수자(late majority)** : 조기 다수자 다음으로 신제품을 수용하는 소비자층으로, 신제품이 충분히 검증된 다음에야 신제품을 수용하는 다소 의심이 많은 소비자층이다.
⑤ **최후 수용자(laggard)** : 신제품을 가장 나중에 수용하는 소비자층으로, 변화를 거부하며 전통에 집착하는 성향이 있다.

56 　　　　　　　　　　　　정답 ④

성숙기에 판매량은 저성장, 이익은 정점에 달하고 경쟁자 수도 다수이기 때문에 시장 점유율을 유지하는 전략에 초점을 두어야 한다. 그러기 위해서 표적시장을 수정하거나 제품을 수정하거나 마케팅믹스를 수정하는 마케팅전략을 수행한다.

57 　　　　　　　　　　　　정답 ③

중고품을 반납하고 신제품을 구매한 고객에게 가격을 할인해 주거나 판매촉진행사에 참여한 거래처에게 구매 대금의 일부를 깎아주는 형식의 할인은 공제(allowances)이다.
①·② **기능 할인(functional discount) 또는 중간상 할인(trade discount)** : 마케팅을 위하여 생산자가 수행해야 하는 기능 중 일부를 중간상이 대신 수행할 때 제공하는 할인
④ **수량 할인(quantity discount)** : 중간상이 일시에 대량 구매를 하는 경우 구매량에 따라 주어지는 현금할인
⑤ **계절 할인(seasonal discount)** : 제품판매에 계절성이 있는 경우 비수기에 제품을 구매하는 중간상에게 제공되는 할인

58 　　　　　　　　　　　　정답 ①

원료공급부터 유통까지의 공급망에 대한 통합적 관리는 공급사슬관리에 대한 설명이다. 카테고리 매니지먼트(CM)는 유통업체와 제조업체가 공동으로 고객의 관점에서 상품을 카테고리 수준에서 관리하는 경영기법으로, 전체 카테고리의 효율을 올리기 위한 모든 마케팅 활동 및 세일즈를 포함한다.

59 　　　　　　　　　　　　정답 ②

㉠·㉡·㉢은 성과를 측정하는 기법에 해당하나, ㉣은 재고관리기법, ㉤은 판매예측기법에 해당한다.

60 　　　　　　　　　　　　정답 ④

매장 내 콘테스트와 경품추첨은 최종 소비자를 대상으로 하는 촉진 전략이므로 풀 전략에 해당한다.

> **풀전략 & 푸시전략**
> • **풀전략** : 제조사가 직접 광고나 판촉 활동을 통해 소비자의 관심을 끌고, 소비자들이 유통업체에게 제품을 주문하도록 유도하는 전략

- **푸시전략** : 제조사가 유통업체에 직접 접근하여 판촉 활동을 하고 유통업체가 소비자에게 적극적인 판매를 유도하는 전략

61 정답 ①

도입기에는 소비자들에게 상품을 알리고 브랜드 인지도를 높이는 광고가 필요하므로, ㉠ · ㉡이 도입기의 광고 목표로 적절하다.

㉢ · ㉣ : 성장기의 광고 목표
㉤ · ㉥ : 성숙기의 광고 목표
㉦ : 쇠퇴기의 광고 목표

62 정답 ⑤

불량고객은 고객의 성향 및 태도에 따라 분류한 고객 유형이다.

63 정답 ④

관습가격은 캔음료나 껌처럼 오랫동안 같은 가격을 지속적으로 유지함으로써 소비자에게 정착되어 있는 가격을 말한다.

① **균일가격** : 가격 라인을 한 가지로 설정하는 방법으로, 각종 상품에 공통된 균일가격을 설정해 판매하는 방법과 동일 상품을 지역에 불문하고 동일가격으로 판매하는 방법이 있다.

② **단수가격** : 최대한 인하된 상품 가격이라는 인상을 주어 판매량을 증가시키기 위해 가격을 990원, 1,990원처럼 설정하는 가격을 말한다.

③ **명성가격** : 제품에 고급 이미지를 부여하기 위해 가격 결정 시 해당 제품군의 주 소비자층이 지불할 수 있는 가장 높은 가격이나 시장에서 제시된 가격 중 가장 높은 가격을 설정하는 전략이다.

64 정답 ③

데이터웨어하우스는 기업의 의사결정 과정에 효과적으로 사용될 수 있도록 여러 시스템에 분산되어 있는 데이터를 주제별로 통합 · 축적해 놓은 데이터베이스를 말한다.

65 정답 ②

충동구매 성격이 높은 상품은 고객을 유인하기 위해 매장의 전면부나 입구 쪽에 배치한다.

66 정답 ②

양방통행은 오히려 자유로운 고객 흐름을 방해하므로, 점포 구성 시 주통로 및 부통로를 명확히 구분하여 설계한다.

67 정답 ⑤

고객관계관리(CRM)의 실행 순서 : 대상고객선정 → 고객니즈분석 → 가치창조 → 가치제안 → 성과평가

68 정답 ④

마케팅조사에서 정성조사와 정량조사 모두 필수적으로 제시되어야 하는 것이 아니며, 마케팅조사의 필요 목적에 따라 적절한 조사방법을 선택해야 한다.

69 정답 ②

매장 및 후방은 점포의 기본적인 구성요소에 해당한다. 비주얼 머천다이징(VMD)은 고객에게 알맞은 상품구색을 결정하고 구색이 갖춰진 상품에 대해 최적의 매장 이미지를 연출하는 전략적 판촉을 통해 소매점포의 이윤을 극대화시키는 작업이다.

70 정답 ⑤

신상품, 행사상품의 효율적 소구를 위해 매장의 빈 공간에 독립적으로 진열하는 방식은 섬 진열(island display)이다. 엔드진열(end cap display)은 매장 진열 시에 맨 끝에 위치하는 매대로, 전방으로 돌출되어 있어 상품의 노출도가 가장 크며, 소비자의 점내 회유 및 일반 매대로 유인하는 역할을 한다.

[4과목] 유통정보

71　　　　　　　　　　　　　　정답 ③

㉠ 지도학습 / ㉡ 강화학습
기계학습은 인간의 학습 능력과 같은 기능을 컴퓨터에서 실현하고자 하는 기술 및 기법으로 지도학습, 비지도학습, 강화학습으로 구분한다.
- **지도학습(supervised learning)** : 정답이 있는 데이터를 사용하여 모델을 학습하는 방법
- **비지도학습(unsupervised learning)** : 정답이 없는 데이터를 비슷한 특징끼리 군집화 하여 모델을 학습하는 방법
- **강화학습(reinforcement learning)** : 환경과 상호작용하며 보상을 최대화하는 학습 방법

72　　　　　　　　　　　　　　정답 ①

전자광학센서, 초분광센서, 적외선센서는 드론의 목적에 따라 다양한 장비를 싣는 역할을 하는 드론의 임무 장비이다. 드론의 항법센서에는 위성항법, MEMS(Micro Electro Mechanical System), 임베디드 소프트웨어 기술 등이 있다.

73　　　　　　　　　　　　　　정답 ③

시맨틱웹(semantic-web)은 기계가 정보의 의미를 이해하고 논리적 추론까지 할 수 있는 지능형 웹을 말한다.
① **고퍼(gopher)** : 정보의 내용을 주제별이나 종류별로 구분하여 메뉴로 구성한 후 메뉴 방식으로 사용할 수 있는 인터넷 정보검색 서비스
② **냅스터(napster)** : 개인의 음악파일들을 인터넷으로 공유할 수 있게 해주는 프로그램
④ **오페라(opera)** : 노르웨이의 오슬로에서 설립된 오페라소프트웨어가 개발한 웹 브라우저
⑤ **웹클리퍼(web-clipper)** : 텍스트, 이미지, 링크 등을 포함해 웹페이지를 스크랩할 수 있는 기능

74　　　　　　　　　　　　　　정답 ②

공급사슬의 성과지표 중 약속 기일 충족률은 고객이 요청한 기일 또는 이전에 충족된 주문의 비율을 의미하므로 고객서비스의 신뢰성 지표에 해당한다.

75　　　　　　　　　　　　　　정답 ①

균형성과표는 하버드대의 로버트 캐플란 교수와 노튼 박사가 공동 개발한 것으로, 기업의 비전과 전략을 조직 내외부의 핵심성과지표(KPI)로 재구성해 전체 조직이 목표달성을 위한 활동에 집중하도록 하는 전략경영시스템이다.

76　　　　　　　　　　　　　　정답 ③

매시업(mashup)은 여러 웹사이트에서 제공하는 정보를 합쳐 새로운 서비스를 제공하는 웹사이트나 애플리케이션을 말한다.

77　　　　　　　　　　　　　　정답 ⑤

가격결정에 있어 신축성을 부여하기 위해서는 전국적인 평균비용의 산출에 의존하기보다는 개별시장으로의 운송에 소요되는 실제 분배비용의 산출이 필요하게 되었다.

78　　　　　　　　　　　　　　정답 ⑤

CPFR은 공급측면의 SCM 응용기술로 판매정보관리 시스템인 POS와는 관련성이 없다. CPFR은 기업이 거래처와의 협력을 통해 상품 계획과 예측을 하고 상품을 보충하는 것으로 수요 예측과 재고 보충을 위한 공동 사업을 말한다.

79　　　　　　　　　　　　　　정답 ③

회귀분석은 매개변수 모델을 이용하여 통계적으로 변수들 사이의 관계를 추정하는 분석 방법이다. 주로 독립변수가 종속변수에 미치는 영향을 확인하고자 사용하는 분석 방법이다.
① **감성분석** : 감정 상태 및 주관적 정보의 패턴을 체계적으로 정량화하고, 이를 활용하여 데이터에 존재하는 성향을 식별하고 분석하는 기술
② **기계학습** : 인간의 학습 능력과 같은 기능을 컴퓨터에서 실현하고자 하는 기술 및 기법
④ **텍스트 마이닝(text mining)** : 대량의 텍스트 데이터에서 의미 있는 정보를 추출하고 분석하는 과정
⑤ **오피니언 마이닝(opinion mining)** : 웹사이트와 소셜미디어에 나타난 여론과 의견을 분석하여 유용한 정보로 재가공하는 기술

80 　　　　　　　　　　정답 ⑤

유통부문의 전자문서 국제표준인 EANCOM은 사설표준이
아니라 공통표준이다. 사설표준은 특정 개별기업만이 활용할
수 있는 표준이고, 공통표준은 기업과 산업, 국가단위가 사용
할 수 있도록 개발된 표준이다.

81 　　　　　　　　　　정답 ③

마케팅 개념측면에서 유통업체는 기존의 푸시(push) 마케팅
에서 다이렉트(direct) 마케팅으로 변화해야 한다.

> **푸시 마케팅 & 다이렉트 마케팅**
> • **푸시(push) 마케팅** : 소비자 욕구를 무시하고 표준화
> 와 규격화에 따라 대량 생산된 상품을 광고를 통하여
> 소비자에게 강제로 판매하는 마케팅 기법이다.
> • **다이렉트(direct) 마케팅** : 기존의 광고나 판촉, 홍보
> 에서 벗어나 직접 소비자에게 다가가는 마케팅으로
> 오늘날 컴퓨터와 인터넷, IPTV 등 신기술이 도입되
> 면서 한층 발전하고 있다.

82 　　　　　　　　　　정답 ④

기존 시스템의 정보를 추출, 변환, 저장하는 과정을 거쳐 업
무 담당자 목적에 맞는 정보만을 모아 관리할 수 있도록 지
원해 주는 것은 데이터웨어하우스의 개념이다.

83 　　　　　　　　　　정답 ⑤

지식관리시스템은 고객이 웹사이트, 챗봇, 디지털 어시스트,
휴대폰 앱 등 다양한 셀프 고객 서비스 플랫폼을 통해 이용
하기도 하므로 고객서비스와도 밀접한 관련이 있다.

84 　　　　　　　　　　정답 ③

㉠ **생성 AI(generative AI)** : 텍스트, 오디오, 이미지 등
　 기존 콘텐츠를 활용해 유사한 콘텐츠를 새롭게 만들어 내
　 는 AI
㉡ **식별 AI(discriminative AI)** : 기존 데이터를 기반으로
　 예측을 수행하는 AI

85 　　　　　　　　　　정답 ②

우리나라 의약품 및 의료기기에 사용되는 의약품표준바코드
에는 GS1 Data Matrix 외에도 EAN-13, GS1-128 등
이 있다.

86 　　　　　　　　　　정답 ④

사물인터넷(IoT : Internet of Things)의 서비스 방식
은 주변의 사물이 알아서 사용자에게 조언하고 권하는 푸시
(push) 방식이다.

87 　　　　　　　　　　정답 ②

신속대응(quick response) 시스템은 제품의 제조부터 소
비자에게 전달되기까지의 제조 과정을 단축시키고, 소비자의
수요를 충족하는 제품을 공급하는 기법이다.

88 　　　　　　　　　　정답 ⑤

데이터 3법은 개인정보 보호법, 정보통신망법, 신용정보법 개
정안을 일컫는 말로 개인과 기업이 정보를 활용할 수 있는
폭을 넓히기 위해 마련됐다. 데이터 3법은 추가 정보의 결합
없이는 개인을 식별할 수 없도록 안전하게 처리된 가명정보
의 개념을 도입하는 것이 핵심이다.

89 　　　　　　　　　　정답 ③

비디오는 비정형 데이터이다. 반정형 데이터는 데이터의 형
식과 구조가 변경될 수 있는 데이터로 HTML, XML,
JSON 등이 이에 속한다.

> **데이터의 유형**
> • **정형 데이터** : 미리 정해놓은 형식과 구조에 따라
> 저장된 구조화된 데이터 예 관계형 데이터베이스
> (RDB), 스프레드시트, CSV 데이터 등
> • **반정형 데이터** : 데이터의 형식과 구조가 변경될 수
> 있는 데이터로, 데이터의 구조 정보를 데이터와 함께
> 제공하는 파일 형식의 데이터 예 웹로그, HTML,
> XML, JSON 등
> • **비정형 데이터** : 정해진 구조가 없이 저장된 데이터
> 예 문서, 텍스트, 이미지, 비디오, PDF 문서 등

90   정답 ②

수산물 이력제의 등록표시는 이력추적관리번호 또는 수산물 이력제 업무 시스템을 통해 생성한 QR코드를 사용한다.

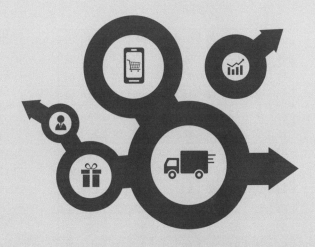

2022년
제1회 기출문제
정답 및 해설

01	⑤	02	①	03	⑤	04	③	05	①
06	⑤	07	⑤	08	④	09	②	10	③
11	①	12	①	13	②	14	④	15	③
16	②	17	③	18	⑤	19	④	20	④
21	②	22	⑤	23	④	24	②	25	④
26	⑤	27	④	28	④	29	⑤	30	②
31	③	32	①	33	③	34	③	35	②
36	③	37	⑤	38	⑤	39	⑤	40	④
41	③	42	②	43	①	44	⑤	45	⑤
46	①	47	⑤	48	⑤	49	⑤	50	④
51	①	52	③	53	①	54	①	55	①
56	③	57	③	58	④	59	③	60	②
61	③	62	①	63	④	64	②	65	④
66	③	67	①	68	②	69	③	70	④
71	③	72	⑤	73	⑤	74	⑤	75	①
76	①	77	①	78	④	79	③	80	⑤
81	①	82	⑤	83	④	84	⑤	85	④
86	③	87	③	88	⑤	89	⑤	90	②

[1과목] 유통물류일반

01 정답 ⑤

강제배분법(forced distribution method)은 조직구성원의 성과를 평가함에 있어서 평정 성적의 분포가 어느 한쪽에 치우치지 않도록 성적분포의 비율을 미리 정해 놓는 방법이다.

① 행동관찰척도법(BOS : behavioral observation scales) : 피평가자의 실제 행동을 평가기준으로 삼는 고과법으로, 평가항목에 대한 구체적인 행위들을 제시하고 피평가자가 그것을 수행한 빈도를 평가하는 방법

② 단순서열법(simple ranking method) : 직무평가에서 근무성적이나 능력에 대하여 순위로 서열을 매기는 방법 중 평가요소별로 서열을 정하여 이를 종합하여 평가하는 방법

③ 쌍대비교법(paired−comparison method) : 두 사람씩 쌍을 지어 비교하면서 인사고과의 서열을 정하는 평가방법

④ 행위기준고과법(BARS : behaviorally anchored rating scales) : 직무수행의 과정과 성과를 동기유발의 행동과학적 입장에서 평가하는 방법

02 정답 ①

> **중간상의 선별 기능**
>
> • 분류(sorting out) : 이질적 상품을 비교적 동질적인 개별상품단위로 구분하는 것
> • 수합(accumulation) : 다수의 공급업자로부터 제공받는 상품을 모아서 동질적인 대규모 상품들로 선별하는 것
> • 분배(allocation) : 동질적 제품을 분배, 소규모 로트의 상품별로 모아서 분류하는 것
> • 구색갖춤(assorting) : 사용목적이 서로 관련성이 있는 상품별로 일정한 구색을 갖추어 함께 취급하는 것

03 정답 ⑤

조직의 일반원칙 중 조정의 원칙(principle of coordination)은 조직의 공통목적을 달성하기 위하여 모든 업무는 조정되어야 한다는 원칙이다.

① 기능화의 원칙(principle of functionalization) : 조직은 사람이 아닌 직무를 중심으로 구성되어야 한다는 원칙

② 위양의 원칙(principle of delegation) : 권한을 갖고 있는 상위자가 하위자에게 일정범위의 직무를 위임할 경우 그 직무를 효과적으로 수행할 수 있도록 직무에 수반되는 권한도 동시에 위양해야 한다는 원칙

③ 명령통일의 원칙(principle of unity of command) : 조직의 각 구성원은 누구나 한 사람의 직속상관에게만 보고하고 또 그로부터 명령을 받아야 한다는 원칙

④ 관리한계의 원칙(principle of span of control) : 한

사람의 상급자가 가장 효과적으로 직접 관리할 수 있는 하급자의 수는 한정되어 있다는 원칙

04 　　　　　정답 ③

MRO(Maintenance, Repair, Operation)는 기업에서 제품 생산과 직접 관련된 원자재를 제외한 소모성 자재를 말한다. 그러므로 대형장비, 기계 등 기업에서 제품을 생산하는 데 드는 핵심적인 설비는 포함되지 않는다.

05 　　　　　정답 ①

고객 서비스 품질평가요소 중 유형성(tangibles)은 물적 요소의 외형으로 물적 시설, 장비, 인력 및 의사소통자의 외양이 이에 속한다.
② 반응성(responsiveness)
③ 확신성(assurance)
④ 공감성(empathy)
⑤ 신뢰성(reliability)

고객 서비스 품질평가요소
- **유형성**(tangibles) : 시설, 장비, 직원 등의 외적 요소
- **반응성**(responsiveness) : 즉각적인 서비스 능력
- **확신성**(assurance) : 고객에게 신뢰를 주는 능력
- **공감성**(empathy) : 고객에 대한 관심과 배려
- **신뢰성**(reliability) : 정확한 서비스를 수행하는 능력

06 　　　　　정답 ⑤

물류원가분석은 물류업무 전반에 소요되는 비용을 체계적으로 계산하는 일련의 과정으로, 할인의 여부와 관련하여 할인계산을 하지 않는다.

07 　　　　　정답 ⑤

기업의 물류비용 절감과 고객서비스 수준은 서로 상충관계(trade-off)에 있으므로, 낮은 배송비용을 지향하는 것은 시간측면에서 고객서비스 수준의 감소를 가져온다.

08 　　　　　정답 ④

유통산업발전법에 명시된 유통정보화시책은 유통정보화의 촉진 및 유통부문의 전자거래기반을 넓히기 위한 것으로, 유통산업에 종사하는 사람의 자질 향상을 위한 교육 · 연수 사항은 포함되어 있지 않다.

유통정보화시책(유통산업발전법 제21조)
- 유통표준코드의 보급
- 유통표준전자문서의 보급
- 판매시점정보관리시스템의 보급
- 점포관리의 효율화를 위한 재고관리시스템 · 매장관리시스템 등의 보급
- 상품의 전자적 거래를 위한 전자장터 등의 시스템의 구축 및 보급
- 상품의 전자적 거래를 위한 전자장터 등의 시스템의 구축 및 보급
- 다수의 유통 · 물류기업 간 기업정보시스템의 연동을 위한 시스템의 구축 및 보급
- 유통 · 물류의 효율적 관리를 위한 무선주파수인식시스템의 적용 및 실용화 촉진
- 유통정보 또는 유통정보시스템의 표준화 촉진
- 그 밖에 유통정보화의 촉진을 위하여 필요하다고 인정하는 사항

09 　　　　　정답 ②

PB상품(Private Brand Goods)은 백화점, 슈퍼마켓 등 대형소매상이 자기매장의 특성과 고객의 성향에 맞추어 독자적으로 개발한 브랜드 상품으로, 편의성의 극대화, 수익성의 개선, 점포의 차별화 및 이미지 개선, 상품개발의 용이성 등을 목적으로 한다.

10 　　　　　정답 ③

거래비용의 발생 원인은 기회주의, 제한된 합리성, 불확실성 등이며 교환당사자 간에 신뢰가 부족할 때 거래비용은 작아지는 것이 아니라 커진다.

11 　　　　　정답 ①

유통업체의 판매, 재고데이터가 제조업체로 전달되면 제조업체가 유통업체의 물류센터로 제품을 배송하는 것은 공급자주도형 재고관리(VMI : Vender Managed Inventory)에 해당한다.
② · ③ · ④ · ⑤는 가능한 한 제품의 최종 구성을 늦추고, 주문이 발생한 후에 필요한 변경사항을 반영하여 제품을 완성

하는 지연 전략(Postponement Strategy)에 해당한다.

---

12 정답 ①

$$현재가치(PV) = \frac{미래가치(FV)}{\{1+이자율(R)\}^n}$$

3년치 현금유입에 대한 현재가치

$$\frac{3,000,000}{(1+0.1)^1} + \frac{4,000,000}{(1+0.1)^2} + \frac{5,000,000}{(1+0.1)^3}$$

$$= \frac{3,000,000}{1.1} + \frac{4,000,000}{1.21} + \frac{5,000,000}{1.331}$$

$$= 2,727,272 + 3,305,785 + 3,756,574$$

$$= 9,789,631$$

최종답은 10,000원의 자리에서 버림하여 구한다고 하였으므로 약 9,700,000원이다.

---

13 정답 ②

유통경로 성과평가
ⓐ 효과성(effectiveness) : 표적시장에서 요구하는 서비스 산출을 얼마나 제공하였는가를 측정하는 목표지향적 성과기준
ⓑ 형평성(equity) : 혜택이 세분시장에 얼마나 골고루 배분되었는가를 측정하는 성과기준
ⓒ 효율성(efficiency) : 투입한 비용에 비해 얼마나 많은 산출이 발생하였는가를 측정하는 성과기준

---

14 정답 ④

보험 및 사후관리 비용은 재무비용이 아니라 위험부담 관련 비용이다.

---

15 정답 ③

기업이 생산량을 증대하여 단위당 비용의 하락을 통해 이익을 얻는 것은 규모의 경제(Economy of scale)와 관련된 내용이다. 범위의 경제(Economy of scope)는 하나의 기업이 2가지 이상의 제품을 함께 생산할 경우, 2가지를 각각 따로 생산하는 경우보다 생산비용이 적게 드는 경우를 말한다.

---

16 정답 ②

유통경영의 외부환경을 분석하기 위해 포터의 산업분석을 활용할 경우 공급자의 협상능력이 클수록 기업의 원가부담이 증가하여 이윤은 감소하게 되고 따라서 시장 매력도는 낮아진다.

포터의 산업분석(5 forces model)
• 기존 기업 간의 경쟁 정도
• 신규 기업의 진입 위협
• 대체재의 위협
• 구매자의 협상력
• 공급자의 협상력

---

17 정답 ③

글로벌비즈니스는 사후 비판에 대응하는 반응적 윤리에서 선행적 윤리로 변화하고 있다.

---

18 정답 ⑤

재무, 생산소요계획, 인적자원, 주문충족 등 기업의 전반적인 업무 프로세스를 통합·관리하여 정보를 공유함으로써 효율적인 업무처리가 가능하게 하는 경영기법을 전사적자원관리(ERP)라 한다.
① 리엔지니어링 : 기업의 체질 및 구조와 경영방식을 근본적으로 재설계하여 경쟁력을 확보하는 경영혁신기법
② 식스시그마 : 품질혁신과 고객만족을 달성하기 위해 전사적으로 실행하는 21세기형 기업경영 전략
③ 아웃소싱 : 기업이나 기관이 비용 절감, 서비스 수준 향상 등의 이유로 기업에서 제공하는 일부 서비스를 외부에 위탁하는 전략
④ 벤치마킹 : 기업이 경쟁력을 높이기 위해 타사에서 배워오는 혁신 기법

---

19 정답 ④

6시그마 프로세스 중 개선(Improve)은 최적의 프로세스 개선안과 문제의 해결책을 도출하는 단계이다.

6시그마
• 정의(Define) : 고객의 요구 사항 파악과 프로젝트 목표 및 정의
• 측정(Measure) : 현 수준 파악과 잠재 원인 변수의 발굴

- **분석(Analyze)** : 수집된 데이터를 근거로 문제의 근본 원인인 핵심인자 확인
- **개선(Improve)** : 최적의 프로세스 개선안과 문제의 해결책 도출
- **관리(Control)** : 개선 결과의 문서화와 유지 계획 수립

20 　　　　　　　　　　정답 ④

①·②·③·⑤는 모두 주관적 의견과 판단을 중시하는 정성적 수요예측기법에 해당하나, ④의 시계열 분석은 객관적인 데이터에 의한 정량적 수요예측기법에 해당한다.

21 　　　　　　　　　　정답 ②

총재고 중에서 로트(lot)의 크기에 따라 직접적으로 변하는 부분은 주기 재고이다. 리드타임재고는 생산을 준비하는 동안에 수용을 충족시키기 위하여 준비하는 재고를 말한다.

22 　　　　　　　　　　정답 ⑤

그로서란트(Grocerant)는 식료품점인 그로서리(Grocery)와 레스토랑(Restaurant)의 합성어로, 다양한 식재료를 판매하고 그 식재료를 이용한 음식을 맛볼 수 있는 신개념의 식문화 공간인 복합식품매장을 말한다. 그로서란트는 오프라인 매장이 온라인 쇼핑 또는 해외직구 등과의 차별화 요소로 선보이는 샤워효과 또는 분수효과 전략이다.

23 　　　　　　　　　　정답 ④

전략적 제휴는 다수의 기업들이 자신의 경쟁우위 요소를 바탕으로 각자의 독립성을 유지하면서 전략적으로 상호협력 관계를 형성함으로써 타 경쟁기업에 대해 경쟁우위를 확보하려는 경영 전략이며, 이를 유통경영에 접목시킨 것이 전략적 경로제휴전략이다.

24 　　　　　　　　　　정답 ②

변혁적 리더십은 구성원들의 가치관, 정서, 행동규범 등을 변화시켜 개인, 집단, 조직을 바람직한 방향으로 변혁시키는 리더십이다.

① **거래적 리더십** : 지도자와 부하 간에 비용-효과의 거래관계로 수행되는 리더십
③ **상황적 리더십** : 현재 업무 환경에 대한 리더 유형의 효과성과 관련이 있는 리더십
④ **지시형 리더십** : 부하 직원에게 과업지시를 내리고 그들에게 기대하는 성과기준을 명확히 알려주는 리더십
⑤ **위임형 리더십** : 부하 직원에게 권한을 위임함으로써 의사결정을 하거나 문제를 해결하는데 리더 개인의 통찰력보다 팀의 통찰력을 존중하는 리더십

25 　　　　　　　　　　정답 ④

장소의 편의성이 높게 요구되는 담배, 음료, 과자류 등과 같은 품목에 일반적으로 이용되는 유통채널 유형은 집중적 유통채널(intensive distribution channel)로 개방적 유통채널이라고도 한다.

[2과목] 상권분석

26 　　　　　　　　　　정답 ⑤

권리금은 영업시설 및 비품, 거래처, 신용, 영업상의 노하우, 상가건물의 위치에 따른 영업상의 이점 등 유형·무형의 재산적 가치와 양도 또는 이용대가로서 보증금과 차임 이외에 지급하는 금전 등의 대가이다. 즉, 권리금은 보증금과는 별개이며 보증금의 일부가 아니다.

27 　　　　　　　　　　정답 ④

도심상권은 중심업무지구(CBD)를 포함하며 상권의 범위가 넓고 소비자들의 체류시간이 길다.
① 역세상권은 고밀도 개발이 이루어지는 경우가 많다.
② 생활밀착형 업종의 점포들이 입지하는 경향이 있는 상권은 근린상권이다.
③ 부도심상권은 도시 일부의 소비자를 유인한다.
⑤ 아파트상권은 외부고객을 유치하기가 어려워 상권확대 가능성이 높지 않다.

28 　　　　　　　　　　정답 ④

소매점의 입지 선정을 위한 공간분석은 상권의 크기에 따라 광역지역(general area)분석 > 지구상권(district area)분석 > 개별점포(site)분석 순으로 진행된다.

29 정답 ⑤

- ㉠ **다항로짓(MNL)모형** : 상권 내 소비자들이 점포이미지 등 다양한 점포특성을 반영한 관측 자료를 이용하여 각 점포에 대한 선택 확률의 예측은 물론 시장점유율 및 상권의 크기를 추정하는 확률적 선택 모형이다.
- ㉡ **Huff모형** : 소비자의 점포선택을 결정론적 접근이 아닌 확률론적 접근으로 보며, 고객이 특정 점포를 선택할 확률은 점포의 크기에 비례하고 점포까지의 거리에 반비례한다고 추정한다.
- ㉢ **Converse모형** : 두 상권의 분기점에서의 두 점포에 대한 구매지향력은 같다고 보고, 두 도시 간의 상권경계지점을 계산한다.
- ㉣ **Christaller의 중심지 이론** : 상권은 단일 중심지의 경우에는 원형이지만, 다수의 중심지가 분포하는 경우 정육각형을 이룬다.
- ㉤ **Reilly의 소매중력모형** : Newton의 중력모형을 수용한 초기모형으로, 두 중심지 사이에 위치하는 소비자에 대해 상권이 미치는 영향력의 크기는 상점가의 크기와 상점수, 두 중심의 크기에 비례하여 배분된다.

30 정답 ③

구매력지수(BPI : Buying Power Index)는 소매점포의 입지분석 시 해당 지역시장의 구매력을 측정하는 기준으로 사용되며, 이를 산출하기 위해서는 인구수(population), 소매 매출액(retail sales), 가처분 소득(effective buying income) 등 3가지 요소에 가중치를 곱하여 합산한다. 그러므로 소매점 면적(sales space)은 구매력지수의 계산 요소에 해당되지 않는다.

> **구매력지수(BPI : Buying Power Index)**
> BPI = (인구비 × 0.2) + (소매 매출액비 × 0.3) + (가처분 소득비 × 0.5)

31 정답 ③

아동용 장난감 소매업체가 출점할 입지를 선정하기 위해 새로운 지역의 수요를 분석할 때는 가구의 규모보다는 가구 내 아동의 수를 고려하여야 한다. 그 외 상권 내 인구수와 증감 여부, 상권 내 가구의 수, 가구의 평균 구성원 수, 평균소득 등이 고려 대상이다.

32 정답 ①

직송도매상(drop shipper)은 생산자와 대량구매계약을 하고 상품은 생산자의 창고나 혹은 보관장소에 그대로 두고서 소매상이나 혹은 산업소비자로부터 주문이 올 때마다 주문받은 수량을 생산자에게 연락하여 직접 구매자 앞으로 직송하게 하고 대금만 회수하는 도매상이다. 그러므로 직송도매상은 입지를 선정할 때 취급상품의 물류비용을 고려할 필요성이 가장 낮은 도매상 유형이다.

33 정답 ③

쇼핑몰 지역센터는 일반상품과 서비스를 매우 깊고 다양하게 제공하는 쇼핑센터로, 가장 다양한 업태의 소매점포를 입주시키는 쇼핑센터 유형이다.
- ① **파워 쇼핑센터** : 종래의 백화점이나 양판점과 달리 할인점이나 카테고리 킬러 등 저가를 무기로 강한 집객력을 가진 염가점들을 한 곳에 종합해놓은 초대형 소매센터
- ② **아웃렛 쇼핑센터** : 유통업자 상표제품 및 이월상품을 할인판매하는 쇼핑센터
- ④ **네이버후드 쇼핑센터** : 슈퍼마켓이 중심점포 역할을 수행하는 동네의 소형 쇼핑센터
- ⑤ **패션/전문품 쇼핑센터** : 선별된 패션이나 품질이 우수하고 값이 비싼 독특한 제품을 판매하는 고급의류점, 부티크, 선물점 등이 있는 쇼핑센터

34 정답 ③

도시교통정비 촉진법상 도시교통정비지역 또는 도시교통정비지역의 교통권역에서 판매시설의 사업을 하려는 자는 교통영향평가를 실시하여야 한다.

35 정답 ②

다중회귀분석은 종속 변수는 하나이고 독립 변수가 2개 이상인 회귀 모델에 대한 분석을 수행하는 방법으로, 다중회귀분석은 점포성과에 영향을 주는 요소의 상대적 중요성을 회귀계수로 나타낸다.

36 정답 ③

점포 개점을 위한 경쟁점포의 분석은 상품의 차별화를 위해 동일 업태의 점포는 물론 유사 업태의 점포에 대한 분석도 필요하다.

37 정답 ④

본래의 사용 목적 외로 건축물의 용도를 변경하려면 용도 변경 신청 → 신고필증 교부 → 건축물대장 변경 → 사용 승인 → 공사 착수의 순으로 행정 처리 절차를 밟아야 한다.

38 정답 ⑤

점포가 소재하는 위치적, 물리적인 조건은 상권이 아니라 입지에 대한 설명이다. 상권은 상업상의 거래가 행하여지고 있는 공간적 범위를 말한다.

39 정답 ⑤

자기가 개점하려는 점포와 유사한 기존 점포를 선정하여 상권 규모를 시각적으로 파악하는 상권분석기법은 애플바움 (W. Applebaum)이 주장한 유추법이다.

40 정답 ④

입지의 시계성은 해당 점포가 통행인들의 눈에 얼마만큼 잘 띄는지의 정도를 나타낸다. 일반적으로 차량으로부터의 시계성은 내측(인커브) 보다 외측(아웃커브)의 경우가 더 좋다.

41 정답 ③

사람들이 점포가 눈앞에 보여도 간선도로를 횡단해야 하는 경우 그 점포에 접근하지 않으려는 경향은 동선의 심리법칙 중 위험하거나 잘 모르는 길을 지나지 않으려는 안전추구의 원칙 때문이다.

42 정답 ②

ⓒ 자석(anchor)과 자석을 연결하는 동선은 주동선이므로, 화물차 통행이 많은 도로는 주동선상에 있다고 할 수 없다.
ⓔ 복수의 자석(anchor)이 있는 경우의 동선을 복수 동선이라 한다. 부동선은 뒷골목과 같이 사람들이 통행하는 주동선 이외의 동선을 말한다.

43 정답 ①

백화점, 고급음식점, 고급보석상, 미술품점, 영화관 등은 도시

전체를 배후지로 하여 배후지의 중심부에 입지하여야 유리한 집심성 점포에 해당한다.

공간균배의 원리에 따른 점포유형

집심성 점포	배후지의 중심지에 입지하는 것이 경영상 유리한 점포 예 백화점, 고급음식점, 고급보석상, 미술품점, 영화관 등
집재성 점포	동일 업종의 점포가 서로 한 곳에 모여서 입지하여야 하는 유형의 점포 예 은행, 보험회사, 관공서, 서점, 가구점 등
산재성 점포	동일 업종의 점포가 서로 분산입지하여야 하는 유형의 점포 예 잡화점, 소매점포, 주방용품점, 이발소, 공중목욕탕, 세탁소 등
국부적 집중성 점포	동일 업종의 점포끼리 국부적 중심지에 입지하여야 하는 점포 예 농기구점, 철공소, 비료상, 종묘판매상, 기계공구점, 컴퓨터부품점 등

44 정답 ⑤

상권은 상업상의 거래가 행하여지고 있는 공간적 범위 (boundary)로 표현되고, 입지는 인간이 경제 활동을 하기 위하여 선택하는 점포의 소재지인 주소나 좌표를 가지는 점 (point)으로 표시된다.
① 상권 평가에는 점포의 층수, 주차장, 교통망, 주변 거주인구 등을 이용하고, 입지 평가에는 점포의 면적, 주변유동인구, 경쟁점포의 수 등의 항목을 활용한다.
② 입지를 강화한다는 것은 점포가 더 유리한 조건을 갖출 수 있도록 점포의 속성들을 개선하는 것을 의미한다.
③ 입지는 점포를 경영하기 위해 선택한 장소 또는 그 장소의 부지와 점포 주변의 위치적 조건을 의미한다.
④ 상권은 점포를 이용하는 소비자들이 분포하는 공간적 범위 또는 점포의 매출이 발생하는 지역 범위를 의미한다.

45 정답 ⑤

월매출액=객단가×1일 평균 내점객 수×월간영업일 수

[3과목] 유통마케팅

46   정답 ①

고객평생(생애)가치(CLV: Customer Lifetime Value)는 소비자가 평생에 걸쳐 구매할 것으로 예상되는 이익 흐름에 대한 현재가치로 다음과 같이 계산한다. 따라서 ①의 충성도는 고객평생가치를 추정하는데 필요한 정보로 옳지 않다.

$$CLV = \left(\frac{M-C}{1-r+i}\right) - AC$$

M : 고객 1인당 평균 매출
C : 고객 1인당 평균 비용
r : 고객 유지 비율
i : 할인율
AC : 고객 획득 비용

47   정답 ⑤

종업원 행동의 영향을 받는 공정성 유형은 고객을 응대하는 태도 등에 대하여 지각하는 공정성인 상호작용적 공정성이다.

> **공정성 유형**
> • **분배적 공정성** : 의사결정의 결과와 자원의 배분에 대하여 지각하는 공정성
> • **절차적 공정성** : 서비스 실패를 정정하기 위해 사용되는 절차에 대하여 지각하는 공정성
> • **상호작용적 공정성** : 고객을 응대하는 태도 등에 대하여 지각하는 공정성

48   정답 ③

CRM(Customer Relationship Management)의 활용 분야
• **판매 분야** : 판매자동화를 통해 콜센터를 활용한 전화판매 지원 및 제반 영업활동 지원
• **마케팅 분야** : 캠페인 관리 및 상품 관리, 고객데이터 관리, 판촉 관리, 유통경로 관리 등의 기능을 지원
• **고객서비스 분야** : 영업사원 및 A/S 사원들에게 서비스 관련 내용을 전달하며, 현장 사원들이 고객정보를 효율적으로 활용 가능하도록 지원

49   정답 ⑤

소비자 판매 촉진(consumer sales promotion)은 제품이나 서비스의 최종 소비자를 대상으로 수요를 자극하는 활동이다. 따라서 기업과 관련된 이해관계자들을 대상으로 하지는 않는다.

50   정답 ④

플래노그램(planogram)은 가장 최적화된 방식으로 매장 내에 상품구색을 만들고 표현하는 일종의 상품진열지도이므로, 매장외관(exterior) 관리와는 관련이 없다.

51   정답 ①

고객지향성은 고객의 입장에서 생각하여 고객의 욕구나 가치를 효과적으로 충족시킬 수 있도록 조직을 설계하고 관리하는 것을 말한다.

52   정답 ③

EAN(European Article Number)는 유럽상품코드로 편의점이나 마트 등의 POS 시스템에서 활용되고 있는 상품용 유통 코드이다. EAN코드의 두 번째 자리는 제조업체 코드로, 생산자가 아니라 한국유통물류진흥원에서 고유번호를 부여한다.

53   정답 ①

프랜차이즈 가맹본부의 목표가 매출의 극대화인 반면 가맹점의 목표가 수익이기 때문에 발생하는 유통경로상의 갈등 원인은 '목표의 불일치'이다.

> **유통경로 갈등의 원인**
> • **목표불일치** : 이해관계의 대립이나 추구하는 목표의 불일치에서 오는 갈등
> • **지각불일치** : 동일 현상을 다르게 해석하는 데서 오는 갈등
> • **영역불일치** : 상권의 범위 또는 경로구성원의 역할에 대한 견해 차이로 인한 갈등

54   정답 ①

ⓒ 여러 세분시장을 표적시장으로 선정하고, 각 세분시장별로 서로 다른 시장제공물을 개발하는 전략은 차별적 마케팅 전략이다.
ⓔ 큰 시장에서 작은 점유율을 추구하는 대신 하나 혹은 소수의 작은 세분시장 또는 틈새시장에서 높은 점유율을 추구하는 전략은 집중적 마케팅 전략이다.

55   정답 ①

매장 내 농축산품 작업장 바닥높이는 매장보다 낮게 하여 매장으로 물이 흘러들어가지 않도록 해야 한다.

56   정답 ③

ⓐ 내적 탐색 : 욕구가 발생하여 소비자가 기억하고 있는 관련 정보를 자연스럽게 회상하는 것
ⓑ 외적 탐색 : 소비자가 충분한 정보를 보유하고 있지 않아 외부의 정보에 자신을 노출시켜 추가 정보를 탐색하는 것

57   정답 ⑤

계절할인은 특정 제품의 비수기에 가격을 일시적으로 내리는 할인 정책을 말한다.
① 수량할인
② 판매촉진지원금
③ 거래할인
④ 현금할인

58   정답 ④

상품이 파손 없이 안전하게 보관되도록 하는 보관서비스는 포장(packing)이다. 진열(display)은 손님에게 보이기 위해 상품을 벌여 놓는 것을 의미한다.

59   정답 ③

본체의 가격은 낮게 책정하여 소비자의 구매를 유도한 후, 부속품의 가격은 높게 책정해 이윤을 창출하는 가격정책은 종속제품 가격정책(captive product pricing)이다.
① 사양제품 가격정책(optional product pricing) : 주제품 외에 액세서리 등의 사양제품 또는 다양한 옵션을 추가하여 판매가격을 결정하는 정책
② 제품라인 가격정책(product line pricing) : 동일 계열 제품을 함께 판매할 때 세부 특성에 따라 각 제품의 가격을 결정하는 정책
④ 부산물 가격정책(by-product pricing) : 주산물이 아닌 부수적으로 생기는 부산물의 가격을 결정하는 정책
⑤ 이중부분 가격결정(two-part pricing) : 고정 요금의 기본 서비스와 다양한 서비스의 사용 정도에 따라 부과되는 추가 요금으로 서비스 가격을 결정하는 정책

60   정답 ②

집기 내 상품 배치와 진열 양의 결정은 진열의 기본 영역에 해당된다. 레이아웃은 보다 효율적인 매장 구성을 위한 일련의 배치작업을 의미한다.

61   정답 ⑤

RFM은 구매 가능성이 높은 고객을 선정하기 위한 데이터 분석방법으로 최근 구매 시점(Recency), 구매빈도(Frequency), 구매금액(Monetary)의 3가지 지표를 바탕으로 계량적으로 측정된다. 제시된 글상자의 ⓐ~ⓔ 모두 RFM에 대한 옳은 설명이다.

62   정답 ①

마케팅목표를 달성하기 위해 마케팅전략과 계획을 마케팅활동으로 전환시키는 과정은 마케팅실행이다. 마케팅통제는 마케팅목표에 따라 수립된 마케팅계획이 적절하게 수행되었는지를 측정하여 평가하고 그에 따라 마케팅계획을 수정하거나 보완하는 과정이다.

63   정답 ③

쇼루밍(Showrooming)은 쇼룸 즉, 오프라인 매장에서 자신이 원하는 상품을 살펴본 후 가격이 더 저렴한 온라인 쇼핑몰에서 구매를 진행하는 소비자 행동을 말한다.

64   정답 ②

단순 무작위 표본 추출은 가장 기본적인 확률적 표본추출 방법으로, 표본추출 대상에 대해 어떠한 조작도 하지 않고 추출하는 방법이다. ① · ③ · ④ · ⑤는 모두 비확률적 표본추출

방법에 해당한다.

---

65 정답 ④

유통마케팅 달성을 위해 자금을 효율적으로 지출하는지를 확인할 수 있는 유통마케팅 성과평가 분석은 ROI 분석이다. ROI(Return On Investment)는 투자수익률로 경영성과를 종합적으로 측정하는 데 이용되는 가장 대표적인 재무비율이다.

---

66 정답 ③

소매믹스(retailing mix)는 고객의 요구를 만족시키고 고객의 구매의사 결정에 영향을 주기 위해 소매업체가 활용하는 입지, 머천다이징, 점포디자인, 판촉 및 서비스 등의 조합을 일컫는다. ③의 유통정보 관리는 소매믹스의 요소에 해당되지 않는다.

---

67 정답 ①

상품회전율은 일정기간에 상품이 몇 번 회전하였는가를 표시하는 비율로, 연간 매출액(매출원가)에 대한 상품 재고액(재고원가)의 비율이다.

$$\text{상품회전율} = \frac{\text{연간 매출액}}{\text{상품 재고액}}$$

$$\frac{1,000,000}{1,000 \times 200} = \frac{1,000,000}{200,000} = 5(회)$$

---

68 정답 ②

유통목표는 포괄적인 유통관리를 위해 개념적으로 서술되는 것이 아니라, 세부적인 유통관리를 위해 명백하고 구체적으로 서술되어야 한다.

---

69 정답 ③

선발주자는 기술적 불확실성에 직면하지만, 나중에 진출한 후발주자는 선발주자에 의해 기술적 불확실성이 제거되므로 후발우위효과 내지 무임승차효과를 향유한다.

---

70 정답 ④

소매업자들이 특정 카테고리 내에서 특별히 선호하는 벤더는 카테고리 캡틴(category captain)이다.

> **소매점에서의 카테고리 캡틴 활용 이유**
> - 가격설정, 촉진활동 등의 위임을 통한 해당 카테고리 관리의 부담 감소
> - 고객에 대한 이해 증진에 협력함으로써 해당 카테고리 전반의 수익 증진
> - 재고품질의 방지를 통한 관련된 손해의 회피 및 서비스 수준의 향상
> - 해당 카테고리 품목의 여타 납품업체들과의 구매협상 노력을 생략한 비용 절감

[4과목] 유통정보

71 정답 ③

PBES(Private Branch Exchange Systems)는 자동으로 전화를 연결해 주는 구내 전화교환 시스템으로, 공급사슬관리를 위한 정보기술은 아니다.
① EDI(Electronic Data Interchange) : 기업 간에 데이터를 효율적으로 교환하기 위해 지정한 데이터와 문서의 표준화 시스템
② POS(Point Of Sales) : 매상금액을 정산해 줄뿐만 아니라 동시에 소매경영에 필요한 각종 정보와 자료를 수집·처리해 주는 판매시점 관리 시스템
④ CDS(Cross Docking Systems) : 물류센터로 입고되는 상품을 물류센터에 보관하는 것이 아니라 분류 또는 재포장의 과정을 거쳐 곧바로 재배송하는 물류 시스템
⑤ RFID(Radio-Frequency IDentification) : 반도체 칩이 내장된 태그·라벨·카드 등의 저장된 데이터를 무선주파수를 이용하여 비접촉으로 읽어내는 무선인식 시스템

---

72 정답 ②

2차 산업혁명은 19세기 중후반부터 20세기 초까지 전기 에너지 기반의 대량생산 혁명이 이루어진 시기이다.
① 전자기기의 활용을 통한 업무생산성 개선이 이루어진 시기는 3차 산업혁명 때이다.
③ 사물인터넷과 인공지능 기술이 업무처리에 활용되기 시작한 시기는 4차 산업혁명 때이다.
④ 업무처리에 인터넷 활용이 이루어지기 시작한 시기는 3차 산업혁명 때이다.

⑤ 정보통신기술을 통한 데이터수집과 이를 분석한 업무처리가 이루어진 시기는 4차 산업혁명 때이다.

> **산업혁명의 발전과정**
> • 1차 산업혁명 : 증기기관 기반의 기계화 혁명
> • 2차 산업혁명 : 전기 에너지 기반의 대량생산 혁명
> • 3차 산업혁명 : 컴퓨터와 인터넷 기반의 지식정보 혁명
> • 4차 산업혁명 : 빅데이터, AI, 사물인터넷 등 정보기술 기반의 초연결 혁명

73 　　　　　　　　　　　정답 ⑤

공급사슬관리는 고객이 원하는 제품을 사용하고자 하는 시점에 필요한 수량만큼 공급함으로써 고객에게 가치를 제공하는 관리 기법으로, 재고중심의 푸시(push) 관행에서 고객중심의 풀(pull) 관행으로 변화하고 있다.

74 　　　　　　　　　　　정답 ⑤

지식관리 시스템(KMS : Knowledge Management System)은 조직 내의 인적자원들이 축적하고 있는 개별적인 지식을 체계화하여 공유함으로써 기업 경쟁력을 향상시키기 위한 기업정보 시스템으로 다음의 절차에 따라 구현된다.

> 목표설정(㉠) → 프로세스 구축(㉢) → 지식기반 창출(㉣)
> → 업무 프로세스 구축(㉤)

75 　　　　　　　　　　　정답 ①

RFID 태그는 근거리 접촉으로 정보를 확보하는 QR 코드와 달리 태그에 저장된 데이터를 무선주파수를 이용하여 비접촉으로 읽어낸다.

76 　　　　　　　　　　　정답 ①

비콘(Beacon)은 블루투스 프로토콜을 기반으로 한 근거 무선통신 장치로, 모든 기기가 항상 연결되는 사물인터넷 구현에 적합하다.
② 와이파이(Wi-Fi) : 전자기기들을 무선랜(WLAN)에 연결할 수 있게 하는 근거리 무선망 기술
③ 지웨이브(Z-Wave) : 스마트 홈 시스템에 주로 적용되는 가정 자동화 무선 전송 표준
④ 지그비(ZigBee) : 스마트홈에 사용되는 근거리 무선통신

기술로, 허브 중심의 사물인터넷 플랫폼의 대표적인 통신 규격
⑤ 울트라와이드밴드(Ultra Wide Band) : 기존의 주파수 대역에 비해 매우 넓은 대역에 걸쳐 낮은 전력으로 대용량의 정보를 전송하는 초광대역 무선통신 기술

77 　　　　　　　　　　　정답 ①

데이터 마이그레이션(data migration) 즉, 데이터 이송은 데이터의 사용 빈도에 따라서 데이터의 저장 공간이나 저장 형태를 조정시켜 데이터베이스의 검색 성능이 향상되도록 하는 것을 말한다. 외부로부터 유입된 데이터를 기업 표준으로 변환하는 작업은 데이터 변환에 해당한다.

78 　　　　　　　　　　　정답 ④

공급자재고관리(VMI : Vender Managed Inventory)는 재고를 최소화하기 위해 판매자가 아닌 공급자가 직접 재고를 관리하여 재고비용 절감과 재고회전율 향상을 목적으로 한다.

79 　　　　　　　　　　　정답 ③

RPA(Robotic Process Automation)는 사람이 반복적으로 처리해야 하는 단순 업무를 로봇 소프트웨어로 자동화하는 기술을 말한다. 유통업체에서는 상품관리를 위한 데이터나 작업 보고서의 입력과 같은 단순·반복적 업무에 RPA 기술을 활용하고 있다.

80 　　　　　　　　　　　정답 ⑤

GTIN(Global Trade Item Numbers)는 국내 또는 국외로 유통되는 상품을 식별하기 위해 사용하는 유통표준코드로 배치 및 일련번호, 로트번호, 유통 및 사용기한, 포장 중량 등의 다양한 상품 정보를 제공한다.

81 　　　　　　　　　　　정답 ①

풀필먼트는 물류 전문업체가 물건을 판매하려는 업체들의 위탁을 받아 보관, 포장, 배송, 재고관리, 교환·환불 서비스 등의 모든 과정을 담당하는 물류 일괄 대행 서비스를 말한다.
② 로지스틱스 : 유통 합리화의 수단으로서 원료 준비, 생산, 보관, 판매에 이르기까지의 과정에서 물적 유통을 가장 효율

적으로 수행하는 종합적 시스템
③ 데이터마이닝 : 대량의 데이터베이스에 내재되어 있는 패턴을 발견하고 규칙을 추론함으로써 유용한 정보를 추출해내는 과정
⑤ 풀브라우징 : 휴대전화에서도 인터넷 상의 웹사이트를 일반 컴퓨터에서와 같이 이용할 수 있는 서비스

---

82   정답 ⑤

SWOT(Strength, Weakness, Opportunities, Threats)란 기업의 내부환경을 분석하여 강점과 약점을 발견하고 외부환경을 분석하여 기회와 위협을 찾아내어 마케팅 전략을 수립하는 분석법이다.
① PEST(Politics, Economy, Society, Technology) : 정치, 경제, 사회, 기술적 요인을 살펴보는 기업환경 분석법
② ETRIP(Economic, Trade, Raw Material, Industry, Political) : 세계경제동향, 국제무역, 원자재 수급, 산업지형, 정치지형 등을 살펴보는 글로벌 거시환경 분석법
③ STEEP(Social, Technological, Economic, Environmental / Ecological and Political) : 사회, 기술, 경제, 정치 외에 자연환경 또는 생태환경이 포함된 거시환경 분석법

---

83   정답 ④

정보시스템 구축 과정에서 사업 착수 후 분석단계에 포함되는 활동은 요구사항 정의이다. 요구사항은 소프트웨어가 어떤 문제를 해결하기 위해 제공하는 서비스에 대한 설명과 정상적으로 운영되는 데 필요한 제약조건 등을 나타내며 소프트웨어 개발이나 유지 보수 과정에서 필요한 기준과 근거를 제공한다.

---

84   정답 ⑤

POS시스템을 통해 인기상품, 비인기상품을 신속하게 파악할 수 있고 품목별 판매실적, 판매실적 구성비, 단품별 판매 순위, 판매동향 등의 정보를 제공하며, 기회손실(자점취급, 비취급)에 대한 분석도 용이하다.

---

85   정답 ④

기업 간의 거래에 관한 데이터(각종 서류양식)를 표준화하여 컴퓨터통신망을 통해 거래 당사자의 컴퓨터 사이에서 직접 전송신호로 주고받도록 지원하는 기술은 전자문서교환 즉, EDI(Electronic Data Interchange)이다.
① Beacon : 블루투스 프로토콜을 기반으로 한 근거 무선통신 장치
② XML(eXtensible Markup Language) : 인터넷 웹 페이지를 만드는 html을 획기적으로 개선하여 만든 언어
③ O2O(Online to Offline) : 온라인의 기술을 이용해서 오프라인의 수요와 공급을 혁신시키는 새로운 현상
⑤ SaaS(Software as a Service) : 소프트웨어의 여러 기능 중에서 사용자가 필요로 하는 서비스만 이용 가능하도록 한 소프트웨어

---

86   정답 ③

단말기의 카메라, GPS 또는 각종 프로세싱 능력을 활용한 서비스 이용 시 모바일 웹보다 앱이 훨씬 효과적이다.

---

87   정답 ③

사용자의 동의 없이 시스템에 설치되어서 무단으로 사용자의 파일을 모두 암호화하여 인질로 잡고 금전을 요구하는 악성 프로그램은 랜섬웨어이다. 에드웨어는 특정 소프트웨어를 설치 또는 실행 후 자동적으로 광고가 표시되는 프로그램을 말한다.

---

88   정답 ⑤

개인이 별도의 위·변조 방지 특수 필름 부착이나 잠금장치 설치 등의 조치를 취해야 하는 것은 고정형 QR이다.

---

89   정답 ⑤

반정형데이터는 데이터의 형식과 구조가 변경될 수 있는 데이터로 비식별화가 쉽지 않기 때문에 해당 데이터에서 개인 정보를 찾아내 비식별화시켜야 한다.

---

90   정답 ②

1차 데이터는 특정한 목적을 달성하기 위해 직접적으로 고객으로부터 수집한 데이터를 의미하고, 2차 데이터는 이미 생성된 데이터를 의미한다.

각 단계에서 독립적인 수요예측을 하는 것은 채찍효과를 유발시키는 원인이 된다. 채찍효과를 줄이기 위해서는 공급체인 전반에 걸쳐 수요에 대한 정보를 집중화하고 공유하는 전략이 필요하다.

2022년
제2회 기출문제
정답 및 해설

01	⑤	02	②	03	③	04	②	05	④
06	③	07	③	08	④	09	⑤	10	⑤
11	④	12	④	13	②	14	③	15	④
16	③	17	①	18	③	19	⑤	20	②
21	④	22	③	23	⑤	24	③	25	④
26	⑤	27	③	28	①	29	④	30	④
31	④	32	③	33	④	34	⑤	35	③
36	③	37	⑤	38	③	39	③	40	②
41	①	42	④	43	④	44	④	45	④
46	①	47	④	48	③	49	⑤	50	③
51	③	52	③	53	③	54	③	55	②
56	②	57	④	58	⑤	59	①	60	①
61	③	62	③	63	④	64	②	65	④
66	①	67	④	68	③	69	①	70	⑤
71	⑤	72	④	73	④	74	③	75	④
76	⑤	77	③	78	②	79	⑤	80	⑤
81	②	82	④	83	①	84	②	85	④
86	③	87	⑤	88	⑤	89	⑤	90	①

[1과목] 유통물류일반

01 　　　　　　　　　정답 ⑤

채찍효과(bullwhip effect)는 공급사슬관리에서 제품에 대한 수요정보가 공급사슬상의 참여 주체를 하나씩 거쳐 전달될 때마다 계속 왜곡되는 것을 의미한다. 따라서 공급체인의

02 　　　　　　　　　정답 ②

맥그리거(D.McGregor)의 동기부여 이론은 인간의 행동을 지나치게 일반화 및 단순화하고 있다는 문제점이 있다.
① 위생요인은 허츠버그(Herzberg)의 2요인 이론에 해당한다.
③ 고차원 욕구와 저차원 욕구의 구분은 매슬로우의 욕구 5단계 이론에 해당한다.
④ 맥그리거는 XY이론에서 인간의 본성에 대한 부정적 관점의 X이론과 긍정적 관점의 Y이론을 제시하고 있다.
⑤ 감독, 급료, 작업조건의 개선은 허츠버그의 2요인 이론 중 위생요인에 해당한다.

03 　　　　　　　　　정답 ③

물류 아웃소싱은 전문물류업체를 활용함으로써 전문화의 이점을 살릴 수 있으나 외주 물류기능에 대한 의견충돌 및 통제력 약화 등의 위험이 발생할 수 있다.

04 　　　　　　　　　정답 ②

last mile은 주문한 물품이 고객에게 배송되는 마지막 단계를 의미하지만, 풀필먼트는 보관, 포장, 배송, 재고관리, 교환·환불 서비스 등의 전 과정을 의미한다.

05 　　　　　　　　　정답 ④

기능식 조직(functional organization)은 조직의 상층에서 하층까지 공통기능을 중심으로 활동이 부서화되는 조직으로, 조직 구성원들에게 정확한 과업을 부여할 수 있어 일의 성과에 따른 정확한 보수를 가감할 수 있다.

06 　　　　　　　　　정답 ③

ⓒ JIT가 개별적인 생산현장을 연결한 것이라면, JITⅡ는 공급체인 상의 파트너 연결과 그 프로세스를 변화시키는 시스템이다.
ⓔ JIT가 푸시(push) 형식인 MRP와 대비되는 풀(pull) 형

식의 생산방식을 의미한다면, JIT Ⅱ는 JIT와 MRP를 동시에 수용할 수 있는 기업 간의 운영체제를 말한다.

07 　　　　정답 ③

기업이 자재나 부품, 서비스를 외부에서 구매하지 않고 자체 생산하는 이유는 대량생산을 통해 비용을 절감하고 자본투자를 정당화할 수 있기 때문이다.

08 　　　　정답 ④

공정재고의 최소화는 생산물류 영역에서 고려할 사항이다.

09 　　　　정답 ⑤

기업의 사회적 책임은 기업이 당연히 지켜야 할 의무를 비롯하여 기업의 이익을 사회에 공유 및 환원하는 것도 포함한다.

10 　　　　정답 ⑤

마이클 포터가 제시한 5가지 세력(forces)모형은 산업구조 분석 기법으로 신규 진입자의 위협, 공급자의 교섭력, 구매자의 교섭력, 대체재의 위협, 기존 기업 간의 경쟁 정도 등 다섯 가지 경쟁요인을 통해 특정 산업분야의 현황과 미래를 분석한다.

11 　　　　정답 ④

유통산업발전법에서 규정하고 있는 체인사업은 직영점형 체인사업, 프랜차이즈형 체인사업, 임의가맹점형 체인사업, 조합형 체인사업의 4가지 종류를 규정하고 있으며 해당 문제의 글상자는 직영점형 체인점에 대한 설명이다.
① 프랜차이즈형 체인사업 : 독자적인 상품 또는 판매 · 경영 기법을 개발한 체인본부가 상호 · 판매방법 · 매장운영 및 광고방법 등을 결정하고, 가맹점으로 하여금 그 결정과 지도에 따라 운영하도록 하는 형태의 체인사업
③ 임의가맹점형 체인사업 : 체인본부의 계속적인 경영지도 및 체인본부와 가맹점 간의 협업에 의하여 가맹점의 취급품목 · 영업방식 등의 표준화사업과 공동구매 · 공동판매 · 공동시설활용 등 공동사업을 수행하는 형태의 체인사업
⑤ 조합형 체인사업 : 같은 업종의 소매점들이 중소기업협동조합, 협동조합, 협동조합연합회, 사회적 협동조합 또는 사

회적 협동조합연합회를 설립하여 공동구매 · 공동판매 · 공동시설활용 등 사업을 수행하는 형태의 체인사업

12 　　　　정답 ④

기업형 수직적 경로구조는 소유의 규모가 커질수록 융통성이 감소되어 시장이나 기술 등의 환경 변화에 신속하고 유연하게 대응하기가 어렵다.

13 　　　　정답 ②

옴니채널(omni channel)이란 소비자가 온라인, 오프라인, 모바일 등 다양한 경로를 넘나들며 상품을 검색하고 구매할 수 있도록 한 서비스로 각 유통 채널의 특성을 결합해 어떤 채널에서든 같은 매장을 이용하는 것처럼 느낄 수 있도록 한 쇼핑 환경을 말한다.
① Cross border trade : 주로 온라인을 통한 해외 상품 직매
③ Multi channel : 서로 경쟁관계에 있는 온, 오프라인의 복수 채널
④ Mass customization : 개별고객의 다양한 요구와 기대를 충족시키면서도 값싸게 대량생산할 수 있는 대량맞춤생산
⑤ IoT(Internet of Things) : 각종 사물에 센서와 통신 기능을 내장하여 인터넷에 연결하는 기술인 사물 인터넷

14 　　　　정답 ③

시간급제는 근로자의 근로시간을 단위로 임금을 산정하는 방법으로 근로자의 입장에서는 시간당 보상액이 일정하고, 사용자 측에서는 임금산정방식이 쉽다.
① 근로자의 성과와 무관하게 근로시간을 기준으로 보상을 지급하는 형태는 시간급제이다.
② 근로자의 성과에 따라 보상을 지급하는 형태는 성과급제이다.
④ 작업능률을 자극할 수 있고 근로자에게 소득증대 효과가 있는 것은 성과급제이다.
⑤ 근로자의 노력과 생산량과의 관계가 없을 때 효과적인 것은 시간급제이다.

15 　　　　정답 ④

기업이 따라야 할 규범, 규제, 법 등은 거시환경에 포함된다.

16 정답 ③

• 재무상태 계정 : 자산, 부채, 소유주 지분
• 손익계산서 계정 : 수익, 매출원가, 비용

> **손익계산서 계정과목**
> 매출액, 매출원가, 매출총손익, 판매비와관리비, 영업외비용, 영업손익, 영업외수익, 법인세비용, 당기순이익

17 정답 ①

구매관리의 집중화는 구매절차가 복잡하고 많은 시간이 소요되는 단점이 있다.

18 정답 ③

후기산업사회 이후 소비자들의 욕구가 다양해지면서 정보기술의 혁신과 지속 가능한 유통의 경제적 역할이 더욱 확대되고 있다.

19 정답 ⑤

균형성과표(BSC : balanced scorecard)는 과거의 성과에 대한 재무적 지표뿐만 아니라 미래의 성과를 창출하는 고객, 공급자, 종업원, 프로세스 및 혁신 등의 비재무적 지표도 균형적으로 적용한다.

20 정답 ②

공정성이론은 특정 과업을 수행할 때 필요한 노력과 그 노력의 투입 및 결과를 타인과의 비교를 통해 본인의 동기부여에 영향을 미친다는 이론이다.
① 강화이론 : 보상이 직접적으로 주어지는 행위는 강화 및 반복되는 반면, 보상이 주어지지 않고 벌이 따르는 행위는 억제 및 약화된다는 이론
③ 기대이론 : 구성원 개인의 동기부여의 강도를 성과에 대한 기대와 성과의 유의성에 의해 설명하는 이론
④ 목표관리론 : 조직과 개인이 달성해야 할 목표를 먼저 설정하고 이를 이루기 위한 구체적인 계획을 세운 다음 실행에 옮김으로써 조직의 효율성을 증진시키고자 하는 이론
⑤ 목표설정이론 : 의식적인 목표나 의도가 동기의 기초이며 행동의 지표가 된다고 보는 이론

21 정답 ④

경제적 주문량(EOQ : Economic Order Quantity) 산출 시 입고량은 주문량과 정확히 일치하며 일시에 입고되는 것으로 가정한다.

> **경제적 주문량 산출을 위한 가정**
> • 해당 품목의 수요율이 일정하고 확실히 알려져 있다.
> • 로트의 크기에는 제한이 없다.
> • 관련된 비용은 재고유지비용과 고정비용 밖에 없다.
> • 다른 품목과 독립적으로 의사결정한다.
> • 리드타임과 공급에 불확실성이 없다.
> • 입고량은 주문량과 정확히 일치한다.

22 정답 ③

조직의 목표 달성을 위해 상사와 부하직원 간의 상호존중을 바탕으로 한 유연하고 수평적인 기업문화를 조성한다.

23 정답 ⑤

소비자기본법 상 국가는 사업자가 소비자에게 제공하는 물품 등으로 인한 소비자의 생명·신체 또는 재산에 대한 위해를 방지하기 위해 지켜야 할 기준을 정하여야 한다.

> **위해방지 기준(소비자기본법)**
> • 물품 등의 성분·함량·구조 등 안전에 관한 중요한 사항
> • 물품 등을 사용할 때의 지시사항이나 경고 등 표시할 내용과 방법
> • 그 밖에 위해방지를 위하여 필요하다고 인정되는 사항

24 정답 ④

제시된 글상자의 유통효용은 생산되는 상품의 수량을 소비지에서 요구되는 적절한 수량으로 분할·분배함으로써 창출되는 형태효용(Form Utility)이다.
① 시간효용(Time Utility) : 재화나 서비스의 생산과 소비 간 시차를 극복하여 소비자가 재화나 서비스를 필요로 할 때 이를 소비자가 이용 가능하도록 해주는 효용
② 장소효용(Place Utility) : 지역적으로 분산되어 생산되는 재화나 서비스가 소비자가 구매하기 용이한 장소로 전달될 때 창출되는 효용

③ **소유효용(Possession Utility)** : 재화나 서비스가 생산자로부터 소비자에게 거래되어 소유권이 이전되는 과정에서 발생하는 효용

25 　　　　　　　　　　　　　　　　**정답 ④**

시장밀도가 낮으면 중간상의 개입 가능성이 높아지고 유통경로의 길이가 길어져 한정된 유통시설을 이용해 많은 고객을 상대할 수 없다.

[2과목] 상권분석

26 　　　　　　　　　　　　　　　　**정답 ⑤**

한계상권(fringe trading area)은 3차 상권에 해당한다.

> **고객 흡인율별 상권의 분류**
> • **1차 상권** : 점포 매출 또는 고객 수의 60% 이상을 점유하며, 점포에 지리적으로 인접한 지역에 거주하는 소비자들이 주요 고객이다.
> • **2차 상권** : 점포 매출 또는 고객 수의 23~30%를 포함하며, 1차 상권의 외곽에 위치해 있다. 주요 고객은 밀집되어 있는 것이 아니라 지역적으로 넓게 분산되어 있다.
> • **3차 상권** : 한계상권이라고도 하며, 점포 이용고객은 5~10%를 차지한다. 상권지역의 외곽에 위치하며, 주요 고객은 점포로부터 장거리에 위치하여 고객의 수와 이들의 구매빈도가 적어 점포 매출액에서 차지하는 비중이 낮다.

27 　　　　　　　　　　　　　　　　**정답 ③**

소비자들이 점포를 선택할 때 가장 가까운 점포를 선택한다는 가정을 하며, 상권경계를 결정할 때 티센다각형(thiessen polygon)을 활용하는 방법은 근접구역법이다. 티센다각형은 한 점에 가까운 영역을 경계 짓는 다각형으로, 이분된 선분들이 직각으로 교차하여 지역을 분할하는 방법이다.

28 　　　　　　　　　　　　　　　　**정답 ①**

소비자의 점포방문동기 중 ①의 사교적 경험은 사회적 동기에 해당하며, 나머지 ②·③·④·⑤는 개인적 동기에 해당한다.

소비자의 점포방문동기	
개인적 동기	• 사회적 역할 수행 • 기분 전환의 추구 • 욕구불만의 해소 • 신체적 활동 • 감각적인 자극 • 유행 및 새로운 경향에 대한 정보 학습
사회적 동기	• 사교적 경험 • 동호인과의 의사소통 • 동료집단과의 일체감 • 자신의 지위와 권위 추구 • 가격 흥정

29 　　　　　　　　　　　　　　　　**정답 ④**

점포를 이용하는 고객 인터뷰를 통해 소비자의 지리적 분포를 확인할 수 있는 방법은 고객점표법(CST : Customer Spotting Technique)이다.
① 컨버스(Converse)의 소매인력이론 : 두 상권의 분기점에서의 두 점포에 대한 구매지향력은 같다고 보고, 두 도시 간의 상권경계지점을 계산한다.
② 아날로그(analog) 방법 : 유추법이라고도 하며, 자기가 개점하려는 점포와 유사한 기존 점포를 선정하여 상권 규모를 시각적으로 파악하는 상권분석기법이다.
③ 허프(Huff)의 소매인력법 : 소비자의 점포선택을 결정론적 접근이 아닌 확률론적 접근으로 보며, 고객이 특정 점포를 선택할 확률은 점포의 크기에 비례하고 점포까지의 거리에 반비례한다고 추정한다.
⑤ 라일리(Reilly)의 소매인력모형법 : Newton의 중력모형을 수용한 초기모형으로, 두 중심지 사이에 위치하는 소비자에 대해 상권이 미치는 영향력의 크기는 상점가의 크기와 상점수, 두 중심의 크기에 비례하여 배분된다.

30 　　　　　　　　　　　　　　　　**정답 ④**

입지 분석에 사용되는 기준에는 점포의 가시성, 접근성, 홍보성, 인지성, 호환성, 주차편의성 등이 포함된다. ④의 확신성은 입지 분석의 기준으로 적합하지 않다.

31 　　　　　　　　　　　　　　　　**정답 ④**

Huff모델을 이용한 신규점포의 입지 분석 과정

잠재상권의 범위 결정(ㄹ) → 소규모 고객집단 지역 분할(ㄴ) → 개별점포까지의 거리 측정(ㅁ) → 민감도계수 추정(ㄱ) → 신규점포의 지역별 예상매출액 추정(ㄷ)

32 　　　　　　　　　정답 ④

독점적으로 제품 및 서비스를 제공하는 점포가 아닌 경우에는 다른 점포와의 경쟁, 새로운 점포의 등장 및 경제상황 등의 다양한 변수로 인해 규모의 경제를 달성하지 못하고 비용만 증가할 수도 있다. 따라서 반드시 점포의 규모가 클수록 유리하다고 볼 수 없다.

33 　　　　　　　　　정답 ④

Converse의 제1법칙 공식에 따라

$$D_a=\frac{D_{ab}}{1+\sqrt{\dfrac{P_b}{P_a}}}=\frac{15}{1+\sqrt{\dfrac{50,000}{200,000}}}=\frac{15}{1+\sqrt{\dfrac{1}{4}}}$$

$$=\frac{15}{1+\dfrac{1}{2}}=\frac{15}{\dfrac{3}{2}}=\frac{30}{3}=10$$

그러므로 두 도시 간의 상권경계는 10km이다.

> **Converse의 제1법칙 공식**
>
> $$D_a=\frac{D_{ab}}{1+\sqrt{\dfrac{P_b}{P_a}}}$$
>
> D_a=A시로부터 분기점까지의 거리
> D_b=B시로부터 분기점까지의 거리
> D_{ab}=A, B 두 도시 간의 거리
> P_a=A시의 인구
> P_b=B시의 인구

34 　　　　　　　　　정답 ⑤

상가건물임대차보호법상 권리금은 임대차 목적물인 상가건물에서 영업을 하는 자 또는 영업을 하려는 자가 영업시설 · 비품, 거래처, 신용, 영업상의 노하우, 상가건물의 위치에 따른 영업상의 이점 등 유형 · 무형의 재산적 가치의 양도 또는 이용대가로서 임대인, 임차인에게 보증금과 차임 이외에 지급하는 금전 등의 대가를 말한다.

35 　　　　　　　　　정답 ③

아파트 단지 내 상가는 아파트와 주변 세대 소비자들의 고정고객 비중이 높으나, 외부고객을 유치하기가 어려워 상권 확대 가능성이 높지 않은 단점이 있다.

36 　　　　　　　　　정답 ③

건축물의 연면적은 각 층 바닥면적의 합계로, 용적률을 계산할 때 지하층의 면적과 지상층의 주차장 면적은 제외된다.
건축물의 연면적 = 지상 1층(250−50) + 지상 2층(250) + 지상 3층(250) + 지상 4층(250) + 지상 5층(250) = 1,200

용적률 = $\dfrac{건축물의 연면적}{대지면적}×100$이므로,

$\dfrac{1,200}{300}×100=400(\%)$

37 　　　　　　　　　정답 ⑤

지리정보시스템(GIS)에서 위상(topology)은 어떤 지도형상, 즉 점이나 선 혹은 면으로부터 특정한 거리 이내에 포함되는 영역으로, 개별 지도형상에 경도와 위도 좌표체계를 기반으로 다른 지도형상과 비교하여 상대적인 위치를 알 수 있는 기능을 부여한다. 한편, 면의 형태로 나타나 상권 혹은 영향권을 표현하는 것은 레이어(layer)이다.

38 　　　　　　　　　정답 ③

동선의 심리법칙에는 최단거리실현의 법칙, 보증실현의 법칙, 안전중시의 법칙, 집합의 법칙이 있으며, 고차선호의 법칙은 이에 해당되지 않는다.

39 　　　　　　　　　정답 ⑤

간선도로는 교외형 점포의 고객유도시설(customer generator)에 해당한다.

> **고객유도시설**
> · **도시형 점포** : 역 개찰구, 대형 소매점, 대형 교차로
> · **교외형 점포** : 간선도로, 간선도로의 교차점, 인터체인지, 대형 레저 시설
> · **인스토어형 점포** : 주 출입구, 주차장 출입구, 에스컬레이터, 엘리베이터

40 　　　　　　　　　　정답 ②

화훼점은 동일 업종의 점포끼리 일정한 지역에 집중하여 입지해야 유리한 국부적 집중성 점포에 해당한다.

41 　　　　　　　　　　정답 ①

애플바움(W. Applebaum)의 유추법(analog method)은 신규점포와 특성이 비슷한 기존의 유사점포를 조사하여 추정한 결과를 토대로 자사점포의 신규입지에서의 매출액과 상권 규모를 측정하는 예측기법으로, 동일한 방법을 적용하기보다 소비자 특성의 지역별 차이를 고려하는 것이 중요하다.

42 　　　　　　　　　　정답 ④

국토의 계획 및 이용에 관한 법률 상 용도지역 중 상업지역은 중심상업지역, 일반상업지역, 근린상업지역, 유통상업지역으로 구분한다.

용도지역 중 도시지역의 세분화

주거지역	전용주거지역, 일반주거지역, 준주거지역
상업지역	중심상업지역, 일반상업지역, 근린상업지역, 유통상업지역
공업지역	전용공업지역, 일반공업지역, 준공업지역
녹지지역	보전녹지지역, 생산녹지지역, 자연녹지지역

43 　　　　　　　　　　정답 ⑤

도심상권은 중심업무지구(CBD)를 포함하며, 상권의 범위가 넓기 때문에 소비자의 체류시간은 상대적으로 길다.

44 　　　　　　　　　　정답 ④

ⓐ **보충가능성의 원칙** : 두 개의 점포가 인접한 장소에 위치할수록 고객을 유인하는데 있어 유리하다.
ⓑ **동반유인의 원칙** : 동종 점포가 서로 집중된 입지가 고객을 유인하는데 유리하다.
• **고객차단의 원칙** : 사무실밀집지역, 쇼핑지역 등은 고객이 특정지역에서 타 지역으로 이동할 시에 점포를 유인하게 한다.
• **점포밀집의 원칙** : 유사한 점포 또는 대체가 가능한 점포가 인접할수록 고객 흡인력이 떨어진다.

45 　　　　　　　　　　정답 ④

빅데이터 기술은 하나의 상권을 지향하는 개별점포 소유자들의 상권분석뿐만 아니라 복수의 상권에 접근하는 체인사업자에게도 효과적이다.

[3과목] 유통마케팅

46 　　　　　　　　　　정답 ①

라이프스타일은 심리적 세분화 변수에 해당하고, 연령은 인구통계적 세분화 변수에 해당한다.

47 　　　　　　　　　　정답 ④

고객 휴게실과 화장실, 비상구는 소매점포의 공간 분류 중 고객존에 해당한다.

48 　　　　　　　　　　정답 ③

주문점 = (일일 예상판매량 × 리드타임) + 예비재고
　　　 = (5 × 7) + 20 = 55(개)

49 　　　　　　　　　　정답 ⑤

관여도는 특정 상황에서 자극에 의하여 발생하는 개인적인 중요성이나 관심도로, 소비자 자신에게 어떤 제품이나 서비스의 구매가 얼마나 중요하게 여겨지는가를 의미한다.

50 　　　　　　　　　　정답 ③

비주얼 프레젠테이션은 상품의 진열이나 윈도 기타 쇼윙 디스플레이에 의해서 취급되는 상품의 콘셉트나 가치를 소비자에게 효과적이며 시각적으로 호소해서 제안하는 진열방식을 말한다.

51 　　　　　　　　　　　　　정답 ③

촉진예산을 결정하는 방법에는 가용예산법, 매출액 비율법, 경쟁 대항법, 목표 과업법 등이 있으며 단위당 고정비용법은 이에 해당되지 않는다.

52 　　　　　　　　　　　　　정답 ③

군집분석은 서로 유사한 특성을 지니는 사례를 묶어 집단화한 후 군집들의 특성을 파악해 군집들 사이의 관계를 분석하는 방법이다.
① 분산분석 : 두 개 이상인 대상의 평균을 비교하는 분석방법으로, 평균 간의 차이가 발견되는지 검증하기 위해 사용된다.
② 회귀분석 : 하나 또는 하나 이상의 독립변수의 종속변수에 대한 영향을 추정할 수 있는 분석기법이다. 체계적인 변수 고려로 점포의 매출에 미치는 영향에 대해 계량적으로 분석할 수 있다.
④ t-검증 : 두 집단 또는 두 상관적인 표본의 평균치가 동일한 모집단에서 추출되었는지를 검증하는 분석기법이다.
⑤ 컨조인트분석 : 어떤 제품 또는 서비스가 갖고 있는 속성 하나하나에 고객이 부여하는 가치를 추정함으로써 그 고객이 어떤 제품을 선택할지를 예측하는 기법이다.

53 　　　　　　　　　　　　　정답 ③

세분화된 시장들 중에서 매력적인 표적시장을 선정하기 위해서는 선택할 표적시장의 상대적 규모를 고려하여 무차별적 시장, 차별적 시장, 집중(틈새) 시장, 미시시장(지역시장) 등으로 구분한다.

54 　　　　　　　　　　　　　정답 ③

셀프서비스를 활용한 상품판매는 고객이 직접 상품을 선택하기 때문에 매장 직원이 판매하는 것보다 고객에게 전달되는 상품정보의 정확성이 떨어진다.

55 　　　　　　　　　　　　　정답 ②

고객생애가치(CLV : Customer lifetime value)는 고객이 일생동안 기업에게 구매를 통해 평균적으로 기여하는 미래수익의 현재가치로, 충성도가 높은 고객이 반드시 CLV가 높은 것은 아니다.

56 　　　　　　　　　　　　　정답 ②

프리미엄(premium)은 일정 금액 이상을 구매하면 추가 증정품을 지급하는 판매촉진 방법이다. 따라서 신규고객을 확보하는 데 추가비용이 투입되어야 하는 단점이 있다.

57 　　　　　　　　　　　　　정답 ④

소매점에서 제공하는 상품 관련 핵심서비스는 상품 자체와 관련된 ④의 다양한 상품 구색이다. 소매점은 다양한 상품 구색을 갖춤으로써 소비자들에게 제품 선택의 폭을 넓혀주고 상품 선택에 소요되는 시간과 비용을 절감시켜 준다.

58 　　　　　　　　　　　　　정답 ⑤

경로구성원의 재고투자이익률은 생산업체가 아닌 소매업체의 성과평가기준에 해당한다. 소매업체의 재고투자이익률을 분석하는 도구로 GMROI(Gross Margin Return On Investment)가 사용된다.

59 　　　　　　　　　　　　　정답 ①

최대한 인하된 상품 가격이라는 인상을 주어 판매량을 증가시키기 위해 가격을 990원, 1,990원처럼 설정하는 것은 단수 가격설정정책(odd pricing)이다.
② 가격이 높을수록 우수한 품질이나 높은 지위를 상징하는 경우에 주로 사용되는 가격정책은 명성가격전략이다.
③ 캔음료나 껌처럼 오랫동안 같은 가격을 지속적으로 유지함으로써 소비자가 그 가격을 당연하게 받아들이는 것은 관습가격이다.
④ 같은 계열에 속하는 몇 개의 제품 가격을 품질에 따라 1만원, 3만원, 5만원 등으로 설정하는 것은 제품라인 가격정책이다.
⑤ 고객을 모으기 위해서 특정 제품을 아주 저렴한 가격으로 판매하는 방법은 유인가격정책이다.

60 　　　　　　　　　　　　　정답 ①

자사의 경영철학에 따라 서비스에 관한 표준을 정하고 조직을 편성하여 교육 및 훈련하는 것은 제품의 판매 전에 제공되는 사전적 고객 서비스이다. ②・③・④・⑤는 모두 현장에서의 고객 서비스에 해당한다.

61 정답 ③

A~D사의 유통경쟁전략은 마케팅 믹스를 통해 소비자들에게 자사 제품의 정확한 위치를 인식시키는 점포 포지셔닝 강화 전략이다. 포지셔닝(positioning)은 소비자의 마음속에 자사 제품의 위상을 정립하는 과정을 말한다.

62 정답 ③

점블진열(jumble display)은 바스켓 진열이라고도 하며, 과자나 라면 등의 스낵 같은 상품들을 아무렇게나 뒤죽박죽으로 진영하는 방식이다.

① 돌출진열(extended display) : 진열용구 및 박스 등을 활용해서 일반 매대보다 통로 쪽으로 튀어나오게 돌출시켜 진열하는 방식
② 섬 진열(island display) : 점포 매장의 빈 공간에 박스 등 진열용구를 활용하여 마치 섬처럼 다량 진열하는 방식
④ 후크진열(hook display) : 소비자들의 눈에 띄지 않는 두께가 얇고 가벼운 상품을 후크를 사용하여 진열하는 방식
⑤ 골든라인진열(golden line display) : 고객이 상품을 보기에 가장 편안하고 직접 손으로 만져 보기에도 수월한 위치에 진열하는 방식

63 정답 ④

지각가치 중심 가격결정법(perceived value pricing)은 소비자가 지각한 가치를 기준으로 가격을 결정하는 소비자중심 가격결정 방법이다.

> **가격결정 방법**
> • **원가중심 가격결정법** : 원가가산법, 손익분기점 가격결정법, 목표이익 가격결정법, 이폭가산법
> • **소비자중심 가격결정법** : 직접 가격 평가법, 지각가치 중심 가격결정법, 진단 평가법
> • **경쟁중심 가격결정법** : 시장가격에 따른 가격결정법, 경쟁입찰에 따른 가격결정법

64 정답 ②

전사적 자원관리(ERP)는 재무, 생산소요계획, 인적자원, 주문충족 등 기업의 전반적인 업무 프로세스를 통합·관리하고 정보를 공유함으로써 효율적인 업무처리가 가능하게 하는 경영기법이므로 고객정보를 파악하고 분석하는 데는 용이하지 않다. 따라서 전사적 자원관리(ERP)는 고객관계관리(CRM)에 대한 접근방법으로는 부적합하다.

65 정답 ④

④의 문헌조사는 마케팅 전략수립을 위한 2차 자료 수집방법에 해당한다. 1차 자료는 조사자가 직접 수집한 자료를 의미하고, 2차 자료는 다른 조사자가 이미 수집 및 정리하여 문헌으로 보관된 기존의 모든 자료를 말한다.

66 정답 ①

포스 죠닝(POS zoning)은 POS 단말기를 이용해 상품의 바코드 판독과 계산이 이루어지는 판매 접점의 마지막 구역이므로 가급적 고객의 체류시간을 줄여야 한다.

67 정답 ④

마케팅변수의 4P는 제품(Product)변수, 가격(Price)변수, 유통(Place)변수, 촉진(Promotion)변수를 말한다. ④의 1차 포장과 2차 포장은 제품변수에 해당하고, 나머지 ①·②·③·⑤는 유통변수에 해당한다.

68 정답 ③

기존시장에서 기존제품으로 점유율을 높여 성장하려는 전략은 시장침투전략이다.

① 제품개발 전략 : 같은 시장에서 다른 상품을 이용하여 기업을 성장시키는 전략으로 신제품 개발, 기존 제품의 개량을 통해 기존시장에서 판매 증가를 추구한다.
② 시장개척 전략 : 기존제품을 신규 시장에 판매하는 방법을 통하여 기업의 성장전략, 지역적인 한계를 넘어서는 전략이다.
④ 전방통합 전략 : 유통경로상에서 기업이 현재 차지하고 있는 위치의 다음 단계를 차지하고 있는 경로구성원을 자본적으로 통합하는 전략이다.
⑤ 다각화 전략 : 다른 상품으로 새로운 시장을 개척하여 기업을 성장시키는 전략으로 성장과 위험분산을 위한 것이며 가장 위험도가 높은 전략이다.

> **앤소프(Ansoff, H. I.)의 제품/시장 그리드**
>
> | 시장/제품 | 기존제품 | 신제품 |
> |---|---|---|
> | 기존시장 | 시장침투 전략 | 제품개발 전략 |
> | 신시장 | 시장개발 전략 | 다각화 전략 |

69 정답 ①

상품의 다양성(variety)은 ㉠(상품계열)의 수가 어느 정도 되는 지를 의미하며, 상품의 구색(assortment)은 ㉡(상품품목)의 수를 말한다.

- ㉠ **상품계열** : 성능, 기능, 고객, 유통, 가격범위 등에서 서로 밀접한 관련이 있는 제품의 집합
- ㉡ **상품품목** : 상품계열 내에서 크기, 가격, 형태, 기타 특성에 의해서 명확히 구별될 수 있는 단위

70 정답 ⑤

- ① **교차판매(cross-selling)** : 이미 판매한 제품이나 서비스와 관련이 있는 제품이나 서비스를 추가로 판매하는 것
- ② **상향판매(up-selling)** : 소비자가 희망하는 제품보다 단가가 높은 동일 분류의 제품을 판매하는 것
- ③ **고객참여(customer involvement)** : DIY 제품처럼 고객이 제품 선택부터 제작까지 직접 참여하게 하는 것
- ④ **2차구매 유도(inducing repurchase)** : 기존 고객의 이탈을 방지하고 재구매를 유도하는 것

[4과목] 유통정보

71 정답 ⑤

RFID는 반도체 칩이 내장된 태그·라벨·카드 등의 저장된 데이터를 무선주파수를 이용하여 비접촉으로 읽어내는 무선인식 시스템이다. 일반적으로 능동형 RFID 태그는 수동형 RFID 태그에 비해 데이터를 보다 멀리까지 전송할 수 있다.

72 정답 ④

의사결정지원 시스템을 이용한 마케팅 계획 설계, 예산 수립 계획 등과 같은 업무는 관리층에서 수행한다. 운영층은 주문처리나 재고관리 등과 같은 주로 일상적이고 반복적인 업무를 수행한다.

73 정답 ④

과일이나 농산물에 주로 사용되는 것은 인스토어마킹이며, 소스마킹은 가공식품이나 잡화 등에 주로 사용된다.

소스마킹 & 인스토어마킹
- **소스마킹(source marking)** : 제조업체가 자사 상품에 바코드를 일괄적으로 인쇄하여 부착하는 것
- **인스토어마킹(instore marking)** : 소매업체에서 상품 하나하나에 직접 라벨을 붙이는 것

74 정답 ③

바코드는 컴퓨터가 판독할 수 있도록 고안된 코드로, 흑백 색상뿐만 아니라 컬러 색상도 인식이 가능하다.

75 정답 ④

긱 이코노미(gig economy)는 기업이나 사용자가 필요에 따라 임시로 계약을 맺고 노동력을 공급하고 대가를 지불하는 경제 형태를 말한다.

- ① **오프쇼어링(off-shoring)** : 기업이 생산 및 서비스 제공을 위해 국내에서 해외로 업무를 이전하는 것
- ② **커스터마이징(customizing)** : 고객이 기호에 따라 제품을 요구하면 생산자가 요구에 따라 제품을 만들어주는 일종의 맞춤제작 서비스
- ③ **매스커스터마이제이션(masscustomization)** : 개별고객의 다양한 요구와 기대를 충족시키면서도 값싸게 대량 생산하는 방법
- ⑤ **리쇼어링(reshoring)** : 비용 등을 이유로 해외에 나간 자국 기업이 다시 국내로 돌아오는 현상

76 정답 ⑤

빅 데이터(big data)는 기존 데이터베이스 관리도구의 능력을 넘어서는 대량의 정형 또는 비정형 데이터 집합으로부터 가치를 추출하고 결과를 분석하는 기술을 말한다.

- ① **리포팅** : 데이터를 취합하여 체계적인 형태로 제시하는 과정
- ② **쿼리** : 데이터베이스 등에서 원하는 정보를 검색하기 위해 쓰이는 컴퓨터 언어
- ③ **스코어카드** : 다양한 데이터의 변화를 수치화하여 미래를 예측할 수 있게 한 것
- ④ **대시보드** : 한 화면에서 다양한 정보를 관리하는 기능

77 　　　　　　　　　　정답 ③

보낸 이메일을 상대가 읽었는지 알 수 있는 수신 확인 기능은 부인방지 원칙을 잘 반영한 것이다. 부인방지(Non-repudiation)는 메시지의 송수신이나 교환 후, 또는 통신이나 처리가 실행된 후에 그 사실을 사후에 증명함으로써 사실 부인을 방지하는 보안 기술이다.

① 허락받지 않은 사용자가 정보를 변경해서는 안 되는 것은 무결성이다.
② 정보의 소유자가 원치 않으면 정보를 공개할 수 없는 것은 기밀성이다.
④ 웹사이트에 접속하려고 할 때 에러 등 서비스 장애가 일어나는 것은 가용성이 떨어진다고 볼 수 있다.
⑤ 인터넷 거래에 필요한 공인인증서에 기록된 내용은 타인이 조작할 수 없도록 만들어 무결성을 유지해야 한다.

78 　　　　　　　　　　정답 ②

비즈니스 모델 캔버스에서 고객이 무언가를 수행하는 것을 도움으로써 가치를 창출할 수 있다고 하는 것은 가치제안이다. 고객 세분화는 인구통계학적, 심리유형적, 구매패턴적, 가치추구적 분류를 통해 고객을 그룹화하는 것이다.

> **비즈니스 모델 캔버스의 9가지 구성요소**
> ① 고객 세분화(Customer Segments)
> ② 가치제안(Value Proposition)
> ③ 채널(Channels)
> ④ 고객관계(Customer Relationships)
> ⑤ 수익원(Revenue Streams)
> ⑥ 핵심자원(Key Resources)
> ⑦ 핵심 활동(Key Activities)
> ⑧ 핵심 파트너(Key Partners)
> ⑨ 비용구조(Cost Structure)

79 　　　　　　　　　　정답 ⑤

모바일 쇼핑의 활성화에 따라 백화점, 대형마트, 인터넷쇼핑 등과의 채널별 시장 경계가 모호해지면서 기존에 비해 가격경쟁이 심화되고 있다.

80 　　　　　　　　　　정답 ⑤

EDI는 문서기반 프로세스를 전자기반 프로세스로 대체함으로써 많은 비용을 절약하고 이산화탄소 배출량을 감소시켜

궁극적으로 기업의 사회적 책임을 이행하게 한다.

81 　　　　　　　　　　정답 ②

비즈니스 인텔리전스(BI : Business Intelligence)는 기업 전략 수립에 필요한 데이터를 수집하고 이 데이터를 이용하여 적절한 의사결정을 내리는데 도움이 되는 일련의 소프트웨어제품군을 말한다. 그러나 BI가 사물인터넷 기술을 이용해서 새로운 데이터를 수집하는 기능을 제공하지는 않는다.

82 　　　　　　　　　　정답 ④

변화에 대한 융통성은 일반 상거래가 유형자산에 의존하지만 전자상거래는 프로세스에 의존한다.

83 　　　　　　　　　　정답 ①

㉠ **블록체인(block chain)** : 관리 대상 데이터를 블록이라고 하는 소규모 데이터들이 P2P 방식을 기반으로 생성된 체인 형태의 연결고리 기반 분산 데이터 저장 환경에 저장하여 누구라도 임의로 수정할 수 없고 누구나 변경의 결과를 열람할 수 있는 분산 컴퓨팅 기술 기반의 원장 관리 기술이다.
㉡ **분산식별자(DID : Decentralized Identity)** : 블록체인 기술 기반으로 구축한 전자신분증 시스템으로, 지갑에서 주민등록증을 꺼내듯 필요한 상황에만 블록체인 지갑에서 분산 식별자(DID)를 제출해 신원을 증명할 수 있다.

84 　　　　　　　　　　정답 ②

QR의 도입으로 기업은 리드타임의 감소, 재고비용의 감소, 판매의 증진 등의 획기적인 성과를 거둘 수 있다.

85 　　　　　　　　　　정답 ④

이미지는 비정형데이터 종류이다.

86 　　　　　　　　　　정답 ③

노나카 이쿠지로 교수가 제시한 지식변환 프로세스(knowledge conversion)는 조직에서 지식을 획득·공유·표현·결합·전달하는 창조 프로세스의 매커니즘을 말

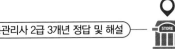
한다. 지식변환의 4가지 유형 중 암묵적 형태로 존재하는 지식을 형식화하여 수집 가능한 데이터로 생성시켜 공유가 가능하도록 만드는 과정은 외부화(externalization)이다.

① 공동화(socialization) : 개인의 암묵지식을 경험을 통해 타인의 암묵지식으로 전환하는 것
④ 내면화(internalization) : 형식지식을 개인의 암묵지식으로 체득하는 것
⑤ 연결화(combination) : 형식지식을 다른 형식지식으로 가공 · 조합 · 편집하는 것

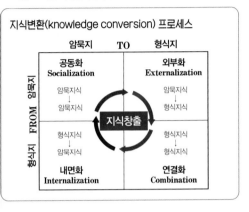

87 　　　　　　　　　　　　　　　　**정답 ⑤**

고객으로부터 전화문의, 인터넷 조회, 영업소 방문 등의 내용을 바탕으로 하는 CRM시스템 활용 분석은 인바운드 고객 분석이다.

88 　　　　　　　　　　　　　　　　**정답 ⑤**

공급업체와 구매업체의 재고관리 영역에서 구매업체가 가진 재고 보충에 대한 책임을 공급업체에게 이전하는 전략은 VMI(vender managed inventory), 즉 공급자주도형재고관리이다.

① CPP(cost per rating point) : 시청률 1%를 올리기 위한 매체비용
② ASP(application service provider) : 인터넷을 이용해 소프트웨어를 임대 · 관리해 주는 사업자
③ CMI(co-managed inventory) : 유통업체와 제조업체의 공동 재고관리 시스템
④ ABC(activity based costing) : 제품별 활동에 기준하여 제조간접비를 배분하는 활동기준 원가계산법

89 　　　　　　　　　　　　　　　　**정답 ⑤**

CRM 시스템은 기업이 기존고객에 대한 데이터를 분석해 고객이 원하는 제품 및 서비스를 지속적으로 제공하여 고객의 평생가치를 극대화하여 수익성을 높이는 고객관계관리 과정이다. 즉, 신규고객 유치보다 기존고객 유지관리에 더 비중을 둔 시스템이다.

90 　　　　　　　　　　　　　　　　**정답 ①**

마이데이터는 은행 계좌와 신용카드 이용내역 등 금융데이터의 주인을 금융회사가 아니라 개인으로 정의하는 패러다임을 말한다.

② BYOD(Bring Your Own Device) : 개인 소유의 노트북, 태블릿PC, 스마트폰 같은 스마트기기를 회사 업무에 활용하는 것
③ 개인 핀테크 : 모바일, SNS, 빅데이터 등 새로운 IT기술 등을 활용한 기술기반 금융서비스
④ 디지털 전환 : 디지털 기술을 다양한 분야에 적용하여 전통적인 산업군의 디지털화를 촉진시키는 것
⑤ 빅테크 : 구글, 아마존, 메타, 애플, 알파벳 같은 대형 정보기술(IT) 기업

2022년
제3회 기출문제
정답 및 해설

01	④	02	③	03	⑤	04	②	05	②
06	④	07	⑤	08	④	09	⑤	10	⑤
11	④	12	②	13	③	14	⑤	15	③
16	⑤	17	⑤	18	③	19	⑤	20	⑤
21	③	22	③	23	⑤	24	③	25	②
26	②	27	④	28	④	29	답없음	30	④
31	⑤	32	③	33	③	34	③	35	②
36	③	37	②	38	③	39	③	40	③
41	③	42	③	43	④	44	③	45	④
46	③	47	④	48	②	49	답없음	50	①
51	⑤	52	⑤	53	①	54	⑤	55	③
56	④	57	③	58	⑤	59	⑤	60	⑤
61	③	62	③	63	⑤	64	①	65	⑤
66	②	67	④	68	①	69	③	70	⑤
71	⑤	72	③	73	⑤	74	③	75	⑤
76	⑤	77	④	78	②	79	④	80	⑤
81	②	82	⑤	83	③	84	④	85	③
86	②	87	⑤	88	③	89	①	90	②

[1과목] 유통물류일반

01 정답 ④

국제물류주선인은 송하인으로부터 화물을 인수하여 수하인에게 인도할 때까지의 모든 업무를 주선하므로, 안정적 물량 확보를 위해 선사는 일반화주와 직접 계약하는 것보다 국제

물류주선인과 계약하는 것이 더 유리하다.

02 정답 ③

소비자기본법상 소비자의 기본적 권리
• 물품 또는 용역으로 인한 생명 · 신체 또는 재산에 대한 위해로부터 보호받을 권리
• 물품 등을 선택함에 있어서 필요한 지식 및 정보를 제공받을 권리
• 물품 등을 사용함에 있어서 거래상대방 · 구입장소 · 가격 및 거래조건 등을 자유로이 선택할 권리
• 소비생활에 영향을 주는 국가 및 지방자치단체의 정책과 사업자의 사업활동 등에 대하여 의견을 반영시킬 권리
• 물품 등의 사용으로 인하여 입은 피해에 대하여 신속 · 공정한 절차에 따라 적절한 보상을 받을 권리
• 합리적인 소비생활을 위하여 필요한 교육을 받을 권리
• 소비자 스스로의 권익을 증진시키기 위하여 단체를 조직하고 이를 통하여 활동할 수 있는 권리
• 안전하고 쾌적한 소비생활 환경에서 소비할 권리

03 정답 ⑤

재고가 적정 수준 이하가 되면 미리 결정해둔 일정 주문량을 발주하는 방법은 정량주문법이다. 정량주문법은 표준화된 부품 주문으로 품목수가 많으며, 상대적으로 값 싼 물품에 사용한다.

04 정답 ②

경로 지배를 위한 힘의 원천에는 보상적 힘, 강압적 힘, 합법적 힘, 준거적 힘, 전문적 힘 등이 있다.
① 보상적 힘 : 한 경로구성원이 다른 경로구성원에게 여러 가지 물질적 또는 심리적인 도움을 줄 수 있을 때 형성되는 영향력
③ 합법적 힘 : 다른 구성원들에게 영향력을 행사할 정당한 권리를 갖고 있고 상대방도 당연히 그렇게 해야 한다고 내재적으로 지각할 때 미치는 영향력
④ 준거적 힘 : 한 경로구성원이 여러 측면에서 장점을 갖고 있고 다른 경로구성원이 그와 일체성을 가지고 한 구성원이 되고 싶어 하며 거래관계를 계속 유지하고 싶어할 때 미치는 영향력
⑤ 전문적 힘 : 한 경로구성원이 특별한 전문지식이나 경험을

가졌다고 상대방이 인지할 때 가지게 되는 영향력

05 　　　　　　　　　　　　　　 정답 ②

소비재와 달리 설비품(고정장비)과 같은 산업재는 소수의 대량구매자들로 이루어지기 때문에 구매결정자의 지위와 단위당 가격이 높고 비교적 장기적 거래가 많다.

06 　　　　　　　　　　　　　　 정답 ④

JIT가 푸시(push)형인 MRP와 대비되는 풀(pull)형의 생산방식인데 비해. JIT Ⅱ는 JIT와 MRP를 동시에 수용할 수 있는 기업 간의 운영체제를 의미한다.

07 　　　　　　　　　　　　　　 정답 ⑤

① 지연전략은 제품 생산의 마지막 단계에서 제품의 최종 구성을 늦춘 후 고객의 변경사항을 반영하여 제품을 완성하는 전략이다.
② 주문 이전에는 모든 스웨터를 하얀색으로 생산한 후 주문이 들어오면 염색을 통해 수요에 맞춰 공급하는 것은 제조 지연전략이다.
③ 지역 유통업자들에게 고객의 주문을 넘겨주거나 고객에게 직접 배송하는 것은 지리적 지연전략이다.
④ 컴퓨터의 경우, 유통센터에서 프린터, 웹캠 등의 장치를 조립하거나 포장하는 것은 결합 지연전략이다.

08 　　　　　　　　　　　　　　 정답 ④

• 재고자산회전율 : 매출액의 재고자산에 대한 비율
• 고정자산회전율 : 매출액의 고정자산에 대한 비율
• 총자산회전율 : 매출액의 총자산에 대한 비율
• 매출채권회전율 : 매출액의 매출채권에 대한 비율

09 　　　　　　　　　　　　　　 정답 ⑤

각 점포가 독립된 회사라는 점에서 프랜차이즈 체인방식과 같지만, 조직의 주체는 가맹점이며 전 가맹점이 경영의 의사결정에 참여하는 연쇄점은 임의형 연쇄점(voluntary chain)이다.
① 정규연쇄점(regular chain) : 동일 자본에 속하는 많은 수의 복제 점포가 각지에 분산해 중앙 본부의 통제를 받는 연쇄점 형태

② 직영점형 연쇄점(corporate chain) : 체인본부가 주로 소매점포를 직영하되. 가맹계약을 체결한 가맹점에 대해 상품공급 및 경영지도를 하는 연쇄점 형태
③ 조합형 연쇄점(cooperative chain) : 동일 업종의 소매점들이 중소기업협동조합을 설립해 공동구매, 공동판매, 공동시설활용 등을 수행하는 연쇄점 형태
④ 마스터 프랜차이즈(master franchise) : 기업이 해외로 진출할 때 해외 현지의 기업과 계약을 맺어 가맹사업 운영권을 판매하는 연쇄점 형태

10 　　　　　　　　　　　　　　 정답 ⑤

6시그마의 도입절차 : 필요성(needs)의 구체화(㉠) → 비전의 명확화(㉡) → 계획수립(㉢) → 계획실행(㉣) → 이익평가(㉤) → 이익유지(㉥)

11 　　　　　　　　　　　　　　 정답 ④

정량주문법과 정기주문법의 비교		
항목	정량주문법	정기주문법
표준화	표준부품	전용부품
품목수	많음	적음
주문량	고정	변경 가능
리드타임	짧음	길음
주문시기	일정하지 않음	일정함

12 　　　　　　　　　　　　　　 정답 ②

제품/시장 확장그리드에서 기존제품을 가지고 새로운 세분시장을 파악해서 진출하는 기업성장전략은 시장개발전략(market development strategy)이다.

앤소프(Ansoff, H. I.)의 제품/시장 그리드		
시장/제품	기존제품	신제품
기존시장	시장침투 전략	제품개발 전략
신시장	시장개발 전략	다각화 전략

• 시장침투(market penetration) 전략 : 같은 상품으로 같은 시장에서의 점유율을 높여 성장하는 전략으로 경쟁사 고객획득, 소비자 구매회수 및 구매량 증

대를 추구한다.
- **시장개발(new market development) 전략** : 기존제품을 신규 시장에 판매하는 방법을 통한 기업의 성장전략으로 지역적인 한계를 넘어서는 전략이다.
- **제품개발(product development) 전략** : 같은 시장에서 다른 상품을 이용하여 기업을 성장시키는 전략으로 신제품 개발, 기존 제품의 개량을 통해 기존시장에서 판매 증가를 추구한다.
- **다각화(diversification) 전략** : 다른 상품으로 새로운 시장을 개척하여 기업을 성장시키는 전략으로 성장과 위험분산을 위한 것이며 가장 위험도가 높은 전략이다.

13 　　　　　　　　　　　　　　 정답 ③

저가격, 일관된 품질의 납품업체 선정기준은 효율적 공급사슬의 특징에 해당한다.

> **효율적 공급사슬과 반응적 공급사슬**
> - **효율적 공급사슬** : 긴 제품수명주기와 안정적이고 예측가능한 수요를 갖는 제품을 대량으로 생산하는 기업의 비용절감을 위해 효율적 운영을 강조하는 공급사슬
> - **반응적 공급사슬** : 제품수명주기가 짧고 고객의 취향이 쉽게 변하는 패션제품의 경우와 같이 신제품의 도입과 시장수요의 변화에 민감하게 반응하도록 설계된 공급사슬

14 　　　　　　　　　　　　　　 정답 ⑤

물류채산분석은 임시적으로 계산하며, 반복적으로 계산하는 것은 물류원가계산의 특징에 해당한다.

15 　　　　　　　　　　　　　　 정답 ③

프로젝트 조직은 혁신적이고 비일상적인 과제의 해결을 위해 형성된 동태적 조직으로, 사업부만의 목적 달성보다는 기업 전체의 목적 달성에 더 큰 관심을 갖는다.

16 　　　　　　　　　　　　　　 정답 ⑤

자동차나 고급가구 등의 전문품은 판매지역별로 하나 혹은

극소수의 중간상에게 독점적으로 유통할 권리를 부여하는 전속적 유통을 사용한다.

17 　　　　　　　　　　　　　　 정답 ⑤

$$EOQ = \sqrt{\frac{2 \times 주문비용 \times 연간총수요량}{단위당 재고유지비용}}$$
$$= \sqrt{\frac{2 \times 150 \times 19,200}{9}}$$
$$= \sqrt{\frac{5,760,000}{9}}$$
$$= \sqrt{640,000}$$
$$= 800(개)$$

18 　　　　　　　　　　　　　　 정답 ③

> **올더슨(W. Alderson)의 구색창출과정**
> - **집적(accumulation)** : 생산물을 모으는 과정
> - **분류(sorting out)** : 이질적인 생산물을 동질적인 단위로 나누는 과정
> - **배분(allocation)** : 동질적으로 모아진 것을 나누는 과정
> - **구색(assortment)** : 이질적인 것을 다시 모으는 과정

19 　　　　　　　　　　　　　　 정답 ⑤

인플레이션 상황에서 유통기업들은 급격한 가격인상 없이 매출과 수익의 손실을 막기 위해 절약형 상표, 보급형 상표의 비중을 늘리는 방법을 택한다.

20 　　　　　　　　　　　　　　 정답 ⑤

플랫폼 비즈니스 사업자는 생산자와 소비자로부터 플랫폼을 제공해주는 대가를 직접적으로 취할 수 있다. 즉, 플랫폼은 가치 창출과 이익 실현의 비즈니스 모델이다.

21 　　　　　　　　　　　　　　 정답 ③

수직적 통합은 조직의 슬림화가 아니라 조직의 비대화를 가져온다. 수직적 통합은 트리 구조에 기반을 둔 조직 구성으로 인해 조직의 규모가 커질 수밖에 없으며 다양화된 조직으로

인해 각종 기능을 통제하기 어렵다.

22 정답 ③

채찍효과(bullwhip effect)는 공급사슬관리에서 제품에 대한 수요정보가 공급사슬상의 참여 주체를 하나씩 거쳐 전달될 때마다 그 변동 폭이 확대 · 왜곡되는 현상을 말한다.

① 블랙스완효과(black swan effect) : 극단적으로 예외적이어서 발생가능성이 없어 보이지만 일단 발생하면 엄청난 충격과 파급 효과를 가져오는 사건

② 밴드왜건효과(band wagon effect) : 어떤 재화에 대한 수요가 많아지면 다른 사람들도 그 경향에 따라서 수요를 증가시키는 편승효과

④ 베블렌효과(Veblen effect) : 가격이 오르는 데도 불구하고 특정 계층의 허영심 또는 과시욕으로 인해 수요가 줄어들지 않고 오히려 증가하는 현상

⑤ 디드로효과(Diderot effect) : 하나의 물건을 구입한 후 그 물건과 어울리는 다른 제품들을 계속 구매하는 현상

23 정답 ③

파욜(Fayol)의 조직원리에서 마케팅, 재무, 생산 등의 전문적인 분야의 기능들은 구별된다.

파욜(Fayol)의 조직원리
- **일관된 명령** : 각각의 종업원들은 오직 한 명의 관리자에게 보고한다.
- **권한의 위계화** : 모든 종업원은 누구에게 보고해야 하는지 알아야 한다.
- **개인 이익의 종속성** : 기업의 이익을 위해 개인의 이익은 종속되며, 조직의 목표는 개인 각각의 목표보다 우선시된다.
- **분업** : 생산, 마케팅, 재무와 같은 전문적인 분야의 기능들은 구별된다.
- **권한** : 관리자들은 명령할 수 있는 권한과 그러한 명령을 관철할 수 있는 힘을 가진다.
- **권한 집중도** : 최고 관리자에게 부여된 의사 결정력의 크기는 상황에 따라 변화한다.
- **분명한 의사소통 채널** : 모든 종업원은 쉽고 빠르게 기업 내 다른 이들에게 의사를 전달할 수 있어야 한다.
- **질서** : 도구나 사람은 적절한 장소에 유지되고 위치해야 한다.
- **공평** : 관리자는 팀원과 동료들을 존중하고 공정하게 대우해야 한다.
- **애사심** : 기업의 종업원 사이에 자긍심과 충성심이 형성되어야 한다.

24 정답 ③

기업의 윤리경영은 계량적 지표 외에 기업에 대판 평판, 지역사회의 공헌 정도, 종업원의 기업 경영에 대한 만족도 등 정성적인 지표들도 함께 활용해야 한다.

25 정답 ②

영업조직 규모(영업사원 수)

$$= 거래처수 \times \frac{거래처별 연간 방문횟수}{영업사원의 평균 방문가능 횟수}$$

$$= 100 \times \frac{12}{100} = 12(명)$$

[2과목] 상권분석

26 정답 ②

Converse의 제1법칙 공식에 따라

$$D_a \frac{D_{ab}}{1+\sqrt{\dfrac{P_b}{P_a}}} = \frac{12}{1+\sqrt{\dfrac{200,000}{50,000}}} = \frac{12}{1+\sqrt{4}}$$

$$= \frac{12}{1+2} = \frac{12}{3} = 4$$

그러므로 두 도시 간의 상권경계는 4km이다.

Converse의 제1법칙 공식

$$D_a = \frac{D_{ab}}{1+\sqrt{\dfrac{P_b}{P_a}}}$$

D_a = A시로부터 분기점까지의 거리
D_b = B시로부터 분기점까지의 거리
D_{ab} = A, B 두 도시 간의 거리
P_a = A시의 인구
P_b = B시의 인구

27 정답 ④

국토의 계획 및 이용에 관한 법률에 의거한 주거 및 교육 환경 보호나 청소년 보호 등의 목적으로 오염물질 배출시설, 청소년 유해시설 등 특정시설의 입지를 제한할 필요가 있는 용도지구는 특정용도제한지구이다.

용도지구의 지정(국토의 계획 및 이용에 관한 법률)
- **경관지구** : 경관의 보전 · 관리 및 형성을 위하여 필요

한 지구

- **고도지구** : 쾌적한 환경 조성 및 토지의 효율적 이용을 위하여 건축물 높이의 최고한도를 규제할 필요가 있는 지구
- **방화지구** : 화재의 위험을 예방하기 위하여 필요한 지구
- **방재지구** : 풍수해, 산사태, 지반의 붕괴, 그 밖의 재해를 예방하기 위하여 필요한 지구
- **보호지구** : 문화재, 중요 시설물 및 문화적 · 생태적으로 보존가치가 큰 지역의 보호와 보존을 위하여 필요한 지구
- **취락지구** : 녹지지역 · 관리지역 · 농림지역 · 자연환경보전지역 · 개발제한구역 또는 도시자연공원구역의 취락을 정비하기 위한 지구
- **개발진흥지구** : 주거기능 · 상업기능 · 공업기능 · 유통물류기능 · 관광기능 · 휴양기능 등을 집중적으로 개발 · 정비할 필요가 있는 지구
- **특정용도제한지구** : 주거 및 교육 환경 보호나 청소년 보호 등의 목적으로 오염물질 배출시설, 청소년 유해시설 등 특정시설의 입지를 제한할 필요가 있는 지구
- **복합용도지구** : 지역의 토지이용 상황, 개발 수요 및 주변 여건 등을 고려하여 효율적이고 복합적인 토지이용을 도모하기 위하여 특정시설의 입지를 완화할 필요가 있는 지구

---

28 정답 ④

점포나 부지형태는 장방형이 정방형보다 가시성이나 접근성 측면에서 유리하다.

---

29 답 없음

- A슈퍼의 이용 확률 : P_{KA}

$$P_{KA} = \frac{\dfrac{5^3}{10^2}}{\dfrac{5^3}{10^2} + \dfrac{4^3}{2^2} + \dfrac{6^3}{10^2}} = \frac{1.25}{1.25 + 16 + 24} = 0.03 = 3\%$$

- B슈퍼의 이용 확률 : P_{KB}

$$P_{KB} = \frac{\dfrac{4^3}{2^2}}{\dfrac{5^3}{10^2} + \dfrac{4^3}{2^2} + \dfrac{6^3}{3^2}} = \frac{16}{1.25 + 16 + 24} = 0.39 = 39\%$$

- C슈퍼의 이용 확률 : P_{KC}

$$P_{KC} = \frac{\dfrac{6^3}{3^2}}{\dfrac{5^3}{10^2} + \dfrac{4^3}{2^2} + \dfrac{6^3}{3^2}} = \frac{24}{1.25 + 16 + 24} = 0.58 = 58\%$$

그러므로 소비자 K의 이용 확률이 가장 높은 점포는 58%의 C슈퍼이다.

---

30 정답 ④

판매활동지수(SAI : Sales Activity Index)는 다른 지역과 비교한 특정 지역 내의 1인당 소매 매출액을 측정하는 지표로, 면적이 아닌 인구를 기준으로 소매 매출액의 비율을 계산한다.

---

31 정답 ⑤

애플바움의 유추법(analog method)은 자사의 신규점포와 특성이 비슷한 기존의 유사점포를 조사하여 추정한 결과를 토대로 자사점포의 신규입지에서의 매출액과 상권 규모를 측정하는 상권분석기법으로, 반드시 2개 이상의 비교점포를 선정해야 하는 것은 아니다.

---

32 정답 ③

주변에 인접한 점포가 없는 고립 점포는 개점 초기에 소비자를 점포 내로 유인하기가 쉽지 않다.

---

33 정답 ④

환산보증금은 임차인이 임대인에게 지급한 보증금과 매달 지급하는 월세 이외에 실제로 얼마나 자금부담 능력이 있는지를 추정하는 것으로 다음의 식으로 계산한다.

환산보증금 = 보증금 + (월임차료 × 100)

---

34 정답 ③

가맹본부가 상권의 급격한 변화 등으로 기존 영업지역을 변경하기 위해서는 개별 가맹점과 합의하여야 하므로 가맹본부의 의사결정만으로 기존 영업지역을 변경하기는 어렵다.

---

35 정답 ②

공급측면에서 비용요인이 상대적으로 저렴할수록 상권은 확대된다.

36 　　　　　　　　　　　　정답 ③

부도심상권은 간선도로의 결절점이나 역세권을 중심으로 형성되며, 주도심에서 나온 소비자를 상대하기 때문에 도시 전체의 소비자를 유인하지 못하는 경우가 많다.

37 　　　　　　　　　　　　정답 ②

점두조사법은 상권분석에서 활용하는 소비자대상 조사기법 중 내점객조사법과 가장 유사하다. 점두조사법은 방문하는 소비자의 주소를 파악하여 자기 점포의 상권을 조사하는 방법으로, 매시간별, 요일별(평일, 주말, 휴일, 경축일 등) 등으로 구분하여 조사한다.

① **고객점표법** : 점포를 이용하는 고객 인터뷰를 통해 소비자의 지리적 분포를 확인하는 방법이다.
③ **가정방문조사법** : 조사목적에 따라 응답자 거소 등으로 직접 찾아가 면접하여 조사하는 방법을 방문조사법이라 한다.
④ **지역할당조사법** : 인구비례로 할당하는 취지의 조사법이다.
⑤ **편의추출조사법** : 정해진 크기의 표본을 추출 할 때 까지 조사자가 모집단의 일정 단위 또는 사례를 표집하며, 일정한 표집의 크기가 결정되면 그 표집을 중지하는 비확률 표본 추출 조사 방법이다.

38 　　　　　　　　　　　　정답 ③

상권의 형태가 일정한 거리 간격의 동심원 형태로 나타나는 것이 아니므로, 소매점의 상권범위는 자사점포를 중심으로 서로 다른 거리의 동심원을 그려 파악한다.

39 　　　　　　　　　　　　정답 ③

매트릭스 분석은 행렬의 여러 법칙을 이용하여 방정식으로 기술된 계통의 상태를 분석하는 것으로, 상권의 지리적 경계를 분석하는 기법과는 거리가 멀다.

① **내점객 및 거주자 대상 서베이법(survey technique)** : 점포 방문객의 인터뷰나 조사원의 설문지를 기초로 상권을 분석하는 방법
② **티센다각형(thiessen polygon)** : 소비자들이 가장 가까운 소매시설을 이용한다는 가정 하에 공간독점 접근법에 기반을 한 일종의 상권 구획모형
④ **고객점표법(CST : customer spotting technique)** : 점포를 이용하는 고객 인터뷰를 통해 소비자의 지리적 분포를 확인하는 방법

⑤ **컨버스의 분기점분석(Converse's breaking-point analysis)** : 두 도시 간의 구매 영향력이 같은 분기점의 위치를 구하는 방법

40 　　　　　　　　　　　　정답 ③

앵커점포(anchor store)는 특정 상권을 대표하거나 대형상가의 핵심이 되는 유명 점포로, 소매단지 안으로 고객을 유인하는 역할을 담당하는 입점 점포인 핵점포가 앵커점포에 해당한다.

41 　　　　　　　　　　　　정답 ③

⊙ **누적적 흡인력** : 동일 또는 유사상품을 취급하는 소매점들이 밀집되어 있어 고객의 흡인력이 더욱 커지는 입지
ⓒ **양립성** : 상호 보완 관계에 있는 점포들이 서로 양립하면서 경쟁력을 키울 수 있는 입지

42 　　　　　　　　　　　　정답 ④

체크리스트법은 상권의 규모에 영향을 미치는 요인들을 수집 · 평가하여 이들에 대한 시장잠재력을 측정하는 방법으로, 부지와 주변 상황에 관하여 사전에 결정된 변수 리스트에 따라 점포를 평가하는 방법이다. 따라서 소비자의 점포선택 행동을 확률론적으로 인식하는 기법이 아니다.

43 　　　　　　　　　　　　정답 ④

전문품을 취급하는 점포는 특수한 매력을 갖춘 상품을 주로 취급한다. 보통 고객이 구매를 위해 거리, 시간, 비용의 노력을 아끼지 않으며 유명 브랜드가 많다. 따라서 전문품 소매점의 경우 고객이 지역적으로 분산되어 있으며 상권의 밀도는 낮고, 범위는 넓은 것이 특징이다.

44 　　　　　　　　　　　　정답 ③

입지의 시계성은 해당 점포가 통행인들의 눈에 얼마만큼 잘 띄는지의 정도를 나타낸다. 일반적으로 곡선형 도로의 안쪽보다 바깥쪽 입지가 더 유리하다.

① 방사형 도로구조에서 분기점에 위치하는 것은 유리하다.
② 일방통행로에 위치한 점포는 시계성과 교통 접근성에 있어서 불리하다.

④ 주도로와 연결된 내리막이나 오르막 보조도로에 위치한 점포는 불리한 입지이다.

⑤ 차량 출입구는 모퉁이에 근접할수록 교차로 교통정체에 의한 방해를 피하기 어렵기 때문에 좋지 않다.

45 　　　　　　　　　　　　　　　**정답 ④**

Huff모델과 MNL모델은 상권 범위 내 소비자들이 특정점포를 선택할 확률을 근거로 예상매출액을 추정할 수 있는 상권분석 기법이다.

> **상권분석기법 유형**
> • **서술적 방법에 의한 상권분석기법** : 체크리스트법, 유추법, 현지조사법, 비율법 등
> • **규범적 모형에 의한 상권분석기법** : 중심지이론, 소매중력모형, 컨버스모형
> • **확률적 모형에 의한 상권분석기법** : Huff모델, MNL모델, MCI모델

[3과목] 유통마케팅

46 　　　　　　　　　　　　　　　**정답 ③**

고객자산(customer equity)은 어떤 회사가 가진 고객생애가치의 총합을 의미한다. 그러므로 기업내부에 축적된 고객정보를 효과적으로 활용하여 고객을 기업의 평생고객으로 전환시키려고 하는 고객관계관리(CRM : Customer Relationship Management)의 목적상 고객자산은 중요한 성과평가기준이다.

47 　　　　　　　　　　　　　　　**정답 ④**

층화표본추출은 표본설계에서 보조 변수의 값이 유사한 추출단위를 묶어서 층을 분할하고 각 층에서 단순임의추출하는 표본추출법이다.

① **할당표본추출** : 조사변수에 관련이 있다고 판단되는 특성에 대한 모집단의 구성비율이 표본에 그대로 유지되도록 하는 표본추출법이다.

② **군집표본추출** : 모집단을 기존의 지리적 구획 또는 행정구역 등으로 구분하여 집락을 수행하며, 몇 개의 집락을 선택한 후 이 집락에서만 표본을 추출하는 방법이다.

③ **판단표본추출** : 모집단의 성격에 대해 전문지식이 있는 사람이, 그가 판단하기에 가장 효과적이라고 생각하는 표본을 뽑는 비확률적 표본추출 방법이다.

⑤ **편의표본추출** : 조사자가 손쉽게 접촉할 수 있는 대상들을 표본으로 추출하는 방법이다.

48 　　　　　　　　　　　　　　　**정답 ②**

직접제품이익(DPP : Direct Product Profit)은 각 경로 대안의 총 마진에서 직접제품비용을 뺀 제품수익성을 평가하여 직접제품이익이 가장 높은 경로 대안을 선택하는 방법으로, 구매자 입장에서 특정 공급자의 개별품목 혹은 재고 관리단위(SKU : Stock Keeping Unit) 각각에 대해 평가한다.

49 　　　　　　　　　　　　　　　**답 없음**

자기상표브랜드(PB)는 유통업체가 직접 제조하거나 제조업체에 직접 생산을 요구해 자사의 브랜드를 부착, 판매하는 제품을 말한다.

50 　　　　　　　　　　　　　　　**정답 ①**

가격 탄력성이 1보다 클 경우 그 상품에 대한 수요는 가격 탄력적이라고 하며, 상품 수요가 가격 변화에 민감하다는 의미이다.

51 　　　　　　　　　　　　　　　**정답 ⑤**

본부는 직영점보다 가맹점 증가를 통해 가입비, 교육비 등의 수입을 보다 적극적으로 확보할 수 있다.

52 　　　　　　　　　　　　　　　**정답 ⑤**

잠재적 충성도(latent loyalty)는 호감도는 높지만 반복구매가 낮은 경우에 발생하는 충성도이다. 즉, 잠재적 충성도는 호감도는 높으나 환경, 물리적인 거리 등의 이유로 반복구매도가 낮기 때문에 홍보의 중요성이 부각된다.

53 　　　　　　　　　　　　　　　**정답 ①**

판매포인트 전달과 판매유도를 목적으로 하는 것은 PP(point of presentation)이다. PP는 매장 내에서 고객의 시선이 머무르는 곳에 어떤 상품을 보여줄지를 결정하여 판매를 유도하는 역할을 한다.

54   정답 ②

고가의 전문매장 또는 가구매장 등의 전문품 매장은 고층이나 층 모서리에 배치하는 것이 바람직하다.
① 백화점 등 고급점포는 곡선적 동선 설계가 바람직하며, 그리드(grid) 방식의 고객동선 설계가 바람직한 점포는 대형마트, 슈퍼마켓, 식료품점 등이다.
③ 충동구매를 일으키는 상품은 점포 전면에 진열, 배치하는 것이 바람직하다.
④ 층수가 높은 점포는 층수가 높을수록 그 공간가치가 낮아진다.
⑤ 넓은 바닥면적이 필요한 상품은 통행량이 적은 곳에 배치하여야 한다.

55   정답 ③

산업재에 적합한 촉진수단은 인적판매이다. 인적판매는 구입을 유도하기 위해 고객 및 예상고객과 직접 접촉할 때 판매를 촉진시키기 위해 제품과 서비스를 제공하는 활동이다.

인적판매
- 고객의 반응에 맞추어 즉석에서 커뮤니케이션을 할 수 있는 유통성이 있으나 비용이 많이 듦
- 산업재를 판매하는 기업이 촉진활동을 인적판매에 주로 의존하여 촉진예산의 가장 높은 비중을 차지함
- 인적대면, 유대관계 형성, 즉각적인 반응 등의 특징이 있기 때문에 구매행동 단계에서 구매자의 선호, 확신 및 행동을 유발하는 데 가장 효과적인 수단임
- 최종 구매행동을 자극하기 때문에 시간과 비용의 낭비가 적음
- 혁신적인 신제품 도입에 효과적인 촉진수단임
- 고객 1인당 비용은 매우 많이 드나, 목표시장에 효율적으로 자원을 집중할 수 있음

56   정답 ④

유통마케팅 조사 절차
조사문제 정의 → 조사 설계 → 자료 수집 → 모집단 설정 → 조사 타당성 평가

57   정답 ④

브랜드 인지도(brand awareness)는 소비자가 한 제품 범주에 속하는 특정 브랜드를 재인하거나 회상할 수 있는 능력으로, 소비자가 특정 제품이나 서비스의 이름을 얼마나 알고 있는지를 나타내는 지표로 사용된다.

58   정답 ⑤

핵심고객관리(key account management)는 효과적이고 수익성 높은 거래의 수단으로 구매자와 판매자 간의 지속적 협력관계를 요구한다.

59   정답 ⑤

소매점이 진행하고 있는 특정 제품 및 세일 관련 광고비용의 일부를 부담하는 것은 판매촉진지원금에 해당한다.

60   정답 ③

특정 시장, 특정 소비자 집단, 일부 제품종류, 특정 지역 등을 집중적으로 공략하는 유통마케팅전략은 집중화전략이다.
① **시장확대전략** : 제품의 경쟁력 제고와 서비스 혁신 등으로 시장에서의 점유율을 확대하는 전략
② **비차별화전략** : 세분시장 간의 차이를 무시하고 단일 제품이나 서비스로 소비자 욕구의 차이보다 공통점에 초점을 맞춘 전략
④ **차별화전략** : 차별화된 제품이나 서비스의 제공을 통해 기업이 산업 전반에서 독특하다고 인식될 수 있는 그 무엇을 창조함으로써 경쟁우위를 달성하고자 하는 전략
⑤ **원가우위전략** : 경쟁기업보다 낮은 원가로 재화 또는 용역(서비스)을 생산하여 제공함으로써 경쟁자에 대해 비교우위를 확보하려는 전략

61   정답 ③

일반적으로 전체 면적에서 차지하는 매장면적의 비율은 점포의 규모가 클수록 높아지는 것이 아니라, 점포의 종류와 특성에 따라 달라진다.

62   정답 ③

중간상이 제조업자를 대신하여 지역광고를 하거나 판촉을 실시할 경우 지급하는 보조금은 판재촉진지원금에 해당한다.
① 중간상이 제품을 현금으로 구매할 경우 제조업자가 판매대금의 일부를 할인해 주는 것은 현금할인이다.

② 중간상이 제조업자가 일반적으로 수행해야 할 업무의 일부를 수행할 경우 경비의 일부를 제조업자가 부담하는 것은 거래할인이다.

④ 중간상이 대량구매를 하는 경우에 해주는 현금할인은 수량할인이다.

⑤ 중간상이 하자있는 제품, 질이 떨어지는 제품 등을 구매할 때 지급하는 지원금은 하자보조금이다.

63 　　　　　　　　　　　　　　　 정답 ⑤

고객생애가치(CLV : Customer lifetime value)는 고객이 일생동안 기업에게 구매를 통해 평균적으로 기여하는 미래수익의 현재가치로 고객의 이용실적, 고객당 비용, 고객이 탈가능성 및 거래기간 등을 통해 추정할 수 있다.

① 업태에 따라 고객생애가치가 달라지는 것은 아니다.

② 고객생애가치는 고객과 기업 간의 관계를 정량적 가치로 수치화하여 측정할 수 있다.

③ 고객생애가치는 고객이 일생동안 구매를 통해 기업에게 기여하는 수익을 현재가치로 환산한 금액이다.

④ 고객생애가치는 고객유지율(CRR : Customer Retention Rate)에 기반하여 추정할 수 있다.

64 　　　　　　　　　　　　　　　 정답 ①

동일 상품군에 속하는 개별 상품의 품질이나 디자인을 고려하여 다양한 가격대를 설정하는 가격전략은 가격계열화전략(price lining strategy)이다. 소비자가 상품의 가격이 비쌀수록 품질이나 디자인이 더 좋으리라고 기대하도록 유인하려는 마케팅 전략이다.

65 　　　　　　　　　　　　　　　 정답 ⑤

대체재가 많을수록 시장의 매력도는 낮아진다. 마이클 포터의 5요인모델(5-Forces Model)은 신규 진입자의 위협, 공급자의 교섭력, 구매자의 교섭력, 대체재의 위협, 기존 기업 간의 경쟁 정도 등 다섯 가지 경쟁요인을 통해 특정 산업분야의 현황과 미래를 분석한다.

66 　　　　　　　　　　　　　　　 정답 ②

상품의 다양성(variety)은 취급하는 상품계열의 수가 어느 정도 되는가를 의미하며, 취급하는 상품품목의 수가 얼마나 되는가는 상품의 구색(assortment)을 의미한다.

67 　　　　　　　　　　　　　　　 정답 ④

머천다이징(merchandising)은 특정 제품의 판매방법 등을 계획하는 상품화계획으로, 편리성은 대형마트 등의 머천다이징 특징에 해당하나 백화점의 머천다이징 특징으로 볼 수 없다.

68 　　　　　　　　　　　　　　　 정답 ①

고객관계관리(CRM)는 기존고객과의 관계를 강화하기 위한 고객관리전략에 해당하나, 잠재가능고객 파악 및 차별적 프로모션 실행은 신규고객 확보를 위한 고객관리전략에 해당한다.

69 　　　　　　　　　　　　　　　 정답 ③

판매원은 일하는 장소와 판매방법에 따라 상점판매원, 방문판매원, 이동판매원 등으로 구분되므로 판매활동의 공간이 소매점만으로 제한되지는 않는다.

70 　　　　　　　　　　　　　　　 정답 ⑤

구매하지 않아도 된다는 태도를 취하는 것은 판매 결정을 촉구하는 판매원의 행동으로 타당하지 못하다. 판매원은 고객의 욕구를 파악하고 전문적인 상품지식을 통해 그에 부합된 제품을 추천함으로써 고객에게 신뢰감을 얻는다.

[4과목] 유통정보

71 　　　　　　　　　　　　　　　 정답 ⑤

검색 에이전트는 인터넷 상에서 유용한 정보를 검색하거나 추출하는 비즈니스 모델이다. 공통관심의 이용자들에게 만남의 장을 제공하는 커뮤니티 모델로는 소셜 네트워크(SNS)가 적합하다.

72 　　　　　　　　　　　　　　　 정답 ③

암묵지 : 숙련된 기술, 조직 문화, 조직의 경험
형식지 : 매뉴얼, 데이터베이스, 컴퓨터 프로그램

> **암묵지와 형식지**
> • **암묵지** : 경험과 학습을 통하여 개인에게 체화되어 있

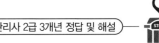

지만 명료하게 공식화되거나 언어로 표현할 수 없는 지식
- **형식지** : 문서나 매뉴얼처럼 외부로 표출되어 여러 사람이 공유할 수 있는 지식

73 정답 ③

베스트 오브 브리드(best of breed)는 특정 업체에 종속될 수 있는 통합 제품보다 기능별로 다양한 회사 제품을 사용하는 전략으로, 미들웨어를 통한 애플리케이션 통합이 필요하다.

74 정답 ③

OLAP(On-Line Analytical Processing)는 사용자가 직접 데이터를 검색 및 분석해서 문제점이나 해결책을 찾는 온라인 분석 처리 기법을 말한다. 데이터의 깊이와 분석차원을 마음대로 조정해가며 분석하는 OLAP의 기능은 드릴링(drilling)이다.
① 분해(slice & dice) : 다양한 각도에서 자료를 조회하고 자유롭게 비교하는 기능
② 리포팅(reporting) : 보고서의 현재 정보를 간단한 대화식 조작을 통해 원하는 형태의 보고서로 나타내는 기능
④ 피보팅(pivoting) : 보고서의 행, 열, 페이지 차원을 무작위로 바꾸어 볼 수 있는 기능
⑤ 필터링(filtering) : 원하는 자료만을 걸러서 추출하는 기능

75 정답 ③

절차별 모바일 결제 서비스(PG : Payment Gateway)는 인터넷상에서 금융기관과의 거래를 대행해 주는 서비스로 신용카드, 계좌이체, 휴대전화 요금결제, 자동응답서비스(ARS) 결제 등 다양한 소액결제 서비스를 제공한다.

절차	From	To
구매요청/지불 정보 전송	고객	쇼핑몰
지불 정보 전송	쇼핑몰	(㉠ 모바일PG)
고객 확인 요청/ 거래 암호 생성, 전송	(㉠ 모바일PG)	(㉡ 이동통신사)
고객 확인 후 거래 암호 전송	(㉡ 이동통신사)	고객
거래 암호 전송	고객	쇼핑몰
대금 정보 전송	쇼핑몰	모바일PG
상품 배송	쇼핑몰	고객
대금 정보 전송	모바일PG	이동통신사
대금 청구	이동통신사	고객
대금 수납	고객	(㉢ 이동통신사)
수납 정보/ 수납 금액 인도	(㉢ 이동통신사)	(㉣ 모바일PG)
상점 정산	(㉣ 모바일PG)	쇼핑몰

76 정답 ⑤

레거시 시스템(legacy system)은 과거로부터 물려 내려온 낡은 컴퓨터 시스템이나 소프트웨어로 4차 산업혁명의 기하급수기술(exponential technology)과는 거리가 멀다.

77 정답 ④

NoSQL은 전통적인 관계형 데이터베이스 관리 시스템(RDBMS)과는 다르게 설계된 비관계형(non-relational) DBMS로, 대규모 데이터를 유연하게 처리할 수 있는 강점이 있다.

78 정답 ②

데이터베이스로부터 정보를 추출하는 주요 매커니즘을 의미하는 것은 쿼리이다. 스코어카드(scorecards)는 다양한 데이터의 변화를 수치화하여 미래를 예측할 수 있게 하는 것이다.

79 정답 ④

자료·정보·지식의 비교

구분	자료	정보	지식
구조화	(㉠ 쉬움)	단위필요	(㉡ 어려움)
부가가치	(㉢ 적음)	중간	(㉣ 많음)
객관성	(㉤ 객관적)	가공필요	(㉥ 주관적)

80　　　　정답 ⑤

업 셀링(up selling)이란 같은 고객이 이전에 구매한 상품보다 더 비싼 상품을 사도록 유도하는 판매 방법을 말한다.
① 클릭 앤드 모타르(click and mortar) : 인터넷에서의 비즈니스와 실물세계에서의 비즈니스를 함께 병행하는 방식
② 옴니채널(omnichannel) : 다양한 채널이 고객의 경험관리를 중심으로 하나로 통합됨
④ 크로스 셀링(cross selling) : 고객이 이미 구매한 상품 또는 서비스와 연관시켜 그와 유사하거나 보완적인 다른 상품이나 서비스를 판매하는 방법

81　　　　정답 ②

그리드 컴퓨팅(Grid Computing)은 분산 병렬 컴퓨팅의 한 분야로서, 원거리 통신망으로 연결된 서로 다른 기종의 컴퓨터들을 하나로 묶어 가상의 대용량 고성능 컴퓨터를 구성하여 고도의 연산 작업 혹은 대용량 처리를 수행하는 것을 말한다.
① 클라우드 컴퓨팅 : 인터넷 상의 서버를 통하여 IT 관련 서비스를 한번에 사용할 수 있는 컴퓨팅 환경
③ 그린 컴퓨팅 : 컴퓨팅 작업에 소모되는 에너지를 절약하자는 운동
④ 클러스터 컴퓨팅 : 여러 대의 컴퓨터들이 연결되어 하나의 시스템처럼 동작하는 컴퓨터들의 집합
⑤ 가상 컴퓨팅 : 한 대의 대형 컴퓨터에 접속된 개개의 단말기에서 다른 운영체제를 가상적으로 실행할 수 있게 하는 컴퓨터 인터페이스

82　　　　정답 ⑤

지식관리 시스템은 조직 내의 인적자원들이 축적하고 있는 개별적인 지식을 체계화하여 공유함으로써 기업 경쟁력을 향상시키기 위한 기업정보 시스템으로, 처음에는 소규모로 시작하였다가 성과가 나타나면 전사적으로 확장하는 것이 유용하다.
① 기업은 지식에 대한 유지관리를 위해 유용한 지식을 합리적으로 잘 보존해야 한다.
② 지식관리 시스템을 도입한다고 조직 내부의 지식관리에 대한 모든 문제를 해결할 수 있는 것은 아니다.
③ 지식관리 시스템은 직원이 보유한 업무처리 지식을 체계화하여 공유함으로써 기업의 경쟁력을 향상시킨다.
④ 지식관리 시스템은 장기적 관점에서 경쟁력을 강화하기 위해 구축하는 프로젝트이다.

83　　　　정답 ⑤

회귀분석(regression analysis)은 종속변수와 독립변수의 상관관계가 아니라, 하나 또는 하나 이상의 독립변수가 종속변수에 미치는 영향을 추정하는 분석기법이다.

84　　　　정답 ④

> **의사결정에 활용되는 시뮬레이션 절차**
> ⓒ 문제 규정 → ⊙ 모델 설정 → ⓒ 모형의 타당성 검토 → ⓔ 시뮬레이션 시행 → ⓜ 결과 분석 및 추론

85　　　　정답 ③

시맨틱웹(semantic-Web)은 기계가 정보의 의미를 이해하고 논리적 추론까지 할 수 있는 지능형 웹을 말한다.
① 고퍼(gopher) : 정보의 내용을 주제별이나 종류별로 구분하여 메뉴로 구성한 후 메뉴 방식으로 사용할 수 있는 인터넷 정보검색 서비스
② 냅스터(napster) : 개인의 음악파일들을 인터넷으로 공유할 수 있게 해주는 프로그램
④ 오페라(opera) : 노르웨이의 오슬로에서 설립된 오페라소프트웨어가 개발한 웹 브라우저
⑤ 웹클리퍼(Web-clipper) : 텍스트, 이미지, 링크 등을 포함해 웹페이지를 스크랩할 수 있는 기능

86　　　　정답 ②

상품 식별코드 자체에는 상품명, 가격, 내용물 등에 대한 정보가 포함되어 있지 않다.

87　　　　정답 ⑤

QR(Quick Response) 코드는 바코드보다 훨씬 많은 정보를 담을 수 있는 격자무늬의 2차원 코드로 숫자, 영자, 한자, 한글, 바이너리(binary), 제어 코드를 포함한 모든 데이터를 처리할 수 있다.

88　　　　정답 ③

균형성과표(BSC : balanced scorecard)는 기업의 비전

과 전략을 조직 내외부의 핵심성과지표(KPI)로 재구성해 전체 조직이 목표달성을 위한 활동에 집중하도록 하는 전략경영시스템이다.

89   정답 ①

전자광학센서, 초분광센서, 적외선센서는 드론의 목적에 따라 다양한 장비를 싣는 역할을 하는 드론의 임무 장비이다. 드론의 항법센서에는 위성항법, MEMS(Micro Electro Mechanical System), 임베디드 소프트웨어 기술 등이 있다.

90   정답 ②

POS 시스템은 모든 거래정보 및 영업정보를 즉시 파악할 수 있는 리얼타임방식으로 정보의 변화에 즉각 대응할 수 있다. 배치(Batch) 방식은 처리의 대상이 되는 데이터를 일 단위나 월 단위마다 모아두고 나중에 종합하여 일괄처리하는 방식이다.

2021년

유통관리사 2급 3개년 정답 및 해설

제1회 정답 및 해설 (2021년 5월 15일 시행)

제2회 정답 및 해설 (2021년 8월 21일 시행)

제3회 정답 및 해설 (2021년 11월 06일 시행)

2021년
제1회 기출문제
정답 및 해설

01	②	02	③	03	⑤	04	②	05	⑤
06	⑤	07	④	08	④	09	④	10	②
11	③	12	②	13	⑤	14	①	15	③
16	②	17	⑤	18	④	19	④	20	④
21	①	22	④	23	①	24	⑤	25	③
26	①	27	②	28	⑤	29	⑤	30	③
31	④	32	⑤	33	⑦	34	④	35	⑤
36	③	37	③	38	①	39	⑤	40	④
41	①	42	①	43	⑦	44	⑤	45	③
46	③	47	①	48	⑦	49	⑤	50	④
51	④	52	①	53	⑦	54	③	55	⑤
56	④	57	⑤	58	⑦	59	⑤	60	⑦
61	⑦	62	②	63	⑦	64	④	65	⑤
66	④	67	①	68	⑦	69	⑤	70	⑦
71	②	72	⑤	73	⑦	74	①	75	⑦
76	⑦	77	①	78	⑦	79	①	80	①
81	⑤	82	③	83	④	84	①	85	②
86	⑤	87	③	88	③	89	⑤	90	⑤

[1과목] 유통물류일반

01 정답 ②

화물차량과 철도를 이용한 복합운송이 결합한 형태인 피기백 시스템(Piggy Back System)은 본디 어부바의 의미를 지닌 피기백(Piggy Back)에서 유래된 용어이다. 화물차량으로 운송하던 화물을 철도로 환적하여 운송하거나, 철도로 운송하던 화물을 화물차량으로 환적하여 운송하게 된다.

02 정답 ③

내부실패비용(internal failure costs)은 제품의 소유권이 고객에게 인도되기 전에 검수 과정에서 품질 요건을 충족하지 못해 발생한 비용이다. 품질요건에 충족하지 못한 비용은 작업 중단과 그에 따른 재작업비용, 재검사비용, 불량부품으로 인한 생산 중단 비용까지 고려하게 된다.

03 정답 ⑤

기업이 수직적 통합 전략을 사용할 때, 트리 구조에 기반을 둔 조직 구성으로 인해 조직의 규모가 커질 수밖에 없으며 다양화된 조직으로 인해 각종 기능을 통제하기 어렵다. 경로를 통합하기 위해 막대한 비용이 들 수 있지만, 안정적인 공급효과를 누릴 수 있다. 그러나 다양한 특성이 섞인 조직 구성으로 전문화가 상실되기 때문에 경쟁우위효과를 누릴 수 있는지에 대해서는 알 수 없다.

04 정답 ②

분류법(classification method)은 직무가치를 단계적으로 구분하는 등급표에 따른 직무평가로 등급을 분류하는 직무평가방법이다. 사전에 직무가치를 난이도 별로 여러 등급을 정한 뒤에 직무평가에 따라 등급을 분류한다.

> **직무평가 방법**
> - **서열법** : 각 직무의 난이도 및 책임성 등을 평가하여 서열을 매기는 방법
> - **분류법** : 직무의 가치를 단계적으로 구분하는 등급표를 만들고 직무평가를 그에 맞는 등급으로 분류하는 방법
> - **점수법** : 직무를 각 구성요소로 분해한 뒤 평가한 점수의 합으로 직무의 가치를 평가하는 방법
> - **요소 비교법** : 객관적으로 가장 타당하다고 인정되는 기준직무를 설정하고, 이를 기준으로 평가직무를 그것에 비교함으로써 평가하는 방법

05 정답 ⑤

단기부채는 1년 이내로 변제하여야 하는 부채로 유동부채라

고도 한다. 종류로는 매입채무(외상매입금, 지급어음), 단기차입금(당좌차월 포함), 미지급금, 선수금, 예수금, 미지급비용, 미지급법인세, 유동성장기부채, 선수수익, 부채성충당금(단기성) 등이 있다. 재평가적립금은 자산재평가법에 의해 고정자산에 대한 재평가 차익에서 일정 부분 손실과 세금을 제외한 뒤 자본계정에 계산하여 올린 금액으로 단기부채에 속하지 않는다.

06 정답 ⑤

정량주문법은 정해진 재고량 이하가 되면 물품을 주문하여 재고량을 유지하는 방식이다. 표준화된 부품 주문으로 품목 수가 많으며, 상대적으로 값 싼 물품에 사용한다. 정기주문법은 일정한 물품을 정기적으로 주문하여 재고량을 유지하는 방식이다. 주문시기가 일정하고 상대적으로 고가인 물품에 사용하기 때문에 품목수가 적다.

07 정답 ④

Formal 조직은 공식적인 조직으로 기업 및 정부조직 등이 있다. 성문적인 조직으로 논리적이며 공통목적을 지닌 명확한 구조, 제도적인 조직이다. 공식적이기 때문에 위로부터 아래로 내려가는 조직이다. Informal 조직은 비공식적인 조직으로 사내 동아리, 직장인 동호회 등이 있다. 자생적이며 공통목적이 없어 현실적이다. 비공식적이기 때문에 밑에서 위로 올라가는 조직이다.

08 정답 ④

기업윤리는 기업이 옳고 그름을 판단하여 원칙으로 삼는 것으로 경쟁력의 강화, 기업 이미지 쇄신 등의 효과가 있다. 윤리는 처벌시스템이 존재하지 않지만 비윤리적 행위는 기업 이미지의 훼손으로 나타나는 사회적인 영향과 비용손실, 유통질서의 문란 등의 악영향을 끼치기 때문에 간과할 수 없다.

09 정답 ④

전사적자원관리 또는 ERP(Enterprise Resource Planning)는 기업의 업무 프로세스를 통합, 관리하여 모든 사원들이 통합된 데이터에 접근하게 하는 통합정보시스템이다. 전사적자원관리는 효율적인 업무처리를 가능하게 하고, 신속한 의사결정으로 기업의 경쟁력을 강화한다.
① 리엔지니어링 : 기업의 체질 및 구조와 경영방식을 전면적이면서 근본적으로 재설계하는 경영혁신기법이다.

② 아웃소싱 : 업무의 일부 공정을 외부 기업 등에 위탁하여 처리하는 방식으로 중요한 업무는 기업에서 처리하고, 나머지 업무는 외부 기업에 위탁 처리하여 경제효과를 극대화한다.
③ 식스시그마 : 100만개의 제품 중, 3~4개의 불량만을 허용하는 3~4PPM(Parts Per Million) 경영을 추구하는 품질 혁신 운동이다.
⑤ 벤치마킹 : 기업에서 경쟁력을 제고하기 위해 경쟁사의 품질 상승, 매출 상승 요인 등을 배워오는 혁신 기법이다. 복제나 모방과는 다른 개념으로 장점 및 단점을 분석해 자사 경쟁력을 한층 더 끌어올리는 것이다.

10 정답 ②

제3자물류는 원료 조달부터 완제품 소비까지 공급체의 전체 물류기능 또는 일부분을 물류업체가 화주기업으로부터 위탁받아 대행하는 물류활동을 말하며 3PL 또는 TPL이라고 한다. 리드타임은 물품 발주부터 납입되어 사용하기까지의 기간으로, 리드타임의 증가는 비용 증가와 고객만족에 악영향을 끼치게 된다.

11 정답 ③

유통환경 분석의 범위 중 거시환경은 기업의 경영 활동을 둘러싼 환경 안에서 인구, 경제, 자연, 기술, 문화, 국제 관계 등으로 기업이 직접 관여하기 어려운 환경이다. 미시환경은 소비자, 시장, 중간상 등으로 기업이 직접 관여할 수 있는 환경이다.

12 정답 ②

유통경로는 대체적으로 제조업자 → 도매상 → 소매상 → 소비자 순으로 이루어진다. 동일한 경로 수준에서 서로 다른 유형의 기업들 간 경쟁을 업태 간 경쟁이라 하며, 예로 대형마트와 재래시장의 경쟁이 있다. 하나의 마케팅 안에서 서로 다른 수준의 구성원들의 경쟁을 수직적 경쟁이라 하며 도매상과 소매상의 경쟁이 해당된다.

13 정답 ⑤

아웃소싱은 위탁한 기업의 핵심부문을 지원하는 역할을 하며, 기업 전체의 전략과 일치해야 한다. 기업의 전사적 목적이 경쟁사와 다른 성공전략인 차별화에 있고, 아웃소싱에 대해 비용절감에 목적을 둔다면 서비스 품질 하락 및 신뢰도

하락을 초래하게 된다.

---

14   정답 ①

유통경로는 제품이 소비자 또는 사용자에게 전달될 때까지의 중간상들의 연결 과정이며, 각국의 특성에 따라 고유한 형태의 유통경로가 존재한다. 제조업자의 유통지배력이 매우 강한 우리나라와 일찍이 도매상이 발달한 미국 등 각국의 특성에 따라 유통경로는 지역성을 띄게 된다.

---

15   정답 ③

24시간 영업을 하는 편의점은 재화나 서비스의 시차를 극복하여 소비자에게 제공하므로 시간효용이 된다. 제조업체가 생산한 재화 또는 서비스를 소비자와 거래하여 소유권을 이전하는 것을 소유효용이라 한다. 이때, 제조업체는 소비자에게 직접 소유권을 넘기기 어렵기 때문에 중간상이 대신 신용판매나 할부판매를 제공하게 된다.

> **유통경로의 효용**
> - **시간효용(Time Utility)** : 재화나 서비스의 생산과 소비 간 시차를 극복하여 소비자가 재화나 서비스를 필요로 할 때 이를 소비자가 이용 가능하도록 해주는 효용이다.
> - **장소효용(Place Utility)** : 지역적으로 분산되어 생산되는 재화나 서비스가 소비자가 구매하기 용이한 장소로 전달될 때 창출되는 효용이다.
> - **소유효용(Possession Utility)** : 재화나 서비스가 생산자로부터 소비자에게 거래되어 소유권이 이전되는 과정에서 발생하는 효용이다.
> - **형태효용(Form Utility)** : 대량으로 생산되는 상품의 수량을 소비지에서 요구되는 적절한 수량으로 분할 · 분배함으로써 창출되는 효용이다.

---

16   정답 ②

식품위생법 제2조에 따르면 식품첨가물은 식품을 제조, 가공, 조리 또는 보존하는 과정에서 식품에 사용되는 물질을 말하며, 기구, 용기, 포장을 살균 및 소독하는 데에 사용되어 간접적으로 식품으로 옮아갈 수 있는 물질을 포함한다고 명시되어 있다.
① 식품위생법 제2조 1항에 식품은 의약으로 섭취하는 것을 제외한 모든 음식물을 말한다.
③ 식품위생법 제2조 12항에 집단급식소는 영리를 목적으로

하지 않는 급식시설이다.
④ 식품위생법 제2조 13항에 식품이력추적관리는 식품을 제조, 가공하는 단계부터 판매하는 단계까지 각 단계별로 정보를 기록, 관리하여 문제 발생 시 조치를 할 수 있게 관리하는 것이다.
⑤ 식품위생법 제2조 4항에 기구는 위생용품을 제외한 식품 또는 식품첨가물에 직접 닿는 기계, 기구를 말한다.

---

17   정답 ⑤

경제적주문량(EOQ)의 공식은 다음과 같다.

$$EOQ = \sqrt{\frac{2 \times 주문비용 \times 연간총수요량}{단위당 재고유지비용}}$$

공식에 따라 연간 부품 수요량, 1회 주문비, 단위당 재고 유지비를 대입하면

$$EOQ = \sqrt{\frac{2 \times 200 \times 1,000}{40}} = \sqrt{10,000} = 100$$

EOQ는 100이 되며, 주문비의 계산은 다음과 같다.

$$주문비 = \frac{연간총수요량}{EOQ} \times 주문비용 = \frac{1,000}{100} \times 200 = 2,000$$

주문비는 2,000이 되며, 재고유지비의 계산은 다음과 같다.

$$재고유지비 = \frac{EOQ}{2} \times 단위당재고유지비용$$

$$= \frac{100}{2} \times 40 = 2,000$$

기준에 따라 주문비와 재고유지비를 더해 연간 총재고비용을 구하면

$$\therefore 2,000 + 2,000 = 4,000원$$

---

18   정답 ④

구매자가 원하는 소규모 판매단위로 나누는 활동은 분배(allocation)이고, 다양한 생산자들로부터 제공되는 제품들을 대규모 공급이 가능하도록 다량으로 구매하여 집적하는 활동은 수합(accumulation)이다. 마지막으로 이질적인 제품들을 색, 크기, 용량, 품질 등에 있어 상대적으로 동질적인 집단으로 구분하는 활동은 분류(sorting out)이다.

---

19   정답 ④

제조업체가 신제품을 통한 서비스 극대화를 위해 소비자가 많이 다니는 좋은 목에 위치한 진열대에 신제품을 진열할 필요가 있으며, 진열하기 위해 유통업체에 지원하는 비용을 신제품입점비라 한다. 유통업체가 하자있거나 오래되는 상품 등을 구매했을 때, 해당 제품에 대한 보상을 위해 지급하는

비용을 상품지원금이라 한다.

20 　　　　　　　　　　　정답 ④

유통산업의 환경에 따른 유통경로의 변화를 순서대로 나열하면 다음과 같다.
- ⓔ 싱글채널 : 하나의 오프라인 점포에서 구매
- ⓒ 듀얼채널 : 두 개 이상의 오프라인 점포에서 구매 가능
- ⓛ 멀티채널 : 온, 오프라인의 다양한 채널에서 구매 가능하나 각 채널은 경쟁관계임
- ⓙ 크로스채널 : 온, 오프라인의 경계가 무너지면서 상호 보완됨
- ⓜ 옴니채널 : 다양한 채널이 고객의 경험관리를 중심으로 하나로 통합됨

21 　　　　　　　　　　　정답 ①

소매상과 소비자를 예로 들면 제품이 소매상으로부터 소비자에게 완전히 도착했을 때, 법적 소유권이 소매상에게서 소비자로 넘어가게 된다. 제품이 소매상에게서 소비자에게 가는 도중이라면 법적 소유권은 소비자가 아닌 소매상에게 있다. 따라서 동일한 경로를 통해 이루어질 수 있으나 동시에 이루어지지 않는다.

22 　　　　　　　　　　　정답 ④

영업창고의 경우, 초기투자비용에 있어 자가창고에 비해 낮은 비용이 든다. 특정지역에 있는 영업창고는 세금혜택을 받을 수 있으며, 다양한 고객의 제품을 보관하기 때문에 규모의 경제가 가능하며 기술적 진보가 원활하게 이루어진다.

23 　　　　　　　　　　　정답 ①

UNGC의 4개 분야는 인권(Human Rights), 노동규칙(Labour Standards), 환경(Environment), 반부패(Anti-Corruption)로 기업의 인권 보호 및 강제노동과 차별, 기업의 환경적 책임과 모든 형태의 부패에 반대하는 것을 원칙으로 한다.

24 　　　　　　　　　　　정답 ⑤

풀(Pull)전략은 소매상으로부터 한 제품의 소유권을 이전받은 소비자가 자발적으로 제품을 찾게 하는 구매 촉진 전략이

다. 제조업자가 소비자의 요구를 충족하는 제품을 생산하고, 소비자가 자발적으로 제품을 찾는 시기를 기다린다. 소비자의 요구를 받은 소매상이 도매상을 거쳐 제조업자에 이르러 해당 제품을 추가로 생산하게 된다.

25 　　　　　　　　　　　정답 ③

조달물류는 기업이 제품을 제작할 때 필요한 모든 원료 및 자재를 제품제작 시작 전까지 조달처로부터 원자재 창고에 모아두는 과정을 일컫는다. 조달과정에서 포장의 표준화, JIT납품과 공차율의 최소화 등을 고려하게 된다.

[2과목] 상권분석

26 　　　　　　　　　　　정답 ①

권리금은 점포의 소유자가 해당 상권의 강점 등을 고려하여 반영한 것을 임차인에게 요구하는 영업권으로, 임차인이 제공하는 추가적인 비용이지만 보증금의 일부가 될 수 없다.

27 　　　　　　　　　　　정답 ②

점두(店頭)조사법은 조사자가 내점객의 주소를 파악하여 상권을 조사하는 방법이다. 매시간별, 요일별 등으로 구분하여 조사하기 때문에 객관적이며 내점객과 조사대상 사이의 일치성이 확실하다.

28 　　　　　　　　　　　정답 ②

정보기술의 발전으로 메이커에서 소매업에 이르기까지 적은 비용과 노력으로 소비자에게서 선호 효과를 부르는 파워시프트(power shift)현상 강화, 메이커의 제조 집중으로 지점과 영업소 기능의 축소, 수직적 협업체제의 강화와 핵심 업무를 보조하는 아웃소싱의 진전, 편의품 메이커의 상권 광역화가 이루어졌다. 이로 인해 배송거점은 분산화 되었으며 중간 유통단계는 감소되었다.

29 　　　　　　　　　　　정답 ⑤

지리정보시스템은 공간적으로 분포하는 정보를 처리, 관리하는 정보시스템의 일종으로, 보통 지도의 형태로 나타난다. 지리정보시스템은 편의점 등 소규모 연쇄점의 입지선정부터 백

화점, 대형마트 등의 대규모 점포 입지선정과 잠재고객 추정 등의 활용가능성이 높다.

---

30 정답 ③

도매상권은 사람을 매개로하며, 재화의 종류에 따라 시간인자의 제약 및 상권의 범위가 달라진다.

---

31 정답 ④

교육환경 보호에 관한 법률 제9조 18항에서 담배를 판매하는 사람은 교육환경보호구역에서 담배자동판매기를 설치할 수 없다. 법률에서 담배가게는 해당되지 않으므로 모든 선택지가 정답이 될 수 있다. 출제자는 부업의 개념으로 주업으로 하는 가게 안에서 담배가게를 겸업한다면 교육환경보호구역에서 영업할 수 있지만, 담배만을 전문적으로 판매하는 가게라면 교육환경보호구역에서 영업할 수 없음을 의도한 것으로 보인다.

---

32 정답 ⑤

상권의 크기는 1차 상권, 2차 상권, 3차 상권 순으로 규모가 커지며, 주요 요인이 상권 크기에 영향을 미친다. 소비자를 끌어들이기 위해서는 소매점의 이미지는 필수 요인이 된다. 소매점의 규모 또한 소비자의 선호에 있어 주요 요인이 된다. 소비자는 접근성이 용이한 곳을 제일 선호하며, 경쟁점포의 입지에 따라 가격경쟁과 향상된 서비스를 기대하게 되므로 소매점 상권의 크기에 영향을 미치게 된다.

---

33 정답 ①

중심지이론은 생활거주지의 입지 및 수적분포, 취락 간의 거리관계와 같은 공간구조를 중심지 개념에 의해 설명하려는 이론이다. 중심지이론에서는 판매자와 소비자를 합리적인 사고에 따라 의사결정을 하며 최소의 비용과 최대의 이익을 추구하는 "경제인"으로 가정하고 있다.

---

34 정답 ④

상권측정을 위한 '상권실사'에서 자동차를 이용하는 고객이 증가하고 있다 해서 도보보다 자동차 주행을 하면서 조사를 실시하는 것이 더 바람직한 것은 아니다. 자동차 주행을 하면서 상권실사를 하게 되면 정확한 데이터를 얻을 수 없게 된다.

상권의 설정방법

- **단순원형 상권설정법** : 일반적으로 가장 많이 활용되는 방법으로 '기본 상권을 몇 km로 할 것인가'를 정하는 것이다.
- **실사 상권설정법** : 단순원형 상권설정법과는 달리 현장에서 인간이 가진 오감을 활용해 상권을 파악하는 방법으로 점포에 찾아온 고객의 범위를 파악하는 것을 목적으로 한다.
- **앙케이트를 이용한 상권설정법** : 점포에 찾아온 고객들을 대상으로 하여 직접 물어보고 조사한 뒤 그 결과를 집계, 분석하여 상권설정에 활용하는 방법이다.
- **고객 리스트를 통한 상권설정법** : 특정 점포의 고객정보를 상권설정을 위한 샘플로 활용하는 방법으로, 앙케이트를 이용한 상권설정법에 비해 시간과 비용이 절감된다.

---

35 정답 ③

$$P_{ij} = \frac{\dfrac{S_j}{D_{ij}^2}}{\sum_{j=1}^{n} + \dfrac{S_j}{D_{ij}^2}}$$

이를 문제의 조건으로 대입하면

$$P_{ij} = \frac{\dfrac{100}{10^2}}{\dfrac{100}{10^2} + \dfrac{400}{20^2}} = \frac{1}{2} = 0.50$$

소비자 K가 A지역에 쇼핑하러 갈 확률은 0.50이다.

---

36 정답 ③

점포 출입구에는 사람 및 물품의 출입이 빈번하다. 단차가 있을 경우에는 사람의 출입과 물품이 들어올 때에 불편함을 느끼게 되며, 물품을 이동시키다가 단차에 걸려 파손될 확률이 높아지므로 출입구 부근에는 단차가 없는 것이 좋다.

① 점포면적이 커지면 많은 소비자가 방문하여 매출이 증가할 확률은 있으나 반드시 소비자가 많이 방문한다는 보장은 없다.

② 건축선 후퇴(setback)는 다른 점포들이 앞을 가려 해당 점포의 가시성이 떨어지는 것을 이르며, 부정적인 영향을 미친다.

④ 정사각형에 가까운 격자형 점포 형태는 효율적인 공간 활용으로 공간의 낭비를 최소화할 수 있지만, 가시성이 낮아 소비자 흡인은 떨어진다.

⑤ 평면도로 볼 때 점포의 깊이가 더 클수록 눈에 띄기 어렵

기 때문에 정면너비가 더 클수록 바람직하다.

37 정답 ③

백화점 매장 내 입지는 소비자가 바로 방문하기 용이한 점포 입구, 주 통로, 에스컬레이터, 승강기 등 가까운 곳이 좋다.

38 정답 ①

소매포화지수(IRS : Index of Retail Saturation)는 현재시점의 상권 내 경쟁 강도를 측정하는 지표로써, 밀집도에 따라 강도를 측정하며 값이 적을수록 상권이 포화되었다고 볼 수 있다. 장성장잠재력지수(MEP : Market Expansion Potential)는 미래의 상권을 구성할 수 있는지에 대한 여부를 판단할 때 사용하는 지표로, 값이 클수록 상권의 매력성은 높아진다.

39 정답 ⑤

MNL(Multi Nominal Logit) 모델은 상권 내 소비자들의 개별적인 데이터를 수집하여 각 점포의 선택확률 예측을 비롯하여 시장점유율 및 상권 크기를 추정할 수 있다.

> **확률적 방법에 의한 상권분석 방법**
> • 허프(D. L. Huff)의 확률모델 : 소비자들의 점포선택과 소매상권의 크기를 예측하는 데 가장 널리 이용되어 온 확률적 점포선택 모형이다. 소비자의 점포에 대한 효용은 점포의 매장면적이 클수록 증가하고, 점포까지의 거리가 멀수록 감소한다. 적당한 거리에 고차원 중심지가 있으면 인근의 저차원 중심지를 지나칠 가능성이 커진다.
> • 수정 허프모델 : 소비자가 어느 상업지에서 구매하는 확률은 그 상업 집적의 매장면적에 비례하고, 그곳에 도달하는 거리의 제곱에 반비례한다.
> • MNL(Multi Nominal Logit) 모델 : 점포선택 행위와 특정점포의 시장점유율을 예측하는 데 많이 이용되고 있는 확률적 선택모형이다. 마케팅 모형에서 시장점유율을 위한 모형으로 소비자의 선택고정의 불확정성을 잘 반영하고 있다.

40 정답 ④

시계성 평가는 4가지 문제로 나뉜다. 점포가 어디에서 보이

는지를 나타내는 기점의 문제, 무엇이 보이는지를 나타내는 대상의 문제, 어느 정도에서 보이는지를 나타내는 거리의 문제, 어떤 상태로 보이는지를 나타내는 주제의 문제가 있다.

41 정답 ①

생산구조가 다수의 소량분산생산구조이고 소비구조 또한 다수에 의한 소량분산소비구조일 때의 입지 특성은 생산, 소비하는데 드는 비용과 시간을 적게 사용해야 한다. 다수가 소량으로 구매하기 때문에 수집 기능 수행이 용이해야 하며, 비용을 최소화하기 위해 가깝고 편리한 분산 기능 수행이 용이한 곳에 입지해야 한다.

42 정답 ①

건물의 용적률을 계산하는 공식은 다음과 같다.

$$용적률 = \frac{연면적(건물바닥면적의합)}{대지면적} \times 100$$

건축법시행령 제119조에 따라 지하 1층의 면적은 고려하지 않는다. 지상 1층에 주차장이 있으며, 5층에 주민공동시설이 있으므로, 해당 면적을 빼고 계산하면

$$\frac{(600-200)+600+(400 \times 3)-100}{1,000} \times 100$$

$$= \frac{400+600+1,200-100}{1,000} \times 100$$

$$\therefore \frac{2,100}{1,000} \times 100 = 210\%$$

43 정답 ③

부도심은 주도심을 둘러싼 위성도시이다. 부도심 거주자는 간선도로나 역세권을 통해 이동하게 된다. 상권은 간선도로의 결절점이나 역세권을 중심으로 형성되며 주도심에서 나온 소비자를 상대하기 때문에 도시 전체의 소비자를 유인하지 못하는 경우가 많다.
① 부도심상권의 주요 소비자는 부도심 상권 말고도 도심상권을 비롯해 주도심상권을 이용할 수도 있기 때문에 생활밀착형 점포들이 입지하는 경향이 있다고 보기 어렵다.
② 역세권상권은 많은 소비자들이 이동하는 공간이기 때문에 고밀도 개발이 이루어지는 경우가 많다.
④ 도심상권은 중심업무지구(CBD)를 포함하며, 상권의 범위가 넓기 때문에 소비자의 체류시간은 상대적으로 길다.
⑤ 아파트상권은 아파트에 거주하는 고정고객의 비중이 높으며 이들에 의해 수요를 확보하게 되므로 외부고객을 유치하기 어렵다.

44 정답 ⑤

Huff모델은 소비자가 특정 점포에 갈 확률은 소비자와 행선지 간 거리 및 시간, 경쟁점포 수, 규모의 정도를 통해 나타낸다. 따라서 각 소비자의 거주지와 점포까지의 물리적 거리를 이동시간으로 대체하여 분석할 수도 있다.

45 정답 ③

컨버스의 분기점분석은 두 상권의 경계를 분석하는 방법이다. CST(customer spotting technique) map은 상권 및 개별점포 등의 매출액과 소비자의 거주지를 분석하여 상권의 범위를 분석하는 방법이다. 티센다각형(thiessen polygon)은 상권 간의 물리적 공간의 경계를 분석하는 방법이다. 세 가지 분석방법의 공통점은 상권의 공간적 경계 파악이다.

[3과목] 유통마케팅

46 정답 ③

유통마케팅에 대한 성과를 측정하는 방법에는 고객 만족도 조사, 브랜드 자산 측정 등이 있고, 그 중에서 회계데이터를 기초로 성과를 측정하는 것은 매출액 분석에 해당된다.

47 정답 ①

유통과정 조사과정 순서를 나열하면 조사목적 정의 – 조사설계 – 조사 실시 – 데이터분석 및 결과해석 – 전략수립 및 실행 – 실행결과 평가 순이다.

48 정답 ④

델파이기법은 불확실한 특정 문제에 대해 전문가의 의견을 통해 미래를 예측하는 기법이다. 시계열분석은 시간의 경과에 따라 일정한 간격으로 동일 현상을 반복적으로 측정하여 미래를 예측하는 방법이다.

수요예측기법
- **델파이기법** : 전문가들을 모아 설문지를 통해 의견을 교환, 발전시켜 미래를 예측하는 기법이다. 시간이 많이 걸리며 창의력이 다소 떨어진다.
- **시계열분석** : 시간의 경과에 따라 일정한 간격으로 발생한 동일 현상을 측정하여 미래를 예측하는 기법이

다. 시계열데이터의 변동 요인은 추세 변동, 계절 변동, 순환 변동, 불규칙변동으로 나뉜다.
- **투사법** : 소비자의 내면에 있는 동기, 신념, 태도 등을 단어연상법, 역할 연기 등을 통해 간접적으로 표출하게 하는 기법이다.
- **패널조사법** : 같은 대상에게 일정기간 동안 동일한 질문을 하여 조사하는 방법이다. 참가 대상이 매번 참가하는 것이 아니기 때문에 조사 결과에 편차가 발생하는 문제가 있다.
- **사례유추법** : 하나의 사례를 집중적으로 분석하여 다른 곳에도 분석한 사례를 적용하는 기법이다.
- **수요확산모형분석** : 기업이 신제품 출시에 앞서 소비자의 수요를 예측하기 힘든 경우에 그 수요를 예측하여 분석하는 기법이다.

49 정답 ⑤

전사적고객경험관리는 고객과 기업이 만나는 모든 지점에서 고객이 겪는 다양한 경험을 관리하여 기업에 대해 긍정적인 인식을 형성하고, 차별화된 가치를 제공하여 경영혁신을 유도하는 전략이다.

50 정답 ④

과거에는 전략적 관점에서 판매를 빠르게 달성하는 기술적 판매방식을 중요시 했지만, 판매기술의 고도화로 고객과 관계를 형성하는 영업이 부각되고 있다.

51 정답 ④

영업사원이 확보한 중요한 고객정보를 동료 영업사원들에게 공유했을 때 손해가 된다고 판단될 때에는 공유하지 않고 자기정보화를 하게 된다. 이를 암묵지라 하며 개인이 알고 있지만 겉으로 드러나지 않는 상태의 지식을 뜻한다.

52 정답 ①

고객관계관리(CRM)는 고객획득 및 유지, 수익성 향상을 위해 기업내부에 축적된 고객정보를 효과적으로 활용하여 고객의 만족과 충성도의 제고와 기업 등의 지속적인 운영, 확장, 발전을 추구하는 고객관련 제반 프로세스 및 활동이다. 고객관계관리가 등장하면서 중요 지표였던 신규고객의 확보는 기존고객의 유지 및 강화로 바뀌게 되었다.

53 　　　　　　　　　　　정답 ①

오픈 프라이스(open price)는 상품에 지나치게 높은 권장소비자가를 설정하여 이를 할인판매하는 형식으로 소비자를 현혹하는 병폐를 해결하기 위한 가격정책이다. 유통업체 간 경쟁을 통해 상품가격의 하락을 도모할 수 있지만, 적정가의 기준이 모호해지고 대형유통사 위주로 유통업계가 재편될 수 있다.

③ 하이로우 프라이스(high-low price) : 고가에 해당하는 상품에 할인행사 등으로 기존보다 낮은 가격에 소비자를 유인하는 가격정책이다. 주 소비자층은 고소득자이며, 특정 기간에만 이루어지는 가격정책이기 때문에 광고비가 많이 든다.

④ EDLP(every day low price) : 상시저가전략이라고도 하며 항상 저렴한 가격으로 판매하는 가격정책이다. 주 소비자층은 저소득자이며, 이윤은 적지만 광고비는 적게 든다.

⑤ 단위가격표시제도(unit price system) : 정육점 등에서 단위별로 가격을 책정하는 가격정책이다. 무게에 따라 가격을 책정하기 때문에 상품 가격에 대한 신뢰도가 높다.

54 　　　　　　　　　　　정답 ③

로스리더가격결정(loss leader pricing)은 유인상품전략이라고도 한다. 미끼가 되는 상품은 가격 손실을 감수하면서까지 크게 할인하고, 고객을 유인하여 주력상품을 판매하는 가격결정 방식이다.

① 묶음가격결정(price bundling) : 관련되거나 같은 상품을 묶어서 판매하여 소비자가 개별적으로 구매했을 때 보다 저렴하게 구매할 수 있게 하는 가격결정 방식이다.

② 이분가격결정(two-part pricing) : 어떤 상품에 대해 기본 서비스 이외에도 서비스의 정도에 따라 추가 비용이 생기는 가격결정 방식이다.

④ 포획가격결정(captive pricing) : 종속제품가격결정이라고도 하며, 주요제품과 함께 사용해야 하는 종속제품에 대한 가격결정 방식이다. 주요제품은 저렴하게 종속제품은 높은 가격으로 책정하여 이익을 얻는다.

⑤ 단수가격결정(odd pricing) : 가격 자릿수를 한 단위 낮춤으로써 상품의 판매를 증진시키는 가격결정 방식이다.

55 　　　　　　　　　　　정답 ⑤

욕조마개(bathtub) 이론은 욕조의 수위를 일정하게 유지하기 위해서는 물이 빠져나간 만큼 채워 넣어야 하는 것처럼 판매량과 만큼의 진열량을 일정하게 유지하여 회전율이 일정화되고, 품목별 재고의 수평적인 감소가 같아지는 이론이다.

① 풍선효과(ballon) 이론 : 공기가 들어 있는 풍선의 한 면을 누르면 누르지 않은 부분이 튀어 나오듯, 부분적인 문제를 해결하고 나면 다른 부분에서 문제가 발생하는 것을 일컫는 이론이다.

③ 20 : 80 이론 : 기업의 전 제품 중 20%가 기업 매출의 80%를 차지하는 것을 의미하며, 매출액이 높은 주력상품에 집중해야 한다는 이론이다.

④ 채찍(bullwhip) 이론 : 채찍을 위아래로 휘두르면 물결 모양처럼 흔들리는데, 높은 수요와 낮은 수요는 동시에 존재하며, 예측하기 어려워 왜곡이 발생할 수 있다는 이론이다.

56 　　　　　　　　　　　정답 ④

ⓒ은 필요할 때 부족함 없이 사용하기 위해 미리 구매하는 것으로, 부정적인 상태를 제거하려는 동기이다.
ⓔ은 당면한 불편을 해결하기 위해 제품(브랜드)를 탐색하는 것으로 부정적인 상태를 제거하려는 동기이다.

57 　　　　　　　　　　　정답 ⑤

상품믹스는 기업이 판매하는 모든 상품의 집합으로, 상품품목이 증가하면 상품의 차별화와 상품차별화의 정도가 강해질 수 있다.

58 　　　　　　　　　　　정답 ③

• 소매수명주기이론 : 소매업체가 시간의 경과에 따라 진화하는 이론으로 도입기, 초기성장기, 가속성장기, 성숙기, 쇠퇴기 단계를 거치게 된다.

• 소매아코디언 이론 : 소매업태의 변천은 제품구색의 변화에 따라 제품구색이 넓은 소매업태에서 제품구색이 좁은 소매업태로, 다시 넓은 제품구색의 소매업태를 되풀이하게 된다.

59 　　　　　　　　　　　정답 ⑤

점포 내 레이아웃관리를 위한 의사결정의 순서는 상품배치 결정 – 고객동선 결정 – 판매방법 결정 – 진열용 기구배치 순으로 이루어진다.

60 　　　　　　　　　　정답 ①

More for More 전략은 우수한 품질의 상품에 높은 가격을 책정하는 것이다. 주로 백화점 내의 명품 등에 적용하는 전략이다.

② More for the Same 전략 : 좋은 품질의 상품을 같은 가격으로 책정하여 더 많은 가치를 제공하는 포지셔닝 전략이다.

③ Same for Less 전략 : 같은 품질의 상품을 저렴한 가격으로 제공하는 포지셔닝 전략이다.

⑤ More for Less 전략 : 좋은 품질의 상품을 저렴한 가격으로 제공하는 것으로, 장기적인 이익 확보에 어려움이 있어서 자본력과 인지도를 필요로 하는 포지셔닝 전략이다.

61 　　　　　　　　　　정답 ①

소비자에 대한 기대관리에서 입지편리성을 판단할 때 소비자와 목적지 간의 물리적인 거리보다 소비자가 목적지로 이동하는 여행시간이 훨씬 더 중요하다. 소비자가 목적지에 도착하기까지 여행시간이 지체되는 요소가 있다면 소비자의 기대를 충족시키지 못하게 된다.

62 　　　　　　　　　　정답 ②

가격 할인은 공급업체가 제품의 판매 촉진을 위해 유통업체유인책으로, 비정기적인 판촉 유형이다. 누적주문량에 따라할인해 주게 되면 누적주문량에 미치지 못하는 유통업체를유인할 수 없기 때문에 구매시점을 기준으로 가격 할인을 하게 된다.

63 　　　　　　　　　　정답 ①

격자형 레이아웃은 점포의 공간 효율성을 높이는 레이아웃으로 상품은 병렬 배열되며, 배열된 상품 사이로 고객이 이동할 수 있는 복도가 있다. 기둥이 많고 간격이 좁은 상황에서도설비비용을 절감할 수 있으며 통로 폭이 동일하기 때문에 건물 전체의 필요면적이 최소화되는 장점이 있다.

② 자유형 레이아웃 : 고객 편의성 중심의 레이아웃으로, 상품 및 시설물은 고객의 자유로운 이동을 고려하여 일정한 패턴으로 구성된다. 고객이 여러 매장을 손쉽게 둘러볼 수 있게 통로 중심으로 매장 입구를 연결하여 배치하는 형태이다.

③ 루프형 레이아웃 : 통로 중심의 레이아웃으로 여러 매장 입구를 연결하여 배치한다. 전체 점포에 걸쳐 고객이동이 용이한 형태이다.

④ 복합형 레이아웃 : 격자형 레이아웃과 자유형 레이아웃이 결합된 레이아웃 형태이다.

⑤ 부띠끄형 레이아웃 : 특정 쇼핑테마들을 하나의 독립적인 공간처럼 배치하는 레이아웃이다.

64 　　　　　　　　　　정답 ④

고객생애가치(CLV, Customer lifetime value)는 고객들로부터 미래의 일정 기간 동안 얻게 될 이익을 할인율에 의거하여 현재가치로 환산한 재무가치이다. 고객이 일생동안 기업에게 구매를 통해 평균적으로 기여하는 미래수익이 현재 가치로 환산된다.

65 　　　　　　　　　　정답 ⑤

유통경로 상 발생하는 갈등의 유형 중 하나인 수평적 갈등은 같은 유통경로 내의 구성원들에게서 발생하는 갈등이다. 차량 가격을 낮게 책정한 다른 딜러에 대한 동일차량회사 딜러의 불평은 구성원 각자의 목표가 서로 달라 갈등을 빚는 수평적 갈등의 사례이다.

66 　　　　　　　　　　정답 ④

비활동 고객은 자사의 고객 중에서 정기적인 구매시기가 지났음에도 더 이상 구매하지 않는 고객이다.

67 　　　　　　　　　　정답 ①

점포는 비용을 비롯하여 노동생산성, 포지셔닝, 수정가능성 등을 고려하여 설계한다. 점포 설계의 근본적인 목적은 이윤추구이기 때문에 모든 소비자들의 다양하고 복잡한 욕구와니즈를 충족하기 어렵다.

68 　　　　　　　　　　정답 ④

유통업체의 업태 경쟁은 유사 상품을 판매하는 서로 다른 유통업체 간의 경쟁인 업태 간 경쟁과 유사 상품을 판매하는 같은 유통업체 간의 경쟁인 업태 내 경쟁이 있다. 품목별 전문유통기업의 등장은 업태 내 경쟁이 촉진되는 요인에 해당된다.

69 정답 ⑤

보유한 진열비품의 활용가능성은 매장 내 상품진열 방법으로 고려해야 할 요인과 거리가 멀다. 비품은 부가적인 요소이므로 상품진열의 방법을 결정할 때 고려해야 할 요인에 해당되지 않는다.

70 정답 ⑤

프라이스 존은 상품의 가격을 최저가격부터 최고가격까지의 폭을 의미한다. 프라이스 라인은 제품 각각에 대한 가격의 종류를 의미한다.

[4과목] 유통정보

71 정답 ②

CRM 시스템은 기업이 기존고객에 대한 데이터를 분석해 고객이 원하는 제품 및 서비스를 지속적으로 제공하여 고객의 평생가치를 극대화하여 수익성을 높이는 고객관계관리 과정이다. 기업에서는 단기적인 고객관계 형성이 아닌, 장기적인 고객관계 형성을 위해 CRM 시스템을 도입하고 있다.

72 정답 ⑤

정보 단위는 바이트(B) → 킬로바이트(KB) → 메가바이트(MB) → 기가바이트(GB) → 테라바이트(TB) → 페타바이트(PB) 순으로 단위가 커진다.

73 정답 ①

충성도 프로그램은 유통업체에서 구매 충성도를 높이기 위해 고객에게 혜택 등을 제공하여 계속해서 자사의 제품을 구매하도록 유인하는 것이다. 때문에 장기적인 혜택 제공이 있어야 고객이 자사의 제품을 구매하므로 장기적 프로그램에 해당된다.

74 정답 ①

ERP 시스템의 발전순서는 MRP – MRPII – ERP – Extended ERP 순으로 발전했다.

물류정보시스템

- **MRP(Material Requirements Planning)** : 자재소요계획이라고도 한다. 전산화된 프로그램을 통해 제품제작에 필요한 재고 관리 및 생산 일정을 관리하는 시스템이다. 생산에 필요한 원자재, 공정품, 조립품 등의 자재 조달 계획을 수립하여 효율적인 재고 관리를 통해 능률을 향상시킨다.
- **MRPII** : MRP에서 발전한 시스템으로, 기존의 재고 관리 및 생산 일정 관리에 재무 및 인적 자원 정보까지 관리할 수 있어 경영 전반에 대한 현황을 파악할 수 있게 한다.
- **ERP(Enterprise Resource Planning)** : 전사적 자원관리라고도 한다. 기업 내 모든 경영 프로세스를 통합, 관리하는 시스템이다. 기업에서 발생하는 정보를 서로 공유하여 새로운 정보 생성 및 빠른 의사 결정을 내릴 수 있게 한다.
- **Extended ERP** : 전사적자원관리 뿐만 아니라 기업 외부의 정보까지 통합한 ERP에서 발전된 시스템이다.

75 정답 ⑤

애프터마켓형 사물인터넷은 반제품 형태의 사물인터넷으로, 기존 제품에 부착하여 사물인터넷 기능을 수행한다. 크롬캐스트는 애프터마켓형 사물인터넷 제품 중 하나로 사물인터넷 기능이 없는 기존 TV에 부착하여 스마트 TV로 사용할 수 있게 한다.

76 정답 ②

드론은 프로펠러로 비행하는 무인항공기를 통칭하는 것으로, 본래 군사용으로 사용되었다. 현재는 취미와 촬영 등 여가 활동용 드론 및 고립된 지역의 구조 활동 및 외곽 지역에 상품을 배달하는 드론이 개발되고 있다.

① GPS : GPS 위성에서 보내는 신호를 수신해 사용자의 위치를 계산하는 위성합법시스템이다.
③ 핀테크 : 금융(finance)과 기술(technology)이 결합한 서비스로, 금융과 IT의 융합을 통한 금융서비스를 의미한다.
④ DASH : 무인 소형 헬리콥터에 대잠수함용 어뢰를 탑재하여 무선조작으로 적의 잠수함을 공격하는 무기체계이다.
⑤ WING : 드론을 통해 배송 서비스를 제공하는 드론배송업체이다.

2021년 제1회 정답 및 해설

77   정답 ①

• 옵트아웃(opt out) : 특정 이메일을 받지 않기로 선택하는 것이다. 기업에서 발송된 광고성 메일에 대해 고객이 수신거부 의사를 전달해 광고성 메일을 받지 않는 방식이다.
• 옵트인(opt in) : 기업이 이메일 등을 제공할 때 고객의 수신동의 의사를 전달한 경우에만 발송할 수 있도록 하는 방식이다.

78   정답 ④

그린워시(Greenwash)는 기업이 실제로는 환경에 유해한 경영 활동을 하면서 마치 친환경적인 것처럼 광고하는 행위를 말한다. 기업 감시단체인 코프워치가 매년 지구의 날에 그린워시를 행한 기업에 그린워시상을 수여한다.

79   정답 ①

S&OP(Sales and Operations Planning)은 기업의 수요와 공급이 균형을 이루어 고객만족과 수익성이 향상 되도록 돕는 업무 프로세스이다.

80   정답 ①

EDI는 전용선 기반이나 텍스트 기반의 EDI 서비스를 웹기반으로 포팅(Potting)한 것으로 개방적인 인터넷 환경으로 인해 보안의 취약성이 높다.

81   정답 ⑤

스토어 컨트롤러는 매장에 설치된 여러 대의 POS 터미널에서 온 데이터를 처리한다. 상품에 관련된 모든 정보를 데이터베이스화하며 각종 경영정보의 수집과 여러 보고서를 발행한다.

82   정답 ③

e-SCM은 공급자, 유통업자, 고객 관련 정보 등의 흐름을 효율적으로 관리하는 기법이다. 공급자로부터 최종소비자에게 상품이 도달되는 모든 과정인 SCM과 관련된 기술들이 웹상에서도 기능을 수행할 수 있도록 한다. 따라서 기업내부의 업무 활동에 한정된 거래자료의 처리를 위한 거래처리시스템의 도입은 적절하지 않다.

83   정답 ④

RFID 기술은 무선인식 기술이라고도 한다. 바코드 대비 많은 양의 데이터를 처리할 수 있으며, 무선으로도 데이터를 처리할 수 있다. 확장성이 높아 다양한 분야에서 적용하고 있지만 구축비용이 비싸고, 보안의 취약성 때문에 활성화되고 있지 않다.

84   정답 ①

RPA(Robotic Process Automation)는 로봇 프로세스 자동화로 풀이할 수 있다. 비즈니스 과정 중 반복적이고 단순한 업무 프로세스에 소프트웨어를 적용하여 자동화하며, 소프트웨어의 종류에 따라 다양한 업무 프로세스에 적용된다.

85   정답 ②

QR(Quick Response) 또는 신속대응시스템은 제품의 제조부터 소비자에게 전달되기까지의 제조 과정을 단축시키고, 소비자의 수요를 충족하는 제품을 공급하는 기법이다. QR을 도입하여 얻는 효과로는 총 리드타임의 단축, 프로세싱 시간 감소, 낮은 수준의 재고 유지, 정확성 및 신속성의 향상, 고객 요구의 신속한 반영 등이 있다.

86   정답 ⑤

POS 시스템을 도입함으로써 얻는 효과로 업무처리 속도의 향상 및 오류 방지, 업무 프로세스의 단순화, 상품의 신속한 회전, 판매 상품에 대한 분석, 판매량이 낮은 상품의 배제 등이 있다. POS 시스템은 바코드로 입력된 정보와 고객 정보를 연계하여 개인 고객의 구매내역을 파악한 후에 각종 통계 자료로 작성하게 된다.

87   정답 ③

사회에서 자연스럽게 사용되는 자연 언어는 정량적으로 표현하기 애매하기 때문에 참 혹은 거짓의 이진 논리로 대입하게 되면 어색한 부분이 생기게 된다. 퍼지 논리는 참 혹은 거짓의 이진 논리에서 벗어나 근사치나 주관적 값 등의 다양한 가치로 표현하는 논리 개념이다.

88 정답 ③

명시적 지식 또는 형식지(Explicit Knowledge)는 문서 또는 매뉴얼처럼 외부로 드러나 여러 사람이 공유할 수 있는 지식이다. 외부로 드러나기 때문에 경쟁기업이 모방하기 쉬운 지식에 해당된다.

89 정답 ⑤

전자서명은 서명자가 해당 전자문서에 서명하였음을 나타내기 위해 첨부된 전자적 형태의 정보이다. 전자서명이 갖추어야 할 특성으로는 변경불가, 부인방지, 위조불가, 인증, 재사용 불가 등이 있다.

90 정답 ⑤

유통업체에게 지식관리시스템의 활용은 의사결정을 위한 정보를 제공받을 수 있다. 지식관리시스템을 통한 정보는 의사결정권자의 여부에 상관없이 제공받을 수 있으며, 많은 지식의 제공으로 판단이 느려질 수 있다.

2021년
제2회 기출문제
정답 및 해설

01	⑤	02	④	03	⑤	04	③	05	③
06	②	07	③	08	⑤	09	④	10	②
11	①	12	④	13	④	14	③	15	⑤
16	③	17	④	18	⑤	19	④	20	①
21	①	22	②	23	②	24	①	25	②
26	④	27	③	28	②	29	④	30	③
31	③	32	④	33	①	34	②	35	③
36	④	37	③	38	②	39	②	40	④
41	③	42	④	43	②	44	⑤	45	④
46	④	47	⑤	48	④	49	③	50	③
51	②	52	③	53	②	54	④	55	⑤
56	①	57	③	58	③	59	②	60	④
61	④	62	⑤	63	②	64	④	65	④
66	⑤	67	④	68	②	69	①	70	④
71	⑤	72	⑤	73	④	74	①	75	②
76	①	77	②	78	⑤	79	①	80	①
81	⑤	82	②	83	②	84	④	85	⑤
86	①	87	①	88	③	89	②	90	③

[1과목] 유통물류일반

01　　　　　　　　　　　　　정답 ⑤

물류센터의 면적은 입지와 관련이 있으며, 운송수단을 결정하기 전에 검토할 사항과 거리가 멀다.

02　　　　　　　　　　　　　정답 ④

JIT(Just In Time)은 생산과정에서 필요한 양만큼 부품을 가져와 재고유지비용의 최소화하여 낭비요인을 제거하는 데 그 목적이 있다. 생산과정에서 필요한 양의 부품이 즉시 도착하기 때문에 수송단위가 소형화되고, 때마다 필요한 양만큼 가져오기에 수송빈도가 증가한다.

03　　　　　　　　　　　　　정답 ⑤

COFC는 덮개나 지붕이 없는 화물차인 플랫카(Flat Car) 위에 트레일러에서 분리한 컨테이너(Container)을 싣고 수송하는 방식으로 피기백(piggy back) 복합운송 서비스에 속한다.

04　　　　　　　　　　　　　정답 ③

ROI 또는 투자수익률은 가장 널리 사용되는 경영성과 측정 기준 중 하나로, 순이익을 총 투자액으로 나눈 것이다. ROI가 높을수록 제품에 대한 투자비용 대비 순이익을 잘 달성했다는 의미이다.

05　　　　　　　　　　　　　정답 ③

집합포장은 많은 화물을 팔레트 등의 위에 정리하거나, 여러 화물들을 포장하는 것이다. 저장과 수송에 의한 화물 관리 비용이 감소된다. 쉬링크는 수축 필름의 열수축력으로 팔레트와 적재된 화물을 집합포장하는 것이다. 스트레치는 복수의 화물을 한데 모은 뒤에 얇은 필름으로 덮어 포장하는 것이다. 쉬링크와 스트레치는 방진, 방수효과가 있으며 범용성이 높다.

06　　　　　　　　　　　　　정답 ②

7R 원칙은 E. W. 스마이키 교수가 정의한 원칙으로 적절한 상품(Right Commodity), 적절한 품질(Right Quality), 적절한 양(Right Quantity), 적절한 시기(Right Time), 적절한 장소(Right Place), 적절한 가격(Right Price), 좋은 인상(Right Impression)이 있다. 7R에서 적절한(Right)의 의미는 고객이 요구하는 서비스의 수준이다.

07　　　　　　　　　　　　　정답 ③

아웃소싱은 기업의 생산능력이 충분하지 않거나 전문성이 결여되어 있을 경우에 제품의 생산과 유통, 포장, 용역 등의 과정을 하청기업의 발주나 외주를 통해 위탁 처리하는 경영전략이다. 비용 상의 이점이 있지만 리드타임, 수송, 창고비 등에 대한 통제가능성은 낮다.

분야의 전문가들로 구성되어 과제가 수행되면 해체된다. 기간, 구분에 따라서 하향식 또는 수평적인 방식으로 구성될 수 있는 의사소통 유형이다.

08 정답 ⑤

- **직계승진제도** : 평가, 등급 등을 통해 자격요건에 맞는 사람을 선정하여 승진시키는 방법이다. 능력평가에 있어 객관성 확보가 가능하지만, 승진관리가 불안정하다.
- **연공승진제도** : 학력, 경력 등 개인적인 연공과 신분에 따라 자동적으로 승진시키는 방법이다. 능력평가에 있어 객관성 확보가 힘들지만, 승진관리가 안정되어있다.

> **승진관리의 종류**
> - **직계승진제도** : 직무주의적 능력주의에 입각하여 직무의 분석 · 평가 · 등급 조절 등이 끝나 직위관리 체제가 확립되면, 그 직무의 자격요건에 비추어 적격자를 선정하고 승진시키는 방법
> - **연공승진제도** : 근무연수, 학력, 경력, 연령 등 종업원의 개인적인 연공과 신분에 따라 자동적으로 승진시키는 연공주의에 의한 승진유형
> - **자격승진제도** : 연공과 능력, 즉 직무주의와 인도주의를 절충시킨 제도
> - **대용승진제도** : 자격승진제도와 같이 경영 내의 공식적인 자격을 인정하고 그에 따라 승진시키는 것이 아니라, 승진은 시켜야 하나 담당 직책이 없을 경우 인사체증과 사기 저하를 방지하기 위해 직무내용상 실질적인 승진은 없이 직위심불상의 형식적인 승진을 시키는 방법
> - **조직변화 승진제도** : 승진 대상은 많으나 승진의 기회가 주어지지 않으면 사기 저하, 이직 등으로 유능한 인재를 놓칠 가능성이 있을 경우, 경영조직을 변화시켜 승진의 기회를 마련해주는 방법

11 정답 ①

목표관리이론(MBO : Management By Objectives)은 피터 드러커(Peter F. Drucker)가 제창한 이론으로, 많은 관리활동을 체계적인 방법으로 통합하고 조직과 개인의 목표를 효과적으로 달성하기 위한 동기부여전략이다. 구성요소로는 목표설정, 참여, 수행, 피드백으로 이루어진다. 상사와 부하가 함께 구체적이며 단기적인 목표 설정과 목표를 수행하여 나온 결과를 피드백하여 다음 번 목표 설정에 활용하게 된다.

12 정답 ④

범위의 경제는 생산요소의 기능을 조절하여 하나의 생산 설비에서 2종 이상의 제품을 효율적으로 생산하는 것이다. 기존 제품과 형태가 비슷한 신제품을 생산하기 위해 생산시설을 증설하는 것이 아니라 같은 생산시설에서 생산함으로써 시간과 비용을 최소화할 수 있다.

13 정답 ⑤

기업수준의 전략계획은 기업의 목표 및 역량과 변화하는 마케팅 기회 사이의 전략적인 적합성을 개발하고 유지하는 과정이다. 기능별 경영전략과 사업수준별 경영전략과는 구분되며, 전략은 기업의 최고 경영진에 의해 수립된다.

14 정답 ③

업태 간 경쟁은 유사한 종류의 상품을 판매하는 서로 다른 소매업체 간의 경쟁이다. 가전제품도매상과 가전제조업체의 경쟁은 서로 다른 경로수준의 경로구성원 간의 경쟁인 수직적 경쟁에 해당된다.

09 정답 ④

포트폴리오 투자이론은 미국의 경제학자 해리 마코위츠(Harry M. Markowitz)에 의해 체계화된 이론이다. 이중에서 체계적 위험은 시장 전체가 지닌 위험으로, 시장 내의 모든 주식 기업에 영향을 끼치는 주가변동위험을 뜻한다.

15 정답 ⑤

기업환경 중에서 과업환경은 기업의 목표달성을 위한 경영활동에 직접 영향을 주는 환경요인의 집합으로 경쟁기업, 고객, 규제기관, 협력업자 등이 있다.

10 정답 ②

태스크포스(task force)는 어떤 과제를 수행하기 위해 각

16 　　　　　　　　　　정답 ③

이해관계자는 기업에 대한 이해관계가 있는 집단을 뜻한다. 이해관계자 중에서 노동조합의 관심사는 노동의 질, 근로자 보호, 일자리이다.

17 　　　　　　　　　　정답 ④

청소년보호법 제2조 4항에 따르면 청소년유해약물은 주류, 담배, 마약류, 환각물질이며, 고카페인 탄산음료는 청소년유해약물에 포함되지 않는다.

18 　　　　　　　　　　정답 ⑤

유통경로 결정이론 중에서 어느 구성원이 재고를 가지는가에 따라 유통경로가 만들어지는 것을 연기 - 투기 이론이라 한다. 자신이 더 많은 비용우위를 갖는 일은 직접 수행하고, 다른 유통경로 구성원에게는 나머지 비용우위를 갖는 기능을 위양하는 것을 기능위양 이론이라 한다.

19 　　　　　　　　　　정답 ④

완전기능도매상은 유통단계에서 도매상의 모든 기능과 광범위한 서비스를 제공하는 도매상이다. 소비자가 요구하는 거의 모든 상품을 유통하는 일반상품 도매상, 철물, 가구 등 제품 몇 가지를 동시에 취급하는 한정상품 도매상, 전문품만 취급하는 전문품 도매상이 있다.

> **상인 도매상**
> • **완전기능 도매상** : 유통단계에서 도매상의 모든 기능과 광범위한 서비스를 제공하는 도매상이다. 일반상품 도매상, 한정상품 도매상, 전문품 도매상이 있다.
> • **한정기능 도매상** : 도매상의 기능 중 한정된 일부 기능만을 수행하는 도매상이다. 트럭 도매상, 직송 도매상, 선반중개 도매상, 현금거래 도매상이 있다.

20 　　　　　　　　　　정답 ①

소비자기본법 제20조의2 4항에 의하면 소비자중심경영인증의 유효기간은 그 인증을 받은 날부터 2년으로 한다.

21 　　　　　　　　　　정답 ①

기업활동에서 부가가치가 생성되는 과정을 뜻하는 가치사슬은 디지털화 및 인터넷 등의 기술발전으로 인해 해체되고 있으며, 비용의 절감을 위해 낮은 재고비용이 필요하게 되었다.

22 　　　　　　　　　　정답 ②

등급(sort out)은 각각의 이질적인 제품을 크기, 품질, 색깔 등을 기준으로 동질적인 집단으로 나누어 구분하는 것이다. 분배(allocation)는 수합된 동질적인 제품들을 소비자가 원하는 소규모 단위로 나눈 것이다.

23 　　　　　　　　　　정답 ②

우리나라의 경우 1960년대 이후에는 제조업의 육성과 활성화를 주요 과제로 정부 주도형 정책을 추진하였고, 1980년대 이후에는 유통산업근대화촉진법 및 도소매업진흥법 등을 제정하여 유통산업 부문 중심의 활성화가 중요 과제가 되었다.

24 　　　　　　　　　　정답 ①

산업구조분석모형(5-forces model)은 마이클 포터(Michael Porter)가 발표한 산업구조분석 기법으로 다섯 가지 경쟁요인을 통해 특정 산업분야의 현황과 미래를 분석한다. 다섯 가지 경쟁 요인 중에서 공급자의 교섭력은 교섭력이 높을수록 자사의 협상력이 떨어져 시장 매력도가 하락하게 된다.

25 　　　　　　　　　　정답 ②

총 거래수 최소화의 원칙은 제조업자와 소비자 간의 직거래보다 제조업자가 중간상과의 거래를 통해 총 거래수와 거래비용이 감소하게 된다.

[2과목] 상권분석

26 　　　　　　　　　　정답 ④

• **자금계획** : 일정기간 현금지출이 어디서 지출되며 어디서 수입되는지 계획하는 것이다. 자금계획을 실시하기 위하여 자금계획표를 작성한다.
• **손익계획** : 일정기간 손해와 이익이 발생한 원인을 분석하

여 수익을 극대화하는 방안을 계획하는 것이다. 수익계획과 비용계획으로 나뉘며 서로 밀접한 관계를 이룬다.

27 정답 ③

지역중심형 상업입지는 중심형 상업입지에서 특정지역에 한정된 상업입지이다. 지방 중소도시는 광역권 도시보다 규모가 작기 때문에 선매품 소매점 보다는 준선매품 소매점이, 고급음식점 보다는 가족형 음식점이 상점가를 형성하게 된다.

28 정답 ②

규모의 경제는 기업이 소비자에게 제품 또는 서비스를 제공하기 전에 필요한 기계 및 시설 등의 고정비용을 기반으로 생산량이 증가하게 되면 생산비용은 감소하게 된다. 독점적으로 제품 및 서비스를 제공하는 점포가 아닌 경우에는 다른 점포와의 경쟁, 새로운 점포의 등장 및 경제상황 등의 다양한 변수로 인해 생산량 대비 생산비용이 증가할 수 있다. 따라서 반드시 점포의 규모는 클수록 유리하다고 볼 수 없다.

29 정답 ④

점포의 접근성과 가시성은 입지구성의 요소인 위치의 조건에 해당되며 상권설정과 거리가 멀다.

30 정답 ③

상가건물 임대차보호법 시행령 제4조에 따르면 차임 또는 보증금이 임차건물에 관한 조세, 공과금, 기타 부담의 증가 및 감소 또는 감염병 등에 의한 경제사정의 변동이 있을 경우에 차임 또는 보증금의 증액청구는 청구당시의 차임 또는 보증금의 100분의 5의 금액을 초과하지 못한다. 따라서 상가임대료의 인상률 상한은 5%를 초과할 수 없다.

31 정답 ③

- 티센다각형(Thiessen polygon)모형 : 소비자들이 가장 가까운 소매시설을 이용한다는 가정 하에 공간독점 접근법에 기반을 한 상권 구획모형의 일종으로, 티센다각형의 크기는 경쟁수준과 역의 관계를 가진다.
- 체크리스트법(Checklist method) : 상권에 영향을 주는 요소에 대한 평가표를 통해 상권을 평가하는 방법이다. 점포의 상대적인 매력도를 파악할 수 있지만, 예상 매출액을

추정하기 어렵다.

32 정답 ④

입지는 시간이 흐르면서 여러 영향에 따른 변화로 인해 매출 등에 영향을 줄 수 있으므로, 점포의 속성들을 개선하여 유리한 조건을 갖출 수 있게 입지를 강화해야 한다.

33 정답 ①

시계성 관점은 고객의 눈으로 보이는 모든 입지 요소를 평가하는 것이다. 시계성을 평가하는 4가지 문제로는 기점의 문제, 대상의 문제, 거리의 문제, 주제의 문제 등이 있다. 도보의 경우에 차량 이용보다 더 가까운 거리에서 인식 가능한 입지가 상대적으로 좋은 입지가 된다.

34 정답 ②

지리정보시스템(GIS)은 자연요소들은 물론, 주요 건축물과 각종 시설물을 컴퓨터 지도를 사용하여 과학적으로 관리할 수 있게 하는 체계이며, 많은 정보를 관리하기 위해 점, 선, 면을 사용하여 주제도(thematic map) 작성을 하게 된다.

35 정답 ③

동반유인의 원칙은 넬슨(R. L. Nelson)의 소매입지론 중에서 누적적 흡인력에 속한다. 동종 점포가 서로 집중된 입지가 고객을 유인하는데 유리하다는 원칙이다.
① 보충가능성의 원칙 : 두 개의 점포가 인접한 장소에 위치할수록 고객을 유인하는데 있어 유리하다.
② 점포밀집의 원칙 : 유사한 점포 또는 대체가 가능한 점포가 인접할수록 고객 흡인력이 떨어진다.
④ 고객차단의 원칙 : 사무실밀집지역, 쇼핑지역 등은 고객이 특정지역에서 타 지역으로 이동할 시에 점포를 유인하게 한다.
⑤ 접근가능성의 원칙 : 지리적으로 인접하거나 교통이 편리한 입지에 점포가 위치하면 고객을 유인하는데 유리하다.

36 정답 ④

같은 지구 안에 있는 특성이 다른 점포라도 입지에 따라서 점포의 규모가 달라지므로 상권에 차이가 발생한다.

37   정답 ④

공간균배의 원리는 유사 상품을 판매하는 인접한 점포 간에 경쟁이 일어나는 경우에 시장의 크기, 수요, 교통비 탄력성에 따라 서로 유리한 형태로 점포 사이의 공간을 균등하게 나눈다는 원리이다. 공간균배의 원리에 따른 분류로는 집심성 점포, 집재성 점포, 산재성 점포, 국부적 집중성 점포가 있으며, 교통비 탄력성이 클수록 분산 입지 현상이 나타난다.

38   정답 ②

상권분석 중에서 지역분석에 필요한 분석항목은 인구변화 추세, 기후·지형·경관, 도로망·철도망, 금융 및 조세 여건 등이 있다.

39   정답 ②

소매포화지수(IRS)는 특정소매업 지역 내에 수요공급을 파악하는 지표로, 값이 적을수록 포화되어있다고 볼 수 있다. 시장성장잠재력지수(MEP)는 지역시장이 미래에 신규 수요를 창출할 수 있는지를 반영하는 지표로 값이 클수록 성장가능성이 높아진다. 따라서 소매포화지수가 낮고, 시장성장잠재력지수가 높으면 지역시장의 성장가능성은 낮지만 포화정도가 낮은 경우가 적절하다.

40   정답 ④

일반적인 백화점의 입지와 소매전략은 소비자가 한 곳에서 구매할 수 있게 상품 구색을 종합화하여 원스톱 쇼핑에 집중해야 한다.

41   정답 ③

전문품을 취급하는 점포는 특수한 매력을 갖춘 상품을 주로 취급한다. 보통 고객이 구매를 위해 거리, 시간, 비용의 노력을 아끼지 않으며 유명 브랜드가 많다. 때문에 고객이 지역적으로 분산되어 있으며 상권의 밀도는 낮고, 범위는 넓은 특성을 갖고 있다.

42   정답 ③

이용가능한 정보가 많을수록 상권분석 결과의 정확성 또한 높아지거나 낮아질 가능성이 있다. 따라서 이용가능한 정보와 상권분석 결과의 정확성은 역U자형 관계와 거리가 멀다.

43   정답 ②

결절점(node) 또는 교차점은 쇼핑센터 내부의 주요 공간인 전이공간, 이벤트 장소 등이 된다.
① 통로(path) : 쇼핑센터 내부에 위치한 장소와 장소를 연결하는 통로이다.
③ 지표(landmark) : 조형물, 분수 등의 쇼핑센터의 상징이 되는 대표적인 시설물이다.
④ 구역(district) : 레스토랑, 옥상공원 등 쇼핑센터의 부분이 되며, 소비자가 인식 가능한 독자적 특징을 지닌 영역이다.
⑤ 에지(edge) : 지하철역, 다른 빌딩 등 쇼핑센터와 구분되는 경계이다.

44   정답 ⑤

최소수요충족거리는 상업중심지가 기능을 유지하기 위해 정상이윤 확보에 필요한 최소한의 수요를 발생시키는 상권범위를 말한다.

45   정답 ④

빅데이터를 활용하여 소비자의 데이터를 수집하고 분석하여 소비자의 욕구에 맞춘 제품 추천과 시기에 알맞은 제품 안내 등의 고객맞춤형 전략을 수립할 수 있다.

[3과목] 유통마케팅

46   정답 ④

마케팅적 방법에는 고객만족도 조사 등을 통해 고객들로부터 수집한 데이터로 성과를 측정할 수 있다. 또한 축적된 데이터를 활용하여 과거의 성과와 비교하고 미래를 예측할 수 있다.

47   정답 ⑤

분산분석은 두 개 이상인 대상의 평균을 비교하는 분석방법으로, 평균 간의 차이가 발견되는지 검증하기 위해 사용된다. 매출향상을 위해 5개 지점에서 가격인하, 할인쿠폰행사, 경품행사 등의 판촉방법을 적용해 나온 자료를 표본으로 매출에

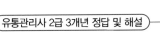

미치는 효과여부를 조사하는 방법은 분산분석을 활용하는 것이 적절하다.

① 요인분석(factor analysis) : 다수의 변수 사이의 상관관계를 이용하여 유사한 변수끼리 분류하는 기법이다. 주로 소비자를 대상으로 설문지 조사를 통해 얻은 결과를 분석하여 유사한 요인끼리 분류한다.
② 회귀분석(regression analysis) : 하나 또는 하나 이상의 독립변수의 종속변수에 대한 영향을 추정할 수 있는 분석기법이다. 체계적인 변수 고려로 점포의 매출에 미치는 영향에 대해 계량적으로 분석할 수 있다.
③ 다차원척도법(MDS, Multi-Dimensional Scaling) : 제품 또는 소비자의 위치를 다차원 공간상에 각각 표시하는 기법으로, 포지셔닝 분석이나 소비자의 선호도를 분석하는데 적합하다.
④ 표적집단면접법(FGI, Focus Group Interview) : 초점집단면접법이라고도 하며, 기업 등이 표적으로 삼는 소비자를 특정 장소에 한데 모아 자료를 수집하는 기법이다. 수집한 자료를 통해 신제품 구상 및 문제점 등을 파악하게 된다.

48 정답 ④

판매촉진의 목적은 소비자에 대한 신제품 구매, 선호도 증대, 유인, 인지도 증대, 시장점유율의 확대 등이 있다.

49 정답 ③

• 타성적 로열티 : 굳어진 습관 등으로 인해 반복적으로 특정 제품을 구매하는 경우이다. 다른 기업의 특정 제품을 구매할 가능성이 높기 때문에 호감도 관리가 필요하다.
• 잠재적 로열티 : 반복구매도는 낮지만 호감도는 높아 다소의 노력이 필요하더라도 특정 제품, 브랜드를 구입하는 경우이다. 호감도는 높으나 환경, 물리적인 거리 등의 이유로 반복구매도가 낮기 때문에 홍보의 중요성이 부각된다.
• 초우량 로열티 : 특정 제품에 대한 애착과 호감 수준이 높고, 긍정적인 평가와 반복구매가 빈번하게 이루어지는 경우이다. 타성적 로열티, 잠재적 로열티, 비로열티가 추구하는 목표에 해당된다.

50 정답 ③

소매업체는 고객 충성도 향상을 위해 장기적 이익을 추구하려는 전술적 관점에서 고객서비스를 제공하게 된다.

51 정답 ②

고객화 접근법(customization)은 대상이 되는 소비자의 구매 성향을 최대한 충족시키기 위해 고객서비스를 조정하는 것이다. 조정된 고객서비스를 통해 고객만족도를 높이는 것이 목적이다.

52 정답 ③

고객관계관리는 기업내부에 축적된 고객정보를 효과적으로 활용하여 고객을 기업의 평생고객으로 전환시키며, 궁극적으로 기업의 장기적인 수입 극대화가 목적이다. 따라서 평생고객 유치를 위해 고객관계관리를 전략적 차원에서 활용하게 된다.

> **고객관계관리(CRM : Customer Relationship Management)**
> • **목표** : 한 번의 고객을 기업의 평생고객으로 전환시켜 궁극적으로 기업의 장기적인 수익을 극대화하고자 하는 것이다. 즉 고객과의 관계를 바탕으로 고객의 평생가치를 극대화한다는 것을 의미한다. 이를 위해 고객과의 첫 만남에서 헤어짐에 이르는 전 과정을 관리한다.
> • **구성** : 기본적으로 관계획득, 관계유지, 관계강화로 구성되며, 신규고객획득 및 목표고객선정, 고객생애가치의 극대화, 고객이탈방지 및 유지, 유치된 고객의 지속적인 관리 등을 수행하여 기업 경쟁자보다 탁월한 고객가치와 고객만족을 제공할 것이 요구된다.

53 정답 ④

영향력이 강한 중간상은 고객관계관리(CRM)를 기반으로 자체적으로 제작하거나, 제조업체에 직접 요구하여 생산한 PB 상품 등을 통해 고객과 직접적, 개별적인 커뮤니케이션을 하기도 한다.

54 정답 ④

• 준거가격 : 소비자가 제품을 구매할 때 적정하다고 판단하는 수준의 가격이다. 소비자는 실제 판매가보다 준거가격이 높을수록 구매 가능성이 높아지며, 준거가격이 낮을수록 구매 가능성은 낮아진다.
• 수요점화가격수준 : 소비자의 욕구가 구매행동으로 이어지는데 필요한 최소한의 가격 수준으로, 소비자가 구매를 고

려하게 되는 가격의 범위이다.

• **명성가격** : 제품에 대해 소비자가 지불할 수 있는 가장 높은 가격으로 설정하는 것이다. 주로 고급스러운 이미지가 필요한 제품에 높은 가격을 설정하여 소비자가 품질에 대한 신뢰, 명성과 지위를 얻을 수 있다고 여기게 된다.

55 　　　　　　　　　　정답 ④

주문을 많이 하는 경우, 반품 없이 모두 직매입하는 경우, 현찰로 물품대금을 지불하는 경우가 머천다이저(MD)가 상품을 싸게 구매할 수 있는 일반적인 상황에 해당된다.

56 　　　　　　　　　　정답 ①

머천다이징(merchandising)은 제조업자 또는 유통업자가 특정 제품의 구매와 판매방법 등을 계획하는 것으로서 상품화계획이라고도 한다.

57 　　　　　　　　　　정답 ③

소매아코디언이론은 홀랜더(S. C. Hollander) 교수가 주장한 이론으로 소매점 진화과정을 소매점에서 취급하는 상품믹스로 설명하는 것이다. 제품구색이 넓은 소매업태에서 제품구색이 좁은 소매업태로, 다시 넓은 제품구색의 소매업태를 되풀이하는 소매업태이론이다.

58 　　　　　　　　　　정답 ③

유통경로상 경쟁의 유형 중에서 수직적 경쟁은 서로 다른 경로 수준에 위치한 경로 구성원간의 경쟁을 의미하며, 제조업체와 유통업체 간의 경쟁이 그 예이다. 유통업체의 자체상표(PB) 확산으로 제조업체는 자체상표(PB)와 경쟁해야 하며, 자사의 브랜드 가치를 위협하는 요인이 되어 유통업체와 경쟁하게 된다. 수직적 경쟁이 치열해질수록 횡적, 수평적 관계로 경쟁을 완화하려는 욕구가 커진다.

59 　　　　　　　　　　정답 ②

온 · 오프라인(O2O) 유통전략은 오프라인과 온라인이 결합하는 현상으로, 소셜커머스의 활성화가 대표적인 온 · 오프라인(O2O) 유통전략의 사례이다. 온라인 기업이 오프라인 사업에 뛰어드는 경우와 오프라인 기업이 온라인 사업에 뛰어드는 경우가 있다. 모바일 앱을 사용하여 콘텐츠를 구매하고

TV를 통해 시청하는 것은 해당 사례로 가장 옳지 않다.

60 　　　　　　　　　　정답 ④

고도화된 기술로 소비자를 유인하는 하이테크(hi-tech)형 소매업과 소비자의 감성을 자극하는 하이터치(hitouch)형 소매업의 양극화 현상이 발생하고 있다.

61 　　　　　　　　　　정답 ④

엔드진열(end cap display)은 매장 진열 시에 맨 끝에 위치하는 매대이다. 전방으로 돌출되어 있어 상품의 노출도가 가장 크며, 소비자의 점내 회유 및 일반 매대로 유인하는 역할을 한다. 행사상품 또는 계절행사 제품을 진열하여 소비자에게 매력적인 점포라는 인상을 주며 충동구매를 유도한다.

62 　　　　　　　　　　정답 ⑤

충성도 프로그램은 기업이 소비자와의 관계 향상을 유도하기 위해 운영하는 일종의 마케팅 방법으로, 중간상 및 유통경로 구성원에게 제공하는 판매촉진 방법에 속하지 않는다.

63 　　　　　　　　　　정답 ④

격자형 점포배치(grid layout)는 설비비용의 절감, 공간 낭비의 최소화, 다른 점포배치 대비 더 많은 상품을 진열할 수 있는 장점이 있지만, 단조로운 배치 때문에 심미적으로 소비자에게 지루함을 줄 수 있는 단점이 있다.

64 　　　　　　　　　　정답 ④

묶음제품 가격전략(product-bundle pricing)은 재고를 소진하고 판매량을 증대시키기 위해 제품을 묶어 판매하는 가격전략으로, 개별적으로 구매하는 것보다 묶음제품을 구매하는 것이 훨씬 저렴하게 구매할 수 있는 이점을 가지게 된다.

① **종속제품 가격전략**(captive product pricing) : 주요제품을 저가에 판매하고, 주요제품에만 사용 가능한 종속제품은 고가에 판매하여 지속적으로 구매를 유도하는 가격전략

② **부산물 가격전략**(by-product pricing) : 주요제품의 가격이 경쟁력을 갖도록 낮은 가치를 가진 부산물의 가격을 책정하는 가격전략

③ **시장침투 가격전략**(market-penetration pricing) :

빠른 기간 안에 매출, 시장점유율을 확보하기 위해 신제품 출시 초기에는 낮은 가격을 책정하는 가격전략

⑤ **제품라인 가격전략**(product line pricing) : 품질 및 기능을 달리한 특정 제품라인의 제품 간에 서로 다른 가격대를 책정하는 가격전략

65 　　　　　　　　　　　　　　　　정답 ④

세분화된 시장이 갖추어야 할 요건으로는 시장의 규모 및 구매력 등의 측정 가능성, 세분시장별 수익성을 보장하는 시장성, 마케팅 활동으로 소비자에게 효과적으로 접근하는 접근 가능성, 세분시장별로 효과적인 마케팅 믹스가 개발되는 충분한 규모이다. 세분화된 시장에서 자사의 높은 경쟁우위는 세분화된 시장이 갖추어야 할 요건과 거리가 멀다.

66 　　　　　　　　　　　　　　　　정답 ⑤

점포구성 시, 명확한 조닝 구성을 위해 점포 레이아웃과 고객의 동선을 고려하여 신중하게 결정한다.

67 　　　　　　　　　　　　　　　　정답 ④

유통기업이 전적으로 권한을 갖는 것과 재고소요량, 상품 회전율 등의 불확실성 제거 가능 등은 자체상표(private brand) 상품이 가지는 장점과는 거리가 멀다.

68 　　　　　　　　　　　　　　　　정답 ②

앤소프(H. I. Ansoff)의 제품/시장 그리드에서 시장침투전략은 같은 상품으로 같은 시장의 점유율을 확보하여 성장하는 전략이다. 위험도가 낮으며 경쟁사 고객 획득 및 소비자의 구매 횟수와 구매량 증대를 추구한다. 다각화전략은 신상품으로 새로운 시장으로 진입하는 혁신적인 전략으로, 위험도가 높지만 잠재력 향상과 위험을 분산하는 장점이 있다.

69 　　　　　　　　　　　　　　　　정답 ①

고객에게 명함을 전달하며 공식적으로 접근하는 고객접근 기술은 공식적 접근법이다.

70 　　　　　　　　　　　　　　　　정답 ③

상품수명주기에서 성숙기는 판매량이 일정수준이 되는 시기로, 모방상품 등의 출현으로 경쟁이 심화되어 판매 증가율이 감소하기 시작한다. 경쟁에서 밀려나지 않기 위해 상품을 개선하며, 이에 따른 비용 증가가 뒤따르게 된다.

[4과목] 유통정보

71 　　　　　　　　　　　　　　　　정답 ⑤

대시보드는 한 화면에서 다양한 정보를 관리하는 기능으로, 창고환경의 변화와 물품별 재고현황의 증감을 실시간으로 파악하여 문제발생시 빠르게 대처할 수 있게 한다.

72 　　　　　　　　　　　　　　　　정답 ⑤

GA(Genetic Algorithm) 또는 유전 알고리즘은 존 홀랜드(John Holland)에 의해 개발된 기법이다. 다윈의 적자생존 이론을 기본 개념으로 하여 문제에 대해 무작위로 생성시킨 해답을 진화시켜 좋은 해답을 찾는 것으로, 머신러닝 등의 분야에서 많이 활용되고 있다.

① CNN(Convolutional Neural Network) : 이미지에 복수의 필터를 적용하여 이미지의 특징을 추출하고 학습하는 알고리즘으로, 고객에게 알맞은 제품을 제안하는 기능으로 활용된다.

② DBN(Deep Belief Network) : 적은 수의 유닛(unit)만으로 복잡한 데이터를 모델링할 수 있는 알고리즘으로 데이터를 통해 선정된 제품이 고객에게 적합한지 예측할 수 있다.

③ RNN(Recurrent Neural Network) : 유닛 간의 연결이 순환적 구조를 갖는 특징이 있으며 필기 인식 및 음성 인식과 같은 데이터를 처리하는데 용이하다.

④ LSTM(Long Short-Term Memory) : RNN의 단점을 보완한 것으로 수요, 판매량, 수익 예측 등의 시계열 데이터 분석에서 많이 활용되는 알고리즘이다.

73 　　　　　　　　　　　　　　　　정답 ②

운영적 수준에서 의사결정은 일상적으로 반복되는 일인 병가를 낸 직원, 주문, 배송, 재고 등을 통해 이루어진다. 따라서 코로나19 이후에 고용수준의 변화와 기업에 미치는 영향은 해당 사례와 거리가 멀다.

74 　　　　　　　　　　　　　　정답 ①

신디케이트 판매는 기업 독점 형태 중 하나로, 몇 개의 기업
이 하나의 공동 판매소를 두어 제품을 공동으로 판매하는 카
르텔이다. 카르텔의 판매통제력이 매우 강하기 때문에 제품
의 생산량에도 강한 통제력을 발휘하여 가격상승 요인이 될
수 있다.

75 　　　　　　　　　　　　　　정답 ②

자료는 어떤 현상이 일어난 사건 또는 사상을 기록한 것으로
구조화가 쉽고, 부가가치가 적으며 객관성에 있어 객관적이
다. 지식은 정보가 축적되고 체계화되어 일반화된 정보로서
구조화가 어렵고, 부가가치가 많으며 객관성에 있어 주관적
이면서 의사결정 또한 주관적이다.

76 　　　　　　　　　　　　　　정답 ①

ETL(Extract, Transform, Load)은 컴퓨팅에서 데
이터베이스 이용의 한 과정으로 각각 추출, 변환, 올려놓기
로 풀이된다. 기업에서 효율적인 의사 결정을 하는 애플리케
이션과 기술의 집합인 비즈니스 인텔리전스(BI : Business
Intelligence) 작업을 위해 ETL을 사용하며 최적화된 데
이터 저장소 또는 데이터 마트를 구축하는 도구가 된다.

77 　　　　　　　　　　　　　　정답 ②

크리슈머(cresumer)는 크리에이티브(creative)와 컨슈머
(consumer)의 합성어로, 소비를 통해 욕구를 충족하는 수
준을 넘어 개인의 개성을 표현하는 창조적인 소비자라는 의
미이다. 크리슈머는 제품 또는 서비스의 구매와 더불어 피드
백 및 독창적인 아이디어를 제공한다. 크리슈머는 소비자의
수요와 시장의 흐름을 파악하는데 도움이 되기 때문에 기업
에서는 이들을 적극적으로 활용하고 있다.

78 　　　　　　　　　　　　　　정답 ⑤

GS1은 상품을 다른 상품과 구별해주는 식별기호로, 상품 식
별용 바코드, 전자문서, 전자카탈로그 등의 표준화를 주도하
는 민간국제표준기구이다. GS1 표준 식별코드는 소비자에게
판매되는 모든 낱개 상품뿐만 아니라 묶음 상품, 홍보 상품에
도 고유 식별코드가 부여된다.

79 　　　　　　　　　　　　　　정답 ①

웹 로그(Web log)는 고객이 웹 사이트에 방문하게 되면 고
객의 접속 정보, 접속한 웹 페이지 등이 파일 형태로 저장된
자료를 의미한다. 고객이 남긴 자료를 토대로 고객에게 맞춤
서비스를 제공하기 위한 웹 로그 분석을 실시하게 된다.

80 　　　　　　　　　　　　　　정답 ①

온라인 쇼핑몰은 컴퓨터 등과 정보통신 설비를 이용해 가상
영업장을 뜻하며, 전통 시장과 달리 시간적, 공간적 제약과
국경이 없다는 특징이 있다. 재화 또는 용역을 저렴하게 구입
할 수 있고 상권의 제약을 받지 않는 장점이 있지만, 교환 및
반품하는데 시간과 비용이 들고 초기 비용이 많이 든다는 단
점이 있다.

② **모바일 앱** : 스마트폰에 최적화된 응용프로그램이다. 게임
을 비롯하여 e-book, 네비게이션 등의 서비스를 제공하
며, 앱 스토어를 통해 원하는 모바일 앱을 구매할 수 있다.

③ **모바일 웹** : 모바일 단말기에서 편리하게 이용하기 위해
모바일 환경에 최적화된 전용 웹사이트이다.

④ **종합몰** : 다양한 상품 카테고리로 구성되어 소비자가 여러
종류의 상품을 구매할 수 있도록 한 온라인쇼핑몰이다.

⑤ **전문몰** : 하나 혹은 특정한 상품 카테고리만으로 구성하여
특정 소비자가 구매할 수 있도록 한 온라인쇼핑몰이다.

81 　　　　　　　　　　　　　　정답 ⑤

비즈니스 애널리틱스(analytics)는 비즈니스 인텔리전스
(BI), 데이터 웨어하우스(DW), 분석 관련 소프트웨어의 총
칭이다. 비즈니스 애널리틱스의 유형 중에서 스코어카드
(scorecards)는 다양한 데이터의 변화를 수치화하여 미래
를 예측할 수 있게 한다.

82 　　　　　　　　　　　　　　정답 ②

지식표현(Knowledge Representation)은 컴퓨터와 의
사결정자가 동시에 이해할 수 있는 형태로 표현하는 것으로
추론의 효율성, 표현의 정확성, 지식획득의 용이성, 목적달성
에 부합되는 구조, 저장의 간결성 등을 갖추어야 한다.

83 　　　　　　　　　　　　　　정답 ③

Telnet은 Tele network의 준말로, 원격지에 있는 다른
시스템에 접속할 수 있는 인터넷 표준 프로토콜이다.

① FTP(File Transfer Protocol) : 파일 전송 프로토콜의 약자로, 서버와 클라이언트 사이의 파일 전송만을 위한 프로토콜이다.
② Gopher : 정보의 내용을 주제별 또는 종류별로 구분하여 메뉴화한 인터넷 정보검색 서비스이다.
④ Usenet : User network의 약자로, 특정한 주제나 관심사에 대해 의견을 게시하거나 관련된 이미지, 영상, 파일 등을 등록할 수 있는 토론 시스템이다.

84 　　　　　　　　　　　　정답 ④

RFID는 자동인식 기술 중 하나로, 태그에 저장된 데이터를 무선 주파수를 이용하여 판독 및 해독하는 기술이다. 여러 개의 정보를 동시 판독으로 수정, 갱신할 수 있는 장점이 있어 재고 가시성, 노동 효율성, 제품 추적성, 제조자원 이용률의 향상, 주문 사이클 타임의 감소가 있다.

85 　　　　　　　　　　　　정답 ⑤

나비효과(butterfly effect)는 나비의 날갯짓처럼 작은 변화가 허리케인을 유발시킬 수 있다는 개념이다. 채찍효과(bullwhip effect)와 유사한 개념이지만 채찍효과가 정보 왜곡에 의해 발생된다면, 나비효과는 우연에 의해 발생된다는 점에서 차이가 있다.

86 　　　　　　　　　　　　정답 ①

QR(Quick Response)은 판매업체와 제조업체가 서로 밀접하게 협력하여 소비자에게 상품을 제공하는 리엔지니어링 개념이다. 생산에서 판매까지 소비자에게 더 나은 서비스를 제공하며 비용 및 재고 감축 효과가 있다.

87 　　　　　　　　　　　　정답 ①

디지털아카이브는 시간의 흐름에 따라 질이 떨어지거나 소실될 우려가 있는 데이터를 장기 보존하는 것이 주목적이다. 디지털 아카이브는 검색과 활용이 쉽게 이루어지며, 사용자의 목적에 맞게 원본을 변형할 수 있기 때문에 강한 개방성 및 공공성을 가진다.

88 　　　　　　　　　　　　정답 ③

노나카의 SECI모델 중에서 외재화(externalization) 또는 외부화는 개인 또는 집단의 암묵지가 공유되거나 통합되어 형식지로 전환되는 과정이다. 외재화의 사례로 숙련된 기능공의 노하우의 문서화, 기록된 적이 없는 구체적 프로세스에 대한 매뉴얼 작성이 있다.

89 　　　　　　　　　　　　정답 ②

e-비즈니스 모델은 기업이 고객에게 제공하는 상품 또는 서비스를 통해 수익성을 유지하는 활동을 뜻한다. 상거래모델은 기업이 온라인상에서 상품 및 서비스를 판매하여 수익을 얻는 e-비즈니스의 핵심으로, 기업은 고객이 갖고 있는 기업 이미지를 극대화하게 된다.

90 　　　　　　　　　　　　정답 ③

POS 시스템은 판매정보를 컴퓨터로 자동처리하는 정보관리시스템이다. POS 시스템의 구성에서 스캐너(scanner)는 바코드, OCR 등을 자동으로 판독하는 장치로, 바코드를 읽어 숫자로 변환하는 입력장치이다.

> **POS 시스템의 구성**
> • 스캐너 : 스캐너는 바코드, OCR 등을 자동으로 판독하는 장치로, POS 터미널에 접속되어 있는 스캐너는 상품포장이나 라벨에 인쇄되어 있는 바코드를 읽어서 숫자로 풀이하는 기능을 수행한다.
> • POS 터미널 : 소매점포의 단말기를 말하는 것이며, 이것은 주로 고성능의 레지스터기능, 통신기능, 스캐너에 의한 자동판독기능을 갖는다.
> • 스토어 콘트롤러 : 스토어 콘트롤러는 매장에 설치된 여러 대의 POS 터미널을 통제하며 각종 경영정보의 수집과 함께 여러 보고서를 발행한다.

2021년
제3회 기출문제
정답 및 해설

01	①	02	②	03	⑤	04	⑤	05	④
06	④	07	⑤	08	⑤	09	②	10	②
11	④	12	④	13	③	14	③	15	①
16	③	17	⑤	18	④	19	⑤	20	④
21	⑤	22	④	23	③	24	③	25	③
26	③	27	④	28	①	29	④	30	②
31	③	32	④	33	⑤	34	③	35	④
36	④	37	③	38	①	39	③	40	②
41	④	42	②	43	⑤	44	③	45	⑤
46	④	47	②	48	①	49	②	50	①
51	①	52	④	53	⑤	54	⑤	55	⑤
56	③	57	①	58	③	59	③	60	⑤
61	②	62	⑤	63	⑥	64	②	65	①
66	⑤	67	④	68	⑤	69	⑤	70	④
71	①	72	⑤	73	②	74	④	75	③
76	⑤	77	④	78	③	79	①	80	②
81	②	82	③	83	③	84	④	85	⑤
86	③	87	①	88	①	89	①	90	②

[1과목] 유통물류일반

01 정답 ①

공급자주도형재고관리(VMI)란 공급자가 직접 판매자의 매장 재고 또는 물류센터재고를 관리하는 전략을 말한다. VMI는 제조업체가 자신이 판매하는 제품에 대해 더 많은 지식과 정보를 가지고 있기 때문에 이에 대한 보충 및 고객의 재고를 좀 더 잘 관리할 수 있다는 것에서 출발한다. 유통업체가 공급(제조)업체에 판매·재고 정보를 전자문서교환(EDI)으로 제공하면 제조업체는 이를 토대로 과거 데이터를 분석하고 수요를 예측하여 상품의 적정 납품량을 결정한다.

02 정답 ②

직무기술서는 직무분석을 통해 얻어진 직무의 성격과 내용, 직무의 이행방법과 직무에서 기대되는 결과 등 과업요건을 중심으로 정리해 놓은 문서를 말한다. 직무명세서는 직무를 만족스럽게 수행하는 데 필요한 작업자의 지식·기능·능력 및 기타 특성 등을 정리해 놓은 문서를 의미한다. 직무명세서는 직무 그 자체의 내용에 초점을 둔 것이 아닌, 직무를 수행하는 사람의 인적 요건에 초점을 맞춘 것이 그 특징이다

03 정답 ⑤

조직문화는 조직구성원의 공유된 가치나 신념체계이다. 즉 구성원들이 공유하는 가치나 신념, 관습, 전통 등을 통합한 총체적인 개념이며 조직과 개개인에게 영향을 미치는 비공식적인 분위기이다. 강한 조직문화는 조직활동에 있어서 통일된 가치관을 형성하지만, 조직의 유연성을 감소시켜 인수합병과 같이 상이한 조직과의 융합하는 과정에서 문화적 충돌이 발생할 수 있다.

04 정답 ⑤

체크리스트법은 상권의 규모에 영향을 미치는 요인들을 수집·평가하여 이들에 대한 시장잠재력을 측정하는 방법으로 부지와 주변 상황에 관하여 사전에 결정된 변수 리스트에 따라 점포를 평가하는 방법이다. 따라서 고려해야 할 요인으로 적절하지 않은 것은 구매빈도와 평균 주문량 등의 제품요인이다.

05 정답 ④

과업환경에는 기업의 경영 활동에 직접적인 영향을 미치는 환경으로 거래처, 경쟁업체, 공급업체, 정부 규제, 소비자, 언론, 노동조합, 투자자 따위가 있다. 거시환경이란 정치적, 법률적, 경제적, 인구적 변화 등과 같이 기업이 속한 산업의 밖에서 발생하여 마케팅 활동에 영향을 미치는 요인들을 의미한다. 따라서 옳지 않은 설명은 ④번이다.

06 정답 ④

회사에 손해를 끼칠 수 있는 사안이며, 중대한 문제라면 공익제보를 지향해야 한다.

07 정답 ⑤

집중준비의 원리는 도매상이 유통경로에 개입하여 상품재고의 도매상 집중현상을 소매상에 분산함으로써 도매상의 대량보관기능을 분담시키고, 사회 전체의 상품재고 총량을 감소시킨다는 원리이다.
② 총거래수 최소의 원칙 : 생산자와 소비자가 직거래를 하는 것보다 중간상이 개입하면 거래가 보다 효율적으로 이루어져 총거래수가 줄어든다는 원칙이다.
③ 분업의 원리 : 유통경로에서 수급조절기능, 보관기능, 위험부담기능, 정보수집기능 등을 제조업자가 일괄적으로 수행하기보다는 중간상들이 분업의 원리로 참여하면 유통기능이 경제적·능률적으로 원활하게 수행될 수 있다는 원리이다.
④ 변동비 우위의 원리 : 무조건적으로 제조와 유통기관을 통합하여 대규모화하기보다는 각각의 유통기관이 적절한 규모로 역할분담을 하는 것이 비용면에서 훨씬 유리하다는 원리이다

08 정답 ⑤

풀필먼트란 단순 배송을 넘어선 개념으로, 고객 주문에 맞춰 물류센터에서 제품을 고르고, 포장해, 배송하고 고객 요청에 따라 교환·환불까지 해주는 일련의 과정을 가리킨다. 즉, 풀필먼트 서비스는 온라인 유통 산업에서 고객의 주문에 따른 물류센터에서 "상품보관–제품선별–포장–배송– 처리"를 하고 상품이 고객에게 전달되는 모든 배송 과정과 더불어 제품의 교환·환불까지 담당하는 서비스이다.

09 정답 ②

장소효용(Place Utility)은 지역적으로 분산되어 생산되는 재화나 서비스가 소비자가 구매하기 용이한 장소로 전달될 때 창출되는 효용이다. 소유효용(Possession Utility)은 재화나 서비스가 생산자로부터 소비자에게 거래되어 소유권이 이전되는 과정에서 발생하는 효용이다. 시간효용(Time Utility)은 재화나 서비스의 생산과 소비 간 시차를 극복하여 소비자가 재화나 서비스를 필요로 할 때 이를 소비자가 이용 가능하도록 해주는 효용이다.

10 정답 ②

아웃소싱이란 기업이 고객서비스의 향상이나 물류비 절감 등을 목적으로 물류기능의 전체 또는 일부를 외부의 물류전문업체에 위탁하는 전략이다. 전문물류업체를 활용함으로써 전문화의 이점을 살릴 수 있고 물류정보시스템 개발에 소요되는 인력과 비용을 절감할 수 있다는 장점이 있다.

11 정답 ④

허츠버그(Herzberg)의 동기부여를 두 요인으로 나눠서 설명했다. 위생요인(불만요인)으로는 회사의 정책과 행정, 감독유형, 보수, 대인관계, 작업조건 등이 있고, 동기요인(만족요인)은 직무상의 성취감, 직무성취에 대한 인정, 수행에 보람을 느끼는 직무, 책임의 부여, 자신의 성장과 발전 등이 있다고 했다.

12 정답 ④

상충관계는 기업이 물류서비스를 제공할 때 발생하는 것이기 때문에, 기업의 물류합리화 추진 목적인 고객 서비스의 향상과 물류비의 절감 및 외부의 경제적 발생요소의 극소화를 달성하기 위해서 공동목요 달성이란 인식을 하여 적절한 협력관계가 유지되어야 한다. 기업은 고객의 서비스 수준을 미리 정해놓고 이에 상응하는 최저 총비용물류시스템을 구축하는 방법과 비용을 제한해 놓고 고객서비스를 최대한으로 확대하는 방법 등을 들 수 있다. 최적의 서비스 수준의 선택과 물류비의 효율화는 물류 전체를 하나의 시스템으로 관리하는 것이 상충 관계에서 발생하는 문제점을 극복할 수 있는 방안이다.

13 정답 ③

식품위생법 제2조(정의)에 의하면 "위해"란 식품, 식품첨가물, 기구 또는 용기·포장에 존재하는 위험요소로서 인체의 건강을 해치거나 해칠 우려가 있는 것을 의미하고, "영업"이란 식품 또는 식품첨가물을 채취·제조·가공·조리·저장·소분·운반 또는 판매하거나 기구 또는 용기·포장을 제조·운반·판매하는 업(농업과 수산업에 속하는 식품 채취업은 제외한다)을 말한다.

14 정답 ③

정크본드는 직역하면 '쓰레기 채권'이란 뜻이지만 경제 분야

에서는 수익률은 높은 반면 신용도가 취약한 채권이란 의미로 사용된다. 신용도가 낮은 회사가 발행한 채권으로 경기가 안 좋아지면 파산할 가능성도 염두에 해야 할 만큼 위험이 크지만 그 만큼 이자가 높기 때문에 고수익 채권이기도 하다. 따라서 고수익 채권(highyield bond), 열등채(low quality bond)라고도 한다.

① **변동금리채** : 일반적인 고정금리채와 달리 이자가 계약당시에 결정된 특정이율 지표에 링크되어, 계약기간 동안 연동되는 채권을 말한다.
② **연속상환채권** : 만기가 다르게 여러 장으로 나누어 한 번에 발행하는 채권이다.
④ **무보증채** : 제3자의 지급보증이 없이 발행자의 신용도에 의해 발행되어 유통되는 채권이다.
⑤ **보증채** : 원리금 상환을 발행자 이외에 제3자가 보증하는 채권이다.

15 　　　　　　　　　　정답 ①

리더십은 지도자의 권위를 통해야만 발휘되는 기능이다. 민주적 리더십 유형은 유연함과 책임을 빠르게 형성할 수 있으며 새로운 것들을 정하는데 도움이 된다. 이 리더십 유형은 부하직원들이 조직의 필요한 업무과정과 변화에 대해 잘 알고 있을 때 가장 잘 쓰인다. 예를 들어 이 유형은 조직의 오래된 체계를 보완하는 것에 대한 새로운 아이디어를 소개하려는 리더에게 유용하다.

16 　　　　　　　　　　정답 ③

시장개발전략이란 기존시장에서 새로운 세분시장을 유인하는 전략이며, 새로운 목표시장을 겨냥해서 점진적으로 경쟁전략을 바꾸어 가는 전략이다.

앤소프(Ansoff, H. I.)의 제품/시장 그리드

시장/제품	기존제품	신제품
기존시장	시장침투 전략	제품개발 전략
신시장	시장개발 전략	다각화 전략

• **시장침투(market penetration) 전략** : 같은 상품으로 같은 시장에서의 점유율을 높여 성장하는 전략으로 경쟁사 고객획득, 소비자 구매회수 및 구매량 증대를 추구한다.
• **시장개발(new market development) 전략** : 기존제품을 신규 시장에 판매하는 방법을 통한 기업의 성장전략으로 지역적인 한계를 넘어서는 전략이다.
• **제품개발(product development) 전략** : 같은 시장에서 다른 상품을 이용하여 기업을 성장시키는 전략으로 신제품 개발, 기존 제품의 개량을 통해 기존시장에서 판매 증가를 추구한다.
• **다각화(diversification) 전략** : 다른 상품으로 새로운 시장을 개척하여 기업을 성장시키는 전략으로 성장과 위험분산을 위한 것이며 가장 위험도가 높은 전략이다.

17 　　　　　　　　　　정답 ⑤

완전기능 도매상은 유통단계에서 도매상의 모든 기능과 광범위한 서비스를 제공하는 도매상이다. 전문품 도매상은 완전기능 도매상에 속한다. 한정기능 도매상은 도매상의 기능 중 한정된 일부 기능만을 수행하는 도매상으로 트럭 도매상, 직송 도매상, 선반중개 도매상, 현금거래 도매상이 속한다.

18 　　　　　　　　　　정답 ④

제3자 물류란 원료의 조달에서 완제품의 소비에 이르는 공급체의 전체 물류기능 또는 일부분을 물류업체가 화주기업으로부터 위탁받아 대행하는 물류활동을 말하며, 줄여서 3PL(3 Party Logistics) 또는 TPL(Third Party Logistics)이라고 한다. 제3자 물류의 효과로는 운영비용 감소효과, 서비스 개선효과, 자본비용의 감소효과, 핵심역량에 대한 집중효과가 있다.

19 　　　　　　　　　　정답 ⑤

통로대면보관의 원칙이란 물품의 창고 내 입고와 출고를 용이하게 하고 창고 내의 원활한 화물 흐름과 활성화를 위하여 통로면에 보관하는 원칙이다.

20 　　　　　　　　　　정답 ④

유통산업의 경제적 역할로써 유통구조가 효율화되면 제품의 최종 소비자가격은 낮아지고, 제조업의 유통경로에 대한 투자위험을 흡수할 수 있다. 따라서 유통업체간, 제조업과 유통업체간 경쟁을 촉진함으로써 물가를 조정하는 역할을 담당한다. 또한 유통부문이 신규시장을 활발히 개척함에 따라 제조업체의 대한 유통업의 거래 교섭력이 증가하고 있으며 이는 제조업체간 경쟁을 촉발시킨다.

21 정답 ⑤

경로성과의 정량적 척도(quantitative measures)로는 단위당 총 유통비, 단위당 수송비, 단위당 창고비, 재고부족비용, 재고부족 방지비용, 부실채권의 비용, 상품별 고객서비스수준, 주문처리에서의 오류 수, 고객 불평 수, 파손 상품의 비율, 예상매출액의 정확성, 신규시장 진입 수, 기능적 중복 수준 등이 있다. 정성적 척도(qualitative measures)에는 협동 수준, 강등 수준, 경로통제정도, 경로몰입정도 등이 있다.

22 정답 ④

아래 글상자가 설명하고 있는 유통경영전략 활동은 유통마케팅 통제이다. 유통마케팅 통제는 당해 연도의 사업계획과 실적을 비교하고, 필요시에 시정조치를 하며, 상품, 지역, 고객그룹, 판매경로, 주문규모 등 이 기준별로 수익성에 얼마나 기여하는지 분석하고 이를 근거로 제품이나 마케팅 활동을 조정해야 한다.

23 정답 ③

가치창조경영은 자산가치 활용 정도를 측정하는 한 방법으로 모든 의사결정의 판단기준을 회계상의 매출, 이익중심에서 벗어나 경제적 이익에 바탕을 둔 기업 가치 중심으로 사업을 관리하는 기법이다. 기업 재무구조의 건전성과 수익성을 투하자본수익률(ROIC) 지표를 이용해 비교 평가한다.

① **상생기업경영** : 서로 살 수 있는, 모두 살 수 있는, 서로 도움이 되는 경영을 의미한다.
② **크레비즈** : 정보화사회를 통해 축적된 지식과 참신한 아이디어, 창의성을 바탕으로 부가가치를 창출하는 창조산업이다.
④ **펀경영** : 직원들에게 유머 훈련을 받게 해 직장 분위기를 밝게 만들자는 아이디어에서 출발한 경영 체제로 구성원이 즐겁게 일하면서 자발적인 참여와 헌신을 이끌어낼 수 있고 생산성도 높아진다.
⑤ **지식경영** : 조직구성원 개개인의 지식이나 정보, 노하우를 체계적으로 발굴하여 조직 내 보편적인 지식으로 공유함으로써, 조직 전체의 문제해결 능력을 비약적으로 향상시키는 경영방식으로 조직 내 지식의 활발한 창출과 공유를 제도화시키는 것을 목표로 한다.

24 정답 ③

경제적주문량(EOQ)의 공식은 다음과 같다.

$$EOQ = \sqrt{\frac{2 \times 주문비용 \times 연간총수요량}{단위당 재고유지비용}}$$

공식에 따라 연간 부품 수요량, 1회 주문비, 단위당 재고 유지비를 식에 대입하면

$$\sqrt{\frac{2 \times 40 \times 4,500}{25}} = 120$$

25 정답 ③

공급사슬관리(SCM)는 모든 업체들이 협력을 바탕으로 정보기술(Information Technology)의 활용제고를 최적화하고 리드타임을 대폭적으로 감축하는 관리시스템이다. 따라서 각종 정보기술의 효과적인 활용을 중시한다.

[2과목] 상권분석

26 정답 ③

건물의 용적률을 계산하는 공식은 다음과 같다.

$$용적률 = \frac{연면적(건물 바닥면적의 합)}{대지면적} \times 100$$

이를 식에 대입하면

$$용적률 = \frac{(200 \times 6) - 300}{300} \times 100 = 300\%$$

27 정답 ④

④번은 MNL(Multi Nominal Logit)모델에 가깝다. MNL(Multi Nominal Logit) 모델은 상권 내 소비자들의 각 점포에 대한 개별적인 쇼핑여행에 대한 관측자료를 이용하여 각 점포에 대한 선택확률의 예측은 물론, 각 점포의 시장점유율 및 상권의 크기를 추정할 수 있다.

28 정답 ①

중소기업청의 이론에 의하면 상권이란 특정소매업 또는 시장, 점포의 상품을 구매하는 고객의 대다수가 살고 있는 지역을 뜻하기 때문에 단순한 원형별 거리만 표시되는 것만 아니라 내적 요소시간 및 내적 편의성에 그 기초를 두고 있으며 흔히 아메바 형태로 설정된다고 하였다.

29   정답 ④

MEP는 지역시장이 업태와 업종에 따라 미래의 사업장을 개설할 수 있는지 여부를 판단할 때 사용하는 지표이다. 거주자들이 지역시장 이외의 다른 지역에서 지출하는 지출액을 추정하는 데 유용하며, MEP 점수가 높을수록 총 수요의 증가가능성이 높다고 해석된다.

30   정답 ①

현 소유주의 취득일과 매매과정, 압류, 저당권 등의 설정, 해당 건물의 기본내역 등이 기록되어 있는 공부서류는 등기사항전부증명서이다.
② **건축물대장** : 건축물의 위치, 면적, 용도 등의 건축물의 표시에 대한 사항과 건축물의 소유자 현황에 대한 사항을 등록하여 관리하는 공적장부
③ **토지대장** : 토지의 소재, 축척, 지목, 면적, 사유, 변동일자 등이 기록되어 있는 토지의 사실상의 상황을 보여주기 위한 공적장부
④ **토지이용계획확인서** : 신청인 인적사항, 신청 토지, 지역, 지구 등 지정여부 등이 기재되어 토지에 대한 각종 규제와 허가 가능한 용도를 확인하는 서류
⑤ **지적도** : 토지의 소재, 지번, 지목, 옆 토지와의 경계, 토지의 모양 등이 등록되어 있는 지적공부(地籍公簿)의 하나

31   정답 ③

소매점포의 매출액을 예측하는데 사용되는 간단한 방법의 하나로 어떤 지역에 입지한 한 소매점의 매출액 점유율은 그 지역의 전체 소매매장면적에 대한 해당 점포의 매장 면적의 비율에 비례할 것이라는 가정하에서 예측하는 방법은 점포공간매출액비율법이다.

32   정답 ⑤

3차 상권은 한계상권이라고도 하며, 점포 이용고객은 5~10%를 차지한다. 상권지역의 외곽에 위치하며, 주요 고객은 점포로부터 장거리에 위치하여 고객의 수와 이들의 구매빈도가 적어 점포 매출액에서 차지하는 비중이 낮다.

고객 흡인율별 상권의 분류
- **1차 상권** : 점포 매출 또는 고객 수의 60% 이상을 점유하며, 점포에 지리적으로 인접한 지역에 거주하는 소비자들이 주요 고객이다.
- **2차 상권** : 점포 매출 또는 고객 수의 23~30%를 포함하며, 1차 상권의 외곽에 위치해 있다. 주요 고객은 밀집되어 있는 것이 아니라 지역적으로 넓게 분산되어 있다.
- **3차 상권** : 한계상권이라고도 하며, 점포 이용고객은 5~10%를 차지한다. 상권지역의 외곽에 위치하며, 주요 고객은 점포로부터 장거리에 위치하여 고객의 수와 이들의 구매빈도가 적어 점포 매출액에서 차지하는 비중이 낮다.

33   정답 ⑤

최초의 임대차기간을 포함한 전체 임대차기간이 5년을 초과한 경우는 정당한 거절사유에 해당하지 않는다.

34   정답 ③

보증실현의 법칙은 먼저 득을 얻는 쪽을 택하는 심리 법칙이다. 목적지가 길 건너에 있을 경우 처음 보이는 횡단보도를 건넌 다음 목적지를 향해 가는 것이 보통이다.

동선의 심리법칙
- **최단거리실현의 법칙** : 인간은 최단거리로 목적지에 가려는 심리가 있다.
- **보증실현의 법칙** : 인간은 먼저 득을 얻는 쪽을 택한다. 길을 건널 때에도 최초로 만나는 횡단보도를 이용하려는 성향이 있다.
- **안전중시의 법칙** : 인간은 본능적으로 신체의 안전을 지키기 위해 위험하거나 모르는 길, 다른 사람이 잘 가지 않는 장소로 가려고 하지 않는다.
- **집합의 법칙** : 대부분의 사람들은 군중 심리에 의해 사람이 모여 있는 곳에 모인다. 군중 사이에서는 자신의 독립적인 이성보다는 전체의 분위기에 이끌리는 경우가 많기 때문에 소비행동도 쉽게 유발된다.

35   정답 ④

시계성 평가는 4가지 요소들로 나뉜다. 점포가 어디에서 보이는지를 나타내는 기점의 문제, 무엇이 보이는지를 나타내는 대상의 문제, 어느 정도에서 간격에서 보이는지의 거리의 문제, 어떤 상태로 보이는지를 나타내는 주제의 문제가 있다.

36 정답 ④

중첩(overlay)은 GIS에서 특정한 주제를 표현한 두 장 이상의 주제도를 겹쳐서 주어진 조건에 맞추어 분석하는 것이다.

37 정답 ③

점두조사법은 내점객조사법과 조사대상의 특성이 가장 유사한 방법이다. 점두조사법은 방문하는 소비자의 주소를 파악하여 자기 점포의 상권을 조사하는 방법으로, 매시간별, 요일별(평일, 주말, 휴일, 경축일 등) 등으로 구분하여 조사한다.

① **그룹인터뷰조사법** : 사회자(moderator)에게 진행이 맡겨진 가운데, 사회자가 제기하는 주제(topics)에 대해서 소집단 토론이 이뤄지게 된다. 포커스 그룹은 본질적으로 사람들의 이야기를 듣고, 그들로부터 배우는 방법이다. 이 방법을 통해 연구자는 토론을 통해 다양한 집단들 사이의 의식적, 반의식적(semiconscious), 무의식적인 심리적 사회문화적 특징과 과정을 연구한다.

② **편의추출조사법** : 정해진 크기의 표본을 추출 할 때 까지 조사자가 모집단의 일정 단위 또는 사례를 표집하며, 일정한 표집의 크기가 결정되면 그 표집을 중지하는 비확률 표본 추출 조사 방법이다.

④ **지역할당조사법** : 인구비례로 할당하는 취지의 조사법이다.

⑤ **가정방문조사법** : 조사목적에 따라 응답자 거소 등으로 직접 찾아가 면접하여 조사하는 방법을 방문조사법이라한다.

38 정답 ①

앵커점포(anchor store)란 특정 상권을 대표하거나 대형 상가의 핵심이 되는 유명 점포를 의미한다. 신축 건물에는 건물 활성화를 위해 영화관이나 대형 마트, 대형 서점 커피숍 등을 유치하는데, 이때 이 점포들이 앵커점포(anchor store)에 해당한다. 핵점포란 소매단지 안으로 고객을 유인하는 역할을 담당하는 입점 점포이다. 따라서 앵커점포(anchor store)에 해당하는 점포로서 가장 옳은 것은 핵점포이다.

39 정답 ③

도시 주민의 교외로의 이동. 즉 이른바 스프롤(Sprawl)현상과 더불어 자가용의 보급에 따라 상권이 발전하였다. 쇼핑센터는 도시 근교에 광대한 토지를 확보하여, 원스톱쇼핑이 가능하도록 계획적으로 만들어진 대규모 상점가를 의미한다.

백화점, 대형 슈퍼마켓 등을 핵점포로 하여 각종 전문점을 비롯한 위락시설, 공동시설 등이 부수적으로 입주하고 있으며, 주차장을 완비한 계획적 상점가로서 일반적으로 도시주변 또는 교외에 위치하고 있다. 인구가 교외로 이동해 가면서 교외 쇼핑센터가 성장하였다. 따라서 자가용차의 보급은 상권간 경쟁영역을 확대시켰다.

40 정답 ②

소매점포의 상권단절요인에는 강이나 하천과 같은 자연지형물, 쓰레기 처리장, 공장과 같은 C급지 업종시설, 철도 등이 이에 해당한다.

41 정답 ④

애플바움이 개발한 유추법은 CST(customer spotting Technique)를 이용하여 상권을 분석하는 방법으로 자사의 신규점포와 특성이 비슷한 기존의 유사점포를 조사하여 추정한 결과를 토대로 자사점포의 신규입지에서의 매출액과 상권 규모를 측정하는 정성적 예측기법이다.

42 정답 ②

대도시나 소도시의 전통적인 도시상업지역으로, 상업활동으로 많은 사람들을 유인하며, 대중교통의 중심지역이라고도 할 수 있다. 중심상업지역은 그 지역에 많은 주민이 거주하는 지역으로 대중교통의 중심지역이기 때문에 도보통행량이 많다.

43 정답 ⑤

획지란 인위적인 경계, 자연적인 조건 또는 지목, 지번 등 법적으로 다른 토지와 구별되는 토지를 의미하며 건축용으로 구획정리를 할 때 한 단위가 되는 땅이다. 획지 중에서 두 개 이상의 도로에 접한 경우를 각지라고 한다. 각지는 2면각지, 3면각지, 4면각지 등으로 불리기도 한다. 각지는 일조 · 통풍이 양호하고 출입이 편리하며 광고효과가 크다는 장점이 있지만 소음 · 도난 · 교통피해에 취약하다는 단점도 가지고 있다.

44 정답 ③

입지배정모형이란 두 개 이상의 점포를 운영하는 경우 소매점포 네트워크의 설계, 신규점포 개설시 기존 네트워크에 대한 영향 분석, 기존점포의 재입지 또는 폐점 의사결정 등의 상황에서 유용하게 활용될 수 있는 분석 방법이다.

45 　　　　　　　　　　　정답 ⑤

소매점은 '입지산업(立地産業)'이라고 할 만큼 장소의 위치에 따라 매출과 이익에 직접적인 영향을 주는 전략요인의 역할을 한다. 입지구성의 기본요소로는 유도시설, 인지성, 통행량 및 교통량, 상권의 질, 동선, 시계성, 건물과 토지, 영업력, 경합성(대체성)이 있다.

[3과목] 유통마케팅

46 　　　　　　　　　　　정답 ④

소비자의 최종적인 목적은 상품을 소비하는 것보다 상품에 의해 자신에게 있을 효용을 만들어 낸 다음, 가정에서의 생활생산활동에 이용하여 그 가치를 실현하는 것이다. 또한 소비자는 생활생산자이다. 소비자는 소매업체로부터 상품을 구입하고 소비·이용함으로써 자신의 생활을 만족시키기 위한 재(財)를 만들어내는 것이다.

47 　　　　　　　　　　　정답 ②

유통기업은 일차적으로 시장에서 높은 점유율과 매출을 달성하려는 목표를 가지고 있다. 유통목표의 달성성과를 평가하기 위한 방법으로는 소비자 기대치와 비교, 업계평균과 비교, 경쟁사와 비교, 사전 목표와 비교 등이 있다. 경로구성원 간 갈등비교는 유통목표의 달성 성과를 평가하기 위한 방법으로 옳지 않다.

48 　　　　　　　　　　　정답 ①

관찰 조사방법이란 조사원이 직접 또는 기계장치를 이용해 조사 대상자의 행동이나 현상을 관찰하고 기록하는 조사 방법이다. 응답자가 기억하기 어렵거나 대답하기 어려운 무의식적인 행동을 측정할 수 있고 한편으로 본심을 숨기거나 실제 행동과 다른 의견을 제시할 수 있는 가능성을 배제함으로써 객관적 사실의 파악이 가능하다. 따라서 응답자들이 제공하기 꺼리는 민감한 정보를 수집하는 방법으로 적절하다.

49 　　　　　　　　　　　정답 ②

빠르고 효율적으로 판매 하락을 초래한 상품을 찾을 때 가장 적절한 조사 방법은 내부 판매실적 자료의 활용이다.

50 　　　　　　　　　　　정답 ①

교차판매란 이미 판매한 제품이나 서비스와 관련이 있는 제품이나 서비스를 추가로 판매하는 것을 의미한다.

51 　　　　　　　　　　　정답 ①

서비스스케이프(servicescape)란 서비스에 자연환경을 의미하는 접미사 scape를 합성하여 인간이 창조한 환경이라는 의미이다. 디자인 요소는 내부인테리어와 외부시설(건물 디자인, 주차장 등)을 포함하고, 주변적 요소는 매장(점포)의 분위기로서 음악, 조명, 온도, 색상 등을 포함한다. 사회적 요소는 종업원들의 이미지, 고객과 종업원간의 상호교류를 포함한다. 또한 소비자행동에 미치는 영향을 설명하는 포괄적인 모형들은 일반적으로 자극-유기체-반응(stimulus-organism-response)의 프레임워크를 기초로 한다. 서브퀄(SERVQUAL)은 서비스 품질을 측정하기 위한 도구로 가장 널리 인정받고 있다.

52 　　　　　　　　　　　정답 ④

고객관계관리(CRM : Customer Relationship Management)는 고객의 획득, 유지, 수익성 향상을 위해 기업내부에 축적된 고객정보를 효과적으로 활용하여 고객과의 관계를 유지·확대·개선함으로써 고객의 만족과 충성도를 제고하고, 기업 및 조직의 지속적인 운영·확장·발전을 추구하는 고객관련 제반 프로세스 및 활동을 말한다. 업셀링이란 같은 고객이 이전에 구매한 상품보다 더 비싼 상품을 사도록 유도하는 판매 방법이고, 같은 고객에게 관련된 여러 상품을 연관시켜서 판매하는 것은 크로스셀링이다.

53 　　　　　　　　　　　정답 ③

스크램블드 머천다이징(scrambled merchandising)은 기존의 상식을 깨고 수익성이 좋은 새로운 부문이나 품종을 취급하는 것을 의미한다. 예를 들어 제화점에서 의류를, 또는 정육점에서 야채를 함께 판매하는 것과 같이, 소매점이 자기 업종 고유의 상품 계열을 벗어나 이익을 남길 수 있는 갖가지 관련 상품을 효율적으로 구성하여 판매하는 방식이다.

54 　　　　　　　　　　　　　정답 ⑤

단품관리(unit control)란 상품을 품목, 단위별 수량관리를 통해 최소 단위로 분류하여 관리하는 방식을 말한다. 단품관리(unit control)에는 판매량에 맞춘 진열을 통해 관리하는 소극적 단품관리와 계획과 결과의 차이를 분석한 후 문제점 개선을 통해 관리하는 적극적 단품관리가 있다. 단품관리(unit control)를 통해 기대할 수 있는 효과는 매장효율성 향상, 결품감소, 과잉 재고의 감소 명확한 매출기여도 파악이 있다.

55 　　　　　　　　　　　　　정답 ⑤

유통업에서 제품 구색은 다양성, 전문성, 가용성이라는 3가지 조건을 갖춰야 한다. 다양성이란 소비자를 공략하기 위한 다양한 제품들을 취급하는 것이고 전문성은 각 제품에 대한 깊이 있는 구색을 갖추는 것이다. 가용성은 수요량만큼 매장 내 재고를 확보하고 있는 것을 뜻한다. 다양성이 높을수록 점포 전체의 수익성은 다소 떨어진다.

56 　　　　　　　　　　　　　정답 ③

㉠ 소비자는 소매점에서 구매 이외에 제품지식 또는 친교 욕구를 충족하고 싶어함은 정보와 상호작용을 의미하고, ㉡ 목표고객의 라이프 스타일을 연구하여 이에 부응하는 상품을 개발하고 확보하며 관리하는 활동은 머천다이징을 의미한다.

57 　　　　　　　　　　　　　정답 ①

협동광고(cooperative advertising)란 일반적으로 유통기관이 어떤 상표에 대하여 광고를 하고 제조업자가 그 비용을 일부 또는 전부 부담하는 광고로 제조업자의 상품에 대한 정보를 소비자에게 전달하는 기능을 하게 된다. 협동광고(cooperative advertising)가 상대적으로 중요한 촉진 수단으로 작용하는 상품들은 구매빈도가 높지 않은 상품, 상대적으로 고가의 상품, 인적서비스가 중요한 상품들이다.

58 　　　　　　　　　　　　　정답 ③

격자형 점포배치는 소상공인이나 일반 소형점포에서 많이 사용되는 형태로 표준화된 집기 배치로 고객들이 익숙하게 물건을 찾을 수 있는 장점이 있는 반면 단조로운 구조로 인해 고객이 지루함을 느낄 수 있는 단점이 존재한다. 자유형 점포배치는 오랜 시간 매장에 머무르게 할 수 있어 충동구매를 기대할 수 있다.

> ### 점포 레이아웃
> - **격자형** : 점포의 공간 효율성을 높이려는 레이아웃으로 상품들은 직선형으로 병렬배열되며, 상품의 배열과 배열 사이에 고객들이 움직일 수 있는 복도가 만들어진다. 이같은 격자형 배치는 기둥이 많고 기둥간격이 좁은 상황에서도 설비비용을 절감할 수 있으며, 통로 폭이 동일하므로 건물 전체 필요면적이 최소화된다는 장점이 있다. 대체로 식료품점에서 주로 구현하는 방식으로 고객들이 지나는 통로에 반복적으로 상품을 배치하는 방법이며 비용면에서 효율적이다.
> - **경주로형** : 고객이 여러 매장들을 손쉽게 둘러볼 수 있도록 통로를 중심으로 여러 매장입구를 연결하여 배치한다. 경주로형은 전체 점포에 걸쳐 고객이동이 용이하기 때문에 쇼핑을 증대시킨다.
> - **자유형** : 고객의 편의성을 중시하는 레이아웃으로, 상품과 시설물들은 고객의 움직임을 최대한 자유롭게 하면서 일정한 패턴으로 군집되어 있다. 고객들이 여러 매장들을 손쉽게 둘러볼 수 있도록 통로를 중심으로 여러 매장 입구를 연결하여 배치하는 방법으로, 직선통로를 없애고 고객이 우회하여 움직일 수 있도록 함으로써 레이아웃 변경이 자유롭고 상품이 고객들에게 많이 노출되며, 매장규모와 형태가 서로서로 구별된다는 장점이 있다.
> - **부티크형** : 특정 쇼핑테마별로 하나의 독립적인 공간처럼 배치하는 형식으로, 자유형과 마찬가지로 구매를 촉진시키고 좋은 점포분위기를 형성시키는 장점이 있다.

59 　　　　　　　　　　　　　정답 ③

마케팅투자수익률은 마케팅에 투자된 비용에 대한 수익의 비율로 유통마케팅투자수익률은 마케팅활동에 대한 투자에서 발생하는 이익을 측정한다.

60 　　　　　　　　　　　　　정답 ⑤

광고(advertising)는 대가를 지불하고 비인적 수단을 통하여 기업의 정보를 알리는 촉진 수단으로 짧은 시간 내에 불특정 다수의 고객에게 접근할 수 있어 단위당 비용이 비교적 저렴한 장점은 있으나, 효과 측정이 어렵다는 단점이 있다. 광고(advertising)는 소비자에게 정보를 제공하여 현명한 구매 결정을 할 수 있도록 도움을 주는 방향으로 이루어져야 하며 허위·과장이나 기만 광고는 법적 규제 대상이 된다.

61   정답 ②

수명주기이론이란 한 소매점이 도입기, 성장기, 성숙기, 쇠퇴기의 단계를 거친다고 보는 가설로, 도입기에는 이익수준이 낮아 위험부담이 높고 성장기에는 성장유지를 위해 높은 투자를 하며 시장위치를 선점하는 전략을 수행한다. 성숙기에는 성장세분시장에 대한 선별적 투자를 하며 소매개념을 수정하는 전략을 수행하고 쇠퇴기에는 판매증가율의 감소로 인해 자본지출을 최소화하고 탈출 전략을 수행한다.

상품의 수명주기

도입기	• 상품을 개발하고 도입하여 판매를 시작하는 단계로, 수요량과 가격탄력성이 적다. • 경기변동에 대해 민감하지 않으며 조업도가 낮아 적자를 내는 일이 많은 단계이다. • 소비자들에게 상품을 알려서 인지도를 높이는 것이 우선이다.
성장기	• 도입기를 무사히 넘기고 나면 그 상품의 매출액은 증가하게 되고 시장도 커지게 된다. • 수요량이 증가하고 가격탄력성도 커진다. • 성장기에 가장 조심해야 할 점은 장사가 잘되면 그만큼 경쟁자의 참여도 늘어나게 된다는 것이다.
성숙기	• 대량생산이 본 궤도에 오르고 원가가 크게 내림에 따라 상품단위별 이익은 정상에 달하지만, 경쟁자나 모방상품이 출현하기 시작한다. • 대다수의 잠재적 구매자에 의해 상품이 수용됨으로써 판매성장이 둔화되는 기간이다.
쇠퇴기	• 수요가 경기변동에 관계없이 감퇴하며, 광고 및 판매촉진도 거의 효과가 없다. • 시장점유율은 급속히 하강하여 손해를 보는 일이 많아진다.

62   정답 ⑤

자기상표브랜드(PB)는 유통업체가 직접 제조하거나 제조업체에 직접 생산을 요구해 자사의 브랜드를 부착, 판매하는 제품을 말한다. 기능적인 품질대비 가격을 중시하는 합리적 성향의 소비자는 NB와 동일가격에 유사하거나 더 높은 효용을 제공하는 PB를 선택하게 되므로, PB 자체가 고객그룹을 확보하는 유인수단이 될 수 있다. 이것은 NB 제품 판매를 약화시키는 대체재의 역할을 수행하게 되므로 자사에 제품을 공급하는 NB와의 교섭에 유리한 요소로 작용할 수 있다.

NB와 PB의 비교

NB(national brand)	PB(private brand)
제조업자 상표	유통업자 상표
소비자 선호	유통업자 선호
상표 소유자 분류에 의한 메이커 제품	백화점 등 대형소매상이 독자적으로 개발한 브랜드 상품

63   정답 ⑤

같은 상표의 상품을 여러 수입업자가 수입하여 국내에서 판매할 수 있는 제도를 병행수입이라고 한다.

64   정답 ②

옴니채널(omni channel)이란 소비자가 온라인, 오프라인, 모바일 등 다양한 경로를 넘나들며 상품을 검색하고 구매할 수 있도록 한 서비스로 각 유통 채널의 특성을 결합해 어떤 채널에서든 같은 매장을 이용하는 것처럼 느낄 수 있도록 한 쇼핑 환경을 말한다.

65   정답 ①

POP(point of purchase)광고는 제품의 구매시점에 맞추어 점내에서 판매촉진을 위해 게시되는 광고와 디스플레이류 광고의 총칭으로, 통행량이 많은 장소에 위치시켜 상표를 식별시키고 상품에 주목시키고, 구매 결정에 설득력을 부여하며 충동적 동기를 이용하여 상품을 판매하는 직접적인 역할을 한다.

66   정답 ⑤

탄력성이란 판매자와 구매자들이 시장조건에 얼마나 기민하게 반응하는지를 수치로 나타내는 것이다. 일반적으로는 가격요인에 의한 가격탄력성을 고려한다. 가격이 A만큼 변동하였을 때, 거래량은 얼마나 변화하느냐를 알아보는 것이 가격탄력성의 계산이다. 공산품의 경우에는 가격의 변화에 따라 생산량을 증감시키기가 용이하다. 따라서 공급의 가격탄력성이 높다. 반면, 농산물과 같이 가격이 내려갔다고 생산량을 줄이거나, 가격이 올랐다고 생산량을 증가시키기 어려운

작물들은 공급의 가격탄력성이 낮다고 할 수 있다.

67 　　　　　　　　　정답 ④

많은 양의 상품을 한꺼번에 쌓아 놓는 것을 적재진열이라고 한다. 적재진열은 상품들의 가격이 저렴할 것이라는 기대를 갖게 하는데 효과적인 진열방식이다.

68 　　　　　　　　　정답 ④

소매인력이론은 두 도시의 중심지 사이에 위치하는 소비자에 대하여 두 도시의 상권이 미치는 범위와 그 경계를 설명하기 위한 이론이다. 따라서 새로운 소매업태가 나타나게 되는 이유를 설명하는 이론으로 가장 적합하지 않다.

69 　　　　　　　　　정답 ⑤

쇼윈도(show window)란, 매장의 외관을 결정짓는 요소이면서 점포의 이미지와 상품을 가장 효과적으로 연출할 수 있는 공간이다. 설치형태에 따라 개방형, 반개방형, 폐쇄형, 섀도박스형이 있다. 개방형은 일반적으로 의류매장에서 자주 볼 수 있는 형태로, 외부에서 점포내부를 그대로 볼 수 있는 형태이므로 매장내부의 디스플레이가 그대로 소비자에게 전달되는 특징이 있다. 폐쇄형은 벽면, 천장, 측면 등이 막혀있는 형태로 쇼윈도 디스플레이 자체가 강조되는 형태로, 점포 내부가 차단되는 측면이 있는 대신 쇼윈도 내에 고급스러운 분위기를 연출하는 효과를 가질 수 있다. 반개방형은 폐쇄형과 개방형의 중간 형태이다.

70 　　　　　　　　　정답 ④

가격전략(Price Strategy)은 가격을 정하는 전략으로 기업의 매출과 영업이익을 결정하는데 중요한 역할을 한다. 동태적 가격전략이란 개별소비자의 상황과 특징에 맞게 가격을 설정하는 전략이다.

[4과목] 유통정보

71 　　　　　　　　　정답 ①

O2O(Online to Offline) 커머스는 온라인의 기술을 이용해서 오프라인의 수요와 공급을 혁신시키는 새로운 현상을 말한다. 이 때 O2O(Online to Offline) 플랫폼은 오프라인 판매자와 소비자를 연결함으로써 도움을 제공한다. 또한 O2O(Online to Offline) 커머스를 통해 효율적인 재고 관리가 가능해지고 사물인터넷 기술의 발전과 함께 O2O(Online to Offline) 커머스 시장의 규모는 점진적으로 증가하고 있다.

72 　　　　　　　　　정답 ⑤

POS시스템은 판매장의 판매시점에서 발생하는 판매정보를 컴퓨터로 자동처리하는 판매시점 정보관리시스템으로, 종전의 금전등록기 기능에 컴퓨터의 단말기 기능을 추가하고 매장의 판매시점에서 발생하는 정보를 입력, 최종적으로 컴퓨터로 처리하는 매장정보 시스템이다. POS시스템을 통해 인기상품, 비인기상품을 신속하게 파악할 수 있고 품목별 판매실적, 판매실적 구성비, 단품별 판매순위, 판매동향 등의 정보를 제공하며 인터넷 기반으로 구축된 경우 매장 이외의 장소에서도 매출 확인과 실시간 조회가 가능하다.

> **POS 시스템의 효과**
> • 계산원의 오타방지 및 생산성 향상
> • 점포 사무작업의 단순화
> • 가격표 부착작업의 감소
> • 고객 및 계산원의 부정방지
> • 상품명이 기재된 영수증 발행
> • 품절방지 및 상품의 신속한 회전
> • 고수익 상품의 조기 파악
> • 잘 안 팔리는 상품의 신속한 퇴출과 배제
> • 적정한 매가관리
> • 신상품 및 판촉에 대한 평가

73 　　　　　　　　　정답 ③

플레이슈머(playsumer)란 '놀다(Play)'와 '소비자(Consumer)'의 합성어로 즐거운(Fun) 쇼핑(Shopping), 즉 펀핑(Funpping)을 원하는 "즐기는 소비자"를 일컫는 신조어이다. 에너지 프로슈머(energy prosumer)란 에너지 생산자(producer)와 소비자(consumer)의 합성어로 아파트 단지나 대학 빌딩, 산업단지 내 태양광설비 등을 통해 소비전력을 직접 생산하는 이들을 일컫는 말이다.

74 　　　　　　　　　정답 ④

수확체감의 법칙이란 생산요소를 투입하다 보면 투입 단위당 산출량이 감소한다는 법칙으로, 이는 디지털 경제하에서 가정하는 법칙이 아닌 전통적 경제학에서 가정하는 법칙이다. 디지털 경제하에서는 수확체증의 법칙이 적용된다. 수확체증의 법칙이란 투입된 생산요소가 증가할수록 산출량이 기하급수적으로 증가하는 현상을 말한다.

---

75   정답 ③

EDI(Electronic Data Interchange)란 거래업체 간에 서로 합의된 전자문서표준을 이용하여 인간의 조정을 최소화하고 컴퓨터 간에 구조화된 데이터 전송을 의미한다. 즉, 업체 간의 종이서류가 없는 문서전달을 위해 개발된 시스템으로서 업체 사이를 컴퓨터 통신망으로 연결하여 컴퓨터상의 양식을 사용해 거래업무를 온라인으로 처리하는 방식을 말한다. EDI(Electronic Data Interchange)는 1960년대에 미국의 복합운송업체(Intermodal Transportation)로 구성된 운송업계에서 문서의 전송지연 및 중복처리로 인한 비효율성을 해결하기 위해 1975년 처음으로 도입하였고 1978년 운송업계의 EDI표준을 제정하게 되었다. 이후 항공, 육운, 철도, 해운 등의 표준들을 계속 개발하였다.

---

76   정답 ⑤

QR은 'Quick Response'의 약자로 '빠른 응답'을 얻을 수 있다는 의미이다. 흔히 보는 바코드 비슷한 것인데, 활용성이나 정보성 면에서 기존의 바코드보다는 한층 진일보한 코드 체계이다. 가장 큰 장점은 기존 바코드에 비해 많은 양의 데이터·정보를 넣을 수 있으면서 코드 크기는 짧고 작은 형태를 유지할 수 있다는 것이다. 일반적인 QR코드의 크기는 약 2cm2 정도지만, 이를 약 1/4 크기로 줄인 마이크로 QR코드도 사용할 수 있다. 이는 주로 전자부품 등과 같은 작은 공간에 적용된다. 그러나 QR코드는 QR코드와 중복되는 영역에 문자나 그림 등의 이미지를 배치하면 명암 대비가 선명하지 못하기 때문에 이러한 코드는 인식하기 어렵거나 인식할 수 없다.

---

77   정답 ④

해시태그(hashtag)는 게시물에 일종의 꼬리표를 다는 기능이다. 특정 단어 또는 문구 앞에 해시('#')를 붙여 연관된 정보를 한데 묶을 때 쓴다. 해시(hash) 기호를 써서 게시물을 묶는다(tag)고 해서 해시태그라는 이름이 붙었다. 해시 기호 뒤 문구는 띄어 쓰지 않는다. 왜냐하면 띄어 쓸 경우 해시태그가 아닌 것으로 인식하기 때문이다. 처음에는 관련 정보를 묶는 정도의 기능으로 쓰였지만, 지금은 검색 등 다른 용도에도 쓰

인다.

① 스크롤링(scrolling) : 컴퓨터 따위에서, 모니터의 화면에 나타난 내용이 상하 또는 좌우로 움직이는 일. 또는 모니터의 화면에 나타난 내용을 상하 또는 좌우로 움직이는 행위이다.

② 롱테일의법칙(Long Tail Theory) : 주목받지 못하는 다수가 핵심적인 소수보다 더 큰 가치를 창출하는 현상을 말한다.

③ 크롤링(Crawling) : 무수히 많은 컴퓨터에 분산 저장되어 있는 문서를 수집하여 검색 대상의 색인으로 포함시키는 기술로 어느 부류의 기술을 얼마나 빨리 검색 대상에 포함시키냐 하는 것이 우위를 결정하는 요소로서 최근 웹 검색의 중요성에 따라 발전되고 있다.

⑤ 둠스크롤링(Doomscrolling) : 불행을 뜻하는 '둠(doom)'과 스마트폰 또는 컴퓨터 화면을 아래위로 움직이는 '스크롤링(scrolling)'을 합친 신조어로, 암울한 뉴스만을 강박적으로 확인하는 행위를 뜻한다.

---

78   정답 ③

데이터마이닝(Data Mining)이란 대량의 데이터베이스에 내재되어 있는 패턴을 발견하고 규칙을 추론함으로써 유용한 정보를 추출해내는 과정이다. 군집화란 이질적인 집단을 몇 개의 동질적인 소집단으로 세분화하는 기법을 의미한다. 따라서 옳지 않은 설명은 ③번이다.

---

79   정답 ①

데이터 댐은 정부가 2020년 7월 14일 확정·발표한 정책인 '한국판 뉴딜'의 10대 대표과제 중 하나로, 데이터 수집·가공·거래·활용기반을 강화하여 데이터 경제를 가속화하고, 5G 전국망을 통한 전 산업 5G와 AI 융합을 확산시키는 것이다. 데이터 댐은 모든 유무형 자산이나 문화유산, 국가의 행정정보 등 정형적인 것을 데이터화 할 수 있다. 개인적 관점에서 소비자의 개인정보, 인터넷 소비 행위, 네비게이션 이동경로 등 모든 것이 비즈니스적 가치를 갖는 데이터가 된다. 데이터 댐은 이러한 광범위한 데이터를 '댐'에 가둬두고 필요한 곳에 사용할 수 있도록 하는 것이다.

---

80   정답 ②

재고중심 푸시(push) 방식에서 생산 시대에서 고객중심의 풀(pull) 방식 생산 시대로 변화되었다.

81 정답 ②

G2B는 공공 기관이 물품을 구매하거나 시설 공사 등의 서비스를 계약할 때 참가 업체 등록과 입찰에서부터 계약, 대금 지불에 이르기까지 전 단계를 인터넷을 통해 처리하는 시스템으로 국가종합전자조달 사이트인 나라장터를 전자상거래 거래 주체별 모델로 구분하였을 때 가장 옳다.

① B2B : 기업과 기업 사이에 이루어지는 전자상거래를 일컫는 경제용어이다.

③ G4C : '시민(국민)을 위한 정부'라는 의미이다. 안전행정부는 G4C사업으로 인터넷(www.egov.go.kr)상에서 행정기관이 보유한 4,000여 종의 민원사무에 대한 안내, 400여 종의 민원신청, 30여 종의 민원에 대한 열람 서비스를 제공하고 있다.

④ B2C : 기업이 제공하는 물품 및 서비스가 소비자에게 직접적으로 제공되는 거래 형태를 설명하는 용어이다.

⑤ C2C : 소비자와 소비자 간 전자 상거래로 인터넷 경매 또는 벼룩시장과 같이 어떤 중개기관을 거치지 않고 소비자들이 인터넷을 통해 직거래를 하는 방식이다.

82 정답 ④

전자상거래에서 쓰이는 암호방식 가운데 암호화할 때 사용한 키와 암호를 해석할 때 사용하는 키가 같은 암호 알고리즘이다. 전자상거래에 필요한 암호방식에는 대칭형과 비대칭형이 있는데 대칭형은 암호화할 때 쓰는 키(key)와 암호를 해석할 때, 즉 복호화할 때 쓰는 키가 같은 암호 알고리즘 또는 방식을 일컫는다. 반면 비대칭형 암호방식은 암호화 키와 복호화 키가 서로 다른 알고리즘을 말한다. 큰 소인수의 곱은 인수분해가 어렵다는 원리를 이용한 RSA(Rivest, Shamir, Adleman)는 비대칭키 암호화 방식이다.

83 정답 ③

공급사슬관리란 제품이나 정보가 생산자에게서 사용자에게로 전달되는 일련의 과정을 감독하여 효율적으로 처리하는 관리 기법이다. VMI(Vendor Managed Inventory)는 유통업체가 제조업체에 판매·재고정보를 전자문서교환으로 제공하면 제조업체는 이를 토대로 과거 데이터를 분석하고 수요를 예측하여, 상품의 적정 납품량을 결정하는 시스템 환경이고, RFID(Radio-Frequency Identification)는 극소형 칩에 상품정보를 저장하고 안테나를 달아 무선으로 데이터를 송신하는 장치이다. EDI(Electronic Data Interchange)은 독립된 조직 간의 거래에 필요한 정형화된 자료를 규격화된 포맷으로 전자적인 매체를 이용하여 컴퓨터 간 혹은 어플리케이션 간에 교환하는 것으로, 전자상거래를 구현하는 가장 기본적이고 핵심적인 수단이다. CDS(Cross Docking Systems)는 크로스 도킹 시스템이다. 따라서 공급사슬을 위한 정보기술로 적절성이 가장 낮은 것은 PBES(Private Branch Exchange Systems)이다.

84 정답 ④

지식경영(知識經營)이란 조직 구성원 개개인의 지식이나 기술, 비법을 체계적으로 발굴하여 조직 내에서 보편적인 지식으로 공유함으로써, 조직 전체의 문제 해결 능력을 비약적으로 키우는 경영 방식이다. 다음의 분류방식 중 설명과 일치하지 않은 것은 요인분해형 분류이다.

85 정답 ②

미국의 IT 자문기관 가트너(Gartner)는 빅데이터를 높은 통찰력, 의사결정, 프로세스 자동화를 위해 비용 효과가 높은 혁신적인 정보처리 과정을 요구하며 대용량의 데이터 규모, 빠른 데이터 생성속도, 높은 데이터 다양성을 지닌 정보 자산이라고 정의하였다.

86 정답 ③

액세스 로그(access log)란 웹 사이트에 접속했던 사람들이 각 파일들을 요청했던 실적을 기록해 놓은 목록이다. 여기에는 HTML 파일들이나 거기에 들어 있는 그래픽 이미지, 그리고 이와 관련되어 전송된 다른 파일들이 모두 포함된다.

87 정답 ①

의사결정이란 일정한 목적을 효과적으로 달성하기 위한 몇 가지 대체안 중에서 가장 유리하고 실행 가능한 최적 대안을 선택하는 인간행동이다. 선형계획(Linear) 모형, 네트워크(Network) 모형, 정수계획(Integer Programming) 모형, CPM(Critical Path Method), 목표계획 모형, 경제적 주문량(EOQ : Economic Order Quantity), 비선형계획(Nonlinear) 등을 경영과학기법으로 사용한다.

88 정답 ①

데이터베이스(DB : Data Base)란 특정 작업에 필요한 다수의 데이터를 모아서 정리해 놓은 형태 또는 자료제공 서비스이며 데이터를 한곳에 모아 놓고 관리함으로써 효율성을 높이고 여러 사람에게 필요한 정보를 제공할 수 있도록 체계적으로 구성된 데이터의 집합체이다. 데이터베이스(DB : Data Base)는 기존의 파일 시스템과는 달리 프로그램마다 데이터를 독립적으로 소유하지 않는다.

데이터베이스의 특성
- 실시간 접근가능
- 데이터의 내용에 의한 참조
- 지속적인 변화와 업데이트
- 동시에 데이터베이스 공유가능

89 　　　　　　　　　　정답 ①

서비스 산업 및 정보기술의 발달, 산업의 글로벌화가 진전되면서 유형자산 보다는 눈에 보이지 않는 무형자산의 가치가 점점 더 강조되고 있다.

90 　　　　　　　　　　정답 ②

변동형 QR은 보안성 기준을 충족한 앱을 통해 발급하며 위변조 방지를 위해 3분 이내만 발급이 유지되도록 규정한다.

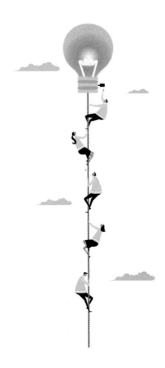